ON Y VA!

TROISIÈME • NIVEAU

Le français par étapes

Teacher's Annotated Edition

Jeannette Bragger & Donald Rice

The Pennsylvania State University

Hamline University

ON Y VA!

TROISIÈME • NIVEAU

Le français par étapes

Teacher's Annotated Edition

HH HEINLE & HEINLE PUBLISHERS, INC.
Boston, Massachusetts 02116 USA

Publisher: Stanley J. Galek
Editorial Director: Janet L. Dracksdorf
Associate Editor: Sharon Buzzell
Assistant Editor: Julianna Nielsen
Production Coordinator: Patricia Jalbert
Project Management: Spectrum Publisher Services
Manufacturing Director: Erek Smith
Cover and Text Design: Marsha Cohen/Parallelogram
Photographer: Stuart Cohen
Illustrator: Jane O'Conor
Art Director: Len Shalansky

Manufactured in the United States of America.

ISBN 0-8384-1926-7

10 9 8 7 6 5 4 3 2 1

Printed in the United States of America.

To the student

As you move on in your study of French, you will continue to rediscover how much you already know and to develop your ability to build on this prior knowledge. By now, you know how to talk about yourself, your family, your home, and your friends; you can get around town, find lodging, use the subway, give and get directions; you are able to make a variety of purchases in different kinds of stores; you know how to interact with others about leisure-time and vacation activities; you can talk about health and physical fitness; you are familiar both with Paris and with France; and you have learned to use the appropriate language in a variety of social interactions.

In Level Three of **On y va!,** your cultural knowledge will include the Francophone world with its varied customs and points of interest as well as some aspects of France's cultural past. You will learn how to talk about and to purchase clothing; you will be able to make travel plans using trains, planes, and cars; you will learn more about French food and about how to act appropriately both in a restaurant and at a family dining table. *Once again, the most important task ahead of you is NOT just to gain more knowledge about French grammar and vocabulary, but most importantly to USE what you do know as effectively and as creatively as you can.*

Communication in a foreign language means *understanding* what others say and *transmitting* your own messages in ways that avoid misunderstandings. As you learn to do this, you will make the kinds of errors that are necessary to language learning. DO NOT BE AFRAID TO MAKE MISTAKES! Instead, try to see errors as positive steps toward effective communication. They don't hold you back; they advance you in your efforts.

On y va! has been written with your needs in mind. It places you in situations that you (as a young person) might really encounter in a French-speaking environment. Whether you are working with vocabulary or grammar, it leads you from controlled exercises (that show you just how a word or structure is used) to bridging exercises (that allow you to introduce your own personal context into what you are saying or writing) to open-ended exercises (in which you are asked to handle a situation much as you might in actual experience). These situations are intended to give you the freedom to be creative and express yourself without anxiety. They are the real test of what you can DO with the French you have learned.

Learning a language is hard work, but it can also be lots of fun. We hope that you find your experience with **On y va!** both rewarding and enjoyable.

Table des matières

Unité première   On s'habille   /   25

Unité trois   On visite le monde francophone   /   193

Ouverture culturelle: Le monde francophone

Intégration culturelle: La France et son empire

Intégration culturelle: La politique des langues

Expansion culturelle: Deux jeunes francophones

Unité quatre On prend le dîner / 279

Ouverture culturelle: La gastronomie

Chapitre dix: Allons au restaurant! ▪▪▪▪▪▪▪▪▪▪▪▪▪▪▪▪▪▪▪▪▪▪▪ 284

Chapitre onze: Allô! Allô! Tu peux venir dîner vendredi soir? ▪▪▪▪▪▪▪▪▪ 308

Chapitre douze: On nous a envoyé une invitation ▪▪▪▪▪▪▪▪▪▪▪▪▪▪▪▪ 334

Mise au point ▪▪▪▪▪▪▪▪▪▪▪▪▪▪▪▪▪▪▪▪▪▪▪▪▪▪▪▪▪▪▪▪▪▪ 358

Acknowledgments

Creating a secondary language program is a long, complicated, and difficult process. We must express our great thanks first of all to our editor, Janet Dracksdorf—who patiently, sometimes nervously, but always very supportively guided the project from its inception through to its realization. She and our associate editor, Sharon Buzzell, probably know **On y va! Troisième niveau** as well as we do. We would also like to thank our assistant editor, Julianna Nielsen, our production manager, Pat Jalbert; our copy editor, Cynthia Fostle; as well as our designer, Marsha Cohen; our photographer, Stuart Cohen; and our illustrator, Jane O'Conor. All of these people worked very closely and very ably with the actual book that you are now holding in your hands. We would be remiss, however, if we did not also point out the help of those behind the scenes—in particular, Charles Heinle, Stan Galek, José Wehnes Q., and Elaine Leary.

We also wish to express our appreciation to teachers Lynn Moore-Benson, Mary Harris, Toni Theisen and Joseph Martin for their special help on **On y va! Troisième niveau.**

Finally, our special thanks go to Baiba and Mary, who have continued to offer us the support and encouragement that are so important for our morale. As for Alexander (age 6) and Hilary (now 1½ years old), we hope that they both will have the chance to learn French from **On y va!** when they get to high school!

J.D.B.
D.B.R.

The Publisher and authors wish to thank the following teachers who pilot tested the **On y va!** program. Their valuable feedback on teaching with these materials has greatly improved the final product. We are grateful to them for their dedication and commitment to teaching with the program in a prepublication format.

David Hamilton
Lynn Nahabetian
Ada Cosgrove Junior High School
Spencerport, NY

Beth Harris
Alief ISD
Houston, TX

Beryl Hogshead
Elsik High School
Houston, TX

Sandy Parker
Michele Adams
Hastings High School
Houston, TX

Donna Watkins
Holub Middle School
Houston, TX

Janet Southard
Olle Middle School
Houston, TX

Floy Miller
Boston Archdiocese Choir School
Cambridge, MA

Geraldine Oehlschlager
Central Catholic High School
Modesto, CA

Mary Lee Black
Sacred Heart
Danville, VA

xi

Joyce Goodhue
Verna Lofaro
Cherry Creek High School
Englewood, CO

Renée Rollin
Valentine Petoukhoff
Cherry Hill East High School
Cherry Hill, NJ

Linda Dodulik
Beck Middle School
Cherry Hill, NJ

Judith Speiller
Marta De Gisi
Mary D. Potts
Andrea Niessner
Cherry Hill West High School
Cherry Hill, NJ

Ann Wells
Carusi Junior High School
Cherry Hill, NJ

Yvonne Steffen
Hogan High School
Vallejo, CA

Cynthia DeMaagd
Holland Junior High School
Holland, MI

Galen Boehme
Kinsley High School
Kinsley, KS

Mary Harris
LSU Laboratory School
Baton Rouge, LA

Shirley Beauchamp
Pittsfield High School
Pittsfield, MA

Paul Connors
Lynn Harding
Randolph High School
Randolph, MA

Nicole Merritt
San Mateo High School
San Mateo, CA

Jane Flood
Marge Hildebrandt
Somers High School
Lincolndale, NY

Joseph Martin
St. Ignatius High School
Cleveland, OH

Analissa Magnelia
Turlock High School
Turlock, CA

Peter Haggerty
Sylvia Malzacher
Wellesley High School
Wellesley, MA

Lynn Moore-Benson
Linda Zug
Wellesley Middle School
Wellesley, MA

The publisher and authors would also like to thank the following people who reviewed the **On y va!** program at various stages of its development. Their comments and suggestions have also been invaluable to us.

Virginia Duffey (Riverside Sr High School, Riverdale, GA); Charlotte Cole (Walpole High School, Walpole, MA); Mary Hayes (Wellesley High School, Wellesley, MA); Claire Jackson (Newton High School South, Newton Center, MA); Janet Wohlers (Weston High School, Weston, MA); Gail Connell (Enloe High School, Raleigh, NC); Pam Cross (Cary High School, Cary, NC); Bettye Myer (Miami University, Oxford, OH); Mary Troxel (Hamilton High School, Oxford, OH); Nancy Gabel (Strath Haven High School, Wallingford, PA); Diana Regan (John Bartram High School, Philadelphia, PA); Mary Flynn (H. B. Woodlawn Program, Arlington, VA); Kathy Hardenbergh (Millard South High School, Omaha, NE); Beth Llewellyn (Southwest High School, Ft. Worth, TX); Karen Neal (J. J. Pearce High School, Richardson, TX); Theresa Curry (Berkner High School, Richardson, TX); Linda Robertson (Bolton High School, Alexandria, LA); Pamela Raitz (Louisville Collegiate School, Louisville, KY); Jane Baskerville (Chesterfield Public Schools, Chesterfield, VA); Fran Maples (Richardson School District, Richardson, TX); Annette Lowry (Ft. Worth ISD, Ft. Worth, TX); Kathleen Riordan (Springfield Public Schools, Springfield, MA); Joan Feindler (The Wheatley School, Old Westbury, NY); Marilyn Bente (San Diego City Schools, San Diego, CA); Robert Decker (Long Beach Unified School District, Long Beach, CA); Kaye Nyffeler (Millard Sr. High School, Omaha, NE); Carmine Zinn (Pinellas County School District, Largo, FL); Michelle Shockey (Henry M. Gunn High School, Palo Alto, CA); Mary de Lopez (La Cueva High School, Albuquerque, NM); Al Turner (Glenbrook South High School, Glenview, IL); Doris Kays (Northeast ISD, San Antonio, TX); Mary Francis Crabtree (Glenbrook South High School, Glenview, IL); Marilyn Lowenstein (Hamilton High School, Los Angeles, CA); Kathleen Cook (Cheyenne Mt. High School, Colorado Springs, CO)

To the teacher

On y va!, Troisième niveau

While the principles of the **On y va!** program remain consistent from one level to the next, each text has some unique features that give it a somewhat different "look." Specifically, **On y va!, Troisième niveau** differs from Levels 1 and 2 in the following ways:

1. The text begins with a single **Chapitre préliminaire,** entitled **On revoit.** It is designed to reacquaint students with the material of Level 2 (major structures, functions, and contexts) and to give transfer students the opportunity to acquaint themselves with some of what their classmates will have already studied. The result should be that, regardless of their previous study of French, all students in a given class begin Unit 1 with similar background material. It should be remembered that this chapter is intended as a review of communicative abilities rather than as a means to error-free performance. You should therefore be prepared to proceed to Unit 1 even if students are still making errors in some of the basic structures.

2. Level 3 places a heavy emphasis on culture. The three chapters in each unit are surrounded by cultural sections entitled: **Ouverture culturelle, Intégration culturelle** (there are two of these in each Unit), and **Expansion culturelle.** Using realia, written texts, and audio activities, these short cultural modules provide a more in-depth look at each of the contexts of this Level: clothing and fashion, travel, the Francophone world, food. In addition, each **étape** of Unit 3 features a different Francophone region: Cameroon, Morocco, Guadeloupe, Martinique, Quebec, and Louisiana. Moreover, each of these cultural topics lends itself nicely to individual, small group, or class projects: putting on a fashion show in French, planning a trip, studying a Francophone country or region, preparing a French meal.

3. All three levels of **On y va!** assume the use of all four language skills (listening, speaking, reading, writing). Whereas in Level 2 reading was prominently featured, Level 3 places increased emphasis on writing. The **Débrouillons-nous!** section of each **étape** and the **Point d'arrivée** section at the end of each unit now contain written as well as oral activities. The Workbook contains a systematic writing program (in a section called **Rédigeons!)** that combines techniques used for teaching composition in one's own language with an awareness of problems unique to writing in a foreign language.

4. Finally, because the functions, contexts, and grammatical structures are becoming more sophisticated as students progress through the program, Level 3 has only four units (plus the preliminary chapter) rather than the five units (and three preliminary chapters) found in Level 2. Our intention is both to decrease the amount of material covered as the subject matter becomes more complex and to provide teachers with time to include in the Level 3 program their own favorite readings and activities.

PRINCIPLES OF THE PROGRAM

On y va!, Le français par étapes is an integrated learning system designed to provide beginning-level secondary-school students with immediately useful language skills in French. Because the authors believe that creative use of the language is possible from the outset, the texts have been written to allow maximum interaction among students and between students and teachers, beginning with the preliminary lessons. Such interaction is based on tasks to be accomplished and on effective linguistic functioning in real situations. Class time is seen as an opportunity for students to practice the French they will hear and speak when visiting a French-speaking country or when interacting with speakers of French. Furthermore, it is seen as a time when trial and error are a necessary part of the language-acquisition process and when free expression must be encouraged.

Just as everyday spoken French does not include every grammar structure and every vocabulary item available in the French language, the authors have limited the text to the elements most frequently used by native speakers in daily life. Grammar is not presented for its own sake, but as a means of transmitting a spoken or written message as accurately as possible. Each unit contains the necessary grammar and vocabulary related to the central theme to give students the freedom to be as creative as possible in expressing their ideas.

The contexts presented in **On y va!** have been selected according to the frequency with which they occur in the real-life experience of someone interested in discovering French-speaking countries and in maximizing such an experience through interaction with their peoples. These contexts are designed to build students' confidence and to enable them not only to survive in the language but to do so with enjoyment. It is through active participation in simulations that students will assure themselves of their ability to interact with others in French.

The authors' proficiency-oriented, integrative approach to teaching assumes that the four skills and culture reinforce one another in an ever-widening spiral, that enough time be allowed for assimilation of material, that teaching techniques be student-centered and, perhaps most importantly, that the goal of teaching be to make students independent users of French. The degree to which this program is successful will, of course, depend largely on your use of the materials. Your success will be greatly enhanced if you accept the premises that trial and error are necessary parts of language acquisition and that the objective of any language class is effective communication through creative use of the language. With a proficiency-based curriculum becoming a reality in many states, we have kept in mind the principles set forth in the *ACTFL Proficiency Guidelines* so that we may help students to function as accurately as possible in the situations they are most likely to encounter.

On y va! is realistic and positive in its expectations. The material presented in the texts is accessible to and learnable by all students, and enough time has been reserved to allow instructors the flexibility necessary for effective teaching.

Perhaps the most important feature of **On y va!** is the authors' belief that the essential goal of language teaching is to inspire in students the confidence and therefore the willingness to use whatever elements of language they have at their disposal. In other words, **On y va!** aims at dispelling the notion that students must wait until they enter advanced French courses to participate in real communication.

WHY WAS *ON Y VA!* WRITTEN?

The **On y va!** program is designed to answer a number of concerns voiced by teachers throughout the country. It is becoming increasingly clear that materials that have the teacher in mind, not just the students, will go a long way in facilitating teachers' tasks. In writing **On y va!**, we have very specifically addressed the following teacher concerns:

1. Teachers are assigned many duties in addition to their teaching. This raises the question of time—for preparation, for correction, and for testing, and for being innovative and creative in the teaching process.
   Our solution: To organize our books in such a way that no time needs to be spent on reorganizing or rewriting. Furthermore, the organization of the texts greatly reduces preparation time.
2. Classes are often very large and heterogeneous.
   Our solution: To provide many opportunities for students to interact in small groups. Research increasingly shows that students will develop their communicative competence as well when they interact with each other as when they work as a class with the teacher.
3. Teachers should be able to express their own personalities and teaching styles and should not be constrained by the textbook or a particular method.
   Our solution: No single teaching method is espoused in **On y va!** In an integrative approach such as ours, teachers are given a variety of options for working with the material. Furthermore, it is assumed that teachers will enhance the texts by infusing them with their own personalities, their own preferences, their own teaching styles.
4. Teacher effectiveness can be reduced by stress and fatigue factors.
   Our solution: **On y va!** uses small group work to place more responsibility on students and thus give teachers regular breathers in each class period. Our student-centered approach does not, of course, remove the teacher from the learning process. But it does encourage students to look to each other and the materials as resources rather than just to the teacher.
5. Teachers are accountable for the success rates of their students in terms of both their effectiveness at communicating and their performance on a variety of standardized tests.
   Our solution: The scope and sequence of grammar, vocabulary, and linguistic functions over the three-year program provides students ample time and opportunity to assimilate the material. Grammar is presented incrementally, in understandable language, and is always linked to communicative functions. Structures and vocabulary are recycled regularly and in a variety of contexts so that students will become comfortable using them.

When textbooks keep in mind both teacher and student concerns, we believe that more effective learning can take place and that teaching and learning will be more enjoyable.

TEACHER AND STUDENT CONTRIBUTIONS TO THE PROGRAM

We, the authors, owe a great deal to the many teachers who have contributed to the project. Before we began writing, we met with teachers from all over the country who explained their needs and concerns. Their initial input helped to shape our ideas.

The teachers who field-tested the materials made invaluable suggestions as our work progressed. They examined the texts from every point of view and suggested modifications that will benefit all who use the texts in the future.

The teachers who served as reviewers at every stage of the project brought invaluable insights to the presentation of the content.

Finally, we gained a great deal from sitting in on some of the classes where **On y va!** was being field-tested, including the opportunity to talk to students and get their feedback. Throughout our conversations, a number of recurring themes reinforced our conviction that our program is very effective in realizing our goals. For example, students observed that they learned more in a few months with **On y va!** than they had learned in more time in other languages. Some indicated that they looked forward to coming to class and enjoyed learning French, and they particularly noted that grammar seemed easy to learn. Many stated that they liked working in small groups and that they especially liked communicating about things they are interested in. Overall, their feeling was that they could do a great deal with French, even during the early phases of the learning process.

COMPONENTS OF THE PROGRAM

Student Text

As you become acquainted with the **On y va!** program, it is important to remember that it is an integrated learning system, not simply textbooks with a series of unconnected ancillaries. All components are tightly interwoven to integrate skills and culture, the American students' lives with the people of the target cultures. Furthermore, all components support each other to allow for maximum articulation, both horizontal and vertical.

The three student texts are designed for years 1, 2, and 3 of French study. They have been written in such a way that the material *can be covered* in the projected amount of time and still leave sufficient time for testing, school activities, and the administrative details that reduce the typical number of teaching hours.

Teacher's Annotated Edition

The Teacher's Edition for each text consists of the following:

1. Front matter that includes an introduction to the program
2. A list of program components and explanations
3. Instructions for how to use the teacher training video
4. A key to the symbols used in the margin annotations
5. A guide to the basic organization of the text
6. A very detailed table of contents
7. Text-wide margin annotations with suggestions for presentation of grammatical structures, implementation of exercises and activities, exercise variations and follow-up, pre- and post-reading exercises, supplementary vocabulary, audio tape indications, workbook (homework) cross-references, answers to listening and reading comprehension exercises and cultural questions, and additional explanations for grammatical structures when necessary

The following symbols are used in the margin annotations for suggested group work:
⇄ pairs
△ groups of three
□ groups of four
○ number of students per group to be decided by instructor.

Teaching Guide

Each level of **On y va!** is accompanied by a Teaching Guide intended to expand the Teacher's Annotated Edition on a unit-by-unit basis. These guides are best used for lesson planning and class preparation. They include:

1. Suggestions for using the Planning Strategy in the workbook
2. Suggestions for using the Teacher's Audio Tape
3. The script and comprehension questions of the Teacher's tape
4. Alternative suggestions for the various sections of each unit (classroom techniques, methods of presentation, exercise variations, information to expand the cultural content of the unit, additional **Débrouillons-nous** situations, reading strategies, etc.)

Teacher's Methods Manual

This manual is best used in conjunction with the Teacher Training Video. The manual acquaints you with the philosophy and organizational details of the entire **On y va!** program. It offers a good orientation for both new and experienced teachers.

Teacher Training Video: "Teaching with On y va!"

Filmed with a class of high school students, ages 15 to 17, this video demonstrates teaching techniques for each segment of a unit. For experienced teachers, the tape will serve primarily as an orientation to the **On y va!** program. For novice teachers, the video may also offer some new pedagogical insights. In either case, the viewer's attention should focus more on teaching techniques than on student performance. Although students did quite well, they were not coached and had studied very little French before the videotaping began.

As you watch the video, you should also keep in mind the following:

- Students had been given French names.
- Students were working with manuscript pages of the textbook.
- All exercises were taken directly from the text.
- Many of the presentations were shortened due to time limitations. It is assumed, for example, that each aspect of a presentation needs to be practiced more extensively than demonstrated on the videotape.
- The material presented comes from various parts of all six units of Level 1. This means, for example, that only the words that we explicitly present are new to students.
- Although students appear to be reading when they do a particular activity, they are in fact only consulting the cues provided by the exercise and displayed for you on the screen. None of the activities were written out for them before they performed them.

It is hoped that teachers who use **On y va!** will share the video with other teachers in their region, either at local or regional conferences or by lending the tape to other schools.

The videotape includes the following sections:

1. Beginning a unit
2. Beginning an **étape:** Introducing vocabulary
3. Presenting grammatical structures
4. Working with grammatical structures
5. Ending an **étape:** Integrating vocabulary and structures
6. Developing reading skills
7. Cumulative activities
8. Ending a unit
9. The workbook
10. Pedagogical considerations

Student Workbook

The workbook units correspond to the textbook units. Each chapter within the unit begins with the **Lexique** from the book for student reference. This is followed by review of each structure and corresponding written exercises. Students can therefore use the workbook at home without having the textbook with them.

For each structure, the exercise sequence moves from mechanical practice to more real-life writing (lists, notes, postcards, parts of letters, etc.).

Each **étape** contains both a **Lisons!** section that uses an authentic text or document to develop further reading skills, and a **Rédigeons!** section that leads students systematically through a writing sequence that works on sentences, paragraphs, and letters.

Each workbook unit ends with a cumulative **Mise au point** in which students are given another reading text, a series of real-life writing tasks, and a game that focuses on material they have learned.

Because the workbook gives students the opportunity to develop their writing and listening skills in particular, it is important that the teacher give them the necessary corrective feedback on the work they have done. The materials in the workbook are comprehensive and should provide the necessary practice students will need to support the skills they are developing in class.

Laboratory Tape Program

These tapes have a dual role. First, they provide speaking practice in controlled exercises that reinforce the grammar, vocabulary, and functions presented in the textbook. Second, they offer extensive practice in listening comprehension through dictations, simulated conversations, interviews, and a variety of exchanges in many different contexts.

The use of these lab tapes will vary according to the facilities in the school. Students may go to a lab as a class on a regular basis, they may have tapes duplicated to take home, or they may hear the tapes during class time. Whatever mode of delivery is used, it is important that teachers correct the work students do on the Listening Activity Masters.

Listening Activity Masters

These black-line masters accompany the exercises on the laboratory tapes. Students may do some writing, but often they will fill in blanks, answer true/false questions, work with multiple-choice items, and so forth.

Tapescript and Answer Key for the Laboratory Tape Program

These materials serve primarily to make correction easier for you, the teacher. Although corrective feedback is important if students are to understand the errors they're making, the task of correction should not be so time-consuming that you have little time for creative teaching. The answer key and tapescript should greatly reduce the time spent on correction.

Teacher Tape

The Teacher Tape contains simulated, nonscripted conversations for each unit. (The tapescripts are in the Teaching Guides.) These conversations are intended to be used in introducing and closing the unit. The first time students hear a conversation, they are asked to answer only very general comprehension questions that require no grasp of detail (such as, How many people are speaking? Where do you think the conversation is taking place?). Once students have studied the unit, the conversation can be played again and followed by detailed comprehension questions.

The use of the tape at the beginning and end of a unit gives students tangible evidence of how much they have learned. The first time they listen to the conversation, they may understand very little of what is said. But the second time (at the end of the unit), they will have the satisfaction of understanding most of it. Such regular confidence-builders in the **On y va!** program help to maintain a high level of motivation and sense of accomplishment.

The Teacher Tape also contains recordings of dialogues in the text, notably the **Relais** sections. These are marked by a tape symbol in the margin notes.

Video Program

These book-specific videos are designed to be used much like the Teacher Tape. The unit segments may serve to introduce the context and to end the unit. If you have easy access to a VCR, you may, of course, wish to show the video more frequently. The first time students see a segment, they will probably answer only very general comprehension questions. Due to the visual support, they will also note some cultural differences and similarities between France (or the Francophone country) and the United States. The second time they see the segment (at the end of the unit), they will be able to answer more specific questions based on the language they hear. They may also notice more subtle cultural features that escaped them the first time.

Because video more accurately represents the listening we do in real life (i.e., usually with visual support), it is essential that it be fully integrated into the language learning process. It is therefore advisable to use the **On y va!** video as frequently as possible.

Software Program

Intended to be used with the Apple IIe, the various segments of the software correspond to the material in the textbooks. Students may work with the program independently to reinforce the grammatical structures and lexical items they have learned.

Testing Program

The Testing Program consists of the following components:

1. Tests and quizzes for all units and chapters. An answer key is provided. All tests include grammar, writing, listening, reading, and suggestions for speaking parts.
2. Tests for the **Chapitres préliminaires** for Levels 2 and 3. These tests could be used to diagnose areas where students still have some difficulty and where more review may be needed.
3. A Testing Manual that provides ideas for correction and grading, as well as formats for speaking tests, again accompanied by correction and grading strategies.

The Test Tapes are designed to be used for the listening comprehension portions of a test, or as separate quizzes. All of the tape segments are accompanied by comprehension exercises.

TEXT ORGANIZATION (LEVELS 1, 2, 3)

On y va!, Premier niveau

Level 1 of **On y va!** consists of six units, each divided into three chapters. Each unit is built around a theme, aspects of which are presented in a variety of contexts in the chapters. Photos, illustrations, and realia have all been carefully selected to illustrate the unit topic and functions. In addition, each unit opens and closes with photos and information about a young person from France or a Francophone country.

Each chapter is divided into **étapes.** These self-contained **étapes** are the most important aspect of the **On y va!** program, serving as basic lesson plans for class. Each **étape** has a clear beginning and end, and includes the presentation of new materials, a review of the previous **étape,** and an integrated review of the **étape** under consideration. Each **étape** contains the vocabulary, functions, and grammar necessary for the subtheme around which the **étape** is organized. These elements in turn contribute to the functions and contexts of the chapter, which, in turn, illustrate the larger context of the unit. Thanks to the **étape** organization, articulation *within* units as well as *between* units is assured through the interplay and integration of functions, contexts, and accuracy features.

On y va!, Deuxième niveau

Level 2 of **On y va!** consists of five units preceded by three short **Chapitres préliminaires,** designed to provide review of previously studied material in order to smooth the transition into the second level of French. The units are organized in the same way as those of Level 1—three chapters, each divided into two or three **étapes.** Since the basic organization by **étapes** remains the same, you as the teacher may choose, as in the first level, to proceed through the units linearly, without having to reorganize material or worry about questions such as recycling, variety, or pacing of material. However, you again have the flexibility to reserve parts of an **étape** for a later date, and you, of course, may arrange the review activities according to your own preferences and time constraints.

On y va!, Troisième niveau

ORGANIZATION OF THE CHAPITRE PRÉLIMINAIRE

The **Chapitre préliminaire** in Level 3 recycles the vocabulary, structures, functions, and cultural material from Level 2 in new combinations. The chapter has two short **étapes.** Each **étape** follows the same basic pattern:

1. Vocabulary Review—two short paragraphs that can be read or listened to on the Teacher Tape, followed by comprehension exercises.
2. Grammar Review—summary of major grammar structures plus short reminders (**Rappels**) of other points, followed by **Application** exercises.
3. Function Review—short model situations (called **Contextes**) that can be read or listened to on the Teacher Tape, followed by comprehension and interactive communicative exercises.
4. **Lecture**—short reading texts dealing with two areas of France not treated in Level 2, Brittany and Alsace.

The **Chapitre préliminaire** allows students to practice and, if necessary, relearn the material from Level 2 without duplicating exactly any exercises or activities already done. We would urge you to remember that, even though this is a review section, students will continue to make some errors. The objective still remains to communicate in French. Consequently, while you expect a higher degree of accuracy than when the material was presented for the first time, you probably should not overwork this material. Many of the structures, functions, and vocabulary sets will continue to be recycled in the exercises and activities of Level 3.

UNIT ORGANIZATION

1. Each unit consists of three chapters.
2. The unit opens with two photographs of American and French scenes, accompanied by the caption: **C'est la France ou les États-Unis?** Students will probably have a difficult time distinguishing between the two countries. This opener thus can be used to reinforce the idea of cultural interchange and to combat tendencies toward stereotyping differences between the United States and the rest of the world.
3. The unit opener is followed by a unit title page that includes:
   a. The title
   b. The unit objectives (for receptive and productive skills)
   c. The chapter and **étape** titles
4. This is followed by the three chapters, each divided into **étapes.**
5. The first chapter is preceded by an **Ouverture culturelle;** the first and second chapters are each followed by an **Intégration culturelle;** the unit ends with an **Expansion culturelle.**
6. Between the third chapter and the **Expansion culturelle** is found the **Mise au point.** This part of the unit includes:
   a. A reading section
   b. A review of vocabulary and structures
   c. The **Point d'arrivée** (cumulative oral and written activities)

CHAPTER ORGANIZATION

Each of the three chapters in a unit deals with one aspect of the general unit theme.

1. Each chapter has two **étapes.**
2. Each chapter ends with the **Lexique,** which includes expressions and vocabulary presented in the chapter.

ORGANIZATION OF AN ÉTAPE

Each **étape** follows the same basic pattern:
   Point de départ
   À vous!
   Note culturelle (placement may vary)
   Reprise (in all **étapes** except the first one in each unit)
   Structure
   Application
   Note grammaticale (when needed) /
      Continuation of **Application**
   Relais
   On s'exprime
   À vous!
   Débrouillons-nous! (oral and written activities)

In some **étapes,** a second grammatical **Structure** (with an **Application** section) follows the **À vous!** exercises that accompany the **Relais.**

Point de départ

The first section of the **étape** introduces the subtheme and some of the vocabulary that will be featured in the **étape.** The new topic is presented by means of a photo or an illustration or, very frequently, an authentic piece of realia. In the latter case, the **Point de départ** thus serves as an additional reading activity.

À vous!

As in Level 2, the exercises that follow the **Point de départ** stress comprehension rather than production. Because receptive skills can be developed more rapidly than productive skills and because some "real-life" communication situations involve going between English and French, these exercises are sometimes in English.

Note culturelle

The placement of the **Note culturelle** may vary, but it is usually found somewhere near the beginning of the **étape.** It contains cultural information that expands the theme of the **étape.** Because it is written in French in Level 3, the **Note culturelle** provides further practice in reading for information.

Reprise

These exercises, found in all **étapes** except the first of the initial chapter of a unit, provide consistent review of the structures, vocabulary, and functions of the previous **étape.** They may be done as warm-ups at the start of a class period or as breaks in the middle of a session.

Structure

Each **étape** contains the presentation of a new grammatical structure. In **On y va!**, grammar is dealt with communicatively—that is, grammar is tied logically to the context of the **étape,** chapter, and unit and to the tasks that students are expected to carry out linguistically.

A **Structure** section offers one of three types of presentations:

1. The introduction of a new verb
2. The introduction of a more complex grammatical structure
3. The introduction of a set of lexical items that has grammatical implications

In general, all structures can be presented either inductively or deductively, although it is recommended that, whenever possible, an inductive technique be used. In either case, students should have their books closed so that they can pay close attention to your examples and explanations.

The *inductive approach* proceeds from example to rule. For instance, if you are presenting the imperfect tense, you may wish to begin with a monologue about what you used to do when you were in school. When you finish, you can ask students if they noticed that you were using a different tense and if they can figure out why you weren't using the **passé composé.** Once you have established the name of the tense and the basic reason for its use, you can then ask students questions about themselves and their family members when they were younger (in grade school, for example). When all or most of the forms have been modeled and used, you can summarize the conjugation of the imperfect and then do the exercises from the **Application** section.

The *deductive approach* moves from rule to example. Although this is not the most recommended technique, some grammar points may be presented most efficiently in this way. For example, if you are short of time or if you have a number of weaker students, you may wish to present a topic deductively with quick translations and a short explanation before and then move on to the exercises.

Application

Following each **Structure** section is a series of exercises that move from controlled or mechanical drills to bridging exercises to open-ended activities.

1. *Controlled or mechanical exercises.* These exercises, usually some kind of pattern drill (such as, replace the italicized word), provide both structure and meaning. Because their goal is to familiarize students with the structure itself, these exercises are often not contextualized. To maximize practice, you may do several items with the entire class and then have students work in pairs.
2. *Bridging or meaningful exercises.* These exercises provide structure but ask students to provide personalized meaning (such as, answer these questions about yourself and your family). After giving the model, have students work in pairs or small groups. Then go over the exercise with the entire class in order to verify accuracy. If time is short, you may, of course, simply do the exercise with the whole class.
3. *Open-ended or communicative exercises.* In these exercises, students provide both structure and meaning (for example, go to an imaginary **épicerie** and buy supplies for a party). Traditionally neglected by many textbooks, these exercises may be done by having one pair or group of students model the exercise in front of the class. Students may then work in groups, with several groups then asked to report back to the entire class (that is, act out the scene, present results, etc.).

It is important to remember that, in **On y va!**, grammar is a means rather than an end in itself. It is therefore essential that exercise sequences be carried through completely if students are to reach the communication stage of language development.

Note grammaticale / Application

In some instances, the grammar point presented in a **Structure** may have additional refinements (negative, past, etc.). To avoid presenting too many rules at the same time, we often put such information in the section called **Note grammaticale.** This is often placed right after the mechanical exercise for the **Structure,** with the meaningful and communicative exercises following the **Note grammaticale.**

Suggestions for presenting the content of the **Notes grammaticales** can be found both in the Teacher's Annotated Edition and in the Teaching Guides.

Relais

As in Level 2, this section models, in dialogue form, the vocabulary introduced in the **Point de départ.** Unlike Level 2, the dialogues are not printed in the text. As a result, they provide an opportunity for listening comprehension practice. (See the Teaching Guide for each unit for specific suggestions on how to work with each dialogue.) In addition, the dialogues include a few of the expressions introduced in the **On s'exprime** section that directly follows the **Relais.** You may therefore wish to go over the **On s'exprime** expressions before doing the **Relais** listening exercise.

On s'exprime

This section presents students with a short list of functional expressions to be used in situations associated with the context of the chapter and unit. These "how to" expressions—how to make an invitation, how to accept or refuse an invitation, how to propose an activity, etc.—provide a basic set of conversational strategies that will allow students to function on a practical level.

À vous!

This second **À vous!** section allows students to practice the new vocabulary and expressions of the **étape.** The sequence of these exercises eventually leads students to controlled conversations in which the vocabulary is contextualized in a real-life situation. The goal is to have students use all new words as quickly as possible.

Débrouillons-nous!

These exercises are designed to review the vocabulary, functions, and structures of the **étape.** Each **étape** has both an oral and a written exercise. The oral exercise is similar in format to the situations found in the **Débrouillons-nous!** sections of Level 2. The written exercise usually involves a short, "real-life" type of writing—a note, a postcard, a message, etc.

Mise au point

Coming at the end of each three-chapter sequence, the **Mise au point** serves as a cumulative review of the entire unit. It consists of four components:

1. **Lecture**—a section-opening reading usually taken from authentic documents (magazines, brochures, advertisements) or from a literary text. The **Lecture** is always an expansion or illustration of the unit theme and is followed by the **Compréhension** section, which serves as a check on understanding.
2. **Reprise**—a review of the previous **étape.**
3. **Révision**—a systematic, capsule review of the unit's vocabulary and grammatical structures. Each section is followed by one or more exercises.
4. **Point d'arrivée**—communicative exercises (both oral and written) that are the culminating point of the unit. They tie together the vocabulary, functions, structures, and cultural information presented in the unit. Everything in the unit leads up to this performance point, when students can demonstrate their independence in using the French language.

The oral activities usually involve pairs or groups of students. The instructions are always in English to avoid giving away structures and vocabulary, and to encourage students to use a variety of ways to express themselves. Using English in the direction line also approximates the "real" situations in which students might find themselves (for example, if they were to enter a French store, their reason for being there would exist in their minds in English).

The written exercises, a new feature of Level 3, include formats that are slightly longer than those found in the **Débrouillons-nous!** writing activities.

You should feel free to do some or all of the activities, depending on the amount of time you have. The most important thing to remember is that the **Point d'arrivée** activities demonstrate what language learning is all about. They show the tasks that students can accomplish with the language they know and in which contexts and with what degree of accuracy they can function. To sacrifice these activities to time constraints or to treat them as optional would be to subvert both the goals of the **On y va!** program and the goals of proficiency-oriented language instruction and learning. It is therefore imperative that the process be carried out fully and that students have the opportunity to demonstrate their accomplishments.

Developing Writing Skills

Special attention is paid to the development of writing skills in **On y va!**, Level 3. The **Débrouillons-nous!** section of each **étape** now contains a written exercise as well as an oral exercise. These short writing activities usually take the form of a list, a note, a post card, or a short letter. In addition, the **Point d'arrivée** section at the end of each unit now offers a selection of writing activities to go along with the oral activities. Students are given the opportunity to write slightly longer texts of various types: letters, descriptions, itineraries, menus, short articles.

The Student Workbook provides writing practice that parallels that which is found in the textbook. Each **étape** ends with a section called **Rédigeons!** in which students are asked to write a paragraph or a letter using the vocabulary and structures of the **étape.** Moreover, the **Mise au point** section of the workbook contains two or three more extensive writing assignments involving material from the entire unit.

To help students take advantage of these opportunities to improve their writing skills, we have provided in each **étape** of the workbook a short instructional section entitled **Écrivons!** Here students are given short explanations of a variety of writing topics and are then asked to practice them in controlled exercises. They are thus better prepared to perform the tasks required in the written exercises and activities found in the textbook and the workbook. The topics of these writing "lessons" include: how to write letters (formal and informal), how to punctuate in French, how to construct sentences, how to expand on ideas, how to connect ideas, how to organize paragraphs, how to paraphrase, and how to use a dictionary to find words or phrases you need to express yourself.

The Role of Culture in the On y va! Program

A variety of techniques are used in all three levels of **On y va!** to immerse students in the French language and Francophone culture. Rather than isolating cultural phenomena from the language that students are learning, culture is carefully integrated into every aspect of the textbooks. Almost all of the cultural features listed below include exercises and activities that link culture to one or more of the basic language skills.

1. Culture is inseparable from language. As students learn to express themselves in various situations, the language they use and the behaviors that accompany this language become culturally authentic.
2. The vocabulary reflects the preoccupations of young people in France and various Francophone regions of the world, as well as the interests of our students.

3. The **Note culturelle** furthers student understanding of a particular topic.
4. The **Pourquoi?** sections, short culture assimilators, present students with problems that come about due to cultural misunderstanding. Sufficient time should be spent discussing the solution to each problem with students.
5. The visual components of the program—the photos and book-specific videos—contain a wealth of cultural material, both factual and behavioral. They should be integrated into classroom time as much as possible.
6. Reading units focus on one major cultural topic and provide students with a great deal of factual information about modern life as well as historical events.
7. Readings in the **Mise au point** and workbook expose students to a variety of selections for a variety of purposes. They include ads, poems, magazine and newspaper articles, brochures, various types of guidebooks, recipes, classified ads, and literary sketches.
8. Level 3 offers additional cultural content through the **Ouverture, Intégration,** and **Expansion** sections.
9. Supplementary readings for Levels 1, 2, and 3 provide additional opportunities for gaining insight into French and Francophone culture.

YEARLY SYLLABI

The following are three suggested yearly syllabi, one for each level of **On y va!,** based on 180 class days.

The goal of our program is for you to be able to complete the material for each level in one year. We have not, however, included specific time requirements for the completion of each **étape** because we believe that you need to retain as much flexibility as possible in designing your yearly plan. Some **étapes** will take longer than others, depending on the general ability of the students and the complexity of the material. For example, **Structure** sections that are essentially lexical will probably require less time than those that involve primarily grammatical structures.

On y va!, Premier niveau

Text content: Étapes préliminaires, 6 units, Dernière étape

Total number of class days: 180

- 15–20 days reserved for administrative details, review, testing, and class cancellations due to extra-curricular activities

- 2–6 days for the **Étapes préliminaires**
- 25–30 days for each of the 6 units
- 1–4 days for the **Dernière étape**

The number of days for each category can be modified according to your particular school calendar and your own preferences. For example, you may prefer to allow fewer or more days for the **Étapes préliminaires,** the **Dernière étape,** testing, and other activities.

If you use the suggested maximum number of class days for the units, you will need to adjust the number of class days for the other components accordingly.

On y va!, Deuxième niveau

Text content: 3 Chapitres préliminaires, 5 units
Total number of class days: 180
- 15–20 days reserved for administrative details, review, testing, and class cancellations due to extracurricular activities
- 12–15 days for **Chapitres préliminaires A, B, and C**
- 25–30 days for each of the 5 units

If you use the suggested maximum number of class days for the units, you will need to adjust the number of class days for the other components accordingly.

On y va!, Troisième niveau

Text content: Chapitre préliminaire, 4 units
Total number of class days: 180
- 15–20 days reserved for administrative details, review, testing, and class cancellations due to extracurricular activities
- 8–12 days for the **Chapitre préliminaire**
- 25–30 days for each of the 4 units

If you use the suggested maximum number of days for each component, you will use 152 days. This will leave 28 days that may be used in a variety of ways:

1. To increase the number of days for one or more units
2. To add reading materials to the course
3. To organize group and class projects
4. To build in additional review periods

THE *ON Y VA!* PROGRAM
Premier niveau

	FUNCTIONS	CONTEXTS	ACCURACY

UNITÉ 1	Ordering a beverage at a café
	Greeting, introducing, leave-taking
	Ordering something to eat
	Finding out about other people
		Café, briocherie, fast food
		  establishments
		Meeting new friends and people
			Indefinite articles **un, une**
			Present tense of regular –er verbs
			Asking and answering yes/no questions
			Conjugated verbs followed by an
			  infinitive
			Present tense of the irregular verb **être**
			Adjectives of nationality/nouns of
			  profession

UNITÉ 2	Identifying personal possessions
	Talking about preferences
	Talking about my family
	Getting information about other people
		School, home, various settings	Present tense of the irregular verb **avoir**
			Indefinite article **des**
			Numbers from 0 to 10
			Definite articles **le, la, l', les**
			Possessive adjectives (1st, 2nd
			  persons)
			Questions with **où, combien de, que,
			  pourquoi**
			Present tense of the irregular verb
			  faire/expressions using **faire**

UNITÉ 3	Identifying places in a city Identifying public buildings Asking for directions Giving directions Talking about leisure-time activities Making plans to meet Giving the time Telling people to do something	City or town, festival	Present tense of the irregular verb **aller** Preposition **à** and the definite article Numbers from 11 to 29 Preposition **de** and the definite article/prepositions of place The imperative Telling time Possessive adjectives (3rd person)

UNITÉ 4	Making plans to go into town
	Identifying what to do in town
	Talking about when and how to go to town
	Talking about taking the Paris subway
	Buying subway tickets
	Taking a taxi
	Expressing wishes and desires
		Town, subway station	The immediate future
			The days of the week
			Present tense of the irregular verb
			  prendre
			Adverbs used for present and future
			Present tense of the irregular verb
			  vouloir
			Numbers from 30 to 69
			Expressions for discussing plans

UNITÉ 5	Talking about events in the past
	Situating events in the past
	Talking about things to see and do in Paris
	Talking about actions in past, present,
	  and future time
		Paris, any city	**Passé composé** with **avoir**
			Adverbs and prepositions used for the
			  past
			Passé composé with **être**
			Passé composé with **avoir** and **être**
			Past, present, and future time

UNITÉ 6	Making purchases/choices
	Expressing quantity
	Asking for prices
	Expressing obligation
	Getting and giving information
	Making comparisons
		Boulangerie/pâtisserie, charcuterie,
		  boucherie, marché, supermarché,
		  Fnac, centre commercial
			Interrogative expression **quel**
			The partitive
			Demonstrative adjectives
			Expressions of general
			  quantity/comparison/sufficiency
			Numbers up to 1 000 000
			The irregular verb **devoir**

Deuxième niveau

	FUNCTIONS	CONTEXTS	ACCURACY
	Chapitres préliminaires A, B, and **C** are a review of all major functions, structures, and vocabulary items covered in *ON Y VA!* **Premier niveau**. Consult the *ON Y VA!* Methods Manual for a listing of specific items.		
UNITÉ 1	Describing weather/climate Identifying months and seasons Giving the date Describing things Describing people	Vacations, a variety of situations in which descriptions occur	Months, dates, and seasons Regular –ir verbs Inversion with interrogatives Agreement/position of adjectives Definite and indefinite articles with parts of the body
UNITÉ 2	Using hotel guide books Getting a hotel room Paying the hotel bill Writing a thank you letter Understanding classified ads Talking about furniture arrangement Understanding official time	Hotel, a stay with a family in France, an apartment	Ordinal numbers The irregular verb **dormir** Irregular verbs **sortir/partir** Time expressions The 24-hour clock The irregular verb **dire** The irregular verb **mettre**
UNITÉ 3	Talking about daily routine Making weekend plans Understanding entertainment guides Talking about films Preparing for a party Making plans for vacation	Morning, afternoon, evening at home or at school At the movies, at a party, a family vacation, a camping trip	Present tense of pronominal verbs Negation of pronominal verbs The imperative of pronominal verbs Direct object pronouns **le, la, les** The immediate future of pronominal verbs Pronominal vs. nonpronominal verbs Object pronouns with the imperative
UNITÉ 4	Talking about health/fitness Describing the past Making purchases (pharmacy) Identifying medicines Identifying healthy foods Finding out about specific past events Expressing one's abilities Expressing what one knows how to do	Pharmacy, school, various places where conversations about health might occur	The imperfect tense **Passé composé** of pronominal verbs The irregular verb **savoir** The irregular verb **pouvoir** The irregular verb **connaître** The expressions **depuis quand, depuis combien de temps, depuis**
UNITÉ 5	Talking about geography Expressing past time Identifying things/places one has seen Understanding texts about France Talking about the recent past Planning a trip to France	Travel, various parts of France	The imperfect and the **passé composé** The irregular verb **voir** The object pronouns **me, te, nous, vous** The irregular verb **venir** The expression **venir de**

Troisième niveau

FUNCTIONS	CONTEXTS	ACCURACY
The **Chapitre préliminaire** is a comprehensive review of the materials presented in *ON Y VA!* **Deuxiéme niveau.** Consult the Methods Manual for a listing of specific items.		
UNITÉ 1 Purchasing clothing/shoes Asking for information Giving clothing sizes Asking to try on clothing Commenting on clothing Expressing one's needs	Clothing stores, department stores, shoe stores	L'emploi de subjonctif pour exprimer la nécessité Les pronoms d'objets indirects **lui** et **leur** L'infinitif avec les verbes **dire, demander, proposer, permettre, promettre**
UNITÉ 2 Organizing a trip Talking about means of transportation Buying train tickets and making reservations Understanding a road map Making arrangements (car/plane) Expressing doubt/certainty	Train station, airport, on the road	Les noms géographiques et les prépositions Le pronom **y** L'emploi du subjonctif pour exprimer le doute et l'incertitude L'emploi de l'indicatif pour exprimer la certitude Les pronoms interrogatifs
UNITÉ 3 Understanding a variety of texts about the French-speaking world Making comparisons Expressing emotion	Travel in various French-speaking regions	Les pronoms relatifs **qui/que** Le comparatif Les verbes réguliers en **–re** Les expressions négatives **ne...rien/ne...personne** Le subjonctif et l'infinitif (l'émotion) Le superlatif
UNITÉ 4 Understanding a menu Making restaurant plans Ordering food Paying in a restaurant Inviting someone to dinner Discussing dinner preparations Understanding a written invitation Writing an invitation Expressing thanks/social amenities Understanding a recipe Expressing wishes/preferences	The restaurant, dinner at home, on the telephone, at the post office	Le pronom **en** Le subjonctif et l'infinitif (le désir) Les pronoms accentués Le verbe irrégulier **devoir** Les expressions **avant de/après** Les verbes irréguliers **envoyer/recevoir** Le verbe irrégulier **écrire** Le futur Le conditionnel

We wish you much success with the *ON Y VA!* program. We hope that you find teaching with it rewarding and enjoyable. We are always interested in your comments and suggestions. Please contact us through our publisher at this address:

HEINLE & HEINLE PUBLISHERS, INC.
20 Park Plaza
Boston, Massachusetts 02116

J.D.B.
D.B.R.

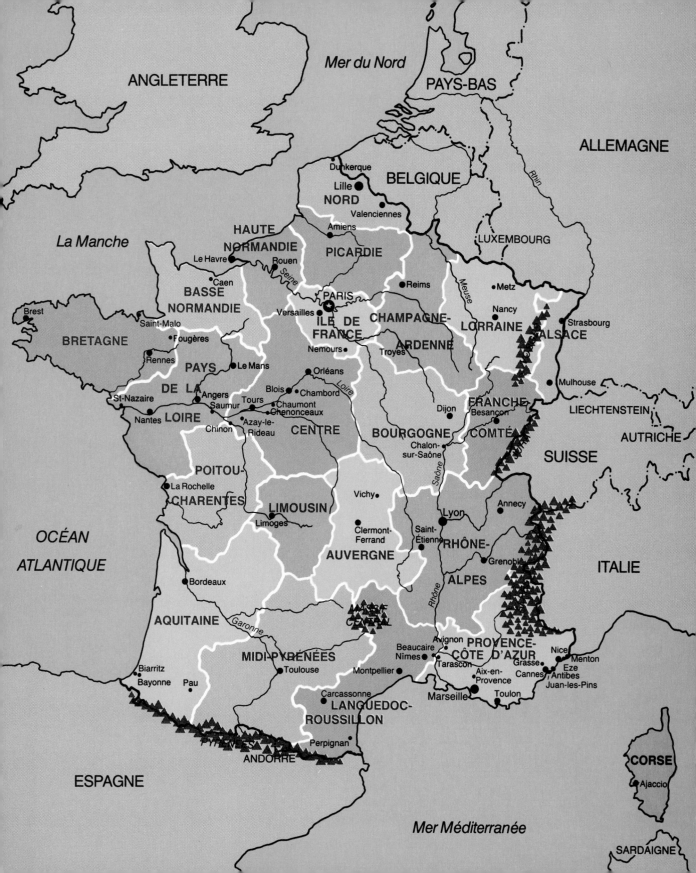

AMÉRIQUE
DU NORD

QUÉBEC

Québec
Montréal

Nouveau-Brunswick

Nouvelle-Ecosse
St-Pierre-et-Miquelon

Maine
NOUVELLE-ANGLETERRE

LOUISIANE

La Nouvelle-Orléans

*L'Océan
Atlantique*

HAÏTI

Port-au-
Prince

GUADELOUPE

MARTINIQUE

*L'Océan
Pacifique*

GUYANE
FRANÇAISE

Cayenne

AMÉRIQUE
DU SUD

NOUVELLE
HÉBRIDES

NOUVELLE-
CALÉDONIE

POLYNÉSIE FRANÇAISE

Tahiti

LE MONDE
FRANCOPHONE

Chapitre préliminaire

On revoit

In addition to the grammatical objectives, this preliminary chapter is designed to: 1) reacquaint students with French after the summer break; 2) give students the chance to talk about their vacations; 3) give students the chance to get to know each other and, 4) reacquaint them with the major lexical groups presented in *On y va!*, Level 2.

Objectives

In this preliminary chapter, you will review:

- how to describe people and things;
- how to talk about daily routine, leisure-time activities, and the weather;
- how to make plans;
- the uses of the **passé composé** and the imperfect;
- information questions;
- pronominal verbs;
- the formation and use of adjectives.

TROISIÈME•NIVEAU

Le français par étapes

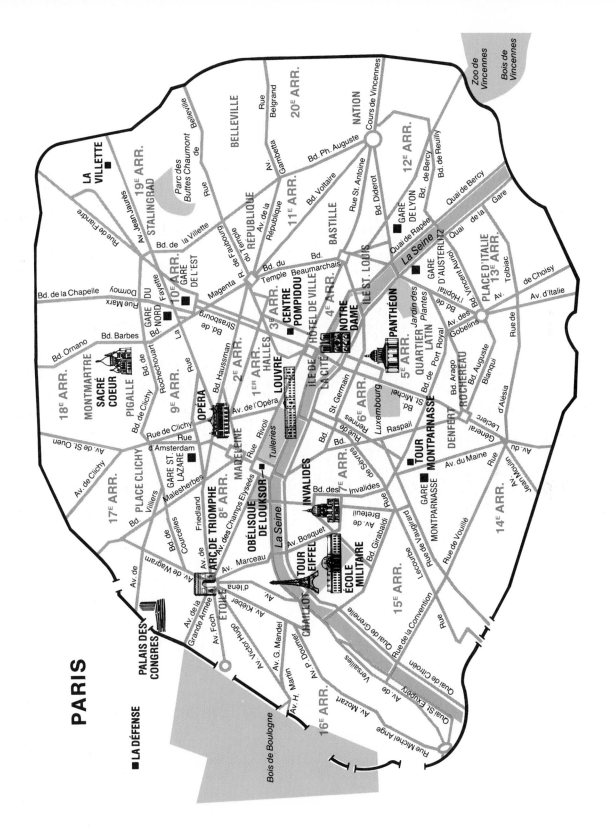

ASIE

EUROPE

Bruxelles
Jersey
Paris
BELGIQUE
LUXEMBOURG
Genève
FRANCE
SUISSE
ONACO
Val d'Aoste
DORRE
CORSE
Tunis
Rabat
Alger
TUNISIE
AROC
LIBAN
ALGÉRIE

LAOS
Hanoi
Vientiane
CAMBODGE
VIÊT-NAM
Pondichéry
Phnom Penh

15

AFRIQUE

1
2
3
8
7
10
18   9
11
16
12 13
14
17

ÎLES SEYCHELLES   *L'Océan
Indien*
ÎLES COMORES

ÎLES MAURICE
RÉUNION
RÉPUBLIQUE
Tananarive   DÉMOCRATIQUE DE MADAGASCAR

AUSTRALIE

1. Mali	5. Mauritanie	9. Bénin	13. Congo	17. Burundi
2. Niger	6. Guinée	10. République Centrafricaine	14. Zaïre	18. Togo
3. Tchad	7. Côte-D'Ivoire	11. Cameroun	15. Djibouti	
4. Sénégal	8. Burkina-Faso	12. Gabon	16. Rwanda	

Première étape

Qu'est-ce que tu as fait pendant les vacances?

Je m'appelle Armelle Dérain et j'habite à Paris. Ma famille a une maison de campagne en Bretagne et chaque année nous passons le mois de juillet dans la petite ville de Josselin. L'été dernier nous avons pris nos vacances comme d'habitude. Nous sommes partis le 2 juillet et nous avons fait le trajet en six heures. Nous avons eu de la chance parce qu'il a fait très beau ce jour-là.

Notre maison nous attendait et nous étions contents de la retrouver. Les premiers jours il y avait pas mal de travail à faire pour nous installer. Nous avons nettoyé les chambres, nous avons rangé nos affaires et nous avons fait des courses.

Mais après, nous nous sommes bien amusés. Mon frère et moi, nous avons retrouvé nos amis, nous avons fait quelques excursions à la plage et nous avons mangé beaucoup de bonnes choses.

À la fin de juillet nous avons refermé la maison et nous sommes rentrés à Paris. Maintenant je suis prête pour la rentrée des classes.

Teacher Tape: Have students listen to Armelle's and Étienne's accounts of their vacations before they read the texts. Then have them listen again while they follow in the book.

Reminder: Students will be able to use these monologues as models when they speak about their own vacation activities.

3

Je m'appelle Étienne Laforgue et j'habite à Lille avec ma famille. L'été dernier nous avons décidé de faire le tour de la Bretagne. Ma grand-mère habite à Quimper et j'ai des cousins à Locronan. Il n'a pas fait très beau quand nous avons quitté Lille et nous avons fait le long trajet jusqu'à St-Malo en une seule journée. Nous étions très fatigués quand nous sommes arrivés à l'hôtel Central à St-Malo et nous avons bien dormi cette nuit-là.

Le lendemain nous avons commencé à explorer la ville. Moi, je voulais surtout me promener sur les remparts et aller à la plage. Mais j'ai aussi visité le château avec mes parents.

De St-Malo nous avons fait le tour de la Bretagne. Nous avons visité l'église de Locmariaquer, nous avons vu les dolmens et les menhirs de Carnac, nous sommes allés à la maison de Renan à Tréguier et nous avons passé des journées splendides sur les plages du Val-André. Nous avons aussi rendu visite à ma grand-mère et à mes cousins.

Après un mois de voyage nous sommes rentrés à Lille et j'étais très content de retrouver ma chambre et mes amis.

Compréhension ■■■■■■■■■■■■■■■■■■■■■■■■■■

A. **Les Dérain ou les Laforgue?** Décidez si les phrases suivantes s'appliquent à la famille Dérain ou à la famille Laforgue selon ce que vous avez appris dans les deux descriptions.

MODÈLE: Ils ont mangé beaucoup de bonnes choses.
les Dérain

1. Ils ont visité St-Malo.
2. Ils ont une maison de campagne.
3. Ils ont deux enfants.
4. Ils ont fait le tour de la Bretagne.
5. Ils sont partis au début de juillet.
6. Ils ont rendu visite à leur grand-mère et à des cousins.
7. Ils viennent du nord de la France.
8. Le jour de leur départ de Paris il a fait très beau.
9. Ils ont visité beaucoup de monuments.
10. Ils ont passé la plupart de leurs vacances en un seul endroit.

Suggestion, Ex. A: You can ask students to find sentences in the monologues to substantiate their answers.

Answers, Ex. A:
1. les Laforgue
2. les Dérain
3. les Dérain
4. les Laforgue
5. les Dérain
6. les Laforgue
7. les Laforgue
8. les Dérain
9. les Laforgue
10. les Dérain

L'emploi du passé composé et de l'imparfait

The following table outlines the uses of the **passé composé** and the imperfect. As you study it, keep in mind that:

1. Both the **passé composé** and the imperfect are past tenses.
2. Most French verbs may be put into either tense, depending on the context in which they appear.
3. As a general rule, the **passé composé** moves a story's action forward in time:

   Nous avons visité l'église de Locmariaquer, **nous avons vu** les dolmens et les menhirs de Carnac et **nous sommes allés** à Tréguier.

4. As a general rule, the imperfect tends to be more descriptive and static:

   Il faisait beau, le soleil brillait, nous jouions à la plage pendant que **nos parents visitaient** le château.

Suggestion, passé composé and **imparfait:** Tell students about your summer to reacquaint them with the tenses in a real life context.

Imperfect	Passé composé
Description **Nous étions** très fatigués.	
Habitual action Autrefois **nous allions** toujours en Bretagne.	*Single occurrence* L'été dernier **nous sommes allés** en Bretagne.
Indefinite period of time Quand **j'étais** jeune, **j'avais** un chien. **Il faisait** très beau.	*Definite period of time* En 1988, **j'ai passé** deux mois au Portugal. Hier, **il a fait** très beau.
Action repeated an unspecified number of times **Nous allions** souvent au magasin.	*Action repeated a specified number of times* **Nous sommes allés** au magasin deux fois dimanche après-midi.

Application ■■■■■■■■■■■■■■■■■■■■■■■■■■■■■■

Ex. B: ⇄

Implementation, Ex. B: To assure greater involvement, have students do the exercise in pairs once you've established the model. When they're done, quickly have them give the answers as a class for verification.

B. **Qu'est-ce que tu faisais? Où est-ce que tu étais?** Répondez aux questions en employant les éléments entre parenthèses. Utilisez l'imparfait.

MODÈLE: Qu'est-ce que tu faisais quand il a commencé à pleuvoir? (travailler dans le jardin)
Je travaillais dans le jardin quand il a commencé à pleuvoir.

1. Qu'est-ce que tu faisais quand Jean est rentré? (regarder la télé)
2. Où est-ce que vous étiez quand Marc a eu l'accident? (être à la plage)
3. Qu'est-ce que tu faisais quand elle a téléphoné? (mettre la table)
4. Qu'est-ce qu'il faisait quand il a vu son professeur? (jouer au foot)
5. Où est-ce qu'elles étaient quand tu es tombé(e)? (être dans la cuisine)
6. Qu'est-ce que vous faisiez quand Isabelle est arrivée? (manger)
7. Où est-ce que tu étais quand ta mère t'a appelé(e)? (se promener dans le parc)
8. Qu'est-ce qu'ils faisaient quand ils ont appris la nouvelle? (réparer la voiture)

Implementation, Ex. C: Go through the exercise first with your own information.

C. **Mes vacances.** Utilisez les expressions et les verbes pour décrire vos dernières vacances. Employez le passé composé pour l'énumération des activités. Si vous n'êtes pas allé(e) en vacances, inventez les détails.

MODÈLE: l'été dernier / aller
   L'été dernier, nous sommes allés à Boston.

1. l'été dernier / aller
2. le premier jour / descendre à l'hôtel (chez des amis, etc.)
3. le lendemain / aller
4. d'abord / visiter
5. puis / voir
6. ce soir-là / sortir
7. le jour après / acheter
8. ensuite / manger
9. après quelques jours / partir
10. enfin / rentrer

Ex. D: ☐

D. **Quand j'étais petit(e)...** Décrivez votre enfance aux camarades dans votre groupe. Où est-ce que vous habitiez? Quel temps faisait-il dans cette région? Où est-ce que vous alliez à l'école? Qu'est-ce que vous faisiez pendant vos vacances? Qu'est-ce que vous aimiez faire pendant le week-end? Employez l'imparfait dans votre description.

Implementation, Ex. D: You may again wish to give students a sample monologue about your own childhood. If so, give students the opportunity to ask you some follow-up questions.

E. **L'été dernier.** Parlez de votre été à vos camarades. Faites une énumération de vos activités, parlez de ce que vous faisiez régulièrement, décrivez un voyage que vous avez fait, etc. Utilisez les descriptions d'Armelle et d'Étienne comme modèles. Attention à l'emploi de l'imparfait et du passé composé.

Ex. E: ☐

RAPPEL

To ask for information, use the question forms **quand** *(when)*, **pourquoi** *(why)*, **qu'est-ce que** *(what)*, **où** *(where)*, **combien de** *(how much, how many)*, **qui** *(who)*, **avec qui** *(with whom)*, **comment** *(how)*, or a form of **quel** *(what, which)*.

Quand est-ce que tu es rentré des vacances, Étienne?
Pourquoi est-ce que vous avez visité Carnac?
Où est-ce que tu as passé le mois de juillet?
Combien de jours est-ce que vous avez passés à St-Malo?
Qui a visité le château?
Avec qui est-ce que vous êtes allés à Locmariaquer?
Comment est-ce que vous êtes allés à Locmariaquer?
Quels monuments est-ce que tu as vus?

Application ▪▪▪▪▪▪▪▪▪▪▪▪▪▪▪▪▪▪▪▪▪▪▪▪▪▪▪▪▪▪▪

Ex. F: ⇄

Suggestion, Ex. F: Indicate to students that follow-up questions are a conversational strategy to keep conversations going and to show interest on the part of the listener.

F. **Des questions.** Pour chaque chose que dit votre camarade, posez trois questions pour obtenir des renseignements supplémentaires. Votre camarade va inventer des réponses.

MODÈLE: Cet été je suis allé(e) en France.
— *Quand est-ce que tu es parti(e)?*
— *Le 2 juillet.*
— *Quelles villes est-ce que tu as visitées?*
— *Paris et Grenoble.*
— *Avec qui est-ce que tu es allé(e) en France?*
— *Avec mes parents.*

1. Cet été j'ai fait du camping.
2. L'année dernière ma famille et moi, nous sommes allés en Bretagne.
3. Hier soir mes amis et moi, nous avons mangé au restaurant.
4. Le week-end dernier je suis resté(e) à la maison.
5. Notre professeur a passé l'été en France.
6. Mes parents viennent d'acheter une voiture.
7. Samedi dernier je suis allé(e) au centre commercial.

Ex. G: ⇄

Follow-up, Ex. G: You can ask students to write up the results for homework.

G. **Une interview.** Interviewez un(e) de vos camarades au sujet de ses vacances. Posez au moins six questions. Ensuite expliquez à la classe ce que votre camarade a fait pendant l'été.

Teacher Tape, hotel context: Have students listen to the dialogue without looking at the text. Then play it again while they read along. Then ask them some basic content questions to familiarize them with the vocabulary for this context.

Contexte: *À l'hôtel Central* ▪▪▪▪▪▪▪▪▪▪▪▪▪▪▪▪▪

🏨 **Central,** 6 Gde-Rue ☏ 40.87.70 — 🛗 📺 ☎ 🚗 — 🏛 25. ⒜Ⓔ ⓞ 𝘝𝘐𝘚𝘈   DZ **n**
SC : **R** *(fermé en janv.)* carte 100 à 160 — ⊡ 25 – **46 ch** 210/340 – P 300/400.

— Bonjour, Monsieur.
— Bonjour, Madame. Qu'est-ce que je peux faire pour vous?
— J'ai réservé deux chambres pour trois nuits. Une chambre pour deux personnes et une chambre pour une personne.
— Sous quel nom, s'il vous plaît?
— Sous le nom de Laforgue.
— Voyons... Voilà... deux chambres pour trois nuits. Avec ou sans salle de bains?
— Avec salle de bains.
— Très bien. Une chambre pour deux personnes à 210 francs par personne et une chambre pour une personne à 340 francs. Ça va?
— Oui. C'est parfait. Est-ce que le petit déjeuner est compris?
— Non, Madame. Vous payez un supplément de 25 francs.
— Bon. Très bien.

À vous! ■■■■■■■■■■■■■■■■■■■■■■■■■■■■■■■■

H. **À l'hôtel.** You and your family are checking into the Hotel Diana in Carnac. Because you're the only one in the family who speaks French, you make the arrangements at the desk. Get the number of rooms necessary for your family, decide if you want a bathroom in each room, find out the price, and ask if breakfast is included. Your classmate will play the desk clerk and use the guidebook entry below to give you the correct information.

> 🏛 **Diana** Ⓜ, 21 bd Plage ☏ 52.05.38, ⩽, 🏖 – 📱📺 🛏wc 🚿wc 🐾 🅿   Z r
> *31 mai-fin sept.* – SC : **R** 110/247 – 🍽 33 – **33 ch** 260/456 – P 553/995.

Ex. H: ⇄

Explanation, Ex. H realia: **Hôtel Diana** entry: The **P 553/ 995** represents the minimum and maximum price for **pension complète** (all meals) with the room.

Contexte: *La météo* ■■■■■■■■■■■■■■■■■■■■■■■■

Si vous avez l'intention de faire un voyage, il est toujours très important de consulter la météo. Regardez la carte et le texte du *Journal français d'Amérique* et ensuite faites l'exercice.

Suggestion, **météo** context: Ask students some basic content questions before moving to the exercise.

La Météo

Dicton du mois : *Pâques et la météo* : S'il pleut le jour de Pâques, rien ne pousse de quarante jours (Bourbonnais). Pâques pleuvinou (pluvieux), sac farinou (plein de farine) (Ille-et-Vilaine). A Pâques le temps qu'il fera, toute l'année s'en rappellera (Vosges).

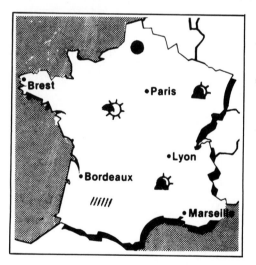

LEGENDE

☼ ENSOLEILLE

🌤 ÉCLAIRCIES PEU NUAGEUX

🌥 NUAGEUX COURTES ÉCLAIRCIES

● TRES NUAGEUX OU COUVERT

///// PLUIE OU BRUME

✳ NEIGE

🌧 AVERSES

⌇ ORAGES

☰ BRUMES ET BROUILLARDS

À vous! ■■■■■■■■■■■■■■■■■■■■■■■■■■■■■■■■

I. **Quel temps est-ce qu'il va faire demain?** Your teacher has asked you to check the weather report for tomorrow. Using the weather map and the information provided, tell your classmates about the weather in different parts of France. Your classmates may ask you questions. Remember to use **il va faire** (as in **il va faire beau** and **il va faire du soleil**) for descriptions and **la température est de** + *degrees* for the temperature.

Teacher Tape, plans context: Have students listen to the dialogue a few times and answer some basic content questions.

Contexte: *Faisons des projets* ■■■■■■■■■■■■■■

— Qu'est-ce qu'on fait samedi soir?
— Je ne sais pas. Qu'est-ce que tu veux faire?
— On peut aller au cinéma.
— Si tu veux... Moi, je préfère organiser une soirée.
— D'accord. Bonne idée. Où est-ce qu'on a cette fête?
— Pourquoi pas chez moi? Moi, j'invite les amis et toi, tu achètes quelque chose à boire et à manger.
— D'accord. À quelle heure est-ce que ça commence?
— À huit heures.
— Tu as des cassettes et des disques? On pourrait danser.
— Bien sûr. À samedi soir, alors.

À vous! ■■■■■■■■■■■■■■■■■■■■■■■■■■■■■■■■■■■■

Ex. J: □

J. **Une soirée pour la classe de français.** You and the members of your group are organizing a party for your French class. Decide where it's going to be, what day and time, who is going to do what, etc.

Maintenant parlons de vous! ■■■■■■■■■■■■■■■

Ex. K: ⇄

K. **Le week-end dernier.** Tell your classmate about how you spent last weekend. Talk about your activities, the weather, how you felt, etc. Your classmate will ask you questions to get more details. Be careful to distinguish between the **passé composé** and the imperfect.

L. **Un endroit que je connais.** Tell your friend about a city, state, or country you know well. Explain when you went to this place, what it was like, what you did, whom you visited, how the weather was, etc. Your classmate will ask you questions to get more details. Be sure to distinguish between the **passé composé** and the imperfect when you talk about the past, and use the present tense when you say what the place is like.

Ex. L: ⇄

Lecture: *Bretagne et Bretons*

ar mor = la mer

L'Armorique, partie de la Gaule formant aujourd'hui la Bretagne, offre sur plus de 1 000 kilomètres de côtes très découpées, de la «Côte d'Émeraude» (Dinard), au nord, à la «Côte d'Amour», au sud, une cinquantaine de stations.

La Baule en est la reine. Sa plage de sable, longue de 10 kilomètres et large de 1 000 mètres à marée basse, est une des plus belles d'Europe. Chaque âge y trouve ses plaisirs; du Casino aux jeux de la plage, du palace à la pension de famille avec baignades et bains de soleil pour tous. «La saison» y commence à Pâques pour ne se terminer qu'en octobre.

Si on aime les sports nautiques, des ports de plaisance bien équipés y sont nombreux, au Pouliguen, par exemple; plus modestement, on ira à marée basse sur les rochers à Pornichet, ou, entre La Baule et le Croisic, ramasser des fruits de mer.

Vive les Bretons!

Aux Ve et VIe siècles, chassés de Grande-Bretagne (*Great Britain*) par les Angles et les Saxons, des Celtes débarquent en Armorique et l'appellent... Petite Bretagne (*Brittany*).

Beaucoup de traditions celtiques sont encore vivantes, le respect dû aux saints surtout: des «petits saints» comme saint Thegonnec à la grande sainte Anne, patronne des mères de famille. Le jour du «Pardon», toute la population défile en procession devant eux et devant le Christ en croix du Calvaire.

Et la langue bretonne vit toujours. On l'enseigne dans les écoles, à l'Université. Elle est lisible dans les noms de lieux et les noms de personnes. Même si l'on n'est pas un cousin britannique (*a Briton*), que l'on frappe à la porte d'un *Le Bihan* (le petit) ou d'un *Le Braz* (le grand), on sera toujours bien accueilli!

Compréhension ■■■■■■■■■■■■■■■■■■■■■■■■■■■■■■■

M. **Ce que je sais sur la Bretagne.** Use the map on p. 4 and the information in the reading to tell what you know about the following topics. You may do this exercise in English.

1. the location of Bretagne in France
2. beaches
3. tourist attractions
4. sports
5. religion
6. language

Prereading: Have students look at the map of France and the detailed map of Bretagne. They can talk about the geographical locations of the province and some of the cities to acquaint themselves with the region.

Written Work: See Workbook.

Deuxième étape

Teacher Tape: Play each segment of Xavier's and Colette's monologues. After each segment, ask some basic content questions.

Qu'est-ce que tu fais d'habitude?

Je m'appelle Colette Dujardin et j'habite en Alsace. Je suis née à Épinal et ma famille et moi, nous y habitons encore. Je passe mes journées comme tout le monde: je me lève, je mange quelque chose, je vais au lycée. Après mes classes je travaille dans la pharmacie de mon père. Je suis vendeuse et c'est un travail assez intéressant.

Tous les jours il y a des clients qui ont besoin de toutes sortes de choses. Certains arrivent avec des ordonnances de leur médecin. C'est mon père qui s'occupe de ces gens-là. Moi, je parle surtout avec des gens qui ont un rhume ou une grippe. Ils achètent des aspirines, des gouttes pour le nez, des pastilles pour la gorge ou des anti-histamines.

Moi, je ne suis presque jamais malade. Aujourd'hui, exceptionnellement, je ne suis pas allée à l'école parce que j'ai un peu de fièvre. Mon père dit que ce n'est pas grave, mais je me sens vraiment malade. J'ai mal à la tête, j'ai le nez pris et j'ai des courbatures. C'est peut-être une grippe. Je suis très fâchée parce que je vais manquer ma classe d'aérobic. Ce n'est vraiment pas une journée agréable!

Je m'appelle Xavier Bonnard et j'habite à Strasbourg. Ma journée typique est très occupée. Le matin je me réveille vers 6h30, mais je me lève en général à 7h. Je prends vite une douche, je m'habille, je mange du toast ou des céréales avec un café au lait, je me brosse les dents et je sors pour prendre l'autobus. Mon école n'est pas très loin de chez moi, mais je préfère prendre le bus parce que j'y retrouve mes amis.

À l'école j'ai un emploi du temps assez chargé. J'ai des cours d'allemand, d'anglais, d'histoire, de chimie, de géographie et de mathématiques.

Après l'école je vais à la maison des jeunes ou à la piscine. Quelquefois je fais du jogging. Je pense qu'il est très important de s'entraîner et d'être en bonne forme. À la maison des jeunes je prends des leçons de yoga et à l'école je fais du basket.

Je rentre à la maison vers 6h30. La famille mange ensemble entre 7h30 et 8h. Je fais mes devoirs, je regarde un peu la télé ou j'écoute des disques et je me couche vers 11h.

Compréhension ■■■■■■■■■■■■■■■■■■■■■■■■■■■■

A. **Une conversation.** Vous parlez avec Xavier et Colette de votre journée typique. Répondez à leurs questions. Un de vos camarades joue le rôle de Xavier et une camarade joue le rôle de Colette.

> MODÈLE: XAVIER: Moi, je me réveille à 6h30. À quelle heure est-ce que tu te réveilles?
> VOUS: *Je me réveille vers 7h.*

1. XAVIER: J'habite à Strasbourg en Alsace. Où est-ce que tu habites?
2. COLETTE: Moi, je suis née à Épinal, en Alsace. Où est-ce que tu es né(e)?
3. XAVIER: Avant d'aller à l'école le matin, je prends une douche, je m'habille et je mange quelque chose. Qu'est-ce que tu fais avant d'aller à l'école?
4. XAVIER: Je prends l'autobus pour aller à l'école. Comment est-ce que tu vas à l'école?
5. XAVIER: Pour le petit déjeuner je mange du toast ou des céréales avec du café au lait. Et toi, qu'est-ce que tu manges pour le petit déjeuner?
6. COLETTE: L'après-midi je travaille dans la pharmacie de mon père. Est-ce que tu as un travail? Qu'est-ce que tu fais?
7. COLETTE: Je ne suis presque jamais malade. Est-ce que tu es en bonne santé aussi? Quelle est la dernière fois que tu étais malade? Qu'est-ce que tu avais?
8. XAVIER: Je fais beaucoup de sports. Est-ce que tu es sportif(-ve)? Quels sports est-ce que tu fais?
9. COLETTE: Moi, je prends des classes d'aérobic. Et toi, est-ce que tu fais de l'aérobic aussi?
10. XAVIER: Nous sommes très occupés quand nous avons du temps libre. Qu'est-ce que tu aimes faire pendant le week-end?

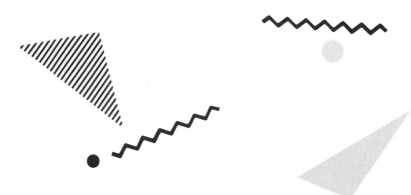

Les verbes pronominaux

Pronominal verbs may have two different meanings. They may express:

1. An action that reflects back on the subject:

Je me lave.	*I wash (myself).*
Elle se lève.	*She's getting up. (Literally: She's getting herself up.)*

2. An action in which two or more subjects interact:

Nous nous téléphonons.	*We call each other.*
Elles se regardent.	*They're looking at each other.*

In either case, the subject (noun or pronoun) is accompanied by its corresponding reflexive or reciprocal pronoun—**me, te, se, nous,** or **vous.** This pronoun usually comes directly in front of the verb.

Note how pronominal verbs are used in various tenses and in the negative:

Present tense: Il se rase.
Negative: Il *ne* **se rase** *pas.*

Immediate future: Je vais me lever à 7h.
Negative: Je *ne* **vais** *pas* **me lever** à 7h.

Passé composé: Elle s'est maquillée.
Negative: Elle *ne* **s'est** *pas* **maquillée.**

Imperfect: Nous nous promenions souvent dans le parc.
Negative: Nous *ne* **nous promenions** *pas* souvent dans le parc.

Imperative: Levez-vous! (Lève-toi!)
Negative: *Ne* **vous levez** *pas! (Ne* te lève *pas!)*

Here are some of the most commonly used reflexive verbs:

se brosser les cheveux	s'habiller	se raser
se brosser les dents	se laver (la tête)	se regarder
se connaître	se lever	se retrouver
se coucher	se maquiller	se réveiller
se dépêcher	s'occuper de	se téléphoner
se disputer	se parler	se voir
s'endormir	se promener	

Suggestion, les verbes pronominaux: Enumerate for students what you usually do in the morning (present tense). Then ask them about their routine. Then tell them what you did this morning and follow up with personalized questions (**passé composé**). Continue the same patterns talking about next weekend (not a school day), using the immediate future.

Application ▪▪▪▪▪▪▪▪▪▪▪▪▪▪▪▪▪▪▪▪▪▪▪▪▪▪▪▪▪▪▪

B. **Ma routine.** Dites à quelle heure vous faites les choses suivantes. Utilisez le présent des verbes indiqués.

MODÈLE: se réveiller
Je me réveille à 6h.

1. se réveiller
2. se lever
3. se laver la tête
4. se brosser les cheveux
5. se brosser les dents

6. s'habiller
7. se raser ou se maquiller
8. se coucher
9. s'endormir

Ex. C: ⇄

C. **Et toi?** Employez les verbes de l'Exercice B pour poser des questions à votre partenaire. Votre partenaire va répondre à vos questions.

MODÈLE: — À quelle heure est-ce que tu te réveilles le matin?
— *Je me réveille à 7h15.*

D. **Mon ami(e).** Basé sur les renseignements obtenus dans l'Exercice C, expliquez à la classe la routine de votre partenaire.

E. **Des comparaisons.** Comparez ce que vous avez fait le week-end dernier à ce que vous faites d'habitude. Employez les verbes donnés d'abord au présent et ensuite au **passé composé**.

MODÈLE: se lever
D'habitude je me réveille à 6h30, mais le week-end dernier je ne me suis pas levé(e) à 6h30. Je me suis levé(e) à 9h.

1. se réveiller
2. se lever
3. se laver la tête
4. se brosser les cheveux
5. se brosser les dents

6. s'habiller
7. se raser ou se maquiller
8. se coucher
9. s'endormir

Ex. F: ⇄

F. **Un jour de vacances.** Parlez à votre camarade d'une journée typique pendant les vacances. Comment est-ce qu'un jour de vacances est différent de la routine typique? N'oubliez pas d'utiliser quelques verbes pronominaux.

G. **Questions personnelles.** Répondez aux questions. Attention aux temps des verbes.

1. Vous et vos amis, est-ce que vous vous téléphonez souvent?
2. Vous et vos amis, est-ce que vous vous retrouvez quelquefois au centre commercial?
3. Est-ce que vous vous disputez souvent avec vos parents?
4. Est-ce que vous allez vous promener demain?
5. Est-ce que vous vous êtes promené(e) hier?
6. Est-ce que vous allez vous coucher tôt ou tard ce soir?
7. À quelle heure est-ce que vous vous couchez d'habitude?
8. Est-ce que vous vous lavez la tête tous les jours?
9. Vous et votre professeur, est-ce que vous vous connaissez bien?
10. À quelle heure est-ce que vous vous êtes levé(e) ce matin?
11. Est-ce que vos amies se maquillent?
12. Est-ce que les garçons de votre âge se rasent?

La formation et l'emploi des adjectifs

An adjective must agree in gender and number with the noun it modifies. This means that if the noun is feminine, the adjective is feminine; if the noun is masculine, the adjective is masculine; and if the noun is plural, the adjective is plural:

Le jardin est **grand.**   **Les châteaux** sont **grands.**
La maison est **grande.**   **Les voitures** sont **grandes.**

The feminine form of most adjectives is created by adding **-e** to the masculine form (**grand, grande; petit, petite; mauvais, mauvaise**). However, some adjectives have special endings:

Masculine singular	Feminine singular	Masculine plural	Feminine plural
rouge	rouge	rouges	rouges
léger	légère	légers	légères
ennuyeux	ennuyeuse	ennuyeux	ennuyeuses
violet	violette	violets	violettes
italien	italienne	italiens	italiennes
sensationnel	sensationnelle	sensationnels	sensationnelles
sportif	sportive	sportifs	sportives

Note that **marron** and **orange** don't change form in the feminine or in the plural. **Costaud** does not change in the feminine.

Suggestion, adjectifs: Ask students yes/no questions about each other: **Est-ce que John est grand ou petit? A-t-il les cheveux noirs ou blonds?** Etc.

The adjectives **beau, nouveau,** and **vieux** have to be learned separately:

Masculine singular	beau	nouveau	vieux
Masculine singular before a vowel	bel	nouvel	vieil
Masculine plural	beaux	nouveaux	vieux
Feminine singular	belle	nouvelle	vieille
Feminine plural	belles	nouvelles	vieilles

In French, most adjectives are placed *after* the noun. However, a few are placed *before* the noun and should be learned separately. These include **grand, vieux, bon, long, beau, autre, petit, nouveau, mauvais, joli,** and **jeune.** When two adjectives modify the same noun, each adjective occupies its normal position, either before or after the noun:

> J'ai acheté une voiture **neuve.**
> J'ai acheté une **belle** voiture.
> J'ai acheté une **belle** voiture **neuve.**
> J'ai acheté une **belle petite** voiture.

Application ■■■■■■■■■■■■■■■■■■■■■■■■■■■■■■

H. Ajoutez les adjectifs entre parenthèses aux phrases suivantes. Attention à la forme et au placement des adjectifs.

MODÈLE: J'habite dans un appartement. (grand / ensoleillé)
J'habite dans un grand appartement ensoleillé.

1. Nous avons un chien. (petit)
2. J'adore la musique. (moderne)
3. Ce sont des livres. (vieux)
4. Je préfère les personnes. (sportif)
5. Je n'aime pas les personnes. (paresseux)
6. C'est un hôtel. (vieux)
7. C'est une église. (vieux)
8. C'est un ami. (nouveau)
9. C'est une fille. (jeune / ambitieux)
10. Ce sont des garçons. (timide / sérieux)

I. **Comment est...?** Faites une petite description de chacun de vos parents *(relatives)* en employant des mots des listes suivantes.

MODÈLE: *J'ai trois cousins. Mon cousin Jack est grand et sympathique.*
(Etc.)

Parents: cousin / cousine / tante / oncle / grand-mère / grand-père / neveu / nièce / frère / sœur / père / mère / demi-frère *(stepbrother)* / demi-sœur / beau-père *(stepfather)* / belle-mère

Adjectifs: grand / petit / sympathique / désagréable / optimiste / pessimiste / joli / beau / vieux / jeune / sportif / ambitieux / timide / honnête / malhonnête / patient / impatient / généreux / paresseux / indépendant / discret / indiscret / heureux / triste / sérieux / frivole / actif / avare / réaliste/ traditionnel / sincère / intellectuel

J. Mon voisin / ma voisine. Regardez le (la) camarade de classe qui est assis(e) à côté de vous. Notez bien ses traits caractéristiques physiques—cheveux, yeux, taille, nez, visage, bouche. Fermez les yeux et essayez de faire une description de votre camarade. Ensuite, ouvrez les yeux et vérifiez votre description.

MODÈLE: *Mike est grand et mince. Il a les yeux verts et les cheveux roux. Il a une petite bouche et il a le visage ovale.*

Traits physiques
Taille: grand / petit / mince / svelte / costaud
Yeux: bleu / vert / gris / brun
Cheveux: blond / noir / roux / brun
Nez: petit / grand
Bouche: petit / grand
Visage: carré / ovale / rond

K. Mes voisins. Parlez à vos camarades des gens qui habitent dans la maison (ou dans l'appartement) à côté de vous. Énumérez d'abord les membres de la famille, ensuite faites une description physique de chaque personne et enfin faites une description de la personnalité de chaque personne.

Ex. K: △

L. Mon (ma) meilleur(e) ami(e). Faites le portrait de votre meilleur(e) ami(e). Indiquez son âge, faites une description physique et une description de sa personnalité, parlez un peu de sa famille, expliquez ce qu'il/elle aime faire pour s'amuser, etc. Les autres membres du groupe peuvent vous poser des questions.

Ex. L: □

MODÈLE: *Ma meilleure amie s'appelle Virginia. Elle habite dans un appartement avec ses deux frères, sa mère et son beau-père. Virginia est grande et mince. Elle a les yeux bleus et les cheveux bruns. Elle a le visage carré avec une petite bouche. Son nez est assez grand. Virginia est très sympathique. Elle est sportive aussi. Elle adore nager et faire du jogging. (Etc.)*

Teacher Tape, pharmacy context: Have students listen and answer some basic content questions.

Contexte: À la pharmacie ■■■■■■■■■■■■■■■■

— Bonjour, Mademoiselle. Qu'est-ce que je peux faire pour vous?

— Je pense que j'ai un rhume. J'ai le nez bouché, j'ai mal à la gorge, je tousse. Mais je n'ai pas de fièvre.

— Oui. Je pense que c'est un rhume.

— Est-ce que vous avez quelque chose contre la toux?

— Bien sûr. Je peux vous donner des pastilles. Et voilà des gouttes pour le nez.

— Merci. Et il me faut aussi un tube d'aspirines.

— Voilà, Mademoiselle. Reposez-vous et buvez beaucoup de liquides.

À vous! ■■■■■■■■■■■■■■■■■■■■■■■■■■■■■■

Ex. M: ⇄

M. **Je suis malade.** Vous allez à la pharmacie pour acheter des médicaments. Expliquez au (à la) pharmacien(ne) vos symptômes. Votre camarade de classe va jouer le rôle du (de la) pharmacien(ne) et va suggérer des médicaments (aspirines, gouttes, pastilles, anti-histamines, sirops).

Contexte: *Des petits accidents* ■■■■■■■■■■■■

— Oh, là, là, Philippe. Qu'est-ce que tu t'es fait?

— Ce n'est rien, Madame. Je me suis coupé, c'est tout.

— Mais Philippe, il faut faire attention! Tu as souvent des accidents.

— Oui, je sais. Mais ce n'est jamais très grave.

— D'accord, mais c'est embêtant. La semaine dernière tu as joué au foot et tu t'es foulé la cheville. Le mois dernier tu t'es fait mal à la jambe pendant ta classe de gymnastique. Et avant ça tu t'es cassé le bras quand tu faisais de la moto. Ce n'est pas normal, ça!

— Oui, je sais. Mais heureusement je ne suis jamais malade!

Teacher Tape, accident context: Have students listen and answer some basic content questions.

N. **Un petit accident.** Parlez à un(e) de vos camarades d'un accident que vous avez eu. Si vous n'avez jamais eu d'accident, vous pouvez parler de quelque chose qui est arrivé à une autre personne. Expliquez les circonstances sous lesquelles l'accident a eu lieu et parlez des conséquences.

Ex. N: ⇄

Contexte: *Nous mangeons bien* ■■■■■■■■■■■■■

LE PROF: Alors, les élèves. Aujourd'hui nous allons parler des aliments qui sont bons et mauvais pour la santé. Qui commence?

ANGÈLE: Moi, je mange beaucoup de légumes. Les légumes sont bons pour la santé.

LE PROF: Tu as raison, Angèle. Et toi, Marc?

MARC: Ma mère dit que le sel n'est pas bon. Elle n'emploie donc pas beaucoup de sel dans les plats qu'elle prépare.

LE PROF: Ta mère a raison.

BERNARD: Oui, et il faut manger la viande avec modération. Et si possible, il faut manger moins de sucre.

LE PROF: C'est vrai, Bernard. Il vaut mieux manger du poisson et du poulet. Et si on veut garder la ligne, on doit limiter les desserts. Je pense que vous avez bien compris l'importance des aliments pour votre santé.

Teacher Tape, food context: Have students listen and answer some basic content questions.

À vous! ■■■■■■■■■■■■■■■■■■■■■■■■■■■■■

O. **Ce que je mange d'habitude; ce que j'ai mangé hier.** Parlez à vos camarades des aliments que vous mangez d'habitude. Ensuite expliquez ce que vous avez mangé hier. Vos camarades vont décider si les aliments sont bons ou mauvais pour la santé.

Ex. O: ☐

MODÈLE: ÉLÈVE 1: *D'habitude je mange quelque chose de sucré tous les jours. Mais hier, je n'ai pas mangé de dessert.*

ÉLÈVE 2: *Le sucre n'est pas bon pour la santé. Il vaut mieux manger des fruits. (Etc.)*

Maintenant parlons de vous! ■■■■■■■■■■■■■■■■

Ex. P: ☐

P. **Ma vie quotidienne.** Parlez à vos camarades de votre vie de tous les jours. Parlez de votre routine, des choses que vous mangez, de vos activités préférées et des gens avec qui vous parlez. Vos camarades vont vous poser des questions pour obtenir plus de détails.

Ex. Q: ☐

Q. **Pendant les vacances...** Maintenant expliquez à vos camarades comment votre routine change pendant les vacances. N'oubliez pas de parler de ce que vous mangez quand vous êtes en vacances.

Lecture: *Quand les cigognes ne reviennent plus*

Prereading: Since this text is about an endangered species, have students discuss (in English) such issues as: What kinds of damage do human beings do to the environment and to the animal world? What can be done to protect the environment? Etc.

Quand les cigognes ne reviennent plus

C'est entre le 15 février et le 15 mars que les cigognes arrivent en Alsace pour s'installer sur leur nid, perché en haut d'une église ou d'une maison. Autrefois, leur retour s'annonçait dans les villages au son de la trompe, et c'était l'occasion de réjouissances. On retrouve dans la chronique de Colmar les dates d'arrivée des cigognes soigneusement consignées dès la fin du XIIIe siècle. Une ordonnance de la ville de Strasbourg datant de 1423 défendait de tuer ces oiseaux sous peine d'amende.

Aujourd'hui, il est peu de villages qui ne déplorent leur disparition. Les cent soixante-quinze nids que l'on comptait au lendemain de la dernière guerre n'étaient plus que quarante en 1967, et neuf en 1977.

Plusieurs causes concourent à cette diminution. Le drainage des marais, la multiplication des câbles électriques—que les oiseaux heurtent en vol—l'emploi des poisons insecticides, et surtout la chasse, dont les cigognes sont victimes au cours de leur migration annuelle vers l'Afrique tropicale.

Afin d'assurer l'avenir de l'espèce, diverses méthodes ont été expérimentées: élevage artificiel de jeunes cigognes importées du Maroc, introduction d'adultes. À présent, on s'efforce de briser l'instinct migrateur des cigognes en les maintenant pendant l'hiver dans des enclos. De la sorte, les oiseaux échappent aux risques du voyage. La troisième année, ils peuvent reprendre leur vol et se reproduire aussi bien que les sujets sauvages. Est-ce en perdant leur liberté que les cigognes survivront en Alsace?

Compréhension ■■■■■■■■■■■■■■■■■■■■■■■■■

R. **Les cigognes d'Alsace: Une tradition qui disparaît.** Answer the questions about the reading. You may use English.

1. In general, what is this reading about?
2. When do the storks traditionally return to Alsace?
3. How did the people of Alsace used to welcome the storks? What did they do to protect the birds?
4. How many nests were there after World War II?
5. How many nests are there now?
6. What is contributing to the disappearance of the storks?
7. What measures are being taken now to protect the birds?
8. What question does the author ask at the end of the article?
9. What do you think we should do in this country to protect our wildlife?

Written Work: See Workbook.

C'est la France ou les États-Unis?

Unité première

On s'habille

Since this unit is about clothing, you might wish to prepare by collecting magazine photos (of males and females) from fashion magazines and various other sources. These photos will be useful at various stages in the unit.

Planning Strategy: See Workbook.

Audio Tape: See Teaching Guide.

Objectives

In this unit, you will learn:

- to name and describe articles of clothing;
- to make purchases in clothing stores and shoe stores;
- to ask for and give information about clothing;
- about French attitudes toward clothes;
- about the French clothing industry;
- how clothes reflect values in French society.

Ouverture culturelle: La mode et vous

Chapitre premier: On s'achète des vêtements
  Première étape: Les vêtements pour filles
  Deuxième étape: Les vêtements pour garçons

Intégration culturelle: L'industrie de la mode

Chapitre deux: Est-ce que je peux essayer. . . ?
  Première étape: Au rayon des vêtements
  Deuxième étape: Au rayon des chaussures

Intégration culturelle: Que nous disent les vêtements?

Chapitre trois: ...très à la mode!
  Première étape: Deux vedettes
  Deuxième étape: Les accessoires

Expansion culturelle: Deux jeunes Français

LA MODE ET VOUS

Ouverture culturelle: Each unit opens with an activity designed to introduce students to the topic of the unit and to provide some preliminary cultural information for the topic.

LE TEST DU MOIS

La mode et vous

Est-ce que vous vous intéressez à la mode? Est-ce que vous êtes influencé par ce que vous voyez? Ou bien aimez-vous l'originalité? Faites ce test puis additionnez vos points et lisez nos commentaires ci-dessous.

LA MODE ET VOUS: COMMENTAIRES

Entre 17 et 21 points:
Vous êtes vraiment à la mode. Est-ce une bonne chose? C'est bien d'être original de temps en temps.

Entre 11 et 16 points:
Vous vous intéressez à la mode mais vous ne la suivez pas toujours. Vous avez aussi des goûts personnels. C'est bien.

Moins de 11 points:
Vous avez des goûts très originaux. Vous ne vous intéressez pas à la mode et vous ne tenez pas compte de l'opinion des autres.

NB: *Ne prenez pas ce test trop au sérieux!*

Spécial Mode

1. Lisez-vous des revues de mode?
   (a) Souvent. (3 points)
   (b) Parfois. (2 points)
   (c) Jamais. (1 point)

2. Vous voulez acheter des vêtements.
   (a) Vous ne savez pas ce que vous voulez. Le vendeur/la vendeuse décide pour vous. (1)
   (b) Vous trouvez ce que vous voulez dans les vitrines des magasins. (2)
   (c) Vous achetez ce qui est à la mode en ce moment. (3)

3. Où achetez-vous vos vêtements?
   (a) Dans les grands magasins. (2)
   (b) Au marché aux puces. (1)
   (c) Dans les magasins à la mode. (3)

4. Quel genre de vêtements portez-vous d'habitude?
   (a) Chaque jour, vous portez une tenue différente. (3)
   (b) Vous portez toujours le même genre de tenue: jean, blouson, tee-shirt... (1)
   (c) Cela dépend de l'occasion. (2)

5. Vous allez chez le coiffeur.
   (a) Vous savez quelle coupe vous voulez. Vous l'avez vue dans un magazine de mode. (3)
   (b) Vous dites au coiffeur/à la coiffeuse «comme d'habitude». (1)
   (c) Vous essayez une coupe différente. (2)

6. Cette saison, les pantalons larges à fleurs sont à la mode.
   (a) Quelle horreur! Tout mais pas ça! (2)
   (b) Vite, vous achetez tout de suite un pantalon à fleurs. (3)
   (c) Bof! Vous ne suivez jamais la mode. (1)

7. Est-ce que vous faites vous-même vos vêtements?
   (a) Très souvent. Vous n'aimez pas porter la même chose que les autres. (1)
   (b) Oui, vous suivez les patrons dans les magazines de mode. (3)
   (c) Quelquefois. C'est moins cher. (2)

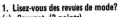

OUVERTURE

A. **Vous comprenez?** Devinez le sens des mots employés dans le test et cherchez le mot anglais à droite qui correspond à chacun des mots français à gauche.

Ouverture: The texts, realia, drawings, or photos of the **Ouverture culturelle** are accompanied by a series of activities that allow students to enter into the topic by personalizing it.

Answers, Ex. A: 1-g, 2-d, 3-b, 4-j, 5-h, 6-a, 7-i, 8-k, 9-e, 10-c, 11-f.

1.	la mode	a.	*flea market*
2.	les revues de mode	b.	*clothes*
3.	les vêtements	c.	*pants*
4.	les vitrines des magasins	d.	*fashion magazines*
5.	les grands magasins	e.	*haircut*
6.	le marché aux puces	f.	*patterns (for clothing)*
7.	une tenue	g.	*fashion*
8.	le coiffeur	h.	*department stores*
9.	la coupe	i.	*outfit*
10.	le pantalon	j.	*store windows*
11.	les patrons	k.	*hairdresser*

B. **Et maintenant, à vous.** Répondez aux questions du test, additionnez les points et lisez les commentaires qui s'appliquent à vos résultats.

Suggestion, Ex. B: Take the test along with your students.

C. **Moi, je. . .** Expliquez à votre partenaire les traits qui vous caractérisent d'après les résultats du test et justifiez-vous.

Ex. C: ⇄

Suggestion, Ex. C: Model the activity by talking about yourself first, according to your results on the test. Then divide the class into pairs for the activity.

MODÈLE: *Moi, je suis vraiment à la mode parce que j'achète mes vêtements dans les magasins de mode et parce que je porte une tenue différente chaque jour.*

Chapitre premier

On s'achète des vêtements

Each chapter opens with a short activity designed to further expand the topic of the unit. Students are asked to match either drawings or photographs with the appropriate statements.

Answers, photos and statements:
1-Simone, 2-Jean-Paul, 3-Roland

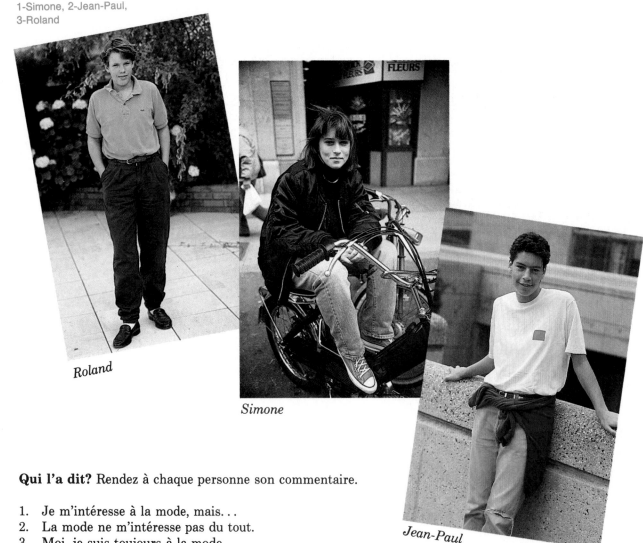

Roland

Simone

Jean-Paul

Qui l'a dit? Rendez à chaque personne son commentaire.

1. Je m'intéresse à la mode, mais...
2. La mode ne m'intéresse pas du tout.
3. Moi, je suis toujours à la mode.

Première étape

Point de départ:

Les vêtements pour filles

Suggestion, Point de départ:
Begin by identifying the clothing that the girls in the class are wearing as well as your own clothing (if you are a woman). This list will include some items (such as jeans) not listed here.

un chemisier

un chapeau

un pull-over

une veste

une robe

un foulard

une marinière

un pantalon

un short

une jupe

un tailleur

un bermuda

un bikini

29

Suggestion, Les tissus: Return to the clothing worn by the girls in the class and ask questions using the materials mentioned in the list. *Modèle:* **Est-ce que ton chemisier est en coton ou en soie? Est-ce qu'elle porte une robe imprimé? Est-ce que son sac est en toile? Est-ce que ce pantalon est en polyester ou en acrilique? Est-ce que ce pull est en laine? Etc.**

Les tissus *(fabrics)*

en laine *(wool)*	Il a acheté un pantalon **en laine.**
en maille jersey	C'est un chemisier **en maille jersey.**
en coton	Elle a porté une robe **en coton.**
en acrylique	C'est une jupe **en acrylique.**
en polyester	Je n'aime pas les pantalons **en polyester.**
en soie *(silk)*	Je viens d'acheter une robe **en soie.**
en toile *(canvas, sailcloth)*	Est-ce que tu as une veste **en toile?**
à rayures, rayé *(striped)*	J'aime les chemisiers **à rayures (rayés).**
imprimé *(print)*	Voilà, Mademoiselle, un bermuda **imprimé.**
à fond *(background)*	Elle a acheté une robe **à fond** blanc et **à**
à pois *(polka dots)*	**pois** bleus.
uni *(one color)*	Il préfère les vêtements **unis.**

À vous!∎∎∎∎∎∎∎∎∎∎∎∎∎∎∎∎∎∎∎∎∎∎∎∎∎∎∎∎∎∎∎

Variation, Ex. A: If you have a talented artist in class, you can have him/her draw the items, one at a time, on a transparency while the class guesses the names of the pieces of clothing.

A. **Que portent-elles?** Identifiez ces vêtements pour jeunes filles.

MODÈLE: *Monique porte un short et un chemisier.*

1. Simone porte...   2. Lise porte...

3. Anne-Marie porte...   4. Sylvie porte...

5. Chantal porte...

Ex. B: ○

B. **J'ai... Je préfère...** Les filles: Regardez les dessins de l'Exercice A et dites quels vêtements vous possédez et quels vêtements vous ne possédez pas. Les garçons: Regardez les dessins et dites quels vêtements vous préférez.

Implementation, Ex. B: Be sure that each small group has both boys and girls in it.

MODÈLES: FILLE: *J'ai un foulard mais je n'ai pas de chapeau.*
GARÇON: *Pour les filles, je préfère les jupes. Je n'aime pas les pantalons.*

C. **Descriptions.** Décrivez les vêtements que portent Simone, Lise, Anne-Marie, Sylvie et Chantal dans les dessins de l'Exercice A. Si vous n'êtes pas sûr(e) du tissu, inventez une réponse.

MODÈLE: *Monique porte un short uni et un chemisier imprimé.*

1. Simone   4. Sylvie
2. Lise   5. Chantal
3. Anne-Marie

Structure: Expressions of necessity followed by the infinitive are not presented until the second **Étape.** This is designed to give students a sense of relief after having studied the subjunctive. Note also that the explanation of the subjunctive has been simplified to avoid an excess of confusing jargon.
You may wish to begin by introducing the expression **il faut** with a noun so that students understand the meaning of necessity. Ask a series of questions that require **il faut** + noun as an answer: **Qu'est-ce qu'il faut pour faire un sandwich?** (**Il faut du pain, de la moutarde, du jambon, du fromage.**) **Qu'est-ce qu'il faut pour faire une salade? Qu'est-ce qu'il faut pour préparer un bon dîner?** Etc.
Then introduce the subjunctive with regular **-er** verbs through a series of statements followed by questions and answers. *Modèle:* **Voici les règles pour la classe de français: Il faut que nous parlions français. Il faut que nous étudiions tous les jours. Il est nécessaire que tu** (point to a particular student) **participes en classe. Il est nécessaire que tu apportes ton livre et ton cahier. Il faut que je prépare la leçon. Il faut que je corrige les examens.** Then reverse the process by putting all of these statements into question form. Students then answer using the subjunctive, while you give corrective feedback.
Finally, give a short explanation (in English or French) of the use of the subjunctive with expressions of necessity. Then proceed to Exercise D.

STRUCTURE

L'emploi du subjonctif pour exprimer la nécessité

Il faut que j'aille au centre commercial.

Tu as raison. **Il est nécessaire que tu achètes** une robe.

I have to go to the mall.

You're right. *You have to buy* a dress.

Il faut que and **il est nécessaire que** are two expressions that indicate necessity (someone must do something). Both of these expressions are followed by a verb in the subjunctive mood.

The subjunctive mood is used in sentences that have more than one clause and in which the speaker or writer expresses necessity. For instance, the first sample sentence contains two clauses—**il faut que** and **j'aille au centre commercial.** Note that the two clauses are connected by **que** and that the subjunctive is used only in the second clause—that is, after **que.**

The following endings are used with all verbs in the subjunctive except **avoir** and **être:** **-e, -es, -e, -ions, -iez, -ent.** Before you can use these endings, you must find out the correct verb stem.

Le présent du subjonctif des verbes en **-er** et en **-ir**

The simplest way to find the subjunctive stem of an **-er** or **-ir** verb is to drop the **-ons** ending from the present-tense **nous** form.

	parler **nous parlons**	**réussir** **nous réussissons**
(que)	je parle	je réussisse
	tu parles	tu réussisses
	il, elle, on parle	il, elle, on réussisse
	nous parlions	nous réussissions
	vous parliez	vous réussissiez
	ils, elles parlent	ils, elles réussissent

D. Remplacez les mots en italique par les mots donnés entre parenthèses et faites les changements nécessaires.

MODÈLE: Il faut que *tu* parles au professeur. (nous)
Il faut que nous parlions au professeur.

1. Il faut que *j'*étudie mon français. (vous / elle / tu / nous / ils)
2. Il est nécessaire que *tu* finisses les devoirs. (je / nous / il / vous / elles)
3. Il faut que *nous* mangions des légumes. (tu / elle / vous / ils / je)
4. Il faut qu'*elle* achète un chemisier. (je / vous / tu / elles)
5. Il est nécessaire qu'*ils* téléphonent à leur grand-mère. (je / tu / nous / elles / vous / il)
6. Il faut que *je* cherche un appartement. (nous / ils / vous / elle / tu / je)

Le présent du subjonctif des verbes *avoir* et *être*

The present subjunctive forms of **avoir** and **être** are irregular.

	avoir	être
(que)	j' **aie** tu **aies** il, elle, on **ait** nous **ayons** vous **ayez** ils, elles **aient**	je **sois** tu **sois** il, elle, on **soit** nous **soyons** vous **soyez** ils, elles **soient**

Le présent du subjonctif des verbes *aller* et *prendre*

Both **aller** and **prendre** have a second stem for the first- and second-person plural forms (**nous** and **vous**).

	aller	prendre
(que)	j' **aille** tu **ailles** il, elle, on **aille** nous **allions** vous **alliez** ils, elles **aillent**	je **prenne** tu **prennes** il, elle, on **prenne** nous **prenions** vous **preniez** ils, elles **prennent**

Application ■■■■■■■■■■■■■■■■■■■■■■■■■■■■

Ex. E: ⇄

E. **D'abord. . .** Vous voulez aller au centre commercial pour acheter des vêtements, mais votre mère veut que vous fassiez d'abord autre chose. Jouez le rôle de la mère. Employez **il faut que** ou **il est nécessaire que** avec les éléments donnés.

MODÈLE: m'aider avec la vaisselle
— *Je veux aller au centre commercial.*
— *D'abord il faut que tu m'aides avec la vaisselle.*
— *D'accord. Je vais faire la vaisselle.*

1. ranger ta chambre
2. aller à la boulangerie
3. aller trouver ta sœur
4. parler à ton père
5. aider ton frère avec son français
6. manger quelque chose
7. prendre une douche
8. finir tes devoirs de français

F. **Des objections.** Réagissez, selon le modèle, en donnant le contraire des phrases suivantes.

MODÈLE: Il ne va pas à Paris.
Mais il faut qu'il aille à Paris!

1. Nous n'allons pas à la banque aujourd'hui.
2. Il n'étudie pas le japonais.
3. Elle n'est pas à l'heure.
4. Nous n'allons pas chez les Durand.
5. Je ne vais pas à l'école aujourd'hui.
6. Nous ne prenons pas le métro.
7. Il ne réussit pas à ses examens.
8. Je n'ai pas de patience.
9. Elles ne mangent pas leurs légumes.
10. Nous ne visitons pas les châteaux de la Loire.

SAINT LAURENT
rive gauche

NOTE GRAMMATICALE

Autres expressions pour exprimer la nécessité

To encourage an action, use any of these expressions followed by the subjunctive:

Il vaut mieux que tu **prennes** le train. — *It would be better for* you *to take* the train.

Il est préférable qu'il **aille** en France. — *It's preferable for* him *to go* to France.

Il est important que vous **étudiiez.** — *It's important for* you *to study.*

Il est essentiel qu'elle **mange** quelque chose. — *It's essential that* she *eat* something.

Suggestion, Note grammaticale: Proceed through a series of personalized questions and answers based on short contexts. *Modèle:* **1. Vous avez un examen. Est-ce qu'il est important que vous étudiiez? 2. Vous voulez être en bonne santé. Est-ce qu'il est essentiel que vous mangiez des légumes? 3. Si je veux aller à (city), est-ce qu'il vaut mieux que je prenne l'auto ou le train? 4. Si on veut apprendre le français, est-ce qu'il est préférable qu'on aille en France ou en Allemagne?**

G. **Comment?** Vous allez faire un voyage en train avec un groupe de camarades. L'organisateur (l'organisatrice) du voyage vous explique ce qu'il faut faire, mais vous et vos camarades ne faites pas très attention. Suivez le modèle.

Ex. G: △

MODÈLE: il est préférable / voyager en groupe

L'ORGANISATEUR: *Il est préférable que vous voyagiez en groupe.*

ÉTUDIANT A: *Pardon?*

ÉTUDIANT B: *Il est préférable que nous voyagions en groupe.*

1. il est préférable / prendre le train de 8h
2. il est essentiel / être à la gare avant 7h
3. il faut / être à l'heure
4. il vaut mieux / prendre un taxi pour aller à la gare
5. il est nécessaire / avoir des réservations
6. il est important / apporter quelque chose à manger

H. **À mon avis. . .** Utilisez une des expressions que vous venez d'apprendre dans cette **étape** pour encourager les actions de vos amis.

Ex. H: ○

MODÈLE: Je ne veux pas aller en ville, je vais regarder la télévision.
À mon avis, il vaut mieux que tu ailles en ville.

1. Je ne veux pas étudier, je vais jouer au football.
2. Nous n'allons pas prendre le métro, nous allons prendre un taxi.

3. Nous ne voulons pas apprendre une langue, nous allons étudier l'informatique *(computer science)*.
4. Je ne vais pas téléphoner à mes parents, je vais téléphoner à un ami.
5. Je ne veux pas manger les légumes, je vais manger la viande.
6. Nous ne sommes jamais à l'heure, nous sommes toujours en retard.
7. Je ne veux pas parler français, je vais parler anglais.
8. Je ne vais pas aller à la bibliothèque, je vais aller au cinéma.

Ex. I: △ or □

I. **J'ai des ennuis.** *(I have problems.)* Vos amis ont besoin de conseils *(advice)* parce qu'ils ont de petits problèmes. Employez les expressions **il faut que, il est nécessaire que, il vaut mieux que, il est important que, il est essentiel que** et le subjonctif pour les aider.

MODÈLE: ne pas réussir aux examens de français
            — *Je ne réussis pas aux examens de français.*
            — *Il faut que tu étudies.*
    ou: *Il est important que tu parles au professeur.*
            — *Bon, d'accord. Je vais étudier (parler au prof).*

1. aller à une soirée et ne pas avoir de vêtements
2. avoir des difficultés dans le cours de maths
3. ne pas avoir assez d'argent pour acheter une voiture
4. ne pas être en bonne santé et maigrir
5. aller à Vail et ne pas savoir faire du ski

RELAIS

Audio tape: The conversations in the **Relais** sections are recorded on the Teacher Tape. The script is in the Teaching Guide for each unit. Play the conversations before continuing to the **À vous!** exercises.

On va à une soirée

Écoutez la bande que votre professeur va jouer pour vous. En particulier, faites attention aux expressions utilisées pour demander ou donner son avis *(opinion)*.

Dans la première partie, Béatrice et Annick discutent des vêtements qu'elles vont mettre pour aller à une soirée. Dans la deuxième partie, Jean-Paul et Michel parlent des vêtements que portent Annick et Béatrice.

ON S'EXPRIME

Expressions pour demander et donner une opinion

Qu'est-ce que tu penses de cette jupe?

Je pense qu'elle est très chic.

Et la jupe, qu'est-ce que tu en penses?

Je trouve qu'elle est jolie.

Comment trouves-tu cette jupe?

À mon avis, elle fait trop habillée *(is too formal or dressy).*

On s'exprime: This is a new feature of *On y va!,* Level 3. The conversational strategies presented in these sections are intended to help students become more functional with the language they have at their disposal. You should keep these expressions in mind so that you have students use them in subsequent units and in a variety of contexts.

À vous!

J. **Qu'est-ce que tu en penses?** Demandez l'avis de vos camarades sur les vêtements des autres élèves dans la classe. Vos camarades vont donner une opinion en employant les expressions ci-dessus et des adjectifs. Quelques adjectifs: **long, court, confortable, chic, à la mode, étroit, joli, moche, simple, cher, beau, formel, extraordinaire, ample, serré** *(tight),* **bizarre, chouette.**

Ex. J: ☐

Suggestion, Ex. J: Have students look at the expressions in **On s'exprime** while they're doing the exercise. Or put the expressions on the board for easy access.

MODÈLE: marinière
— *Qu'est-ce que tu penses de cette marinière?*
ou: *Comment trouves-tu cette marinière?*
ou: *Et cette marinière, qu'est-ce que tu en penses?*
— *Je trouve qu'elle est très jolie, mais elle est trop grande.*

Printemps
64, Bd Haussmann, Paris ▮ 75009

LE PLUS PARISIEN DES GRANDS MAGASINS

1988

Ex. K: ⇄

K. **Dans un grand magasin.** Vous (fille) êtes dans un grand magasin avec
un(e) ami(e) pour acheter des vêtements. Vous demandez l'avis de votre
ami(e) au sujet des vêtements dans les dessins suivants. Votre ami(e)
donne sa préférence et vous conseille quel vêtement acheter.

MODÈLE: — *Voilà une jupe courte imprimée et une jupe longue unie.
Qu'est-ce que tu en penses?*
— *J'aime mieux les jupes longues et tu as un chemisier
imprimé. Il vaut mieux que tu achètes la jupe longue unie.*

1.

2.

3.

4.

5.

STRUCTURE

Structure: Once you have pointed out that some verbs have an irregular subjunctive stem, you can proceed directly to Exercise L. If you feel that additional patterned practice is needed, have students first do Ex. L as a full class, then have them repeat the exercise in pairs.

Le subjonctif des verbes **mettre, faire, pouvoir, savoir, sortir** *et* **partir**

Il faut que **je mette** la table.	I have *to set* the table.
Il vaut mieux que **tu fasses** tes devoirs.	It would be better *to do* your homework.
Il est important qu'**elle puisse** parler à Philippe.	It's important that *she be able to talk* to Philippe.
Oui, il faut qu'**elle sache** la vérité.	Yes, she has *to know* the truth.
Il faut que **je sorte** ce soir.	I have *to go out* tonight.
Et toi, il faut que **tu partes** pour Toulouse.	And you have *to leave* for Toulouse.

The following are the present subjunctive stems for the verbs **mettre, faire, pouvoir, savoir, sortir,** and **partir:**

mettre	**mett-**	Il faut que je **mette** la table.
faire	**fass-**	Il faut que tu **fasses** tes devoirs.
pouvoir	**puiss-**	Il faut qu'il **puisse** donner son avis.
savoir	**sach-**	Il faut que nous **sachions** la vérité.
sortir	**sort-**	Il faut que vous **sortiez** plus souvent.
partir	**part-**	Il faut qu'elles **partent** immédiatement.

Application ■■■■■■■■■■■■■■■■■■■■■■■■■■■■■

L. Remplacez les mots en italique par les mots donnés entre parenthèses et faites les changements nécessaires.

1. Il faut que *tu* mettes un pull-over. (je / vous / elle / nous / ils)
2. Il est important qu'*elle* fasse attention. (je / vous / elles / nous / il)
3. Il est essentiel qu'*ils* puissent aller à la pharmacie. (je / vous / tu / elle / nous)
4. Il faut que *vous* sachiez la réponse. (tu / elles / nous / il / vous / je)
5. Il est préférable que *tu* sortes avec nous. (elle / vous / ils / tu)
6. Il est nécessaire que *nous* partions à l'heure. (il / vous / tu / elles / je)

M. **Il faut. . .** Expliquez ce que les personnes dans les dessins doivent faire pour résoudre leurs problèmes. Employez **il faut que** ou **il est nécessaire que** suivi du subjonctif.

MODÈLE: *Il faut qu'il étudie. Il est nécessaire qu'il parle à son professeur. Il faut qu'il fasse ses devoirs. Il faut qu'il sache les réponses. Il est nécessaire qu'il apprenne les formules. Etc.*

1. Qu'acheter?   2. Que faire?

3. Que faire?   4. Que faire?

N. **La semaine prochaine.** Expliquez à votre partenaire ce que vous devez faire la semaine prochaine. Employez les expressions **il faut que, il est nécessaire que, il est important que, il est essentiel que** et le subjonctif des verbes que vous avez appris, pour indiquer vos obligations.

Ex. N: ⇄

MODÈLE: *Il faut absolument que j'aille chez le dentiste. Il est nécessaire que j'achète un cadeau pour mon frère. Etc.*

DÉBROUILLONS-NOUS !

Exercice écrit

O. **Une lettre.** An exchange student from Niger in Africa is about to come to your school. Because you know French, you've been asked to write her a letter about what clothing she should bring. Tell her about the climate throughout the year in your region. Then use expressions of necessity and the subjunctive of **apporter** to give her advice about what to bring.

Exercice oral

P. **Il faut que tu portes. . .** The exchange student has now arrived from Niger. She doesn't know what clothes to wear for various occasions. Use the expressions you have learned and the subjunctive of either **mettre** or **porter** to tell her what girls wear *to an informal party, to a dance, to school, to a football game, to a movie,* and *to a restaurant with a date.*

MODÈLE: — *Qu'est-ce que je mets pour aller à une soirée?*
— *Pour aller à une soirée, il faut que tu mettes une jupe avec un chemisier.*

Débrouillons-nous!: Each **Etape** ends with oral and written cumulative exercises. The oral exercise should be done in class as a culminating activity. The written exercise can either be worked on in class (as a small-group exercise) or be assigned for homework. Whatever the method, it's a good idea to compose a model on the board or a transparency, with all students contributing to the model.

Ex. O: The expressions for opening and closing letters are found in the Workbook.

Ex. P: ⇄

Written Work: See Workbook.

Deuxième étape

Suggestion, Point de départ:
Begin by describing the clothing worn by some of the boys in class. Then refer to the pictures to have students identify the items of clothing.

Point de départ:

Les vêtements pour garçons

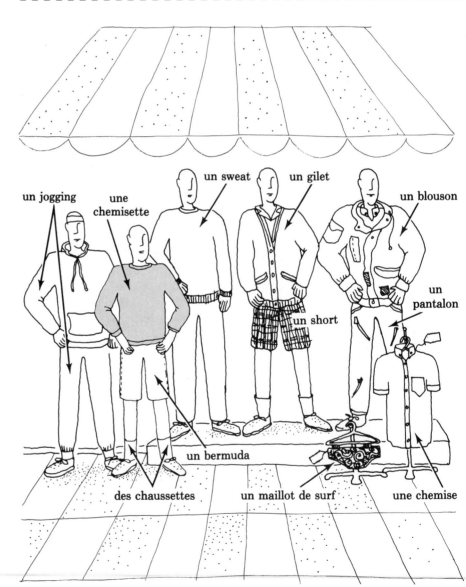

À vous!■■■■■■■■■■■■■■■■■■■■■■■■■■■■■■■■

A. **Que portent-ils?** Identifiez les vêtements que portent les garçons dans les dessins suivants.

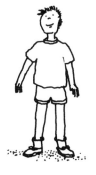

François

MODÈLE:

François porte un T-shirt et un short.

1. Paul   2. Henri   3. Hervé   4. Serge   5. Roland

B. **Comment est-ce qu'il s'habille?** *(How does he dress?)* Donnez les traits caractéristiques d'un garçon que vous connaissez. Ensuite expliquez comment il s'habille.

Ex. B: △

MODÈLE: *Mon frère John est très sportif. Il adore jouer au football, il fait du jogging et il joue au basket et au base-ball. Il n'est pas très à la mode. Il porte toujours la même chose. À la maison il porte un jogging ou un short avec un sweat. À l'école il porte un jean et un T-shirt. Quelquefois il met un pantalon, une chemise et un blouson.*

REPRISE

Recycling activities.

Ex. C: △

C. **Qu'est-ce qu'il faut que je fasse?** Parce que vous êtes connu(e) pour votre bon sens *(common sense),* vos amis vous demandent toujours des conseils. Pour chaque problème qu'ils posent, proposez des solutions. Employez **il faut que** avec le subjonctif dans vos réponses.

MODÈLE: Chaque fois que je demande à Francine de sortir avec moi, elle trouve une raison pour refuser. Je ne comprends pas pourquoi elle ne veut pas sortir avec moi.
À mon avis, il faut que tu parles avec elle. Il faut que tu sois honnête avec elle.

1. Je dépense *(spend)* mon argent trop rapidement. Quand j'ai un peu d'argent à la banque, j'achète toujours quelque chose. Je sors souvent avec mes amis et je mange au fast-food trois fois par semaine. J'adore les vêtements. Mes amis pensent que je suis matérialiste. Qu'est-ce que je peux faire?
2. J'ai beaucoup de difficultés dans mon cours de mathématiques. Mon professeur pense que je ne travaille pas assez. Je suis sûr(e) que je ne suis pas doué(e) pour *(talented in)* les mathématiques. Je ne comprends pas les explications en classe. Tous mes amis ont une calculatrice. Est-ce que c'est la solution à mon problème?
3. Je suis très paresseux(-se). Quand je suis à la maison je ne veux pas faire les devoirs. Le week-end je reste au lit jusqu'à midi. Je sors rarement avec mes amis. Je ne sais pas ce que je veux faire dans la vie. J'aime l'argent, mais je ne veux pas travailler trop dur *(hard).* Qu'est-ce que je dois faire?

Ex. D: △

Follow-up, Ex. D: You can give each group an additional photo from fashion magazines. Some groups can then be asked to present their descriptions to the class. You may or may not wish to assign a grade for their descriptions.

D. **Des femmes à la mode.** Décrivez les vêtements que portent les trois mannequins.

1. Balmain   *2. Chanel*   *3. Dior*

STRUCTURE

L'emploi de l'infinitif pour exprimer la nécessité

Qu'est-ce que nous devons faire avant de partir?

D'abord, **il faut acheter** les billets.	First, *we have to buy* the tickets.
Ensuite, **il est important de réserver** les chambres d'hôtel.	Then *it's important to reserve* the hotel rooms.
Enfin, **il est essentiel de faire** les valises.	Finally, *it's essential to pack.*

The expressions of necessity you learned in the **Première étape** can be used with an infinitive if there is no confusion about who is going to carry out the action. In the example above, the question **«Qu'est-ce que nous devons faire avant de partir?»** establishes that *we* is the subject of all of the things that have to be done.

To use an infinitive with an expression of necessity, drop the **que** and, in some cases, add the preposition **de,** as follows:

> **il faut** + *infinitive*
> **il vaut mieux** + *infinitive*
> **il est nécessaire de** + *infinitive*
> **il est préférable de** + *infinitive*
> **il est important de** + *infinitive*
> **il est essentiel de** + *infinitive*

If you want to say that something should not be done, put **ne pas** in front of the infinitive:

Il vaut mieux **ne pas parler** en classe.	It's better *not to talk* in class.
Il est préférable de **ne pas sortir** ce soir.	It's preferable *not to go out* tonight.

The negative of the expression **il faut** is an exception to this rule, and is formed by placing **ne** before **faut** and **pas** directly after it:

Il **ne faut pas aller** au cinéma ce soir!	You *must not go* to the movies tonight!

Structure: Present through a series of questions and answers. *Modèle:* **Pour être en bonne santé, est-ce qu'il faut manger des légumes? Est-ce qu'il est important de faire de l'exercice? Est-ce qu'il faut éliminer le sel et le sucre? Est-ce qu'il est essentiel d'éliminer le café? Est-ce qu'il est nécessaire de dormir beaucoup? Est-ce qu'il est préférable d'éliminer la viande?**

Then have students give a variety of answers to the following questions: **Qu'est-ce qu'il faut avoir pour faire un sandwich? Une bonne salade? Qu'est-ce qu'il faut faire pour avoir des bonnes notes? Qu'est-ce qu'il faut faire pour avoir des amis? Qu'est-ce qu'il faut faire pour apprendre le français? Qu'est-ce qu'il faut faire pour réussir aux examens? Qu'est-ce qu'il faut avoir pour être heureux dans la vie?**

Application ■■■■■■■■■■■■■■■■■■■■■■■■■■■■■■■■

E. Remplacez les mots en italique par les mots entre parenthèses et faites les changements nécessaires.

1. *Il est important d'*écouter le professeur. (il faut / il est nécessaire de / il est essentiel de)
2. *Il faut* être à la mode. (il est important de / il est préférable de / il vaut mieux)
3. *Il est nécessaire de* mettre un pull-over. (il faut / il vaut mieux / il est préférable de / il est important de)
4. *Il est important de* ne pas trop manger. (il est préférable de / il faut)

F. **Qu'est-ce qu'il faut faire?** Vous et vos amis, vous voulez préparer un bon dîner pour vos parents. Utilisez les éléments donnés pour expliquer ce qu'il faut faire pour vous préparer.

MODÈLE: faire les courses
Il faut faire les courses.

1. acheter de la viande et des légumes
2. choisir les boissons
3. nettoyer *(to clean)* la maison
4. faire la cuisine
5. mettre la table
6. changer de vêtements

Ex. G: □

G. **Qu'est-ce qu'il faut mettre?** Employez les éléments donnés pour expliquer quels vêtements il faut mettre et quels vêtements il vaut mieux ne pas mettre dans certaines situations.

MODÈLE: à une soirée élégante
Il faut mettre une robe. Il faut mettre un pantalon et une chemise. Il vaut mieux ne pas mettre un jean et un sweat.

1. à un pique-nique
2. au théâtre
3. à l'église ou à la synagogue
4. à la plage

Ex. H: ⇄

Suggestion, Ex. H: Do the first item with the entire class before dividing the students into pairs.

H. **Des préparatifs.** Décidez ce qu'il faut faire pour vous préparer pour chacune des activités suivantes. Employez les expressions de nécessité avec des infinitifs.

MODÈLE: un voyage
Il faut acheter des billets. Il est nécessaire de réserver les chambres d'hôtel. Il faut faire les valises. Il est important de faire nos adieux à nos amis. Etc.

1. un voyage
2. un dîner important
3. un week-end à la plage

4. une soirée
5. un examen
6. l'anniversaire d'un(e) ami(e)

Aux Galeries Lafayette

Écoutez la bande que votre professeur va jouer pour vous. En particulier, faites attention aux expressions utilisées pour indiquer qu'on est d'accord.

LES GALERIES LAFAYETTE

vous souhaitent la bienvenue à Nice,
et espèrent que votre séjour
sera très agréable.

Notre téléphone : 85.40.21.

Nous acceptons les cartes.*

Galeries Lafayette

Place Masséna
NICE

SERVICES GALERIES LAFAYETTE

Les GALERIES LAFAYETTE vous présentent les
dernières créations des plus grandes
Marques françaises, sélectionnées à votre
attention. Institut de Beauté, Salon de Coiffure,
(2e étage). Banque, Change, Détaxe, (4e étage).
DETAXE : aux GALERIES LAFAYETTE
vous pouvez obtenir sur certains articles la détaxe
au titre de exportation. Tous renseignements,
Caisse 1, 4e étage.

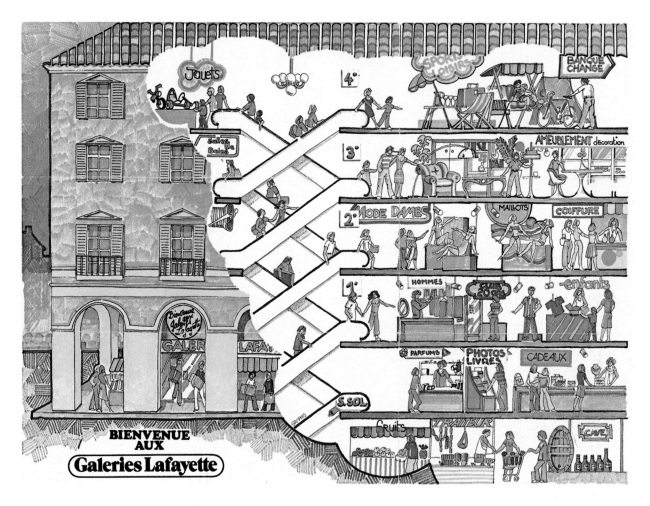

young people

Audio tape: Have students listen to the **Relais** conversation before they do the **À vous!** exercises.

À Nice, un groupe de **jeunes gens** va passer samedi à faire des courses. C'est la saison de Noël et il y a beaucoup de monde dans tous les grands magasins. Pascale, Albert, Francine et Serge décident où ils vont faire leurs courses.

Les quatre amis sont aux Galeries Lafayette. Ils se séparent pour faire leurs achats. Plus tard ils vont se retrouver pour aller au café.

ON S'EXPRIME

Expressions pour indiquer qu'on est d'accord

On va aux Galeries Lafayette?	**D'accord. (D'acc., O.K.)**
	Oui, pourquoi pas?
	C'est d'accord.
	Je veux bien.
	Oui. C'est décidé. On y va.
Ce pantalon est moche!	**Tu as raison. (Vous avez raison.)**
	Je suis d'accord.
	C'est vrai.

Expressions pour indiquer qu'on n'est pas d'accord

On va aux Galeries Lafayette?	**Non. Moi, je préfère. . .**
	Si tu veux. Mais moi, je préfère. . .
	Moi, j'aime mieux. . .
	Ça ne me tente pas.
Ce pantalon est moche!	**Je ne suis pas d'accord.**
	Pas du tout! Il est. . .
	Au contraire! Il est. . .

Suggestion, On s'exprime: Give each student a card with one of the expressions written on it. Then make a series of suggestions and they react using the expression from their card, either agreeing with you or making an alternate suggestion. Suggestions: **Allons au cinéma. On va au centre commercial? Mangeons au restaurant ce soir. Est-ce que vous voulez aller à la piscine? Allons voir un film français. Je pense que nous allons avoir un examen demain.**

À vous!

I. **Où aller?** Vous et vos amis, vous avez décidé de faire du shopping, mais vous n'êtes pas d'accord où aller. Chaque fois que quelqu'un propose un grand magasin, quelqu'un d'autre en propose un autre.

Ex. I: ○

MODÈLE: On va aux Galeries Lafayette? (au Printemps)
Non, moi, je préfère aller au Printemps.

1. Alors, on va au Printemps. (au Prisunic)
2. Bon, c'est d'accord. On va au Prisunic. (au Monoprix)
3. Pourquoi pas? On va au Monoprix. (à Auchan)
4. C'est d'accord. On va à Auchan. (au Mammouth)
5. O.K. On va au Mammouth. (à la Redoute)
6. D'accord. On va à la Redoute. (au Carrefour)
7. Je veux bien. On va au Carrefour. (à la Samaritaine)
8. Pourquoi pas? On va à la Samaritaine. (au Bazar de l'Hôtel de Ville)
9. D'acc. On va au BHV. (aux Galeries Lafayette)
10. Oui. C'est décidé. On va aux Galeries Lafayette! (au Prisunic)

Ex. J: ○

J. **Alors, il faut que...** Vous êtes aux Galeries Lafayette avec des amis. Vous avez le plan du magasin (à voir la page 48) et vous pouvez donc dire à vos amis à quel étage ils peuvent trouver les choses qu'ils cherchent.

MODÈLE: J'ai besoin d'un pantalon pour hommes.
Alors, il faut que tu montes au premier étage.

1. Nous cherchons les bicyclettes.
2. Et moi, je voudrais une lampe pour ma chambre.
3. Paul veut acheter un livre pour son cousin.
4. Elle a besoin d'un sac à dos.
5. Où est-ce que je vais pour acheter un maillot de bain?
6. Nous avons besoin de vêtements pour la petite Janine.
7. Je cherche des cadeaux pour mes amis.
8. Et moi, je voudrais aller chez le coiffeur.
9. Nous cherchons des jouets.
10. Je veux aller aux toilettes.

DÉBROUILLONS-NOUS!

Review of **étape.**

Exercice oral

Ex. K: △

K. **Faisons du shopping!** Organize a clothes-shopping trip in your town with your friends. Decide which stores you'll go to and what clothes you have to buy.

Exercice écrit

L. **J'ai acheté...** One of your best friends is spending the year in Quebec. You write to him/her regularly about what you and your friends are doing. In this letter, tell about your shopping trip. Describe the clothes you and your friends bought and note the occasions for which you're going to wear them. Begin and end your letter appropriately.

Written Work: See Workbook

Lexique

On s'exprime

Pour exprimer la nécessité

il est essentiel de (que)	il est préférable de (que)
il est important de (que)	il faut (que)
il est nécessaire de (que)	il vaut mieux (que)

Pour demander l'opinion

Comment trouves-tu (trouvez-vous). . . ?
Qu'est-ce que tu penses (vous pensez) de. . . ?
Qu'est-ce que tu en penses (vous en pensez)?

Pour donner son opinion

À mon avis, . . .
Je pense que. . .
Je trouve que. . .

Pour dire qu'on est d'accord

C'est d'accord.
C'est vrai.
D'accord. (D'acc., O.K.)
Je suis d'accord.
Je veux bien.
Oui. C'est décidé.
Oui, pourquoi pas?
Tu as raison. (Vous avez raison.)

Pour dire qu'on n'est pas d'accord

Au contraire!
Je ne suis pas d'accord!
Non, moi je préfère. . .
Pas du tout!
Si tu veux, mais moi, je préfère. . .

Pour décrire les vêtements

à la mode
ample
beau (belle)
bizarre
cher(-ère)
chic
chouette
confortable
court(e)
extraordinaire
faire trop habillé(e)
joli(e)
long(ue)
moche
serré(e)

Thèmes et contextes

Les tissus (m.pl.)

		Les vêtements (m.pl.)		
en acrylique	à fond *(+ color)*	un bermuda	un foulard	un pull-over
en coton	à pois	un bikini	un gilet	une robe
en laine	à rayures	un blouson	un jean (un blue-jean)	un short
en maille jersey	clair(e)	un chapeau	un jogging	un sweat(shirt)
en polyester	foncé(e)	une chaussette	une jupe	un tailleur
en soie	imprimé(e)	une chemise	un maillot de surf (de bain)	un T-shirt
en toile	rayé(e)	une chemisette	une marinière	une tenue
	uni(e)	un chemisier	un pantalon	une veste

Vocabulaire général

Noms

		Adjectifs	*Autres expressions*
un avis	les jeunes gens *(m.pl.)*	cher(-ère)	amitiés
le bon sens	un marché aux puces	plein	Ça te va très bien!
un coiffeur	la mode		être à la mode
un conseil	un(e) organisateur (-trice)	*Verbes*	
une coupe	un patron		
un escalier roulant	une revue de mode	dépenser	
un grand magasin	la vérité	faire attention à	
l'informatique *(f.)*	une vitrine	porter	

INTÉGRATION CULTURELLE

L'INDUSTRIE DE LA MODE

Galeries Lafayette (Paris)

Monoprix (Paris)

Boutique Dior

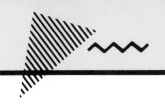

INTÉGRATION

A. Où est-ce qu'ils achètent leurs vêtements? Lisez les descriptions des personnes et décidez dans quel magasin elles achètent leurs vêtements. Le **Monoprix** est un magasin bon marché; les **Galeries Lafayette** ont des vêtements plus chers; la **Boutique Dior** vend des vêtements de haute couture. Expliquez aussi quels vêtements elles peuvent acheter.

MODÈLE: Michel est étudiant en médecine. Il n'a pas beaucoup d'argent et il est toujours obligé de faire des économies. Il ne s'intéresse pas beaucoup à la mode et il achète seulement ce qui est absolument nécessaire.
Il achète ses vêtements au Monoprix. Il peut acheter des chemises et des pantalons qui sont simples et bon marché.

1. Marie-Claude est d'une famille priviliégée. Elle est toujours à la mode et l'argent n'est pas un problème.
2. Francine aime les vêtements. Elle fait des économies pour être à la mode, mais elle ne peut pas se permettre d'acheter dans les boutiques.
3. Marcel s'habille bien. Il n'est pas riche et il n'achète pas beaucoup de vêtements. Il achète les vêtements qui sont à la mode mais qui ne coûtent pas une fortune.
4. Philippe et ses amis font partie d'un groupe très chic. Ils sont toujours à la mode et ils n'ont pas d'ennuis d'argent. Pour eux, l'important, c'est de faire leurs achats dans les meilleurs magasins.
5. Simone n'achète pas beaucoup de vêtements, mais elle ne veut pas dépenser son argent pour des choses qui sont trop bon marché. Elle préfère acheter des vêtements qui sont bien faits même s'ils coûtent un peu plus.
6. Bernard cherche toujours des soldes. Il n'aime pas faire les courses et il veut des vêtements qui sont très confortables et qui coûtent très peu.

Intégration cuturelle: This new section of *On y va!*, Level 3 is designed as a bridge from one chapter to the next within a unit. It continues the theme from the previous chapter and announces the general topic of the following chapter. The secton may be made up of several parts. In this first **Intégration culturelle**, students are asked to make a decision about where people are most likè to shop. Then they are asked comprehension questions about a reading. Finally, they become acquainted with some of the big names in French **haute couture**.

Answers:
1. Boutique Dior
2. Galeries Lafayette or Monoprix
3. Monoprix
4. Boutique Dior
5. Galeries Lafayette
6. Monoprix

Lecture: *Inès à la mode Chanel*

Vous avez peut-être déjà reconnu le visage d'Inès: elle est souvent à la télé et dans les revues féminines, dans des publicités pour le nouveau parfum de Chanel, *Coco*. Le vrai nom d'Inès, c'est Marie Laetitia Églantine Isabelle de Seignard de la Fressange. Elle est grande, mince et élégante; elle est aussi très intelligente. Inès adore le dessin: elle l'a étudié avant de devenir mannequin. Le père d'Inès est français, sa mère est argentine. La famille habite à soixante-quatre kilomètres de Paris, dans la campagne. Inès a aussi un appartement à Londres, où elle va quand elle ne travaille pas. Elle a un petit chien avec un nom anglais, James. Inès adore son travail pour Chanel, mais elle voudrait un jour faire un film. Bonne chance, Inès!

Inès de la Fressange

Compréhension ●●●●●●●●●●●●●●●●●●●●●●●●●●●●

B. **Inès de la Fressange.** Lisez le texte sur ce mannequin *(model)* célèbre, puis décidez si les phrases suivantes sont vraies ou fausses. Corrigez les phrases qui sont fausses à l'aide des renseignements du texte.

1. Inès fait de la publicité seulement dans les revues de mode.
2. Elle fait surtout de la publicité pour le parfum.
3. Elle travaille pour Chanel.
4. Le père d'Inès est argentin et sa mère est française.
5. Avant de devenir mannequin, elle était actrice.
6. Sa famille habite dans la ville de Paris.
7. Elle a aussi un appartement à Londres.
8. Un jour, elle voudrait être actrice.

Note Culturelle

Comme vous le savez, la France est très connue pour la haute couture *(high fashion)* et pour ses couturiers et couturières *(fashion designers).* Coco Chanel, Yves Saint-Laurent, Givenchy, Pierre Cardin, Balenciaga, Carven, Christian Dior, Ricci, Schiaparelli, Christian Lacroix, Karl Lagerfeld et Thierry Mugler sont connus dans le monde entier. Ces couturiers ont des boutiques dans toutes les grandes villes du monde et ils contribuent chaque année à la nouvelle mode présentée à Paris.

Mais tous ces couturiers ne font pas uniquement les vêtements. Dans leurs boutiques on peut acheter toutes sortes d'articles de luxe, y compris *(including)* du parfum, des savons, des gants *(gloves),* des foulards, des cravates *(ties)* et d'autres accessoires.

Chapitre deux

Est-ce que je peux essayer...?

1.
2.
3.
4.

*Pouvez-vous deviner les
deux vêtements que j'ai créés?*

Answers:
1. Christian Dior
2. Calvin Klein
3. Christian Dior
4. Calvin Klein

*Christian Dior:
Vêtements classiques
et sophistiqués.*

*Calvin Klein:
Vêtements modernes
et simples.*

Première étape

Point de départ:
Au rayon des vêtements

▪ ▪

SALONS D'ESSAYAGE

SOLDES

UNGARO

PRIX SPÉCIAL

CAISSE

VÊTEMENTS DE TRAVAIL

CHANEL

Note Culturelle

Si vous achetez des vêtements en France, vous allez voir que les tailles *(sizes)* sont déterminées de façon différente qu'aux États-Unis.

Pour les enfants et les adolescents jusqu'à 16 ans, les tailles sont calculées en centimètres *(1 inch = 2.54 cm.).* N'oubliez pas qu'il y a 100 centimètres dans un mètre. Pour trouver votre taille, il faut mesurer **le tour de poitrine** *(chest size),* **le tour de taille** *(waist size)* et **le tour de hanches** *(hip size).* Pour les pantalons, il faut mesurer **l'entrejambes** *(inseam).*

FILLES.

Stature en cm	105 à 116	117 à 128	129 à 140	141 à 152	153 à 158	159 à 164
Tour de poitrine en cm	60	64	70	78	82	88
Tour de taille en cm	54	56	58	60	61	62
Tour de bassin en cm	66	70	76	84	88	92
Taille à commander	114	126	138	150	156	162
Age moyen	5/6 ans	7/8 ans	9/10 ans	11/12 ans	13/14 ans	15/16 ans

GARÇONS.

Stature en cm	105 à 116	117 à 128	129 à 140	141 à 152	153 à 164	165 à 176
Tour de poitrine en cm	60	64	68	75	82	88
Tour de taille en cm	54	56	59	63	66	71
Tour de bassin en cm	62	66	71	78	84	92
Taille à commander	114	126	138	150	162	174
Age moyen	5/6 ans	7/8 ans	9/10 ans	11/12 ans	13/14 ans	15/16 ans

À partir de l'âge de 17 ans, les tailles ne sont plus calculées en centimètres. Voici les équivalents américains des tailles françaises:

Tailles pour femmes et hommes
Dames: Robes, tailleurs (suits) *et manteaux* (coats)

Tailles américaines	5/6	7/8	9/10	11/12	13/14	15/16	
Tailles françaises	36	38	40	42	44	46	

Dames: Vêtements en laine et chemisiers

Tailles américaines	30	32	34	36	38	40	42
Tailles françaises	36	38	40	42	44	46	48

Messieurs: Complets (suits) *et pardessus* (overcoats)

Tailles américaines	34	36	38	40	42	44	46
Tailles françaises	44	46	48	51	54	56	59

Messieurs: Chemises						
Tailles américaines	14.5	15	15.5	16	16.5	
Tailles françaises	37	38	39	40	41	

Messieurs: Vêtements en laine (pull-overs, chandails, vestes)

Tailles américaines	34	36	38	40	42	44	46
Tailles françaises	44	46	48	51	54	56	59

T-shirts:

Tailles américaines	XS	S	M	L	XL
Tailles françaises	1	2	3	4	5

À vous! ■■■■■■■■■■■■■■■■■■■■■■■■■■■■■■■■

A. **Au rayon des vêtements.** Aux rayons des vêtements, il y a toujours beaucoup d'affiches. Pour chaque phrase, choisissez l'affiche à la page 57 qui donne le renseignement que vous cherchez.

1. Vous voulez essayer un vêtement.
2. Vous cherchez les vêtements d'un(e) couturier(-ère) particulier(-ère).
3. Vous n'avez pas beaucoup d'argent.
4. Vous êtes riche et très chic.
5. Vous travaillez en **usine.**   factory
6. Vous cherchez une robe spéciale.
7. Vous aimez les choses bon marché.

B. **Quelle est votre taille?** Vous êtes au rayon des vêtements et vous voulez acheter les choses suivantes. Décidez quelle taille il vous faut et répondez selon le modèle. **Attention:** Déterminez votre taille selon votre âge.

MODÈLE: Je veux acheter un pull-over.
　　　　　Il me faut un 40.
　　ou: *J'ai besoin d'un 32.*
　　ou: *Je dois acheter un 54.*
　　ou: *Il faut que j'achète un 36.*

1. J'ai besoin d'une robe (d'une chemise).
2. Je veux acheter un manteau (un pardessus).
3. Je dois acheter un pull-over.
4. Il me faut un chemisier (une chemise).
5. J'ai besoin d'un tailleur (d'un complet).
6. Je voudrais un blouson.

Expansion, Ex. B: You can divide students into pairs and have them act out a little exchange based on the exercise. *Modèle:* —Je veux acheter un pull-over. —Quelle est votre taille? —Il me faut un 32. —Voilà, Monsieur (Mademoiselle). Un 32. —Merci bien, Monsieur (Mademoiselle).

REPRISE

Recycling activity.

Ex. C: ⇄

C. **Des projets pour le week-end.** Vous et votre ami(e), vous faites vos projets pour le week-end. Chaque fois que votre ami(e) présente deux possibilités, vous montrez votre préférence. Employez les expressions de nécessité (**il faut, il est préférable de, il est important de, il est nécessaire de, il vaut mieux, il est essentiel de**) et l'infinitif du verbe principal.

MODÈLE: aller au centre commercial / aller à la Fnac
— *On va au centre commercial ou on va à la Fnac?*
— *Il vaut mieux aller à la Fnac.*

1. aller au cinéma / aller au théâtre
2. manger au Quick / manger au Macdo
3. faire un pique-nique / aller à la plage
4. sortir avec des amis / rester à la maison
5. regarder le match de football / regarder le match de base-ball
6. faire du vélo / jouer au tennis
7. prendre le métro / aller à pied
8. faire les devoirs / regarder la télé

STRUCTURE

Structure: Have students say what they're giving to various people for their birthdays. *Modèle:* **Pour l'anniversaire de ma mère, je lui donne une montre. Pour l'anniversaire de mon frère, je lui donne un jeu vidéo.** Have them stay with the singular until they are comfortable with it; then move on to plural and change the occasion **(Mes parents? Pour Noël, je leur donne des disques).**

For the imperative, use the Total Physical Response technique. Tell students to give various objects to other students (individuals or pairs). *Modèle:* **Prends ce livre et donne-lui** (point to another student) **ce livre!**

Les pronoms d'objets indirects *lui* et *leur*

Tu parles **au professeur** aujourd'hui?	Are you talking *to the teacher* today?
Oui, je **lui** parle dans quelques instants.	Yes, I'm talking *to him (to her)* in a few minutes.
Quand tu **lui** parles, dis-**lui** que je vais être en retard.	When you talk *to him (to her),* tell him (her) that I'm going to be late.
Est-ce qu'il achète quelque chose **pour ses parents?**	Is he buying something *for his parents?*
Oui, il **leur** achète des vêtements.	Yes, he's buying *them* clothes.

Lui and **leur** are third-person, indirect-object pronouns that replace nouns used as indirect objects. In French, a noun used as an indirect object is introduced by the preposition **à** (or **pour** in the case of **acheter**). The indirect object pronoun therefore replaces **à** + person.

Lui replaces **à** + a feminine or masculine singular noun. Only the context makes it clear whether **lui** represents a male or a female.

Leur replaces **à** + a masculine or feminine plural noun. Again, only the context tells whether **leur** represents males or females. (It may also represent a group of both males and females.)

Note that these two pronouns are used only with people, not with things.

Lui and **leur** take the following positions in sentences:

Present tense:	**lui** + conjugated verb	Elle ne **lui** parle pas.
	leur + conjugated verb	Il **leur** raconte une histoire.
Imperative:	command form + **lui**	Donnez-**lui** cette cassette!
	command form + **leur**	Montre-**leur** les photos!

These verbs that you've already learned take an indirect object (noun or pronoun):

acheter (pour)	expliquer	parler
apporter	montrer	prêter *(to lend)*
apprendre	obéir	raconter
donner		téléphoner

Application ■■■■■■■■■■■■■■■■■■■■■■■■■■■■■■■

D. Remplacez les mots en italique par les pronoms **lui** ou **leur**.

MODÈLE: Je téléphone souvent *à ma grand-mère.*
          Je lui téléphone souvent.

1. Ils achètent toujours quelque chose *pour les enfants.*
2. Je parle *à mon amie* une fois par jour.
3. Elle ne prête pas ses disques *à son frère.*
4. Tu racontes toujours des histoires *à tes parents.*
5. Est-ce que vous montrez vos photos *à vos amis?*
6. J'apprends *à Suzanne* à jouer aux échecs.
7. Pour son anniversaire, nous achetons une voiture *pour Marc.*
8. Nous obéissons toujours *à nos professeurs.*

MODÈLE: Prête ton blouson *à ta sœur.*
          Prête-lui ton blouson!

9. Apportez des fleurs *à votre grand-mère!*
10. Donne les clés *à ton père!*
11. Téléphone *à tes amis* avant de partir!
12. Obéissez toujours *à vos parents!*
13. Montrons notre ordinateur *à Jacques!*
14. Apprends *aux enfants* à chanter!
15. Parlez des États-Unis *à Simone!*
16. Prête les vidéos *à Paul et à Jean!*

Ex. E: △

Suggestion, Ex. E: One student
in the group asks a question,
each of the other students
gives an answer to the
question.

E. **Rarement, souvent ou jamais?** Répondez aux questions en indiquant si vous faites les choses suivantes **rarement, souvent, ne ... jamais, quelquefois** ou **de temps en temps.** Employez **lui** ou **leur** dans vos réponses.

MODÈLE: Est-ce que tu parles à tes grands-parents?
          Oui, je leur parle souvent.
     ou: *Non, je leur parle rarement.*
     ou: *Non, je ne leur parle jamais.*

1. Est-ce que tu téléphones à tes amis?
2. Est-ce que tu obéis à tes parents?
3. Est-ce que tu parles à ton professeur de français?
4. Est-ce que tu racontes des histoires à ton(ta) meilleur(e) ami(e)?
5. Est-ce que tu prêtes de l'argent à tes amis?
6. Est-ce que tu achètes des cadeaux pour ton ami(e)?
7. Est-ce que tu montres tes devoirs à tes camarades de classe?
8. Est-ce que tu apportes une pomme à ton professeur?

Ex. F: ⇄

F. **Moi et mes parents.** Vous et votre camarade de classe, vous discutez les rapports que vous avez avec les membres de votre famille. Chacun d'entre vous contribue au moins une phrase avec les éléments donnés. Employez **lui** ou **leur** dans les phrases.

MODÈLE: (parents) parler / problèmes
          — *Moi, je leur parle souvent de mes problèmes.*
          — *Ça dépend. Quelquefois je leur parle de mes problèmes.*

1. (parents) montrer / examens
2. (parents) montrer / notes
3. (frère) prêter / cassettes
4. (sœur) donner / conseils

5. (père) obéir
6. (mère) obéir
7. (parents) présenter / amis
8. (parents) acheter / cadeaux d'anniversaire

Il me faut. . .

Écoutez la bande que votre professeur va jouer pour vous. En particulier, faites attention aux expressions utilisées pour gagner du temps.

Dans les deux petites conversations, Albert et Élisabeth sont au magasin pour s'acheter des vêtements. Albert a besoin d'une chemise et Élisabeth cherche une robe.

Audio tape: Have students listen to the two **Relais** conversations before doing the **À vous!** exercises.

ON S'EXPRIME

Expressions pour gagner du temps

Ben...	*Well, . . .*
Euh...	*Umm, . . .*
Eh bien...	*Oh well, . . .*
Bon alors...	*Well then, . . .*
Voyons...	*Let's see, . . .*

Reminder, On s'exprime: From now on, remind students to use one of these hesitation markers when they need to gain time in giving an answer. After a certain amount of time, they should become accustomed to them and use them automatically as a stalling strategy. You might want to point out to them how useful these expressions are when they need time to think of an answer.

À vous! ■■

Ex. G: ⇄

Suggestion, Ex. G: Model the conversation once with a student. Also remind students that they need not use the exact words used in the book model. They should feel free to improvise providing that they cover the essential information in the exchange.

G. Des vêtements pour la rentrée. *(Clothes for the beginning of school.)* Vous allez au magasin pour acheter les vêtements indiqués. Pour chacun de ces vêtements, imaginez la conversation avec la vendeuse ou le vendeur. Parlez des couleurs, de la taille, du tissu et du prix.

MODÈLE: un anorak *(ski jacket)* / 480F
— *J'ai besoin d'un anorak.* ou: *Il me faut un anorak.*
— *De quelle couleur?*
— *Bleu marine. (foncé = dark, clair = light)*
— *Quelle est votre taille?*
— *Un 46, je pense.*
— *En toile, en coton?*
— *En toile.*
— *Voilà ce que vous cherchez.*
— *Oui, c'est très bien. C'est combien?*
— *480 francs, Monsieur.*
— *Bon, je le prends.*

Vêtements pour filles	**Vêtements pour garçons**
1. une jupe / 255F	6. une chemise / 99F
2. un pantalon / 180F	7. un pantalon / 289F
3. une robe / 378F	8. un gilet / 165F
4. un manteau / 852F	9. un blouson / 178F
5. une marinière / 84F	10. une chemisette / 79F

Ex. H: ⇄

H. Est-ce que je peux essayer...? Vous êtes dans un magasin de vêtements avec un(e) ami(e). Vous essayez ce que vous voulez acheter, choisissant de la liste suivante, et votre ami(e) vous donne son opinion **(c'est trop grand, c'est trop étroit, c'est trop long, ça te va très bien, ça te va à merveille)** avec des expressions d'hésitation **(euh..., voyons..., ben...).**

MODÈLE: robe
— *Mademoiselle, est-ce que je peux essayer cette robe?*
— *Bien sûr, Mademoiselle. Le salon d'essayage est par là.*

Quelques minutes après...
— *Qu'est-ce que tu en penses?*
— *Euh... voyons... c'est un peu trop grand.*

un jean / un sweat / une robe / un manteau / un short / un maillot de bain / un pull-over / un blouson / une veste / un chemisier / un jogging / un bermuda / un gilet / une jupe / un pantalon

DÉBROUILLONS-NOUS!

Exercice oral

Review of **étape.**

I. **Au rayon des vêtements.** You're in a department store buying clothes. Tell the salesperson what clothes you want, give your size and preferred color, ask how much they cost, and make your selection. Remember to greet the salesperson and say good-bye.

Ex. I: ⇄

Exercice écrit

J. **Commentaires d'un(e) couturier(-ère).** Imagine that you have to present the clothes a male and a female model are going to wear at a fashion show. To prepare yourself for your presentation, you write out what you're going to say. Give complete descriptions of the outfits that the male and female models wear, including the type of material and the color.

MODÈLE: *Et voilà Jacqueline. Elle porte un tailleur très chic avec un chemisier à manches longues en coton imprimé, une veste...*

Suggestion, Ex. J: Have students pick out pictures from a fashion magazine (or you provide them) to guide them in their description. You may also wish to have some students give their description orally in class.

Written Work: See Workbook.

Deuxième étape

Point de départ:

Au rayon des chaussures

Originales ces sandales qui font le pied joli. Elles ont mérité le certificat "Valeur Sûre" décerné par nos laboratoires. Dessus cuir vachette. Bride tressée sur le dessus. Première intérieure synthétique. Semelle élastomère. Talon 2 cm.

LES MOCASSINS EN CUIR : dessus doublé peau, première de propreté en peau. Patte fantaisie sur l'empeigne à plateau surpiqué. Elastique d'aisance sur le coup de pied. semelle cuir avec pattin d'usure en caoutchouc. Talon enrobé de cuir : 3.5 cm.

LES BOTTES BIEN CHAUDES. Elles vous protegeront efficacement contre le froid et l'humidité ! Fermees par zip sur le côté. En croûte de cuir, doublées. Talon : 6 cm. Semele crépe.

Mocassin-bateau garni d'une patte mexicaine. Dessus cuir vachette grainé. Demi-première intérieure synthétique. Empeigne et côtés garnis œillets et lacets. Semelle élastomère coloris assorti.

Les baskets en cuir souple. Elues «chaussures de l'été» pour leur look super-sympa, maintenant elles sortent aussi en ville ! "Valeur Sûre", elles sont en cuir pleine fleur. Entièrement doublées d'éponge. Tour de cheville matelassé. Première intérieure éponge sur mousse. Semelle élastomère cousue latéral.

Les espadrilles sortent en ville ! En cuir, elles sont de toutes les tenues d' été. Dessus cuir vachette. Première intérieure feutre. Semelle jute avec patin élastomère.

ADIDAS : Tennis Nastase. Tige en toile Tergale aérisée très confortable. Renfort avant en croûte de cuir. Haut de tige matelassé. Languette P.V.C. Semelle intérieure, non tissée sur mousse. Voûte plantaire. Laçage par œillets. Semelle moulée en polyuréthane. Idéale pour terrains durs.

talon 6 cm   talon 5 cm

Très féminins, des escarpins à prix intéressant, à choisir dans la couleur et la hauteur de talon qui vous convient.

Note Culturelle

Suggestion, Note culturelle:
Have students say what their French size is for shoes: **Je chausse du. . .**

Pour acheter des chaussures en France, on donne sa **pointure** *(shoe size)*. Les pointures françaises diffèrent des pointures américaines. Regardez la table de comparaison pour trouver votre pointure.

Pointures de chaussures

Femmes

Pointures américaines	4.5	5	5.5	6	6.5	7	7.5	8	9	10
Pointures françaises	36	36.5	37	37.5	38	38.5	39	39.5	40	40.5

Hommes

Pointures américaines	6	7	7.5	8.5	9	10	11	12
Pointures françaises	39	40	41	42	43	44	45	46

À vous! ■■■■■■■■■■■■■■■■■■■■■■■■■■■■■■

A. **Quelles chaussures avez-vous?** Demandez au vendeur (à la vendeuse) s'il (si elle) a les chaussures dans les dessins.

MODÈLE: — *Est-ce que vous avez des mocassins?*
— *Oui, nous avons des mocassins.*

1.

2.

3.

4.

5.

6.

7.

8.

B. **Quelles chaussures?** Décidez quelles chaussures vous allez mettre dans les situations suivantes.

MODÈLE: Vous allez à la plage.
          Je vais mettre des sandales.

1. Il fait très froid et il neige.
2. Vous allez à une soirée élégante.
3. Vous allez en classe et vous portez un blue-jean.
4. Vous faites une longue promenade dans Paris.
5. Vous êtes à la maison et vous voulez vous mettre à l'aise *(be comfortable)*.
6. Il fait chaud et vous portez un short.
7. Vous allez jouer au basket.
8. Vous faites du jogging.

Recycling activities.

Ex. C: ⇄

C. **Qu'est-ce qu'ils ont porté?** Vous êtes invité(e) à une soirée, mais vous êtes malade et ne pouvez pas y aller. Quand votre ami(e) rentre, il (elle) vous fait une description des vêtements que tout le monde portait à la soirée. Votre camarade de classe joue le rôle de l'ami(e) et invente des réponses.

MODÈLE: Marie
          — *Et Marie, qu'est-ce qu'elle a porté?*
          — *Elle a porté une jolie jupe mexicaine avec un chemisier en coton imprimé.*

1. Paul   2. Janine et Robert   3. la mère de Simone   4. toi   5. les parents de Josette   6. Suzanne   7. Marc   8. Hervé

D. **Quand...?** Imaginez la raison pour laquelle vous faites les choses suivantes. Employez les pronoms **lui** ou **leur** dans vos réponses.

MODÈLE: Quand est-ce que vous téléphonez à vos parents?
          Je leur téléphone quand je vais rentrer tard.

1. Quand est-ce que vous parlez à votre mère (à votre père, ami[e])?
2. Quand est-ce que vous téléphonez à vos amis?
3. Quand est-ce que vous achetez des cadeaux pour vos amis?
4. Quand est-ce que vous prêtez de l'argent à vos amis?
5. Quand est-ce que vous parlez à votre professeur de français?
6. Quand est-ce que vous donnez vos disques à votre ami(e)?

STRUCTURE

*Les pronoms d'objets indirects **lui** et **leur** avec le **passé composé** et avec l'infinitif*

— Qu'est-ce que tu as acheté **pour tes parents?**

What did you buy *for your parents?*

— Je **leur** ai acheté des livres. Mais pour Noël je vais **leur** acheter des vêtements.

I bought *them* books. But for Christmas I'm going to buy *them* clothes.

— Et pour ta sœur?

And for your sister?

— Je **lui** ai acheté une calculatrice. Pour Noël je voudrais **lui** acheter un bracelet.

I bought *her* a calculator. For Christmas I'd like to buy *her* a bracelet.

In the **passé composé,** the indirect object pronouns **lui** and **leur** are placed directly in front of the helping verb in both the affirmative and the negative:

Je **lui** ai acheté un disque.
Nous ne **leur** avons pas prêté la vidéo.

In the construction *conjugated verb + infinitive,* **lui** and **leur** are placed in front of the infinitive in both the affirmative and the negative[1]:

On va **lui** apporter des fleurs.
Ils n'aiment pas **leur** prêter des livres.

Structure: Present through questions and answers: **Pour Noël, est-ce que vous avez acheté quelque chose pour votre mère? Et pour votre père? Et pour votre sœur (frère)? Et pour vos amis?** As students give an answer that includes the indirect object noun, repeat the answer using the indirect object pronoun. Or, if they simply answer with "yes" or "no", continue by asking: **Qu'est-ce que vous lui (leur) avez acheté?**

Application ■■■■■■■■■■■■■■■■■■■■■■■■■■■■

E. Remplacez les mots en italique.

1. Je lui ai donné *un stylo.* (une cassette / les clés / un bracelet / des chaussures / un pull / une caméra / un poster)
2. Il ne leur a pas prêté *les disques.* (les livres / le stylo / d'argent / ses vidéos / sa montre / le sac à dos / sa radio / ses raquettes de tennis)
3. Est-ce que tu vas lui acheter *un vélo?* (une calculatrice / une auto / des boucles d'oreilles / des bottes / un pull / une chemise / un feutre)
4. Non, je ne vais pas leur acheter *de vélo.* (de calculatrice / d'auto / de boucles d'oreilles / de bottes / de pull / de chemise / de feutre)

---

1. When two object pronouns are used in the same sentence, the order depends on whether the pronouns go before or after the verb. Before the verb, the order is **me, te, se, nous, vous, le, la, les, lui, leur** (**Je le lui ai donné.** *I gave it to him.*). After the verb, the direct-object pronoun precedes the indirect-object pronoun (**Donne-le-lui!** *Give it to him!*).

Ex. F: ⇄

Reminder, Ex. F: Tell students
that one of them plays the role
of the police person while the
other one plays the role of the
witness.

F. **Histoire d'un crime.** Quelqu'un vient de cambrioler *(rob)* un magasin.
Vous êtes le témoin *(witness)* et vous répondez aux questions de la police.
Employez **lui** ou **leur** dans vos réponses.

MODÈLE: Est-ce que vous avez parlé aux cambrioleurs? (oui)
Oui, je leur ai parlé.

1. Qu'est-ce que vous avez dit aux cambrioleurs? (de sortir)
2. Qu'est-ce que vous avez dit aux cambrioleurs? (que nous
    n'avons pas beaucoup d'argent)
3. Qu'est-ce que vous avez donné au jeune homme? (tout notre argent)
4. Est-ce que vous avez obéi aux cambrioleurs? (oui, bien sûr)
5. Qu'est-ce que vous avez montré à la jeune femme? (les bijoux)
6. Quand est-ce que vous avez téléphoné aux agents de police? (tout
    de suite après le crime)
7. Qu'est-ce que vous avez raconté à l'agent de police? (toute l'histoire)

G. **Oui et non.** Répondez aux questions à l'affirmatif et au négatif. Employez
les pronoms **lui** et **leur** dans vos réponses et suivez les modèles.

MODÈLES: Est-ce que tu as téléphoné à Mireille? (hier matin /
aujourd'hui)
*Oui, je lui ai téléphoné hier matin, mais je ne lui ai pas
téléphoné aujourd'hui.*

Est-ce que vous allez donner la clé aux enfants? (l'argent)
*Oui, nous allons leur donner la clé, mais nous n'allons pas
leur donner l'argent.*

1. Est-ce qu'ils ont parlé à leur professeur? (hier / aujourd'hui)
2. Est-ce que vous avez apporté le portefeuille à Simone? (le sac)
3. Est-ce qu'elle a appris les verbes aux élèves? (le vocabulaire)
4. Est-ce que tu vas montrer ton examen à François? (ma note)
5. Est-ce qu'il va parler à ses parents? (demain / aujourd'hui)
6. Est-ce que tu as raconté une histoire à Yves? (hier soir / ce soir)
7. Est-ce qu'elles vont téléphoner à leurs grands-parents? (la semaine
    prochaine / demain)
8. Est-ce que vous allez donner le pendentif à Sylvie? (le bracelet)
9. Est-ce que tu as acheté une montre pour Jean? (de bague)
10. Est-ce qu'il a prêté la chaîne stéréo à ses amis?
    (le magnétoscope)

Je voudrais échanger ces chaussures.

Écoutez la bande que votre professeur va jouer pour vous. En particulier, faites attention aux expressions utilisées pour indiquer le doute ou l'incertitude.

Samedi dernier Jean-Paul a acheté une paire de mocassins. Quand il est rentré à la maison, il a trouvé qu'ils étaient trop étroits. Le lendemain il est **donc** retourné au magasin pour échanger ses chaussures.

Audio tape: Have students listen to the **Relais** conversation before doing the **À vous!** exercises.

therefore

ON S'EXPRIME

Expressions pour indiquer le doute ou l'incertitude

Je ne suis pas sûr(e).	I'm not sure.
Je ne suis pas convaincu(e).	I'm not convinced.
..., je pense.	..., I think.
Je ne pense pas.	I don't think so.
Tu penses? (Vous pensez?)	Do you think so?
J'en doute.	I doubt it.

À vous!

H. **Au rayon des chaussures.** Choisissez les chaussures que vous allez acheter et imitez le modèle.

MODÈLE: mocassins
      — *Je voudrais essayer des mocassins.*
      — *Quelle est votre pointure?*
      — *Je chausse du 43.*
      — *Et la couleur?*
      — *Marron, je pense.*
      — *Voici des mocassins marron.*
      — *Ils me vont très bien (parfaitement).*
    ou: *Ils sont trop étroits (trop grands, trop petits).*

des tennis / des sandales / des espadrilles / des escarpins / des bottes / des baskets / des mocassins / des mocassins bateau

Ex. H: ⇄

Suggestion, Ex. H: Practice the model conversation with students before dividing them into pairs. In particular, they should practice the question: **Quelle est votre pointure?** and the answer: **Je chausse du. . .** before doing the exercise.

Ex. I: ⇄

I. **Je voudrais échanger ces chaussures.** Vous voulez échanger les chaussures que vous avez achetées. Choisissez des chaussures de la liste de l'exercice H et suivez le modèle.

MODÈLE: sandales
— *Pardon, Monsieur. Je voudrais échanger ces sandales.*
— *D'accord. Qu'est-ce qui ne va pas?*
— *Elles sont trop étroites (petites, grandes).*
— *Vous voulez essayer une autre paire?*
— *Oui. Je chausse du 39.*

J. **J'en doute.** Répondez à chacune des questions avec une expression de doute.

MODÈLE: Est-ce que vous voulez essayer des espadrilles?
Je ne pense pas.

1. Vous voulez regarder des bottes?
2. Quelle est votre pointure?
3. Est-ce que vous avez besoin de sandales?
4. Ces escarpins sont-ils trop étroits?
5. Est-ce que vous n'avez pas besoin de mocassins?
6. Ces tennis sont trop grands?

DÉBROUILLONS-NOUS !

Review of **étape.**

Exercice oral

Ex. K: ⇄

K. **J'ai besoin de chaussures.** You're looking for a pair of shoes. You're very particular about what you want.

1. Greet the salesperson.
2. Explain what kinds of shoes you need.
3. Give your size.
4. When you try on the first pair of shoes, you find that they are too tight and that you don't like the style. You also want a different color.
5. The second pair is too conservative (**traditionnelles**). The third pair is too big. The fourth pair is too expensive.
6. Finally explain that you're not going to buy any shoes.
7. Thank the salesperson and say good-bye.

Exercice écrit

L. **J'ai rangé ma chambre.** Your possessions had been piling up in your room for many years. You finally decided to give away (**donner**) and to lend (**prêter**) some things to different people. To keep track of what you gave away and what you lent, you make a list. Use the pronouns **lui** and **leur** for your list.

MODÈLE: à Krista
   Je lui ai donné des balles de tennis et je lui ai prêté ma raquette.

1. à mes ami(e)s *(give two names)*
2. à mon petit frère (à ma petite sœur)
3. à ma cousine
4. à mes cousins *(give their names)*
5. à mon (ma) camarade *(give one name)*
6. à mon voisin
7. à mes parents
8. à mon (ma) petit(e) ami(e)   **Written Work:** See Workbook.

Lexique

On s'exprime ─────────────────────────────

Pour demander et donner la taille des vêtements

Quelle est votre taille?
Vous faites quelle taille?
Votre taille?

Il me faut un 40.
J'ai besoin d'un 40.
Je dois acheter un 40.
Il faut que j'achète un 40.

Pour demander et donner la pointure des chaussures

Quelle est votre pointure?
Vous faites quelle pointure?
Votre pointure?

Je chausse du 38.
Je prends un 38.

Pour gagner du temps quand vous parlez

Ben...
Euh... euh...
Eh bien...
Bon alors...
Voyons...

Pour indiquer le doute ou l'incertitude

Je ne suis pas sûr(e).
Je ne suis pas convaincu(e).
..., je pense.
Je ne pense pas.
Tu penses? (Vous pensez?)
J'en doute.

Thèmes et contextes ─────────────────────────────

Les chaussures (f.pl.)

des baskets *(m.pl.)*
des bottes *(f.pl.)*
des escarpins *(m.pl.)*
des espadrilles *(f.pl.)*

des mocassins *(m.pl.)*
des mocassins bateau *(m.pl.)*
des sandales *(f.pl.)*
des tennis *(m.pl.)*

Vocabulaire général

Noms

un anorak
un cambrioleur
un centimètre
un complet
un(e) couturier(-ère)
une cravate
l'entrejambes *(m.)*
les gants *(m.pl.)*
une manche
un mannequin
un manteau
un pardessus
le parfum
la pointure
la publicité
la rentrée
la taille
un salon d'essayage
le tour de hanches
le tour de poitrine
le tour de taille

Pronoms

leur
lui

Adjectifs

bleu marine
clair *(invariable with colors)*
étroit(e)
foncé *(invariable with colors)*
traditionnel(le)

Verbes

avoir de la chance
cambrioler
chausser
essayer
expliquer
prêter
se mettre à l'aise

Adverbe

parfaitement

Autres expressions

à merveille
à partir de
de plus
donc
il me faut
tant mieux
y compris

QUE NOUS DISENT LES VÊTEMENTS?

La «Loden»

Chapeau cloche en tweed

Boucles d'oreilles en perles de culture (jamais d'oreilles percées)

Cheveux mi-longs, plutôt raides

Écharpe de soie Hermès ou imitation

Manteau loden bleu marine

Gants marron clair en veau

Sac en peau de porc

Kilt écossais (parfois jupe-culotte)

Pratiquant l'équitation depuis l'enfance, les jeunes filles ont parfois les chevilles lourdes

Mocassins bordeaux

Marie-Christine a été envoyée à la faculté d'Assas par ses parents afin d'y trouver un mari. Elle y restera le temps de rater deux fois sa première année de droit. Elle se mettra à la recherche d'un emploi : hôtesse au salon du cheval ou animatrice d'une radio libre d'opposition.

La «Baba»

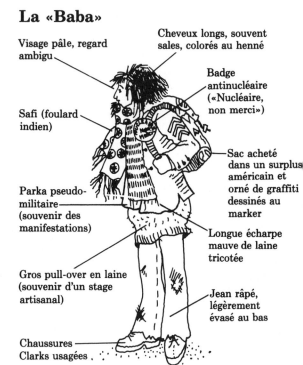

Visage pâle, regard ambigu

Cheveux longs, souvent sales, colorés au henné

Badge antinucléaire («Nucléaire, non merci»)

Safi (foulard indien)

Sac acheté dans un surplus américain et orné de graffiti dessinés au marker

Parka pseudo-militaire (souvenir des manifestations)

Longue écharpe mauve de laine tricotée

Gros pull-over en laine (souvenir d'un stage artisanal)

Jean râpé, légèrement évasé au bas

Chaussures Clarks usagées

Abandonnant le lycée pour «faire de la musique», Dominique aime la vie bohème. Elle est heureuse de ne rien faire, malgré la précarité de son moyen de subsistance.

INTÉGRATION

A. **Quels vêtements est-ce qu'ils portent?** Regardez les portraits ci-dessus et donnez une brève description des vêtements que porte chaque personne.

MODÈLE: la «Baba»
longue écharpe, foulard indien, gros pull, etc.

1. la «Baba»
2. la «Loden»
3. «l'Intellectuel de gauche triste»
4. le «Majorité-Silencieuse»

«L'Intellectuel de gauche triste»

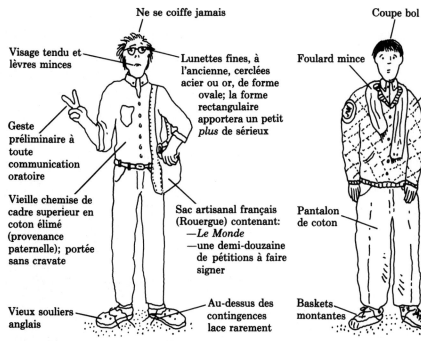

Ne se coiffe jamais

Visage tendu et lèvres minces

Lunettes fines, à l'ancienne, cerclées acier ou or, de forme ovale; la forme rectangulaire apportera un petit *plus* de sérieux

Geste préliminaire à toute communication oratoire

Vieille chemise de cadre superieur en coton élimé (provenance paternelle); portée sans cravate

Sac artisanal français (Rouergue) contenant:
—*Le Monde*
—une demi-douzaine de pétitions à faire signer

Vieux souliers anglais

Au-dessus des contingences lace rarement

Révolutionnaire marxiste (tendance althussérienne); fils de bonne famille (protestante); universitaire de haut niveau (recherche en sociologie); père dans les affaires («vieux con reac»); peu porté sur les arts (bourgeois). Laurent déteste le rock.

Le «Majorité-Silencieuse»

Coupe bol

Foulard mince

Anorak de ski contenant:
—une pièce de dix francs (de secours) cousue dans la poche
—son nom brodé sur une étiquette au revers du col
—une calculatrice électronique avec 50 pas de mémoire
—un étui de plastique transparent réunissant soigneusement la garantie de sa calculatrice, une carte orange 3 zones et un abonnement d'un an à la piscine Molitor
—un harmonica porte-clés

Pantalon de coton

Baskets montantes

Ne connaissant rien à l'habillement ni à la mode, Roger réalise sans le savoir l'idéal théorique : n'appartenir à aucune mode. Introverti mais passionné par ses études ou son métier, il ignore à peu près tout du monde qui l'entoure, tant sur le plan esthétique que politique.

B. **Est-ce que les vêtements reflètent nos attitudes et nos traits de caractère?** Les portraits ci-dessus représentent quatre personnes qui ont des traits de caractère très différents. Regardez les portraits et décrivez ensuite le caractère de chaque personne. Employez des noms, des adjectifs ou des groupes de mots.

MODÈLE: la «Baba»
les cheveux longs, pâle, très indépendante, etc.

Intégration culturelle: Note the masculine article with **Majorité-Silencieuse**. This is due to the fact that the portrait is that of a male.

1. la «Baba»
2. la «Loden»
3. «l'Intellectuel de gauche triste»
4. le «Majorité-Silencieuse»

Suggestion, Lecture: Before having students read the text, you might want to get their own feelings (in English or French) about the importance of appearance. This is useful preparation for Ex. D.

Lecture: *L'habit fait-il le moine?*

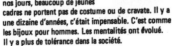

L'HABIT FAIT-IL LE MOINE?

Connaissez-vous le proverbe français *l'habit ne fait pas le moine*? Cela veut dire qu'il ne faut pas juger les gens sur leur apparence. Mais que se passe-t-il en réalité? Nous avons demandé à trois jeunes Français ce qu'ils pensent de ce proverbe.

ROMAIN
Bien sûr que les gens vous jugent d'après votre apparence extérieure! Vous avez déjà vu un punk travailler dans une banque en France? Les vêtements reflètent votre personnalité. Si vous avez un genre sérieux, si vous voulez faire bonne impression, si vous voulez être pris au sérieux, vous devez porter une tenue correcte, un costume, une cravate, et avoir les cheveux bien coupés...

MICHÈLE
Non, moi, je ne juge pas les gens sur leur apparence. Il y a quelques années, oui, l'apparence extérieure était très importante. Mais maintenant, c'est fini. On voit des directeurs de société avec des jeans et sans cravate. De nos jours, beaucoup de jeunes cadres ne portent pas de costume ou de cravate. Il y a une dizaine d'années, c'était impensable. C'est comme les bijoux pour hommes. Les mentalités ont évolué. Il y a plus de tolérance dans la société.

MICHEL-MARIE
Non, je ne pense pas que l'apparence a beaucoup d'importance. Beaucoup de personnes suivent la mode. Si les jeans sont à la mode, tout le monde porte des jeans: les timides, les sérieux, les jeunes, les adultes. Si au contraire c'est la mode des vêtements larges, ou des vêtements en cuir, alors on les voit partout, à l'école, au bureau, dans la rue ... les gens ne disent pas cette personne est comme ceci ou comme cela. Ils disent c'est la mode!

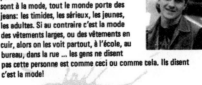

Compréhension ■■■■■■■■■■■■■■■■■■■■■■■

C. **Qui parle?** Chacun des trois jeunes gens a son opinion sur le proverbe **L'habit ne fait pas le moine.** Indiquez si les opinions suivantes sont celles de Romain, de Michèle ou de Michel-Marie.

MODÈLE: Dans le passé on jugeait les gens selon leur apparence.
C'est l'opinion de Michèle.

1. Les vêtements reflètent la personnalité des gens.
2. On ne juge pas les personnes selon leurs vêtements. On dit simplement que c'est la mode.
3. Aujourd'hui les gens sont très tolérants en ce qui concerne les vêtements.
4. Aujourd'hui les jeans sont à la mode.
5. Si vous voulez réussir dans la vie, il faut porter des vêtements corrects pour chaque occasion.
6. Aujourd'hui nous ne jugeons pas les gens selon leur apparence.

D. **Qu'est-ce que vous en pensez?** Est-ce que vous êtes d'accord ou pas d'accord avec le proverbe **L'habit ne fait pas le moine?** Expliquez pourquoi vous pensez que l'apparence est importante ou n'est pas importante quand nous jugeons les autres.

Chapitre trois

...très à la mode!

A.

B.

C.

Les modes changent avec le temps. Lisez les trois descriptions de vêtements et décidez à quelle photo correspond chaque description.

1. Cette tenue de Christian Dior représente la mode des années quarante. La jupe ample et la veste serrée à la taille mettent l'accent sur la silhouette féminine.
2. C'est une tenue qui représente les années quatre-vingts. Elle comprend une jupe longue, un chemisier et un gilet autrichien.
3. C'est la mode des années vingt. Cette robe pour l'après-midi est simple et laisse beaucoup de liberté pour les mouvements. La silhouette est transformé par la taille qui descend vers les hanches.

Première étape

Point de départ:

Deux vedettes

Suggestion, Point de départ:
Have students give their own descriptions of Princess Diana and Bruce Springsteen. They can add details about what they know about them.

Bruce Springsteen est un des chanteurs de rock les plus populaires. Il a un style très américain. Pendant ses concerts, il porte un vieux jean et une chemise en coton sans manches. Très confortable!

Princess Diana est toujours à la mode. La future reine d'Angleterre, elle doit présenter un style classique. Ici elle porte une robe imprimée avec un chapeau. Parfait!

À vous! ■■■■■■■■■■■■■■■■■■■■■■■■■■■■■■■■■■■■■■■

A. Imaginez ce que les deux vedettes porteront dans les circonstances suivantes:

1. il/elle va a un dîner formel
2. il/elle fait les courses
3. il/elle est en vacances
4. il/elle fait du ski

Ex. B: △

B. **Et vous?** Comment est-ce que vous vous habillez? Est-ce que vous êtes à la mode? Décrivez les vêtements que vous portez en général. Parlez aussi des vêtements de vos amis et des membres de votre famille.

MODÈLE: *Moi, je suis très traditionnelle et je suis assez conservatrice. Je porte des vêtements simples. À l'école je porte une jupe avec un pull ou un chemisier. Quelquefois je porte une robe. À la maison, je porte un jean et un T-shirt avec des tennis.*

1. Moi, je...
2. Mon ami *(your friend's name)*...
3. Mon amie *(your friend's name)*...
4. Un membre de ma famille (mère, père, oncle, tante)...

REPRISE

Recycling activities.

Ex. C: ○

C. **Des conseils.** Vos amis ne savent pas quelles chaussures mettre avec les différentes tenues. Employez une expression de nécessité avec le verbe **mettre** et les chaussures convenables *(appropriate)*.

MODÈLE: Qu'est-ce que je mets avec ce pantalon en laine?
       Il faut que tu mettes des mocassins noirs.
    ou: *Il est préférable de mettre des mocassins noirs.*

1. Qu'est-ce que je mets avec ce jean?
2. Qu'est-ce que je mets avec cette jupe et ce chemisier?
3. Qu'est-ce que je mets avec ce short?
4. Qu'est-ce que je mets avec ce costume?
5. Qu'est-ce que je mets avec cette robe de soie?
6. Qu'est-ce que je mets avec ce pantalon en coton?
7. Qu'est-ce que je mets avec ce pantalon de ski?
8. Qu'est-ce que je mets avec cette robe?

D. **Une interview.** Vous cherchez un job dans une colonie de vacances pour enfants. Votre camarade de classe est le directeur (la directrice) de cette colonie et vous pose des questions. Dans vos réponses, employez les pronoms d'objets indirects **lui** et **leur** quand c'est possible.

Ex. D: ⇄

MODÈLE: Est-ce que vous avez parlé de ce job à vos parents?
Oui, je leur ai parlé de ce job.

1. Est-ce que vous avez parlé de ce job à vos professeurs?
2. Est-ce que vous pouvez apprendre quelque chose aux enfants?
3. Est-ce que vous avez montré notre brochure à votre père?
4. Est-ce que vous avez expliqué les responsabilités du job à votre mère?
5. Est-ce que vous savez raconter des histoires aux enfants?
6. Est-ce que vous aimez parler aux enfants?
7. Est-ce que vous allez donner un prix à l'enfant qui est le premier?
8. Est-ce que vous allez prêter vos disques aux enfants?

STRUCTURE

Structure: Point out to students that all of these verbs follow the same pattern: verb + **à** + noun + **de** + infinitive.

Les pronoms lui et leur avec les verbes dire, demander, proposer, permettre et promettre

Nous permettons **aux enfants** de sortir.	We allow *the children* to go out.
Nous **leur** permettons de sortir.	We allow *them* to go out.
Nous avons permis **aux enfants** de sortir.	We allowed *the children* to go out.
Nous **leur** avons permis de sortir.	We allowed *them* to go out.
Nous allons permettre **aux enfants** de sortir.	We're going to allow *the children* to go out.
Nous allons **leur** permettre de sortir.	We're going to allow *them* to go out.

The verbs **dire, demander, proposer, permettre,** and **promettre** are followed by the preposition **à** plus an indirect-object noun. This noun is followed by the preposition **de** plus an infinitive.

> **J'ai dit à Paul de faire attention.** *I told Paul to be careful.*
>
> When the indirect-object noun is replaced by an indirect-object pronoun, the pronoun is placed before the conjugated verb in the present tense and the **passé composé.**
>
> **Il lui dit de manger. Tu lui as demandé d'acheter du pain?**
>
> In the immediate future, the pronoun is placed before the infinitive.
>
> **Je vais lui proposer d'aller en France.**

Application ■■■■■■■■■■■■■■■■■■■■■■■■■■■■

E. Remplacez les mots en italique et faites les changements nécessaires.

1. Je vais demander à Michel de *m'aider.* (m'accompagner / aller à la poste / acheter un pull / téléphoner à son grand-père / nous inviter)
2. Nous avons dit aux enfants de *parler français.* (rester à la maison / faire les devoirs / écouter des disques / ranger leur chambre)
3. Elle leur a permis de *sortir.* (acheter des tennis / manger au restaurant / aller au match de football / prendre la voiture)
4. Ils lui ont promis d'*aller au zoo.* (faire une promenade / sortir ce soir / aller au cinéma / acheter un vélo)

F. Substituez les pronoms **lui** ou **leur** au complément d'objet indirect dans les phrases suivantes.

MODÈLE: J'ai demandé à ma mère de m'aider.
         Je lui ai demandé de m'aider.

1. Nous avons proposé à nos amis de sortir.
2. Est-ce que tu as dit à ton frère de ranger sa chambre?
3. Je vais permettre à Simone de prendre le métro.
4. Est-ce que vous allez proposer aux enfants de vous accompagner?
5. Elles ont dit à Hervé d'acheter des bottes.
6. J'ai demandé à Sylvie de faire les courses.

G. **Cause et effet.** Chaque fois que vous faites ou dites quelque chose, quelqu'un d'autre réagit d'une manière inattendue. Employez les éléments donnés et **lui** ou **leur** pour inventer des situations.

MODÈLE: (mon père) demander / donner
                 Je lui ai demandé 20 dollars. Il m'a donné 10 dollars.

1. (parents) demander / dire
2. (mère) promettre / permettre
3. (parents) demander la permission / permettre
4. (amis) proposer / dire
5. (amie) dire / demander
6. (frère) promettre / demander

Ce qu'ils s'habillent bien!

Écoutez la bande que votre professeur va jouer pour vous. En particulier, faites attention aux expressions utilisées pour montrer son enthousiasme.

Dans la première conversation, Philippe et son ami sont **assis** à la terrasse d'un café. Ils regardent les **passants** et font des commentaires sur leurs vêtements.

Dans une deuxième conversation, Lise et Annette regardent les garçons qui passent devant le cafe.

Audio tape: Have students listen to the two **Relais** conversations before doing the **À vous!** exercises. You may wish to ask some general comprehension questions after each conversation.

seated

passersby

ON S'EXPRIME

Expressions pour montrer son enthousiasme

C'est vachement bien!	It's great!
Chouette!	Great!
Fantastique!	Fantastic!
Incroyable!	Unbelievable!
Sensationnel! (Sensass!)	Sensational!
Super!	Super!

Because all of the expressions given above are adjectives, they can be used with **c'est** or **il/elle est, ils/elles sont:**
        C'est chouette!
        Elle est sensationnelle.

On s'exprime: It's important that students learn to react to what others are saying to them. Some of these expressions are particularly useful for the age group you're working with.

À vous! ■■■■■■■■■■■■■■■■■■■■■■■■■■■■■■■■■■■■

H. **Qu'est-ce que vous en pensez?** Faites d'abord une brève description des vêtements que vous voyez dans la photo. Ensuite employez une expression pour indiquer votre enthousiasme.

Ex. I: □

I. **Regarde ce garçon (cette fille)!** Vous et vos amis, vous êtes à la terrasse d'un café et vous faites des commentaires sur les gens qui passent. Vous parlez surtout de leurs vêtements. Imitez la conversation dans le **Relais**. (Si vous voulez, inspirez-vous des vêtements portés par vos camarades dans d'autres groupes.)

DÉBROUILLONS-NOUS !

Review of **étape**.

Exercice oral

Ex. J: △

J. **Il/elle est fantastique!** You've just met someone who you think is absolutely great. Tell your friends about this person. Talk about the person's appearance (what the person was wearing) and his/her personality. Show your enthusiasm by using some appropriate expressions.

Exercice écrit

K. **Portrait de mon ami(e).** You've just met a very interesting person who is your age. Write a letter to your French friend describing this person. Talk about his/her physical characteristics, the clothes he/she wears, and his/her personality. Because you want to make sure that your French friend understands just how much you like this person, you use some appropriate expressions to indicate your enthusiasm.

Deuxième étape

Point de départ:

Les accessoires

59F

Les lunettes verres tous temps. Monture plastique.

229F

Le collier-chaîne.

189F

Le bracelet.

PRIX SPECIAL 55F

Le parapluie téléscopique. Léger et petit, il se glisse dans votre sac et se déplie d'un geste lorsque vous en avez besoin.

69F

Les gants multicolores et les gants unis.

99F

Le béret en pure laine. Facile à porter, toujours mignon, et bien chaud!

139F

Écharpe et bonnet en 100% acrylique.

Le nœud papillon.

145F

345F

Le foulard en pure soie imprimée, style boutique.

235F

Très belle ceinture en cuir.

199F

La cravate en soie naturelle unie.

150–199F

Les porte-cartes pour tous vos papiers et vos cartes de crédit.

199F

Lot de 6 mouchoirs en pur coton. Encadrement couleur.

299F

La pochette en cuir.

Suggestion, Point de départ:
Begin by identifying accessories
that students are wearing. Then
use the transparency for rein-
forcement. Ask some additional
questions for items that are
less common: **Est-ce que vous
portez quelquefois des gants?
Sous quelles circonstances?
Est-ce que vous utilisez des
mouchoirs? Connaissez-vous
quelqu'un qui utilise des
mouchoirs? Qu'est-ce que
vous employez pour vous
moucher?** Etc.

Ex. A: ⇄

À vous! ■■■■■■■■■■■■■■■■■■■■■■■■■■■■■■■

A. **Qu'est-ce que vous allez acheter?** Vous êtes aux Galeries Lafayette
pour acheter les articles suivants. Regardez les dessins et imitez le bref
échange ci-dessous.

MODÈLE: — *Ce béret-ci, s'il vous plaît.*
— *Très bien, Mademoiselle (Monsieur).*
— *C'est combien?*
— *99 francs, Mademoiselle (Monsieur).*

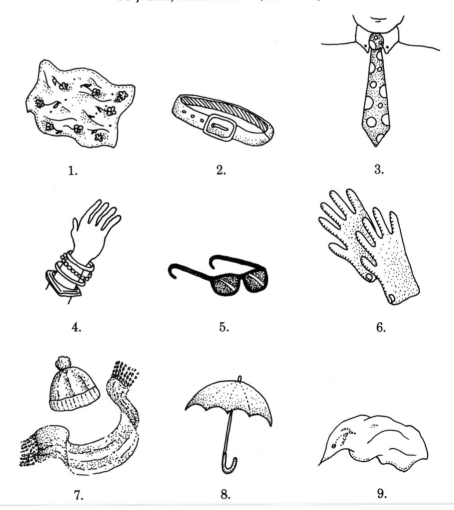

1.   2.   3.

4.   5.   6.

7.   8.   9.

B. **Qu'est-ce que vous mettez comme accessoires?** Pour chaque occasion mentionnée, indiquez les accessoires que vous mettez.

MODÈLE: Qu'est-ce que vous mettez pour aller à l'école?
Un bracelet, un collier, un foulard, un béret et une ceinture.

1. Qu'est-ce que vous mettez pour aller à l'école?
2. Pour aller au travail?
3. Pour aller à une soirée?
4. Pour aller à la plage?
5. Quand vous faites du ski?
6. Quand vous sortez avec votre petit(e) ami(e)?

C. **Échange.** Posez les questions suivantes à votre camarade de classe. Il/elle va vous répondre. Employez **lui** ou **leur** dans les réponses.

Recycling activities.
Ex. C: ⇄

1. Est-ce que tes parents permettent à ton frère de sortir le soir pendant la semaine?
2. Est-ce que tu salues tes amis le matin?
3. Est-ce que tu prêtes de l'argent à ton (ta) meilleur(e) ami(e)?
4. Est-ce que tu donnes des cadeaux à tes amis pour leur anniversaires?

D. **Oui ou non?** Répondez aux questions en donnant votre opinion. Employez les pronoms d'objets directs (**le, la, l', les**) et les pronoms d'objets indirects (**lui, leur**) dans vos réponses.

Ex. D: ○

MODÈLE: Est-ce que les enfants doivent obéir à leurs parents?
Oui, ils doivent leur obéir.

1. Est-ce que les élèves doivent faire leurs devoirs?
2. Est-ce qu'on peut permettre aux jeunes de sortir tous les soirs?
3. Est-ce qu'on doit permettre aux enfants de regarder beaucoup de télévision?
4. Est-ce qu'on doit rendre visite à ses grands-parents?
5. Est-ce qu'on doit téléphoner au médecin quand on est malade?
6. Est-ce qu'il faut prendre le parapluie quand le ciel est couvert?
7. Est-ce qu'il faut raconter les secrets à quelqu'un d'autre?
8. Est-ce qu'on doit juger les autres selon leur apparence?
9. Est-ce qu'il faut apprendre la grammaire française?

STRUCTURE

L'infinitif après les verbes conjugués

<table>
<tr><td>Nous aimons jouer au tennis.</td><td>We like to play tennis.</td></tr>
<tr><td>Ils ont commencé à chanter.</td><td>They began to sing.</td></tr>
<tr><td>J'ai décidé d'apprendre le
français.</td><td>I decided to learn French.</td></tr>
</table>

When a conjugated verb is followed by an infinitive, the infinitive may follow the verb directly or it may be introduced by either the preposition **à** or the preposition **de**. No convenient rule will help you to distinguish among the three possibilities. Learning the differences takes some memorization and a lot of practice. Here are the most common verbs that you're likely to use with infinitives.

Verbe conjugué + infinitif

> Je **dois aller** à la bibliothèque.
> Il **va acheter** une cravate.
> Nous **aimons faire** du ski.

The most common verbs followed *directly* by an infinitive are:

adorer	falloir (il faut)
aimer (bien)	penser
aimer mieux	pouvoir
aller	préférer
détester	savoir
devoir	valoir mieux (il vaut mieux)
espérer	vouloir

Verbe conjugué + *à* + infinitif

> J'ai **appris à nager**.
> Ils **ont commencé à jouer** aux cartes.
> Nous **continuons à étudier** le russe.

The following verbs require **à** before the infinitive:

apprendre à	hésiter à
commencer à	inviter à
continuer à	réussir à

Structure: Since the use of prepositions with infinitives requires a great deal of practice, you might begin by doing some patterned exercises with each set of verbs (those without a preposition, those with **à**, and those with **de**). *Modèles:* **Je dois aller à la bibliothèque. (nous / tu / elle / ils / vous)** Continue in this manner, using some of the model sentences from the **Structure** section.

Once you've done this according to verb category, proceed to Ex. E which requires students to make a choice.

Verbe conjugué + *de* + infinitif

Elle **est obligée de nettoyer** sa chambre tous les samedis.
Nous **avons refusé de** lui **parler.**
Je vais **essayer de l'aider.**

The following verbs require **de** before the infinitive:

choisir de	éviter de *(to avoid)*
décider de	finir de
essayer de *(to try)*	oublier de
être obligé(e) de	refuser de

Note that direct- and indirect-object pronouns are placed directly before the infinitive in these constructions: **J'ai refusé de lui téléphoner.**

Application ■■■■■■■■■■■■■■■■■■■■■■■■■■■■■

E. Employez les verbes entre parenthèses pour construire trois phrases avec l'activité donnée. Employez les temps des verbes que vous voulez. Attention aux prépositions!

MODÈLE: jouer du piano (aimer / apprendre / refuser)
J'aime jouer du piano.
Elle a appris à jouer du piano.
Nous refusons de jouer du piano.

1. changer de l'argent (être obligé[e] / hésiter / vouloir)
2. parler français (adorer / savoir / apprendre)
3. jouer aux cartes (éviter / préférer / aimer mieux)
4. aller en France (espérer / pouvoir / décider)
5. acheter une ceinture (oublier / vouloir / choisir)
6. téléphoner à papa (devoir / essayer / hésiter)

F. Terminez les phrases en employant un infinitif. Attention aux prépositions!

MODÈLE: J'ai oublié...
J'ai oublié de leur dire au revoir.

1. Nous espérons...
2. Il faut...
3. J'ai décidé...
4. Elles nous ont invités...
5. Nous avons appris...
6. Je suis obligé(e)...
7. Il vaut mieux...
8. Je dois...

RELAIS

Audio tape: Have students listen to the **Relais** conversation before doing the **À vous!** exercises.

Je ne veux pas mettre de cravate!

Écoutez la bande que votre professeur va jouer pour vous. En particulier, faites attention aux expressions utilisées pour indiquer ce qu'on veut faire et ce qu'on ne veut pas faire.

Marcel et sa mère discutent des vêtements que Marcel va mettre pour aller à une soirée très élégante.

ON S'EXPRIME

Expressions pour indiquer ce qu'on veut faire

> **J'ai décidé de...**
> **J'aimerais...**
> **Je préfère...**
> **Je tiens à...** *(I insist on . . .)*
> **Je veux...**
> **Je voudrais...**

Expressions pour indiquer ce qu'on ne veut pas faire

> **Ça ne m'intéresse pas!**
> **Jamais de la vie!** *(Not on your life!)*
> **Je ne veux pas...**
> **Je refuse (absolument) de...**
> **Non, absolument pas!**

À vous!

Ex. G: ⇄

G. **Une soirée élégante.** Vous êtes en train de vous préparer pour une soirée élégante. Avec votre camarade de classe, discutez des vêtements et des accessoires que vous allez mettre. Imitez la conversation du **Relais**.

H. **Je veux... je ne veux pas...** Pour chacune des suggestions, employez une expression pour indiquer que vous voulez ou ne voulez pas faire ce qui est indiqué.

MODÈLE: Est-ce que tu vas mettre un chapeau?
                 Oui, je tiens à mettre un chapeau.
     ou: *Non, je refuse de mettre un chapeau.*

1. Est-ce que tu vas mettre une cravate?
2. Pourquoi pas mettre un foulard?
3. Prends une pochette!
4. Est-ce que tu vas mettre des gants?
5. Il vaut mieux mettre une ceinture.
6. Pourquoi pas mettre un collier?
7. Tu prends tes lunettes de soleil?
8. Mets ton bonnet!

DÉBROUILLONS-NOUS!

Exercice oral

Review of **étape.**

I. **Un concert.** You and a friend are talking about what to wear to a rock concert. Discuss your clothing in detail and explain what accessories you're going to wear. Make some suggestions to each other. As the other person makes suggestions, use an expression to indicate that you want or don't want to do what he/she says.

Ex. I: ⇄

Exercice écrit

J. **Je voudrais commander...** *(I'd like to order. . .)* You're ordering some accessories from a department store catalogue. Look at the items on page 87 and write a short letter telling what you want. Don't forget to state the color and size (in centimeters), if appropriate.

Suggestion, Ex. J: Compose a model with the whole class on the board or on a transparency.

Written work: See Workbook.

Lexique

On s'exprime

Pour montrer son enthousiasme	*Pour indiquer ce qu'on veut faire*	*Pour indiquer ce qu'on ne veut pas faire*
C'est vachement bien!	J'ai décidé de...	Ça ne m'intéresse pas!
Chouette!	J'aimerais...	Jamais de la vie!
Fantastique!	Je préfère...	Je ne veux pas...
Incroyable!	Je tiens à...	Je refuse (absolument) de...
Sensationnel! (Sensass!)	Je veux...	Non, absolument pas!
Super!	Je voudrais...	

Thèmes et contextes

Les accessoires (m.pl.)

un béret	un foulard
un bonnet	des gants *(m.pl.)*
des boucles d'oreilles *(f.pl.)*	des lunettes (de soleil) *(f.pl.)*
une ceinture	un mouchoir
un chapeau	un nœud papillon
un collier-chaîne	un parapluie
une cravate	une pochette
une écharpe	un porte-cartes

Vocabulaire général

Noms

- une colonie de vacances
- un(e) directeur(-trice)
- un habit
- un moine
- un passant

Adjectifs

- affreux(-euse)
- assis(e)
- conservateur(-trice)
- convenable
- tolérant(e)

Verbes

- commencer (à)
- continuer (à)
- décider (de)
- essayer (de)
- éviter (de)
- hésiter (à)
- juger
- permettre (à) ... (de) ...
- promettre (à) ... (de) ...
- proposer (à) ... (de) ...
- refuser (de)

Adverbes

- simplement
- vachement

Autres expressions

- Ça m'est égal.
- d'ailleurs

Mise au point

Lecture: *Les jeunes sont à la mode*

Les jeunes sont à la **Mode**

Spécial ● Mode

Êtes-vous à la mode? Mais qu'est-ce que c'est, être à la mode? Pour les jeunes, aujourd'hui, il n'y a pas une seule mode. Il y a plusieurs modes. Le reporter de ÇA VA a demandé à quelques jeunes Français leur genre de vêtements préféré. Et vous, quel est votre genre préféré parmi tous ces genres?

SANDRINE
J'aime le style décontracté et les couleurs vives. J'aime aussi les foulards indiens. En général, j'aime les vêtements amples et confortables.

Sandrine ► ►

ÉRIC et MICHEL
Notre mode favorite? Le style étudiant américain, avec le blouson 'base-ball'. Ça a de l'allure, n'est-ce pas?

Éric, à gauche, et Michel ► ► ►

GÉRALDINE
Moi, j'aime surtout le style BCBG (bon chic bon genre). J'ai horreur des tenues négligées. Les vêtements chic coûtent cher. Mais j'aime la classe et l'élégance.

◄ *Géraldine*

FABRICE
Je suis la mode seulement quand elle me plaît. En général, j'aime les vestes larges, genre Kid Creole. J'aime aussi les chemises par-dessus le pantalon. Ça fait cool et ça donne un genre.

◄ *Fabrice*

CÉDRIC
Pour moi, il y a une seule mode. C'est le mode punk. C'est une mode authentique, réelle, sincère. Je porte les vêtements que j'aime. Ce que les gens pensent de moi ne m'intéresse pas.

Cédric ► ►

JULIEN et MARC
La mode? Non, ça ne nous intéresse pas tellement. On préfère des vêtements simples, un style décontracté. On n'est pas des poseurs, nous!

◄ *de gauche à droite: Frédéric, Julien et Marc*

MÉLANIE et PASCALE
Nous préférons la mode classique. La mode classique est toujours à la mode, n'est-ce pas? L'avantage du style BCBG, c'est que les gens vous respectent et vous prennent au sérieux.

◄ *Mélanie, à gauche, et Pascale*

Compréhension ■■■■■■■■■■■■■■■■■■■■■■■

A. **Il y a plusieurs modes.** Identifiez la personne (ou les personnes) de l'article qui a (ont) les opinions suivantes.

1. Pour moi, la seule mode c'est la mode punk.
2. Je préfère la mode classique, le style BCBG.
3. J'aime les vestes larges et les chemisiers par-dessus le pantalon.

Prereading: Ask students to talk about clothing styles in French. Model this by giving your own preferences first. Introduce words they will encounter in the reading (e.g. **bon chic bon genre—BCBG**).

Answers, Ex. A: 1-Cédric, 2-Géraldine, 3-Fabrice, 4-Sandrine, 5-Eric et Michel, 6-Julien et Marc, 7-Cédric, 8-Mélanie et Pascale.

Suggestion, Ex. B: This particular exercise might best be done as a full class. It has the possibility of creating a lively discussion, particularly if you remind students to use expressions of agreement and disagreement.

Postreading: For homework, you can ask students to write out their point of view as they expressed it in Ex. B.

4. Je préfère les vêtements confortables.
5. Mon style préféré, c'est le style américain.
6. La mode, ça ne m'intéresse pas. Je préfère les vêtements simples.
7. Ce que les gens pensent de moi? Ça m'est égal.
8. Ce qui compte surtout, c'est l'élégance.

B. **Je suis d'accord avec...** Indiquez la personne (ou les personnes) de l'article avec qui vous êtes d'accord. Ensuite expliquez pourquoi vous avez les mêmes goûts et quels vêtements vous préférez porter.

Recycling activities.

C. **Quels accessoires est-ce que vous avez achetés?** Regardez les dessins et identifiez les accessoires que vous avez achetés.

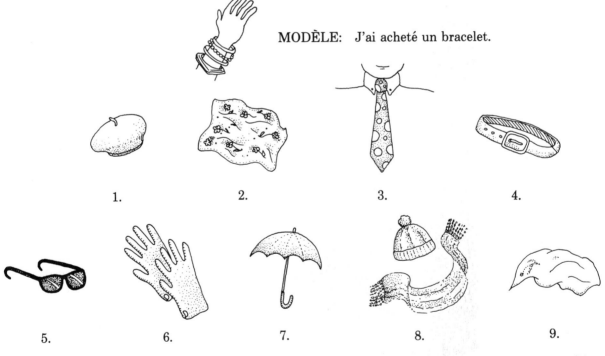

MODÈLE: J'ai acheté un bracelet.

1.   2.   3.   4.

5.   6.   7.   8.   9.

Ex. D: ⇄

D. **Questionnaire.** Posez les questions suivantes à un(e) autre élève.

Demandez à votre partenaire ce qu'il (elle):
1. espère faire à l'avenir
2. apprend à faire
3. hésite à faire
4. évite de faire
5. est obligé(e) de faire
6. sait très bien faire
7. refuse de faire
8. aime faire

In this **Révision,** you will review the following grammatical structures:

- the use of the present subjunctive to express necessity;
- the present subjunctive forms of **-er** and **-ir** verbs and irregular verbs;
- the use of the infinitive to express necessity;
- the indirect object pronouns **lui** and **leur;**
- the use of the infinitive after a conjugated verb.

L'emploi du subjonctif pour exprimer la nécessité

Les expressions qui indiquent la nécessité

The subjunctive is used with all of the following expressions of necessity:

> **il faut que**
> **il est nécessaire que**
> **il vaut mieux que**
> **il est préférable que**
> **il est important que**
> **il est essentiel que**

Le présent du subjonctif

il faut que

je parle	**nous parlions**
tu parles	**vous parliez**
il, elle, on parle	**ils, elles parlent**

il est essentiel que

je réussisse	**nous réussissions**
tu réussisses	**vous réussissiez**
il, elle, on réussisse	**ils, elles réussissent**

il est important que

j'aie	**nous ayons**
tu aies	**vous ayez**
il, elle, on ait	**ils, elles aient**

il vaut mieux que

je sois	**nous soyons**
tu sois	**vous soyez**
il, elle, on soit	**ils, elles soient**

il est préférable que

j'aille	**nous allions**
tu ailles	**vous alliez**
il, elle, on aille	**ils, elles aillent**

il est important que

je prenne	**nous prenions**
tu prennes	**vous preniez**
il, elle, on prenne	**ils, elles prennent**

il faut que

je mette	**nous mettions**
tu mettes	**vous mettiez**
il, elle, on mette	**ils, elles mettent**

je fasse	**nous fassions**
tu fasses	**vous fassiez**
il, elle, on fasse	**ils, elle fassent**

je puisse	**nous puissions**
tu puisses	**vous puissiez**
il, elle, on puisse	**ils, elles puissent**

je sache	**nous sachions**
tu saches	**vous sachiez**
il, elle, on sache	**ils, elles sachent**

je sorte	**nous sortions**
tu sortes	**vous sortiez**
il, elle, on sorte	**ils, elles sortent**

je parte	**nous partions**
tu partes	**vous partiez**
il, elle, on parte	**ils, elles partent**

Ex. E: ⇄

E. **Qu'est-ce que je vais faire?** Votre ami a découvert que son calendrier pour la semaine prochaine est très chargé *(full)*. Le pire est *(what's worse)*, qu'il a accepté de faire plusieurs choses à la fois. Regardez son calendrier et donnez-lui des conseils pour ce qu'il faut changer. Employez une expression de nécessité et le subjonctif des verbes convenables.

MODÈLES: *Il faut que tu changes ton rendez-vous avec le dentiste.*
Il est essentiel que tu téléphones à Suzanne.
Il vaut mieux que tu ailles au restaurant samedi soir.

lundi	mardi	mercredi	jeudi	vendredi	samedi	dimanche
4h 1) dentiste 2) médecin 5h15 1) Jean au café 2) Maman gare	4h 30 1) Galeries Lafayette avec Marie 2) biblio avec Suzanne 8h 1) cinéma avec Paul 2) rendez-vous avec Sylvie	6h 1) papa au bureau 2) Fnac avec Michel	6h 30 1) travailler 2) Quick 9h 1) devoirs de français 2) sortir avec copains	5h 1) shopping avec Maman 2) copains au café 7h 30 1) restaurant 2) dîner chez Monique	2h 1) centre commercial avec amis 2) excursion à Versailles en famille	2h 1) dîner en famille 2) dîner avec amis 8h 1) étudier pour l'exam de français 2) cinéma avec copains

F. **Qu'est-ce qu'il faut mettre?** Employez une expression de nécessité avec le verbe convenable pour donner des conseils à vos amis au sujet des vêtements et des accessoires qu'il faut mettre pour chaque occasion. N'oubliez pas les chaussures!   Ex. F: ○

MODÈLE: Je *(garçon)* vais aller à un bal avec Françoise.
           Il faut que tu mettes un costume avec une cravate.

1. Je *(fille)* vais accompagner Paul au théâtre.
2. Nous *(filles et garçons)* allons dîner chez le professeur de français.
3. Paul et Isabelle vont à un concert de rock.
4. Chantal et Marie-France vont à l'opéra avec leurs parents.
5. Je *(garçon)* vais aller à la fête d'anniversaire de mon cousin.
6. Nous *(filles)* allons passer la journée à voir les monuments de Paris.

Ex. G: ⇄

G. **Qu'est-ce qu'on fait pour...** Expliquez en détail ce qu'il faut faire pour accomplir les choses suivantes. Employez les expressions de nécessité et les verbes convenables.

MODÈLE: Qu'est-ce qu'il faut que je fasse pour organiser une soirée?
D'abord, il faut que tu fasses une liste des invités. Ensuite il faut que tu achètes la nourriture et les boissons. Puis il est nécessaire que tu téléphones à tes invités. Il faut aussi que tu parles à tes parents, que tu choisisses la date de la soirée. . . etc.

1. Qu'est-ce qu'il faut que je fasse pour avoir des bonnes notes?
2. Qu'est-ce qu'il faut que nous fassions pour préparer un bon dîner?
3. Qu'est-ce qu'il faut qu'ils fassent pour organiser une excursion à Paris?
4. Qu'est-ce qu'il faut que nous fassions pour arranger un voyage en France?
5. Qu'est-ce qu'il faut que je fasse pour organiser une soirée?

L'emploi de l'infinitif pour exprimer la nécessité

When the subject of the sentence is clear, you can use an expression of necessity with an infinitive (without **que**). Notice, however, that some of the expressions you've learned take the preposition **de** before the infinitive:

Il faut apprendre le français.
Il vaut mieux aller à la bibliothèque.
Il est nécessaire d'avoir un permis de conduire.
Il est préférable de rester à la maison.
Il est important de passer du temps en famille.
Il est essentiel d'étudier pour les examens.

With the exception of **il faut,** the negative **ne pas** is placed directly in front of the infinitive:

Il **ne** faut **pas** oublier les clés!
Il vaut mieux **ne pas** aller à la bibliothèque.
Il est préférable de **ne pas** sortir ce soir.

Ex. H: ⇄

H. **Qu'est-ce qu'il faut faire...?** Pour chacune des situations suivantes, indiquez ce qu'il faut faire. Employez les expressions de nécessité avec le subjonctif des verbes qui conviennent.

MODÈLE: Quels vêtements est-ce qu'il faut mettre quand on va à la plage?
Il faut mettre un short, un T-shirt et des sandales. Il est important d'apporter un maillot de bain.

1. Quels vêtements est-ce qu'il faut mettre pour aller au théâtre?
2. Quels vêtements est-ce qu'il faut mettre pour aller à un match de basket?
3. Qu'est-ce qu'il faut faire avant de partir en vacances?
4. Qu'est-ce qu'il faut faire pour réussir à l'école?
5. Qu'est-ce qu'il faut faire pour organiser une excursion au musée?
6. Qu'est-ce qu'il faut faire pour mieux connaître une personne?

Vous êtes au rayon des vêtements dans un grand magasin en France. Vous demandez au vendeur de vous montrer un anorak bleu foncé, taille 12. Vous cherchez un anorak qui soit assez grand pour porter par-dessus un gros pull. Pourquoi est-ce que le vendeur ne vous comprend pas?

a. Il n'a pas compris votre français.
b. Il ne sait pas quelle taille vous donner.
c. Le vendeur ne sait pas ce que ce qu'est un anorak.
d. On ne peut pas acheter d'anoraks dans les grands magasins en France.

Suggestion, Pourquoi?: The correct answer is *b* because the American size rather than a French size is given. Discuss the other options with students.

Les pronoms d'objets indirects *lui* et *leur*

The indirect-object pronouns **lui** and **leur** stand for people and replace indirect-object nouns. In French, the indirect-object noun is generally introduced by the preposition **à**.

> Est-ce que tu téléphones souvent **à tes amis?**
> Oui, je **leur** téléphone souvent.
> Non, je ne **leur** téléphone pas souvent.
>
> Est-ce qu'elle a prêté son auto **à Philippe?**
> Oui, elle **lui** a prêté son auto.
> Non, elle ne **lui** a pas prêté son auto.
>
> Est-ce qu'ils vont parler **à leur professeur?**
> Oui, ils vont **lui** parler.
> Non, ils ne vont pas **lui** parler.

The most common verbs that take an indirect object are:

acheter	dire	obéir	promettre
apporter	donner	parler	proposer
apprendre	expliquer	permettre	raconter
demander	montrer	prêter	téléphoner

Ex. I: ⇄

I. **Échange: Êtes-vous généreux(-euse)?** Posez les questions à un(e) camarade pour déterminer s'il(elle) est généreux(-euse) ou pas. Employez les pronoms **lui** et **leur** dans vos réponses.

1. Est-ce que tu prêtes souvent de l'argent à tes amis?
2. Est-ce que tu achètes des cadeaux d'anniversaire pour les membres de ta famille?
3. Quel cadeau est-ce que tu as acheté pour ta mère (père, grand-mère, grand-père, sœur, frère) pour son dernier anniversaire?
4. Est-ce que tu donnes des conseils à ton(ta) meilleur(e) ami(e)?
5. Est-ce que tu donnes des jouets aux organisations charitables à Noël?
6. Est-ce que tu téléphones à tes amis quand ils sont malades?
7. Est-ce que tu montres beaucoup d'affection aux membres de ta famille?
8. Est-ce que tu prends le temps d'expliquer les règles de grammaire à un(e) camarade de classe?
9. Est-ce que tu prends le temps de saluer ton professeur de français?

Si vous avez répondu *oui* à toutes ces questions, vous êtes vraiment une personne très généreuse!

L'infinitif après les verbes conjugués

When you use a conjugated verb and an infinitive, the infinitive may follow the conjugated verb directly or it may be preceded by **à** or **de**.

The most common verbs followed *directly* by an infinitive are:

adorer	falloir (il faut)
aimer	penser
aimer mieux	pouvoir
aller	préférer
détester	savoir
devoir	valoir mieux (il vaut mieux)
espérer	vouloir

The following verbs require **à** before the infinitive:

apprendre à	hésiter à
commencer à	inviter à
continuer à	réussir à

The following verbs require **de** before the infinitive:

choisir de	éviter de *(to avoid)*
décider de	finir de
essayer de *(to try)*	oublier de
être obligé(e) de	refuser de

J. **Questions personnelles.** Employez les éléments donnés pour poser des questions à votre camarade de classe. Ensuite, vous allez parler de votre camarade à la classe entière. Attention aux prépositions!   Ex. J: ⇄

MODÈLE: apprendre / faire dans les cinq dernières années
— *Qu'est-ce que tu as appris à faire dans les cinq dernières années?*
— *J'ai appris à parler français.* ou *J'ai appris à nager.* Etc.

1. apprendre / faire l'année dernière
2. refuser / faire à la maison
3. vouloir / faire à l'avenir
4. aimer / faire le week-end
5. décider / faire après l'école secondaire
6. aller / faire l'année prochaine

Point d'arrivée

■■

Activités orales

Ex. K: ⇄

K. **Au grand magasin.** Go to the department store, choose an outfit for a particular occasion, and discuss size, color, and price with the salesperson. Your outfit should include shoes and accessories.

Ex. L: △

Implementation, Ex. L: Put boys and girls into separate groups.

L. **Une soirée spéciale.** You and your friends have decided to dress up for a special party. Decide what clothes and shoes you're going to wear and what accessories. Give each other advice about what looks good together. Agree or disagree with each other's opinions.

Ex. M: ○

M. **Des conseils.** Think of a problem you're going to present to your group (your grades are not very good, your parents are too strict, you don't have any money, etc.). Your friends will give you advice on what to do. Use expressions of necessity and the subjunctive to give the advice.

Ex. N: ⇄ This exercise is best prepared in pairs. When they are ready, bring the whole class together and have several pairs come to the front of the room to auction off something. One student gives the description, the second student does the auctioning: **Qu'est-ce que vous me donnez pour cette chemise?** (Students make bids.) When the highest bid has been reached, the auctioneer says: . . . **Adjugé!** (*Sold* in auction terminology).

N. **Aux enchères.** *(At an auction.)* Make an inventory (in French) of some of the clothes worn by the students in your class. Then hold an auction and try to sell the clothes to someone else. Before proposing a starting price, give a detailed description of the article of clothing.

   MODÈLE: — *Marie porte une très jolie jupe bleu imprimé. La jupe est en coton. Elle est longue. Qui va lui donner 200F pour la jupe?*
   — *Je lui donne 60F.*
   — *60F n'est pas assez. C'est une jupe de Dior.*
   — *Je lui donne 85F. Etc.*

Ex. O: ○

O. **Obsession.** Each student in the group chooses one of the following obsessions. One person begins to talk about his or her obsession and the others interrupt to talk about their own. Obsessions: **les vêtements, la nourriture, les vacances, le travail, l'argent, la famille.**

Reminder, Ex. O: Remind students that the model in the book is simply an example. They should be making their own statements. It might be useful to have them try this activity in English first so that they get the idea of the procedure.

   MODÈLE: — *J'adore acheter des vêtements. Je passe beaucoup de temps dans les magasins, même si je n'ai pas d'argent...*
   — *Justement, les vêtements sont très chers. C'est pour ça que je n'aime pas aller dans les magasins, moi. J'essaie de faire des économies et je préfère mettre mon argent à la banque. Je ne dépense même pas beaucoup d'argent pour la nourriture...*
   — *Ah, la nourriture... Moi, j'adore faire la cuisine, et surtout j'aime manger. Hier soir, j'ai fait un gâteau...*

Activités écrites

P. **Un mannequin.** Find a picture of a fashion model (male or female) in a magazine and write a complete description of what he/she is wearing. Include shoes and accessories. Remember to talk about fabrics, colors, prints, etc.

Q. **Un inventaire.** In planning your next shopping trip, you make an inventory of some of the clothes you have in your closet. Write the name of each article of clothing and briefly describe it. Be sure to include shoes and accessories. Your list should be fairly complete. Once you're done, make a list of the clothes you don't have and would like to buy.

R. **Une lettre.** You've just received a letter from a friend explaining that she has a problem. She says that her friends seem overly concerned about appearance and are judging her according to the clothes she wears. She is not particularly interested in following the latest fashions. Answer her letter and give her some advice. Use expressions of necessity and the subjunctive in your advice.

Written Work: See Workbook.

DEUX JEUNES FRANÇAIS

Expansion culturelle: Each unit in *On y va!*, Level 3, ends with a series of interviews. This serves as the culminating activity for the whole unit and allows students to combine what they have learned by working with the information provided in the interviews.

Audio tape: Have students listen to the two interviews before doing the **Et vous?** exercise.

Je m'appelle Roland Berthier. J'ai 17 ans et j'habite dans la ville de Vesoul en Haute Saône. Je suis au lycée de Vesoul et j'ai beaucoup d'amis. Moi, j'adore les vêtements et je suis content que les styles changent régulièrement. J'essaie toujours d'acheter ce qui est à la mode et mes amis sont comme moi. À mon avis, l'apparence joue un rôle très important dans l'idée qu'on a d'une personne. Je trouve, par exemple, qu'on me respecte plus parce que je suis toujours très bien habillé et parce que je sais les vêtements qu'il faut mettre pour chaque occasion. Je vois même que mes amis font des efforts pour m'imiter. Je préfère dépenser mon argent pour des vêtements que pour autre chose.

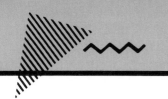

Je m'appelle Nicole Fernand et j'habite dans le Midi de la France dans une ville qui s'appelle Saint-Raphaël. J'ai 15 ans et je suis au lycée. Un jour j'espère aller à l'université pour étudier le droit. Je voudrais bien être avocate, mais je sais que c'est très difficile. Pour le moment je prends mes études très au sérieux, mais j'aime aussi m'amuser avec mes amis. Les vêtements, ça ne m'intéresse pas beaucoup. C'est-à-dire que j'aime être bien habillée, mais je préfère les vêtements simples et confortables. Je trouve les changements rapides dans la mode ridicules et je refuse de dépenser des fortunes pour plaire aux autres. C'est l'intérieur de la personne qui compte, sa personnalité et ses sentiments. L'apparence est superficielle et souvent décevante.

EXPANSION

Et vous?

S. **Je suis comme...** Maintenant vous connaissez un peu Roland et Nicole. À qui est-ce que vous ressemblez dans vos attitudes envers les vêtements et l'apparence? Parlez de vos goûts, de ce qui est important pour vous et des vêtements que vous portez.

Suggestion, Ex. S: Have some of the students tell the whole class whom they resemble most. Then divide the students into pairs to continue the exercise.

107

C'est la France ou les États-Unis?

Unité deux

On voyage!

Planning Strategy: See Workbook.

Audio Tape: See Teaching Guide.

Objectives

In this unit, you will learn:

- to organize a trip;
- to make arrangements to travel by train, car, or plane;
- to express doubt and uncertainty;
- to ask and answer questions about people and things;
- about French attitudes toward vacations and travel.

Ouverture culturelle:	**Les vacances**
Chapitre quatre:	**On fait un voyage**
Première étape:	Les gares de Paris
Deuxième étape:	Train + vélo
Intégration culturelle:	**Le TGV**
Chapitre cinq:	**On prend le train**
Première étape:	L'horaire des trains
Deuxième étape:	Comment bien voyager
Intégration culturelle:	**Les voyageurs**
Chapitre six:	**En voiture ou en avion?**
Première étape:	La carte routière
Deuxième étape:	Roissy–Charles de Gaulle
Expansion culturelle:	**Deux jeunes Français**

LES VACANCES

Sondage: Les vacances d'été 1985

hébergement: lodging

Villages de vacances:
  vacation resorts
Auberges de jeunesse:
  youth hostels

– Quand? (%)		– Où? (%)		– Quel hébergement? (%)			
• Mai	6.0	• Mer	44.6	• Résidence principale		• Résidence secondaire	
• Juin	9.2	• Campagne	24.1	(parents, amis)	26.2	(parents, amis)	9.7
• Juillet	38.4	• Montagne	15.6	• Tente et caravane	19.5	• Hôtel	5.5
• Août	39.4	• Ville	7.9	• Location	16.2	• Villages de vacances	3.9
• Septembre	7.0	• Circuit	7.8	• Résidence secondaire	14.8	• Auberges de	
						jeunesse et autres	4.2

En combien de fois avez-vous pris vos vacances d'été? • Une seule : 78%   • Plusieurs : 22%

Combien de temps êtes-vous parti?		Quel a été votre principal moyen de transport?	
• Moins d'une semaine	5%	• Voiture	75%
• Environ une semaine	14%	• Train	11%
• Environ deux semaines	22%	• Avion	6%
• Environ trois semaines	18%	• Autocar	3%
• Environ quatre semaines	18%	• Bateau	2%
• Environ cinq semaines	7%	• Autre	2%
• Plus longtemps	14%	• Non précisé	1%
• NSP	2%		

endroit: place

forfait: package price

Comment êtes-vous parti?		Êtes-vous resté le plus souvent au même endroit?	
• Avec un groupe organisé	6%	• Oui	77%
• En voyage individuel avec un forfait		• Ont effectué un circuit	23%
(transports + séjour)	3%		
• En voyage individuel sans forfait	89%		
• Non précisé	2%		

OUVERTURE

A. **Les vacances typiques.** D'après les résultats du sondage, classez les
   vacances suivantes du plus typique (1) au moins typique (6).

   a. Pierre Giraldon et sa famille ont passé les vacances à la campagne. Ils
      sont allés à la maison de campagne de ses grands-parents maternels
      près de Rouen. Ils y sont allés en voiture et y ont passé les trois
      premières semaines de juillet à se reposer.
   b. La famille de Dominique Barluet a passé le mois d'août à Arcachon. Ils
      ont loué une maison sur la plage et se sont bien amusés à nager et à
      faire de la voile. Ils ont pris leur voiture pour y aller.
   c. Joseph Moreaux et son cousin Bernard Weill ont pris leurs vacances
      au mois de juin. Ils sont partis avec un groupe d'amateurs de cyclisme
      qui sont allés en Allemagne. Ils ont roulé à vélo pendant la journée et
      la nuit ils ont couché dans des auberges de jeunesse ou des hôtels pas

chers. En dix jours ils ont réussi à voir plusieurs régions différentes du pays.

d. Nicole Jolibois et son cousin Daniel Millot ont passé trois semaines dans les Alpes au mois de juillet. Ils sont descendus dans un petit hôtel pas cher et ont fait des randonnées *(outings, hiking)*. Ils ont pris le train pour y aller.

e. Éric et Nicole Lenormard, accompagnés de leurs trois enfants, ont passé quinze jours au mois d'août aux Sables-d'Olonne sur la côte Atlantique. Les parents d'Éric y habitent pendant l'année. Ils y sont allés en voiture.

f. Xavier et Janine Le Roux ont passé leurs vacances aux États-Unis. Ils ont trouvé un voyage assez bon marché (3 000F par personne, avion + hôtel) organisé par la ligne aérienne TWA. Ils sont partis le 10 juillet, ont visité trois villes (New York, Boston, Washington) et sont rentrés à Paris le 24 juillet.

B. **Le calendrier scolaire.** Les vacances scolaires en France sont un peu différentes de vos vacances. Étudiez le calendrier scolaire français, puis répondez aux questions à la page suivante.

CALENDRIER SCOLAIRE POUR 1990–1991

		ZONE I	ZONE II	ZONE III
ÉTÉ 1990	Prérentrée	Lundi 3/9/90	Lundi 3/9/90	Lundi 3/9/90
	Rentrée	Mardi 4/9/90	Mardi 4/9/90	Mardi 4/9/90
TOUSSAINT	Sortie	Samedi 27/10/90 après la classe	Samedi 27/10/90 après la classe	Samedi 27/10/90 après la classe
	Rentrée	Lundi 5/11/90 au matin	Lundi 5/11/90 au matin	Lundi 5/11/90 au matin
NOËL	Sortie	Samedi 22/12/90 après la classe	Samedi 22/12/90 après la classe	Samedi 22/12/90 après la classe
	Rentrée	Lundi 7/1/91 au matin	Lundi 7/1/91 au matin	Lundi 7/1/91 au matin
HIVER	Sortie	Jeudi 7/2/91 après la classe	Jeudi 14/2/91 après la classe	Jeudi 21/2/91 après la classe
	Rentrée	Lundi 18/2/91 au matin	Lundi 25/2/91 au matin	Lundi 4/3/91 au matin
PRINTEMPS	Sortie	Samedi 30/3/91 après la classe	Vendredi 5/4/91 après la classe	Vendredi 5/4/91 après la classe
	Rentrée	Lundi 15/4/91 au matin	Lundi 22/4/91 au matin	Lundi 22/4/91 au matin
ÉTÉ 1991	Sortie	Jeudi 4/7/91 après la classe	Jeudi 4/7/91 après la classe	Jeudi 4/7/91 après la classe

La ZONE I comprend les académies de: Paris, Créteil, Versailles.

La ZONE II comprend les académies de: Bordeaux, Caen, Clemont-Ferrand, Grenoble, Lille, Montpellier, Nancy-Metz, Nantes, Nice, Rennes.

La ZONE III comprend les académies d'Aix-Marseille, Amiens, Besançon, Dijon, Limoges, Lyon, Orléans-Tours, Poitiers, Reims, Rouen, Strasbourg, Toulouse.

N.B. Pour les académies de la Corse, de la Réunion et des Antilles-Guyane, c'est le recteur, par dérogation du droit commun, qui arrête le calendrier scolaire.

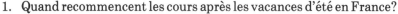

1. Quand recommencent les cours après les vacances d'été en France?
2. En France, quelles vacances sont uniformes—c'est-à-dire, commencent le même jour pour tous les élèves? Quelles vacances sont échelonnées—c'est-à-dire, commencent à des dates différentes selon la région où on habite?
3. La Toussaint, appelée aussi la fête des Morts, est une fête religieuse qu'on célèbre le premier novembre. Est-ce qu'on célèbre la même fête aux États-Unis? Combien de jours de vacances ont les élèves français à la Toussaint?
4. Combien de temps durent les vacances de Noël?
5. Si on habite à Marseille, quand commencent les vacances d'hiver? Et si on habite à Lille? Et dans la région parisienne?
6. Si on habite à Rouen, quel jour est-ce qu'on retourne à l'école après les vacances de printemps? Et si on habite à Paris?
7. Quand finit l'année scolaire en France?

C. **Votre calendrier scolaire.** Répondez aux questions suivantes au sujet du calendrier de votre école.

1. Quand est-ce que vous rentrez à l'école après les vacances d'été?
2. Quand est-ce que vous quittez l'école à la fin de l'année scolaire?
3. Votre année est-elle plus longue ou moins longue que l'année scolaire en France?
4. Combien de temps durent les vacances de Noël pour vous?
5. Est-ce que les élèves français ont des vacances que vous n'avez pas? Lesquelles *(which ones)*?
6. Est-ce que vous avez des vacances que les élèves en France n'ont pas?
7. Lequel préférez-vous, votre calendrier ou le calendrier scolaire en France? Pourquoi?

D. **Finies, les vacances!** Le mois de septembre, c'est la fin des vacances et la rentrée à l'école. Votre attitude à l'égard de la rentrée révèle aussi l'importance que les vacances ont pour vous. Faites le petit test donné à droite et déterminez ce que les vacances représentent dans votre vie. Puis comparez vos résultats aux résultats de vos camarades de classe.

LE JEU-TEST DE ÇA VA

Vive La Rentrée!

Les vacances sont finies!
Es-tu prêt/e pour la rentrée?
Fais ce test et lis les
commentaires en page 3!

1. **Pour toi, "grandes vacances" riment avec:**
   (a) récompense.
   (b) différence.
   (c) indépendance.

2. **Quand tu pars en vacances, tu prends toujours...**
   (a) ton appareil-photo et ton carnet d'adresses.
   (b) tes lunettes de soleil et ton hamac.
   (c) des livres et des magazines en français.

3. **Tu rentres de vacances; qu'est-ce que tu fais?**
   (a) Tu défais ta valise et tu ranges ta chambre.
   (b) Tu prépares ton cartable et tu révises tes leçons.
   (c) Tu téléphones à tes ami(e)s pour organiser une petite fête.

4. **Tu fais des courses pour la rentrée. Tu achètes:**
   (a) une calculatrice de poche et un dictionnaire.
   (b) une chemise à fleurs très mode.
   (c) une nouvelle paire de chaussures de sport.

5. **Le matin de la rentrée, tu penses:**
   (a) "Super! Je vais revoir mes copains et copines."
   (b) "Comment est le nouveau prof de français?!"
   (c) "C'est quand, les prochaines vacances?!"

RÉPONSES AU JEU-TEST DE LA PAGE 2

■ **Regarde la grille et compte tes points! Pour chaque question, tu as 1, 2 ou 3 points.**

QUESTIONS

RÉPONSES	1	2	3	4	5
a	3	2	2	3	2
b	2	1	3	1	3
c	1	3	1	2	1

De 9 à 12 points:
Pour toi, les vacances sont très importantes, mais tu vas aussi à l'école avec plaisir. C'est parfait!

Moins de 9 points:
Tu as encore la tête en vacances et tu n'es pas vraiment prêt/e pour la rentrée. Attention! Les vacances sont finies!!!

Plus de 12 points:
Tu aimes bien l'école. Tu prépares même ta rentrée pendant les vacances! C'est bien, mais n'oublie pas de te reposer de temps en temps!

(Ne prends pas ce test trop au sérieux!)

Chapitre quatre

On fait un voyage

1.

2.

Answers, photos and signs: 1-c, 2-d, 3-a, 4-b.

3.

4.

Où sommes-nous? Identifiez le panneau (sign) qui correspond à chaque photo.

a. Voie A
b. Buffet de la gare
c. Billets grandes lignes
d. Salle d'attente

Première étape

Point de départ:

Les gares de Paris

■■■■■■■■■■■■■■■■■■■■■■■■■■■■■■

La SNCF (Société Nationale des **Chemins de Fer** Français) **gère** le système **ferroviaire** français. Son centre géographique et administratif est Paris. La capitale a six gares, chacune desservant une région bien délimitée du pays et de l'Europe. Par conséquent, quand vous voulez prendre le train à Paris, il faut savoir non seulement votre destination mais aussi la gare d'où partent les trains pour cette région. Les cartes reproduites ci-dessous vous montrent le **réseau** ferroviaire et son rapport avec les six gares de Paris.

Railroads/manages
rail

network

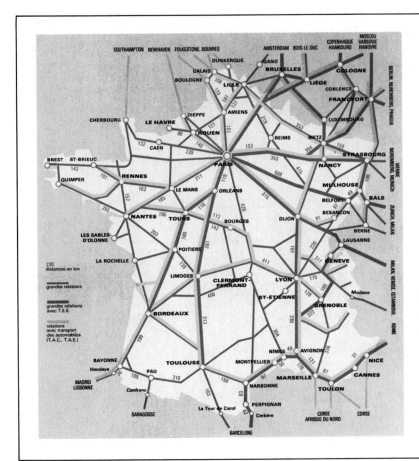

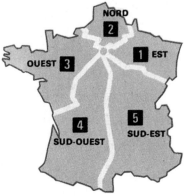

Gare du Nord:
> région nord (Lille, la Belgique, l'Angleterre)

Gare de l'Est:
> région est (Strasbourg, la Suisse, l'Allemagne)

Gare de Lyon:
> région sud-est (Lyon, Grenoble, Marseille, la Côte d'Azur, l'Italie; le TGV)

Gare d'Austerlitz:
> région sud-ouest (Orléans, Tours, Toulouse, Bordeaux, l'Espagne; le TGV-Atlantique)

Gare Saint-Lazare:
> région ouest (la Normandie—Rouen, le Havre)

Gare Montparnasse:
> région ouest (Nantes; la Bretagne— Saint-Malo, Rennes, Brest)

À vous! ▪▪▪▪▪▪▪▪▪▪▪▪▪▪▪▪▪▪▪▪▪▪▪▪▪▪▪▪▪▪▪▪▪▪▪▪▪

A. **De quelle gare est-ce qu'on part?** After spending a week together in Paris, several American families are heading off to visit different parts of France and Europe. Get them started in the right direction by telling each family which station to go to.

1. John and his parents are going to spend a week in Nantes.
2. Lisa and her brother want to travel to Italy.
3. Jennifer and her cousins are heading for the beaches of southern France.
4. Michael and his grandparents want to visit Bordeaux.
5. Craig and his father are going to London.
6. Linda and her mother want to visit Grenoble.
7. Betsy and her family are going to visit some friends in Le Havre.
8. Mary and her mother want to spend a week in Strasbourg.

B. **C'est très loin?** For Americans, who are used to calculating distances in miles, kilometers do not have a lot of meaning. A simple formula for converting kilometers to miles is to divide by 8 and then multiply by 5. Using the distances indicated in **kilomètres** on the rail map on page 115, calculate how far it is in miles between the following cities.

MODÈLE: Paris–Dijon
315 km = approximately 200 miles (197)

1. Paris–Nancy
2. Paris–Nîmes
3. Paris–Brest (via Rennes)
4. Paris–Toulouse
5. Quimper–Limoges (via Nantes)
6. Paris–Nice (via Dijon et Lyon)

Note Culturelle

Puisque la France est un pays relativement petit, on prend beaucoup plus souvent le train que l'avion. Le réseau ferroviaire français, qui est un des plus efficaces et des plus sophistiqués du monde, joue en France un rôle pareil au rôle joué par les lignes aériennes aux États-Unis. Les Français sont très fiers de leurs trains, qui sont très confortables et ponctuels. La SNCF est sous le contrôle du gouvernement depuis 1938. Avec ses 35 000 km de voies ferrées *(tracks)* et ses 11 500 trains, elle transporte plus de 610 millions de voyageurs et plus de 250 millions de tonnes de marchandises tous les ans. Les trains express dépassent les 120 km *(75 miles)* à l'heure. Le nouveau TGV (Train à grande vitesse) est un des plus rapides du monde; il fait plus de 270 km *(175 miles)* à l'heure.

STRUCTURE

Les noms de ville et les prépositions

Brest, Rennes et **Carnac** sont des villes en Bretagne.	*Brest, Rennes,* and *Carnac* are cities in Brittany.
Je ne suis jamais allé **à Brest.**	I've never been *to Brest.*
À Rennes, il y a une jolie cathédrale.	*In Rennes* there is a lovely cathedral.
On peut voir des monuments préhistoriques **à Carnac.**	You can see prehistoric monuments *at Carnac.*

You have probably noticed that names of cities in French are usually not preceded by an article. To indicate *to, in,* or *at* with the name of a city, simply use the preposition **à.**

There are, however, a few exceptions—that is, cities whose names do include a definite article. Among the most widely known of these cities are

> **le Havre** (a seaport in Normandy)
> **le Caire** (a city in Egypt)
> **la Nouvelle-Orléans**

After the preposition **à,** the article in the names of these cities follows the basic rule for contractions—**à + le = au,   à + la = à la.**

Où est **le Havre**?	Where is *Le Havre*?
Mes parents ont habité **au Caire** pendant cinq ans.	My parents lived *in Cairo* for five years.
Je voudrais aller **à la Nouvelle-Orléans.**	I would like to go *to New Orleans.*

Suggestion, prepositions with the names of cities: Make signs with the French names of the world's major cities (ex., **Paris, Londres, Tokyo, Béijing, Moscou, Rome, Madrid,** etc.); include **le Caire, le Havre** and **la Nouvelle-Orléans.** Post the signs around the class; then ask: **Qui veut aller à Paris? (François?) Bon, allez à Paris.** (student stands next to the sign) **Où est-il allé? Il est allé à Paris. (Marthe), où est-ce que vous voulez aller?** Continue through the major cities; as you come to exceptions, make sure that students make the contractions.

Application ■■■■■■■■■■■■■■■■■■■■■■■■■■■■■■■

C. **Barb est américaine. Elle habite à Chicago.** Vous montrez à vos parents les photos de quelques jeunes personnes que vous avez rencontrées pendant votre séjour en Europe. Indiquez la nationalité de chaque personne et la ville où il ou elle habite.

MODÈLE: Barb / américain / Chicago
                 Barb est américaine. Elle habite à Chicago.

1. Laurent / français / Bordeaux
2. Samantha / allemand / Berlin
3. Luis / mexicain / Mexico
4. Francine / français / le Havre
5. Jim / américain / la Nouvelle-Orléans
6. Sacha / suisse / Genève
7. Fatima / égyptien / le Caire
8. Léopold / sénégalais / Dakar
9. Sophia / italien / Rome
10. Gerald / australien / Sydney

D. **Tu connais...?** Demandez à un(e) camarade de classe s'il (si elle) connaît les villes suivantes. Votre camarade vous indiquera s'il (si elle) est jamais allé(e) à cette ville.

MODÈLE: San Francisco
                 — *Tu connais San Francisco?*
                 — *Oui, je suis allé(e) à San Francisco il y a cinq ans (en 1986).*
   ou: — *Non, je ne suis jamais allé(e) à San Francisco.*

1. Paris
2. Londres
3. New York
4. Moscou
5. Montréal
6. Rome
7. la Nouvelle-Orléans
8. Beijing
9. Dallas
10. le Caire

RELAIS

Audio Tape: See Teaching Guide.

Où aller?

Écoutez la bande que votre professeur va jouer pour vous. En particulier, faites attention aux expressions utilisées pour proposer quelque chose.

Trois jeunes personnes, Henri, Mireille et Jeanne, parlent de leurs vacances. Ils veulent se mettre d'accord sur une région à visiter.

ON S'EXPRIME

Voici des expressions pour proposer quelque chose et pour répondre affirmativement:

Si on allait...?	**Bonne idée.**
Pourquoi pas + *infinitif*?	**D'accord.**
J'ai une idée. Allons...	**Je veux bien.**

Si on allait: What if we went

À vous!

E. **Je propose...** Proposez à vos camarades de classe les destinations suivantes. Utilisez à tour de rôle *(in rotation)* les expressions **Si on allait...?, Pourquoi pas aller...?** et **J'ai une idée. Allons...**

Ex. E: ⇄

MODÈLE: Bordeaux, Nice, Grenoble
— *Si on allait à Bordeaux?*
— *Pourquoi pas aller à Nice?*
— *J'ai une idée. Allons à Grenoble!*

1. Lille, Rouen, Toulouse
2. Madrid, Rome, Genève
3. le Caire, Abidjan, Dakar
4. Beijing, Moscou, Tokyo
5. Chicago, Los Angeles, la Nouvelle-Orléans

F. **Où aller?** Vous faites des projets de voyage avec vos amis. Vous n'aimez pas les deux premières suggestions, mais vous vous mettez d'accord *(agree)* sur la troisième. Suivez le modèle.

Ex. F: △

MODÈLE: dans le Midi, trop chaud / en Bretagne, l'année dernière / en Alsace

PIERRE: *Pourquoi pas aller dans le Midi?*
MARIE: *Non, il fait trop chaud. J'ai une idée. Allons en Bretagne.*
GEORGES: *Non, je suis allé en Bretagne l'année dernière. Si on allait en Alsace?*
MARIE: *Oui. Bonne idée.*
PIERRE: *Je veux bien.*
GEORGES: *Bien, c'est décidé. On va en Alsace.*

1. dans les Alpes, trop froid / en Champagne, l'été dernier / dans le Midi
2. en Espagne, trop chaud / en Angleterre, l'année dernière / en Suisse
3. à New York, trop de monde / à Minneapolis, trop froid / à Dallas
4. en Normandie, les vacances de Pâques / dans le Midi, trop de monde / en Alsace
5. à Rome, trop chaud / à Londres, trop de monde / à Amsterdam
6. au Caire, l'année dernière / à Tunis, l'année dernière / à Casablanca

STRUCTURE

Suggestion, prepositions with names of countries: Use the signs made for the previous **Structure**; start, for example, with **Paris, Tokyo, New York.** Tell students: **Paris se trouve en France. Qui voudrait aller en France? Qui a déjà fait un voyage en France? Tokyo se trouve au Japon,** etc. When all three are done, summarize the rules, then continue with other countries—at first asking: **Qui voudrait aller...?,** then eventually: **Où voudriez-vous aller?** Point out how to distinguish between masculine and feminine countries.

Les autres expressions géographiques et les prépositions

Quand est-ce que vous partez **pour l'Europe?**

Tu vas **en Espagne?**

Non, on va passer un mois **au Portugal.**

Et vous, vous allez rester **aux États-Unis?**

When are you leaving *for Europe?*

Are you going *to Spain?*

No, we're going to spend a month *in Portugal.*

What about you? Are you going to stay *in the United States?*

You have learned that most city names in French appear without an article. Most other geographical expressions are preceded by a definite article, including continents (**l'Europe**), countries (**la France**), provinces (**la Normandie**), rivers (**le Rhône**), and mountains (**les Pyrénées**).

> **La France** a une population de 55 millions de personnes.
> J'adore **la Suisse.**
> Elle connaît très bien **les États-Unis.**

However, when you wish to express the idea of being *in* or *at* a place or of going *to* somewhere, the definite article either disappears (**en France, en Alsace**) or is combined with the preposition (**au Maroc, aux États-Unis**).

	Feminine country or masculine country beginning with vowel	Masculine country beginning with consonant	Plural country
to, in, at	**en**	**au**	**aux**

1. The great majority of geographical names ending in **-e** are feminine: **la France, la Bretagne, la Chine, la Russie.** Two exceptions are **le Mexique** and **le Zaïre.**
2. Geographical names ending in a letter other than **-e** are usually masculine: **le Canada, le Japon, le Danemark, Israël,**[1] **les États-Unis.** Remember, however, that masculine expressions beginning with a vowel or a vowel sound use **en** to allow for liaison: **en Israël, en Iran.**

[1]**Israël** is a rare exception to the rule that names of countries are preceded by a definite article: **Israël se trouve au Moyen-Orient.**

Application ■■■■■■■■■■■■■■■■■■■■■■■■■■■■

G. **Où est-ce qu'on parle...?** En employant les pays entre parenthèses, indiquez où on parle les langues suivantes. Vous pouvez trouver le genre du nom de ces pays d'après leur dernière lettre. Attention aux exceptions!

MODÈLE: Où est-ce qu'on parle allemand? (Allemagne / Suisse)
On parle allemand en Allemagne et en Suisse.

1. Où est-ce qu'on parle français? (France / Tunisie / Canada / Maroc)
2. Où est-ce qu'on parle anglais? (Angleterre / Australie / États-Unis)
3. Où est-ce qu'on parle chinois? (Chine)
4. Où est-ce qu'on parle espagnol? (Espagne / Pérou / Argentine / Mexique)
5. Où est-ce qu'on parle japonais? (Japon)
6. Où est-ce qu'on parle suédois? (Suède)
7. Où est-ce qu'on parle portugais? (Portugal / Brésil)
8. Où est-ce qu'on parle russe? (U.R.S.S.)

Les pays du monde

L'Europe	**L'Asie**	**L'Amérique du Nord**
l'Allemagne *(f.)*	la Chine	le Canada*
l'Angleterre *(f.)*	l'Inde *(f.)*	les États-Unis *(m.pl.)*
la Belgique*	le Japon	le Mexique *(m.)*
le Danemark	le Viêt-Nam*	
l'Espagne *(f.)*		**L'Amérique Centrale et**
la France*		**l'Amérique du Sud**
la Grèce		
l'Italie *(f.)*		l'Argentine *(f.)*
les Pays-Bas *(m.pl.)*		le Brésil
le Portugal		la Colombie
la Suède		le Nicaragua
la Suisse*		le Venezuela
l'U.R.S.S. *(f.)* l'Union		le Pérou
soviétique		le Mexique

Supplementary vocabulary:
Feminine countries—
l'Arabie Saoudite, l'Autriche, la Bolivie, la Bulgarie, la Colombie, la Finlande, la Hollande, l'Indonésie, la Jordanie, la Norvège, la Pologne, la Roumanie, la Tchécoslovaquie, la Thaïlande, la Turquie, la Yougoslavie.
Masculine countries—
le Chili, le Cuba, le Guatémala, le Kenya, le Nigéria, le Pakistan les Pays-Bas, le Panama, le Soudan.

*Pays francophone = où le français est une langue officielle

L'Afrique	Le Moyen-Orient	Le Pacifique Sud
l'Algérie* *(f.)*	l'Égypte *(f.)*	l'Australie *(f.)*
l'Afrique du Sud *(f.)*	l'Iran *(m.)*	la Nouvelle Zélande
le Cameroun*	Israël *(m.)*	les Philippines *(f.)*
la Côte d'Ivoire*	la Libye	
le Maroc*	la Syrie	
le Sénégal*		
la Tunisie*		
le Zaïre		

*Pays francophone = où le français est une langue officielle

H. **Où se trouve...?** Indiquez dans quels pays se trouvent les villes suivantes.

   MODÈLE: Paris
   Paris se trouve en France.

   1. Madrid
   2. Montréal
   3. Rome
   4. Berlin
   5. Tokyo
   6. Londres
   7. la Nouvelle-Orléans
   8. Moscou
   9. Lisbonne
   10. Bruxelles
   11. Mexico
   12. Jérusalem
   13. Beijing
   14. Dakar
   15. Copenhague
   16. Buenos Aires
   17. Manille
   18. Calcutta
   19. Genève
   20. le Caire

I. **Est-ce que tu as jamais visité...?** Quand on vous demande si vous avez jamais visité les pays suivants, répondez aux questions ci-dessous en suivant le modèle.

   MODÈLE: la Suisse
   — *Est-ce que tu as jamais visité la Suisse?*
   — *Oui, je suis allé(e) en Suisse avec ma famille (des amis, un groupe de...).*
   ou: — *Non, je n'ai jamais visité la Suisse, mais je voudrais bien aller en Suisse un jour.*
   ou: — *Non, et je n'ai vraiment pas envie d'aller en Suisse.*

   1. la France
   2. l'Angleterre
   3. le Japon
   4. le Mexique
   5. la Chine
   6. Israël
   7. la Côte d'Ivoire
   8. le Canada

DÉBROUILLONS-NOUS!

Exercice oral

Review of **étape**.

J. **Organisons un voyage!** You and two classmates are planning a short vacation trip starting in Paris. To begin, each of you proposes one of the places listed below. When someone objects to each suggestion, you agree on a fourth destination (also chosen from the list below). Then decide which station your train will leave from.

Ex. J: △

Possible destinations: Madrid / Rome / Munich / Nice / Strasbourg / Zurich / Londres / Lisbonne

Exercice écrit

K. **Pourquoi pas y aller avec nous?** Write a short note to a friend, describing the trip that you and your classmates planned in **Exercise J** and inviting your friend to join you. Follow the outline given below and use appropriate expressions to begin and end the letter.

1. Tell where you are planning to go.
2. Tell who is going with you.
3. Tell where you are planning to leave from.
4. Invite your friend to accompany you.

Deuxième étape

Point de départ:

Train + vélo

randonnée: outing
emportez: bring
gratuitement: free
chargement: loading
fourgon: baggage car
remis: handed over
enregistrer: to check
enlèvement: pick-up
livraison: delivery
location: rental
caution: deposit

■■■■■■■■■■■■■■■■■■■■■■■■■■■■■■■■■■■

La SNCF offre de nombreux services à ses voyageurs. Lisez l'extrait suivant d'une brochure destinée aux gens qui aiment faire des voyages en train et des excursions à vélo.

Guide du train et du vélo   *Avril 1987*

SNCF

Une journée de randonnée, un départ en vacances, une envie de balade...
Prenez le train sans vous priver de vélo

vous emportez votre vélo :

EN MÊME TEMPS QUE VOUS DANS LE TRAIN

● **en bagage à main, gratuitement.**

Tous les jours, dans plus de 2 000 trains de petit parcours, vous pouvez emporter votre vélo comme un bagage à main. Vous assurez vous-même le chargement dans le fourgon à bagages, la surveillance et le déchargement de votre vélo. Dans certains trains, un fourgon signalé par une affichette est spécialement réservé.

Ces trains sont repérés dans les indicateurs horaires de la SNCF par un pictogramme 🚲 en tête de colonne horaire.

Les services d'accueil et de vente sont en outre, dans les gares, à votre disposition pour vous les indiquer.

En banlieue de Paris, vous pouvez utiliser :

● tous les trains des samedis, dimanches et fêtes,
● les trains des mercredis en dehors des périodes horaires de 6 h 30 à 9 h 30 et de 16 h 30 à 19 h.

Toutefois, certains trains désignés dans les indicateurs de banlieue ne sont jamais accessibles.

● **remis au service bagages SNCF**

Dans certains trains, votre vélo voyagera en même temps que vous (renseignez-vous dans votre gare).

Vous devez l'enregistrer une demi-heure ou une heure avant votre départ, selon les gares. Vous pouvez le retirer une demi-heure environ après votre arrivée.

les prix* par vélo

Droit d'enregistrement :	30 F
Enlèvement à domicile :	25 F
Livraison à domicile :	25 F

* Prix au 30/ 4/ 87.

vous n'emportez pas votre vélo :

La SNCF met à votre disposition dans 287 gares un service de location de vélos.

Il vous suffit de présenter une carte d'identité et de verser une caution de 250 F.

Si vous présentez :
– une Carte Bleue, une Carte Bleue Visa, Eurocard, Master Card, Access,
– une carte d'abonnement à libre circulation, carte demi-tarif , carte Vermeil, carte France Vacances, carte Jeune,

vous ne payez pas cette caution.

À vous!■■■■■■■■■■■■■■■■■■■■■■■■■■■■■■■■■

A. **On va faire du vélo aussi?** Answer the following questions on the basis of the information given in the **Guide du train et du vélo.**

1. What is the least expensive way to have a bike ready for you at the end of your train trip? How can you tell if it is possible to do this on the train you are planning to take?
2. How much will you pay to check your bike if you bring it to the station with you? How long will you have to wait on arrival at your destination before you can pick up your bike?
3. Imagine that you are planning to rent a bike for five days. How much will you have to pay when you pick the bike up? Why? How much will you have to pay when you bring it back? Explain.

B. **On quitte la France.** Vos amis vont prendre le train à Paris pour voyager dans d'autres pays européens. Quand ils annoncent leur destination, vous indiquez dans quel pays se trouve chaque ville et de quelle gare partent les trains pour cette ville. Suivez le modèle.

Recycling activities

Ex. B: Can be done with the whole class or in groups of two.

MODÈLE: Madrid (Austerlitz)
— *Je prends le train pour aller à Madrid.*
— *Madrid se trouve en Espagne. Les trains pour l'Espagne partent de la Gare d'Austerlitz.*

1. Londres (Nord)
2. Amsterdam (Nord)
3. Venise (Lyon)
4. Barcelone (Austerlitz)
5. Genève (Est)
6. Bruxelles (Nord)
7. Lisbonne (Austerlitz)
8. Munich (Est)

C. **Les villes du monde.** Pour chaque ville indiquée sur la carte à la page suivante, précisez le pays où elle se trouve et la langue qu'on y parle.

MODÈLE: *Paris se trouve en France. À Paris, on parle français.*

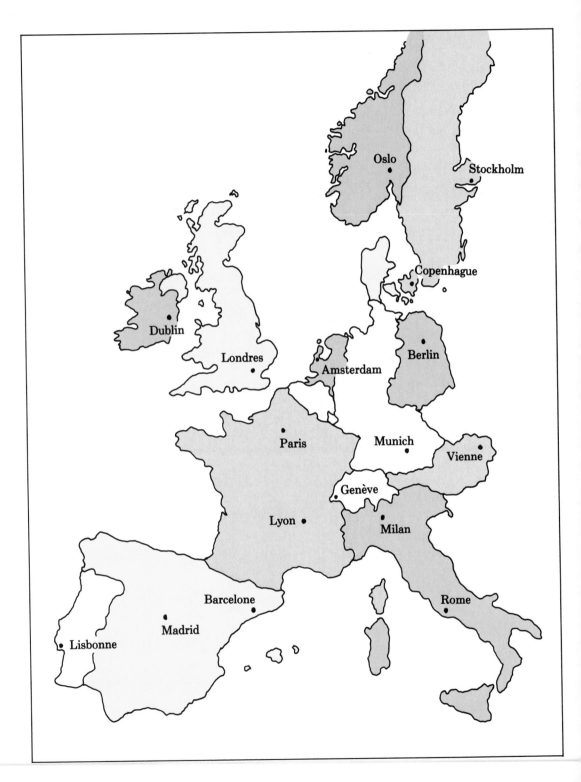

STRUCTURE

Les expressions géographiques et les prépositions (suite)

— Jean-Michel et Martine arrivent **d'Alger.**
— C'est vrai? Mais ils sont français, n'est-ce pas?
— Oui. Mais la famille de Jean-Michel est **du Maroc** et la famille de Martine est **d'Algérie.**

— Jean-Michel and Martine are arriving *from Algiers.*
— Is that right? But they are French, aren't they?
— Yes. But Jean-Michel's family is *from Morocco* and Martine's family comes *from Algeria.*

To express the idea of *from* with a city, a feminine country, or a masculine country beginnning with a vowel or vowel sound, use **de (d').** To express the idea of *from* with a masculine country beginning with a consonant, use **du** or, in the plural, **des.**

	City	Feminine country or masculine country beginning with vowel	Masculine country	Plural country
from	**de (d')**	**de (d')**	**du**	**des**

Application ■■■■■■■■■■■■■■■■■■■■■■■■■■■■■■

D. **Un congrès mondial.** *(An international meeting.)* Voici la liste des délégués à un congrès international de jeunes. Précisez le nombre de délégués qui viennent des pays suivants.

MODÈLE: la France (12)
Il y a douze délégués de France.

1. l'Algérie	3	9. l'Iran	4
2. l'Allemagne	10	10. Israël	7
3. la Belgique	5	11. l'Italie	6
4. le Canada	10	12. le Mexique	5
5. le Cameroun	2	13. la Suisse	7
6. la Côte d'Ivoire	6	14. les Philippines	1
7. le Danemark	2	15. l'U.R.S.S.	10
8. les États-Unis	8		

Structure, prepositions with geographical expressions (continued): Once again, use the signs of city names on the wall. Review the prepositions already learned by having students go stand next to various signs. Then tell them: **Il faut rentrer maintenant. (Denise), rentrez. Denise rentre de Paris...de France. (Patrick) rentre du Japon. Elise rentre des Pays-Bas.** Summarize rules and then have students describe what is going on: **(Janine) rentre d'Angleterre,** etc.

Ex. E: ○

E. **D'où vient ta famille?** Demandez à deux camarades de classe d'où vient la famille de leur père et de leur mère. Ensuite, expliquez à un(e) autre élève ce que vous avez appris.

   MODÈLE: — *D'où vient ta famille?*
            — *La famille de mon père vient d'Angleterre et la famille de ma mère vient de Grèce.*
            — *Ah, Heather est d'origine anglaise et grecque.*

RELAIS

Audio Tape: See Teaching Guide.

Quel est notre itinéraire?

Écoutez la bande que votre professeur va jouer pour vous. En particulier, faites attention aux expressions utilisées pour fixer un itinéraire.

Jeanne, Henri et Mireille fixent le calendrier de leur voyage en Bretagne et en Normandie.

ON S'EXPRIME

Voici des verbes pour fixer un itinéraire:

partir	On **part** le matin du 4 avril.
prendre	On **prend** le train jusqu'à Toulouse.
coucher	On **couche** la première nuit à Toulouse.
repartir	On **repart** le lendemain matin *(the next morning).*
passer	On **passe** deux jours à Carcassonne.
reprendre	On **reprend** le train à Montpellier.
rentrer	On **rentre** à Paris le soir du 8 avril.

À vous!

Ex. F: ⇄

F. **Non. Moi, je voudrais...** Vous organisez un voyage avec un(e) camarade. Chaque fois que vous proposez quelque chose, votre ami(e) a une autre idée. Vous n'êtes pas difficile; vous acceptez la suggestion de votre camarade.

   MODÈLE: passer deux jours à Colmar / trois jours
            — *On peut passer deux jours à Colmar.*
            — *Non. Moi, je voudrais passer trois jours à Colmar.*
            — *Bon, d'accord. On va passer trois jours à Colmar.*

1. partir le 5 juillet / le 3 juillet
2. prendre le train jusqu'à Nancy / jusqu'à Strasbourg
3. louer des vélos à la Gare de Strasbourg / emporter nos vélos dans le train
4. coucher la première nuit à Strasbourg / à Obernai
5. repartir le lendemain matin / le lendemain après-midi
6. passer deux jours à Haut-Kœnigsbourg / un jour
7. visiter d'abord Colmar et ensuite Ribeauville / d'abord Ribeauville et ensuite Colmar
8. rester en France / aller en Suisse
9. reprendre le train à Mulhouse / à Bâle
10. rentrer le 10 juillet / le 11 juillet

G. **Une semaine dans le sud-ouest de la France.** Renée et son frère Alain parlent d'un voyage qu'ils vont faire. Consultez le plan, puis complétez leur dialogue.

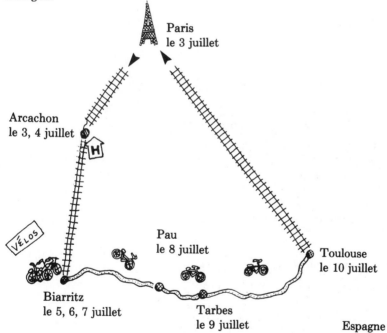

Paris
le 3 juillet

Arcachon
le 3, 4 juillet

VÉLOS

Pau
le 8 juillet

Toulouse
le 10 juillet

Biarritz
le 5, 6, 7 juillet

Tarbes
le 9 juillet

Espagne

ALAIN: Quel jour est-ce qu'on part?
RENÉE: _____
ALAIN: Jusqu'où est-ce qu'on prend le train?
RENÉE: _____
ALAIN: J'emporte mon vélo?
RENÉE: _____
ALAIN: Où est-ce que nous allons coucher les deux premières nuits?
RENÉE: _____

ALAIN: D'accord. Et ensuite on va à Biarritz. On y va à vélo?
RENÉE: Non. C'est trop loin. On prend le train. Combien de jours est-ce que tu veux passer à Biarritz?
ALAIN: _____
RENÉE: Est-ce que tu as envie d'aller en Espagne?
ALAIN: Non, _____. Ensuite une nuit à Pau et une nuit à Tarbes.
RENÉE: Quel jour est-ce qu'on rentre à Paris?
ALAIN: _____
RENÉE: Où est-ce qu'on reprend le train pour rentrer?
ALAIN: _____

Suggestion, the pronoun **y:**
1) Begin by reminding students that this is not a new structure (**il y a, il y va à pied, On y va!**). 2) Then ask someone: **Où est-ce que vous allez pour manger des fast-food?...Vous y allez souvent? Vous y êtes allé(e) récemment? Vous avez l'intention d'y aller bientôt?** Continue asking other people and/or varying the activity mentioned in the question. Summarize by showing the positions of the pronoun in present, past, with an infinitive.

STRUCTURE

Le pronom y

— On **y** va?   — Shall we go?
— Où?   — Where?
— À la bibliothèque.   — To the library.
— Pour faire quoi?   — What for?
— Je dois **y** chercher un livre.   — I have to get a book *there*.

— J'habite en Bretagne avec mes parents.   — I live in Brittany with my parents.
— Depuis longtemps?   — For a long time?
— Nous **y** habitons depuis six ans.   — We've been living *there* for six years.

Like other pronouns, **y** is used to avoid repeating a word or a phrase already mentioned in the conversation. The object pronoun **y** refers only to things, not to people. It is most frequently used in the following situations:

1. To complete the verb **aller** (in this case, it often has no equivalent in English):

   Allons-**y**!   Let's go!
   Tu **y** vas à pied?   Are you going to walk?
   Elle veut bien **y** aller aussi.   She wants to go, too.

2. To replace a prepositional phrase of location (in this case, the English equivalent is often *there*):

   — Mes gants de travail sont **sur la table?**   — Are my work gloves *on the table?*

— Non, ils n'y sont pas,
Maman.

— No, they aren't *there*,
Mom.

— Ta mère travaille **chez
Peugeot?**

— *Your mother works
for Peugeot?*

— Oui, elle **y** travaille
depuis des années.

— Yes, she's been working
there for years.

— Elle prend l'autobus
pour aller **à son travail?**

— Does she take the bus
to go *to work?*

— Non, elle **y** va à
vélomoteur.

— No, she goes *(there)* by
motorbike.

In a sentence, **y** takes the same position as the direct and indirect object pronouns:

■ Before the verb in simple tenses (**J'y vais tous les jours.**), in compound tenses (**Elle y est allée aussi.**), and in negative commands (**N'y allez pas!**)
■ Before the infinitive when used with conjugated verb + infinitive (**On peut y visiter la Tour Magnan.**)
■ After the verb in affirmative commands (**Allons-y! Vas-y!**)[2]

Application ■

H. **On y va?** Quand un(e) camarade propose de faire quelque chose, répondez affirmativement ou négativement, comme vous le voulez, en utilisant une des expressions suivantes: **Oui. Allons-y! / Non, je ne veux pas y aller. / Non, je ne peux pas y aller.**

MODÈLE: J'ai grand-faim. On va au Quick?
Oui. Allons-y!
ou: *Non. Je ne veux pas y aller.*
ou: *Non, je ne peux pas y aller.*

1. J'ai grand-soif. On va au café?
2. Il est midi. On va manger quelque chose à la briocherie en face du lycée?
3. Moi, je voudrais voir un film. On va au cinéma ce soir?
4. Je dois chercher un livre à la bibliothèque. Tu viens avec moi?
5. Il fait très chaud. Je voudrais bien aller nager à la piscine.
6. J'ai des courses à faire en ville. Tu veux m'accompagner?

[2]When **y** is used with the familiar affirmative command form of **aller,** an **s** is added for liaison: **Va à la banque! Vas-y!** but: **N'y va pas!**

I. **La famille de Pascale Mounier.** Vous vous renseignez au sujet de la famille d'une amie française. D'abord, vous voulez savoir si les personnes dont *(about whom)* elle parle habitent ou travaillent ou sont ou vont **depuis longtemps** à l'endroit *(place)* qu'elle mentionne.

MODÈLE: Mon oncle Patrick habite à Grenoble. (dix ans)
— *Il y habite depuis longtemps?*
— *Ça fait dix ans qu'il y habite.*

1. Mes grands-parents habitent à Poitiers. (soixante ans)
2. Ma sœur Annick habite à Limoges. (six mois)
3. Mon père travaille dans une banque. (cinq ans)
4. Ma mère travaille chez IBM. (sept ans)
5. Mon petit frère est à l'école maternelle *(nursery school)*. (trois semaines)
6. Mes cousins vont au lycée Pasteur. (deux ou trois ans)

Les membres de la famille de Pascale sont en vacances dans des endroits différents. Vous voulez savoir **comment ils y sont allés** et **combien de temps ils vont y passer.**

MODÈLE: Ma tante Élise est à Nice. (en voiture / trois semaines)
— *Comment est-ce qu'elle y est allée?*
— *Elle y est allée en voiture.*
— *Combien de temps est-ce qu'elle va y passer?*
— *Elle va y passer trois semaines.*

7. Mes grands-parents sont en Yougoslavie. (en avion / quinze jours)
8. Ma sœur Annick est en Bretagne. (par le train / deux mois)
9. Mon oncle est en Espagne (en voiture / trois semaines)
10. Mes cousins sont en Grèce. (en bateau / un mois)

J. **Ils y sont?** Bernard a perdu certaines de ses affaires. Répondez à ses questions en utilisant les mots entre parenthèses.

MODÈLE: Mes gants, ils sont sur la chaise? (Non)
Non, ils n'y sont pas.

1. Mes clés, elles sont sur la chaise? (Non)
2. Mon stylo, il est sur le bureau? (Oui)
3. Mon pull, il est dans le placard? (Oui)
4. Mes disques, ils sont à côté de la chaîne stéréo? (Non)
5. Mon vélo, il est derrière la porte? (Non)

MODÈLE: Qu'est-ce que j'ai laissé sur le bureau? (des livres et un stylo)
Sur le bureau? Tu y as laissé des livres et un stylo.

6. Qu'est-ce que j'ai laissé sur le lit? (des chaussures, un pull-over et des clés)
7. Qu'est-ce que j'ai laissé dans le placard? (un pantalon et un sac à dos)
8. Qu'est-ce que j'ai laissé sous la fenêtre? (un vélo)
9. Qu'est-ce que j'ai laissé dans le panier? (des papiers)
10. Qu'est-ce que j'ai laissé derrière la chaise? (une radio-cassette)

DÉBROUILLONS-NOUS!

Exercice oral

Review of **étape**.

Ex. K: △

K. **Un itinéraire.** You are planning a week's trip with two classmates to visit the **châteaux de la Loire.** You start and end in Paris. Using the map of the Loire valley, decide:

1. what day you are going to leave
2. to what city you're going to take the train
3. whether you're going to bring bikes or rent them
4. which **châteaux** you want to visit and in what order
5. where you want to spend the nights
6. when you are planning to return to Paris
7. from where you are going to take the train back to Paris

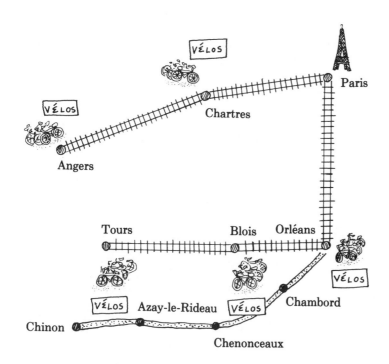

Exercice écrit

L. **Une lettre à votre professeur.** You and your two classmates have just
    returned from the trip you planned in Exercise K. Write a letter to your
    French teacher telling about your visit to the château country of France.
    Begin and end your letter appropriately.

Written Work: See Workbook

Le marathon de Paris

Lexique

On s'exprime

Pour proposer un voyage

J'ai une idée. Allons . . . !
Pourquoi pas aller . . . ?
Si on allait . . . ?

Pour répondre affirmativement à une suggestion

Allons-y!
Bonne idée!
D'accord.
Je veux bien.

Pour parler d'un voyage

arriver à (de)
partir pour (de)
passer par

Pour organiser un itinéraire

coucher à
emporter son vélo
louer un vélo
passer . . . jours à
prendre le train jusqu'à
rentrer (à)
repartir (pour)
reprendre le train à (pour)
visiter

Vocabulaire général

Noms	*Adverbes*	*Autres expressions*
un(e) délégué(e)	quelque part	C'est décidé.
le lendemain	seulement	C'est super!
	tôt	trop de monde

INTÉGRATION CULTURELLE

LE TGV

Lecture: *Paris–Lyon par le TGV*

Nous sommes à la gare de Lyon et la voix[1] que nous entendons aux hauts-parleurs[2] nous annonce le départ de notre train. Nous allons prendre le TGV pour la première fois. Notre voyage commence à Paris et finira[3] à la Gare Perrache de Lyon. «Attention! Attention! À la voie H, départ immédiat du TGV à destination de Lyon. Tous les passagers sont invités à monter en voiture!»

Nous prenons nos petites valises, nous montons dans le train et nous nous installons dans les sièges[4] confortables d'un des trains les plus rapides du monde. 260 à 300 km à l'heure! Quelle anticipation! Quelle expérience!

Le TGV a été inauguré en 1981 après dix ans de projets, de construction et de problèmes à première vue insurmontables. La SNCF, avec l'aide du gouvernement français, a réalisé ce projet, qui diminue presque de moitié[5] le temps de parcours[6] entre Paris et Lyon. En fait, nous allons arriver à la Gare

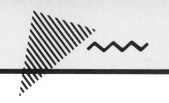

Perrache en deux heures quarante minutes. Et nous allons le faire avec élégance, style, un minimum de bruit[7] et de pollution! Le TGV est un train électrique; il n'est donc pas touché par les crises pétrolières[8] de nos jours.

En 1989, 50 pour cent de la totalité du trafic ferroviaire[9] national se fait déjà par le TGV et ce chiffre[10] augmente d'année en année. Bientôt, les voyageurs à destination de la Suisse, de l'Italie et de l'Espagne vont faire ce trajet avec la rapidité et le confort offerts par le TGV.

Vocabulaire: 1. voice 2. loudspeakers 3. will end 4. seats 5. about in half 6. travel time 7. noise 8. oil 9. rail 10. figure (number)

INTÉGRATION

A. **Vrai/faux.** Indiquez si les phrases suivantes sont vraies ou fausses. Corrigez les phrases qui sont fausses à l'aide des renseignements du texte.

1. Le TGV est le train le plus rapide du monde.
2. Le TGV fait plus de 150 *miles* à l'heure.
3. Le TGV augmente la pollution.
4. Le TGV a plus de dix ans.
5. Le TGV diminue un peu le temps de parcours entre Paris et Lyon.
6. Il y a très peu de passagers qui voyagent par le TGV.

Answers, Ex. A:
1. faux (des trains japonais plus rapides)
2. vrai
3. faux (un minimum)
4. faux (jusqu'en 1991)
5. faux (beaucoup)
6. faux (de plus en plus)

B. **La réservation TGV: obligatoire.** Your parents and their friends are planning a trip to France. They would like the chance to travel on one of the world's fastest trains, the TGV. Their travel agent has sent them a brochure, but unfortunately, they do not read French. Read the section of the **Guide du voyageur TGV** on the next page. Then answer your parents' questions. Use your reading skills to get as much information as you can from the brochure.

LA RESERVATION TGV : OBLIGATOIRE **LA RESERVATION TGV : OBLIGATOIRE** **LA RESERVATION TGV : OBLIGATOIRE**

Dans le TGV, pour votre plus grand confort,
tous les voyageurs sont assis.
Pour qu'il n'y ait pas plus de passagers que de places assises,
la réservation est **obligatoire**.

Deux solutions sont envisageables :

1. VOUS POUVEZ ORGANISER VOTRE DÉPART AVANT VOTRE ARRIVÉE À LA GARE

Achetez alors votre billet et réservez votre place à l'avance :

● **Par correspondance** : à partir de 6 mois avant la date de votre départ.

● **Au guichet des 1500 gares et des agences de voyages agréées** assurant la réservation : dans les 2 mois qui précèdent votre départ et jusqu'à la limite du temps qui vous est nécessaire pour rejoindre la gare de départ.

● **Par téléphone en gare** : à partir de 2 mois avant votre départ. Un numéro de dossier vous est communiqué ainsi que la date limite de retrait de vos places.
Vous pouvez effectuer ce retrait dans le point de vente de votre choix (gare ou agence de voyages) équipé d'un terminal.
Il vous suffit de fournir au vendeur les trois éléments suivants :

– le numéro de dossier
– votre nom
– la date de départ.

En cas de non-retrait dans le délai fixé, les attributions de places seront annulées automatiquement par le système de réservation.

● **Par MINITEL** : à partir de 2 mois avant votre départ. Les places commandées par MINITEL sont retirées dans les mêmes conditions que celles réservées par téléphone.

Pour la restauration à la place en 1ʳᵉ classe, la réservation est nécessaire afin de vous assurer un service de qualité. Vous pouvez réserver votre repas (sauf par MINITEL) en même temps que votre place, jusqu'à une heure avant le départ du TGV de sa gare d'origine.

2. VOUS N'AVEZ PAS PU ORGANISER VOTRE DÉPART AVANT VOTRE ARRIVÉE À LA GARE

POUR DÉPART IMMÉDIAT

● **Vous n'avez pas de billet**
Au guichet de la gare de départ, un vendeur SNCF vous délivre en une seule fois et jusqu'au dernier moment (quelques minutes avant votre départ) :
– votre billet,
– votre réservation TGV et le supplément éventuel (cf. page 7).
Pour permettre à un plus grand nombre de voyageurs n'ayant pas leur billet d'emprunter le premier TGV offrant des places disponibles, une procédure de "réservation rapide au guichet" a été mise en place. Elle consiste à attribuer une place dans ce premier TGV possible mais, comme la demande est tardive, elle ne permet pas automatiquement le choix entre "fumeurs", "non fumeurs", "coin-fenêtre", "coin-couloir".

TGV Réservation Rapide

● **Vous avez déjà votre billet ou une carte d'abonnement**
Un système de réservation rapide "libre-service" est à votre disposition.

Sur le quai ou sur le parcours d'accès au train, des distributeurs marqués "TGV réservation rapide" vous permettent d'obtenir des places dans le premier TGV ayant des places disponibles et partant

dans l'heure et demie qui suit la demande (1). Mais, comme votre demande est tardive, cette attribution de places ne permet pas le choix entre "fumeurs", "non fumeurs", "coin-fenêtre", "coin-couloir" et "repas à la place".

Pour vous permettre de partir plus tôt, et si vous avez préalable-

(1) Certains TGV étant à supplément, le distributeur vous aura préalablement offert de rechercher votre place, soit dans tous les TGV, avec et sans supplément, partant dans l'heure et demie qui suit, soit dans les seuls TGV sans supplément.

---

1. Do we need a reservation?
2. Can we make a reservation in advance? If yes, how? If not, why not?
3. Is it a problem if we decide at the last minute to take the *TGV*?
4. Would we have to reserve meals if we want to eat on the train?

C. **À la Gare de Lyon.** Les TGV partent de la Gare de Lyon. Reliez les noms des endroits qu'on trouve dans la Gare de Lyon à leur description.

1. le buffet de la gare
2. le composteur
3. le distributeur automatique de billets
4. le panneau des horaires
5. le kiosque à journaux
6. la salle d'attente
7. le bureau des renseignements
8. le passage sous-terrain

a. C'est ici qu'on peut trouver de l'aide si on a des questions.
b. C'est ici qu'on peut attendre son train.
c. Sur ce tableau on peut se renseigner sur l'heure de départ ou d'arrivée de son train.
d. Avec des pièces de 10F on peut acheter un billet pour un départ immédiat.
e. C'est en passant par ici qu'on peut aller d'un quai à un autre sans traverser les voies.
f. Ici on peut acheter des journaux, des revues, des bonbons.
g. Ici on peut acheter quelque chose à boire ou à manger pendant qu'on attend son train.
h. C'est ici qu'il faut valider son billet.

On prend le train

2. TGV

1. OMNIBUS

3. CORAIL

Quel train vont-ils prendre? Associez les voyageurs et les trains qu'ils vont prendre.

a. Pierre Flury est un homme d'affaires. Il est obligé de voyager entre Paris et Marseille deux ou trois fois par mois.

b. Charles et Lucie Benoist partent en vacances avec leurs quatre enfants— Michel, Brigitte, Anne-Marie et Jean-Yves. Ils vont passer le mois de juillet au bord de la mer.

c. Marcel Lubin habite à 30 km de Paris. Tous les matins, il prend le train pour aller à son bureau, qui est près de la Villette. Tous les soirs, il reprend le train pour rentrer chez lui.

Première étape

Point de départ:

L'horaire des trains

l'horaire des trains:
train schedule (timetable)

■■

La S.N.C.F. prépare des petits horaires qui indiquent les départs et arrivées de trains entre la plupart des villes principales de la France. Étudiez l'horaire des trains entre Brest (qui se trouve en Bretagne) et Bordeaux (au sud-ouest de la France).

Numéro du train		3730	3032	3708	7580/1	3473	8666	3474	8676	8674	3716	3040	3529	3533	3718	3736	3044	3479	3525	3734	3734	6088	3481
Notes à consulter		1	2	3	4/5	6	4/5	7	8/9	10/4	7/27	5	11	12	13	14	5	15	16	15	17/18	19	20/21
Brest	D					08.19		11.36	11.36												17.02		18.00	
Quimper	A					09.39		13.00	13.09												18.25		19.19	
Quimper	D	05.46		07.10			10.36				13.17			14.53	15.14					18.43	18.43		19.35
Lorient	D	06.31		08.00			11.23				14.07			15.44	15.56					19.41	19.41		20.31
Auray	D	06.51		08.27			11.49				14.30			16.07	16.16					20.09	20.09		20.56
Vannes	D	07.04		08.42			12.04				14.45			16.23	16.29					20.26	20.26		21.12
Redon	A	07.36		09.19			12.39				15.24			17.03	17.03					21.07	21.07		21.51
Redon	D		07.46		09.26		12.41					15.38				17.08				21.09	21.09		21.53
Nantes	A		08.44		10.18		13.36					16.25				18.00				22.06	22.06		22.41
Nantes	D				10.32		13.51					16.50	17.00				18.08	18.51		23.05	23.05		
La Roche-sur-Yon	A				11.12		14.35					17.37	17.46				18.49	19.34		23.58	23.58		
La Rochelle	A				12.18		15.41					18.44	18.55				19.53	20.37		01.26	01.26		
Rochefort	A				12.41		16.09					19.12	19.24				20.17	21.01		02.20	02.20		
Saintes	A				13.09		16.39					19.43	19.56				20.46	21.31		02.57	02.57		
Bordeaux St-Jean	A				14.25		18.06					21.19	21.35				22.02	22.48		05.01	05.01		

Tous les trains offrent des places assises en 1re et 2e cl. sauf indication contraire dans les notes.

Notes :

1. Circule tous les jours sauf les dimanches et fêtes et les 31 octobre, 12 novembre, 30 avril et 7 mai.

2. Circule tous les jours sauf les dimanches et fêtes. Autorail.

3. Circule tous les jours sauf le 22 avril. Corail ⛾

4. Train acheminant les bicyclettes gratuitement en bagages en main.

5. Circule tous les jours. Autorail.

6. Circule tous les jours sauf les 30 octobre, 29 avril et 6 mai.

7. Circule tous les jours. Corail ✕

8. Circule tous les jours sauf les samedis.

9. Train acheminant les bicyclettes gratuitement en bagages à main sauf les lundis.

10. Circule les samedis.

11. Circule les vendredis sauf les 11 novembre et 1er juin. Circule les 10 novembre et 30 mai. ⛾

12. Circule les dimanches sauf les 30 octobre, 22, 29 avril et 6 mai. Circule les 1er novembre, 23 avril, 1er et 8 mai. ⛾

13. Circule les 1er, 13 novembre, 23 avril, 1er et 8 mai.

14. Circule tous les jours sauf les dimanches et fêtes et sauf les 31 octobre, 30 avril et 7 mai.

Symboles

A	Arrivée
D	Départ
⊐	Couchettes
⇄	Voiture-Lits
✕	Voiture restaurant
⊗	Grill-express
▢	Restauration à la place
⛾	Bar
	Vente ambulante
TEE	Trans Europ Express
IC	Intercités
	Train grande vitesse

À vous! ■■■■■■■■■■■■■■■■■■■■■■■■■■■■■■■■■■■■■■

A. **Un horaire.** Answer the following questions about the Brest-Bordeaux timetable.

1. How many direct trains are there daily between Quimper and Bordeaux?

2. How long does it take to go from Quimper to Bordeaux? from Nantes to Bordeaux? (Give the fastest times.)

3. If you are in Brest and want to go to Bordeaux, how long will it take you (approximately)? Are there direct trains?

Answers, Ex. A:
1. three
2. 7½ hours, 4 hours
3. 10 hours, no (change at Quimper)
4. 10h36 (dining car)
5. lists days when certain trains do not run

141

4. Which train between Quimper and Bordeaux offers the most complete meal service?
5. Why is it important to consult the notes at the bottom of the schedule?

Answers, Ex. B:
1. 15h38
2. 13h51
3. four
4. 18h43

B. **Des renseignements.** Consultez l'horaire pour répondre aux questions de vos amis.

MODÈLE: Je veux arriver à Redon à 7h45. Quel train faut-il prendre de Quimper?
Il faut prendre le train de 5h46.

1. Je veux arriver à Nantes pour le dîner. J'ai rendez-vous à 7h du soir. Quel train faut-il prendre de Redon?
2. Je vais à Bordeaux, mais je dois déjeuner à Nantes avant de partir. Quel train est-ce que je peux prendre?
3. Je veux quitter Vannes à 8h30, à destination Rochefort. Combien d'arrêts *(stops)* est-ce qu'il y a entre Vannes et Rochefort?
4. Je veux arriver à Nantes avant 10h du soir. Quels trains est-ce que je peux prendre de Quimper?

Note Culturelle

La SNCF divise l'année en trois périodes: **les jours bleus, les jours blancs** et **les jours rouges.** On encourage les voyageurs à choisir, de préférence, **les jours bleus**; il y a moins de voyageurs et les billets coûtent moins cher. Les prix sont plus élevés pendant **les jours blancs** (au début et à la fin du week-end) et surtout pendant **les jours rouges** (à l'époque des vacances et des fêtes).

REPRISE

Recycling activities.

Ex. C: ⇄

C. **Tu es de...?** En attendant votre avion, vous avez l'occasion de parler avec des jeunes venant de plusieurs pays différents. Chaque fois que vous apprenez la destination de quelqu'un, vous devinez sa nationalité et cette personne vous indique le pays d'où elle est.

MODÈLE: Munich / allemand
— *Où est-ce que tu vas?*
— *À Munich.*
— *Tu vas à Munich? Tu es allemand(e)?*
— *Oui, je suis d'Allemagne.*

1. Londres / anglais
2. Tokyo / japonais
3. Dakar / sénégalais
4. Mexico / mexicain
5. Bruxelles / belge
6. Milan / italien
7. Moscou / russe
8. Montréal / canadien
9. Beijing / chinois
10. Nashville / américain
11. le Caire / égyptien
12. Jérusalem / israélien

D. **Nous pouvons tout faire!** *(We can do everything!)* Trois amis parisiens ont huit jours de vacances. Jouez le rôle d'un(e) des amis et essayez de vous mettre d'accord avec les deux autres pour organiser un voyage où vous visitez les villes qui vous intéressent. Utilisez chaque fois que c'est possible le pronom **y** pour remplacer le nom d'une ville. Vous pouvez consulter la carte de la région Grenoble-Genève.

Ex. D: △

Les amis: François (Françoise)—veut aller à Genève, n'a pas de vélo
Jean (Jeanne)—veut aller à Grenoble, a un vélo tout neuf
Denis (Denise)—veut aller à Annecy, a un vieux vélo

Quelques questions à poser: Quel jour est-ce qu'on part?
On prend le train jusqu'où?
On emporte des vélos ou on loue des vélos?
Qui veut aller à . . . ?
Où est-ce qu'on va d'abord?
Où est-ce qu'on couche la première nuit?
Combien de nuits est-ce qu'on passe à . . . ?
Quand est-ce qu'on rentre à Paris?

Suggestion, doubt and uncertainty: Make a statement about someone in the class—ex., **(Jim) a deux billets pour le concert de...** Give some reactions: **Il est possible qu'il ait des billets...,** then **Je doute...** Make another statement about a different student: **(Sarah) sait compter de 1 jusqu'à 20 en chinois.** Have students react; suggest other possible expressions to use.

The exercises limit answers to the **présent du subjonctif.** If you wish to have students learn the **passé du subjonctif,** you can point out how it is formed (with the present subjunctive of **avoir** or **être** and the past participle) and have them practice with models that you propose: ex., **(Frank) est allé à Paris l'été dernier. (Dana) a gagné 5 000 dollars à la loterie.**

STRUCTURE

L'emploi du subjonctif pour exprimer le doute et l'incertitude

Je doute qu'elle puisse venir.
Oui, mais **il est possible que tu aies** tort.

I doubt (that) she can come.
Yes, but *it's possible (that) you may be* wrong.

As you learned in **Chapter 1**, the subjunctive may be used to express necessity. The French also use the subjunctive to express uncertainty or doubt about whether things are true or in fact will occur. The following expressions of possibility, impossibility, uncertainty, and doubt are usually followed by the subjunctive:

douter que
il est impossible que
il est peu probable que

il est possible que
il n'est pas possible que
ne pas penser que

Application ■

E. **Je suis un peu sceptique.** Vous êtes de nature pessimiste. Utilisez les expressions données entre parenthèses et le subjonctif pour exprimer vos doutes et vos incertitudes à l'égard des activités de vos amis.

MODÈLE: Michel est sincère. (je ne pense pas)
Je ne pense pas qu'il soit sincère.

1. René comprend très bien les devoirs. (il n'est pas possible)
2. Éric va à la bibliothèque tous les soirs. (je doute)
3. Jean-Claude peut se coucher à 1h du matin s'il veut. (je ne pense pas)
4. Christiane sait faire de la planche à voile. (il est impossible)
5. Henri est plus intelligent que sa sœur. (il est peu probable)
6. Micheline réussit aux examens sans étudier. (il est impossible)

N·O·T·E G·R·A·M·M·A·T·I·C·A·L·E

Les expressions de doute et d'incertitude

When expressions of doubt and uncertainty are used to refer to a sentence or an idea already mentioned, they may be used without **que**. In these cases, **il** becomes **ce** and the verb **douter** is preceded by the pronoun **en**.

> Paul vient? Non, **je ne pense pas.**
> Le train va être à l'heure? **C'est possible.**
> Marie va se marier? Non, **ce n'est pas possible.**
> Les parents de Georges vont lui acheter une voiture? **J'en doute.**

Suggestion, short forms of expressions of doubt, etc.: Start again with students reacting to a statement about a classmate. This time, agree with the reaction by using short form: **J'en doute, moi aussi. Non, c'est impossible. Je ne pense pas, non plus.** Gradually encourage additional students to agree with you.

F. Comment? Vous parlez avec vos amis de leurs activités et de leurs possessions. Quelqu'un pose une question; une personne y répond en utilisant l'expression suggérée. Une deuxième personne n'entend pas; la première personne se répète en utilisant cette fois le subjonctif.

Ex. F: ⇄

MODÈLES: Anne-Marie n'est pas là. Elle est malade? (c'est possible)
ÉLÈVE 1: *C'est possible.*
ÉLÈVE 2: *Comment?*
ÉLÈVE 1: *Il est possible qu'elle soit malade.*

Georges va téléphoner à Caroline? (je ne pense pas)
ÉLÈVE 1: *Je ne pense pas.*
ÉLÈVE 2: *Comment?*
ÉLÈVE 1: *Je ne pense pas que Georges téléphone à Caroline.*

1. Chantal va à la soirée avec Henri? (ce n'est pas possible)
2. Jean-Michel sort avec la cousine de Raoul? (c'est impossible)
3. Marcelle va inviter ses parents? (c'est peu probable)
4. Philippe a une Jaguar? (j'en doute)
5. Éric va demander à Janine d'aller au cinéma? (c'est possible)
6. Nous pouvons nous retrouver chez Yvonne après le film? (je ne pense pas)

G. **C'est possible? Ce n'est pas possible?** Préparez une série de phrases au sujet de votre vie, de vos activités, de vos projets, etc. Quelques-unes des phrases peuvent être vraies; d'autres peuvent être des exagérations. Vos camarades de classe vont donner leur réaction à vos phrases en utilisant les expressions **il est possible que, il n'est pas possible que, je doute que**, etc.

MODÈLES: — J'ai deux chiens et un chat.
              — *Il est possible que tu aies deux chiens et un chat.*

              — Je vais me marier à l'âge de 15 ans.
              — *Il n'est pas possible que tu te maries à l'âge de 15 ans.*
     ou: *Je doute que tu te maries à l'âge de 15 ans.*

Audio Tape: See Teaching Guide.

Au guichet

Écoutez la bande que votre professeur va jouer pour vous. En particulier, faites attention aux expressions utilisées pour faire une réservation.

Henri va à la Gare Montparnasse pour acheter des billets de train et pour réserver des places.

ON S'EXPRIME

Voici des expressions pour faire une réservation:

Je voudrais réserver trois places pour Lille.
J'ai besoin de deux places, première classe, non-fumeur.
Est-il possible d'avoir une place dans le train de 14h35?

À vous!

Ex. H: ⇄

H. **Au guichet.** Achetez des billets de train en employant les renseignements donnés. Un(e) de vos camarades va jouer le rôle de l'employé(e).

MODÈLE: 4 / Genève / aller-retour / 2ᵉ
     ÉLÈVE 1: *Je voudrais (J'ai besoin de) quatre billets pour Genève.*
     ÉLÈVE 2: *Aller-simple ou aller-retour?*
     ÉLÈVE 1: *Aller-retour.*
     ÉLÈVE 2: *Première ou deuxième classe?*
     ÉLÈVE 1: *Deuxième, s'il vous plaît.*

1. 1 / Rouen / simple / 1ère
2. 3 / Lille / aller-retour / 2e

3. 2 / Bordeaux / aller-retour / 2e
4. 4 / Cannes / simple / 2e

I. **Réservons nos places!** Vous avez déjà vos billets et maintenant vous voulez réserver vos places. Faites des réservations en utilisant les renseignements donnés. Un(e) de vos camarades va jouer le rôle de l'employé(e).

Ex. I: ⇄

MODÈLE: 3 / départ (18 sept., 13h25) / non-fumeur / retour (30 sept., 9h)
       ÉLÈVE 1:   *Je voudrais réserver trois places, s'il vous plaît.*
       ÉLÈVE 2:   *Quand est-ce que vous voulez partir?*
       ÉLÈVE 1:   *Le 18 septembre. Est-il possible d'avoir des places dans le train de 13h25?*
       ÉLÈVE 2:   *Oui. Fumeur ou non-fumeur?*
       ÉLÈVE 1:   *Non-fumeur.*
       ÉLÈVE 2:   *Et pour le retour?*
       ÉLÈVE 1:   *Retour le 30 septembre, le train de 9h, si c'est possible.*

1. 2 / départ (28 août, 8h45) / non-fumeur / retour (4 sept., 10h15)
2. 4 / départ (12 juin, 11h25) / non-fumeur / retour (19 juin, 15h30)
3. 1 / départ (3 juillet, 22h) / fumeur / retour (31 juillet, 21h00)
4. 3 / départ (25 mai, 12h05) / non-fumeur / retour (10 juin, 18h30)

DÉBROUILLONS-NOUS!

Exercices oraux

Review of **étape**.

J. **Est-il possible?** Demandez à un(e) camarade si les renseignements suivants au sujet des trains français sont exacts ou non. Votre camarade va donner son opinion en utilisant des expressions comme **il est possible, je ne pense pas**, etc.

Ex. J: ⇄

MODÈLE: On peut manger un dîner complet à sa place dans le TGV.
      — *Est-il possible qu'on puisse manger un dîner complet à sa place dans le TGV?*
      — *Oui, c'est possible.* ou: *Non, j'en doute.*

1. Les enfants de moins de quatre ans peuvent voyager dans le train sans payer.
2. Dans certains trains, votre voiture peut vous accompagner.
3. Les billets de train sont plus chers que les billets d'avion.
4. Il y a un train qui va de Paris à Rome sans s'arrêter.

5. Dans certains trains, on peut regarder une pièce de théâtre ou écouter un concert ou regarder un film.
6. L'employé au guichet de la gare sait parler deux ou trois langues.

Ex. K: ⇄

K. **Faisons nos réservations!** Imagine that you and several members of your family wish to take the train from Paris to the city of your choice— Bordeaux, Brest, Lille, Marseille, or Grenoble. Go to the appropriate Paris train station. Buy tickets and make reservations for the trip.

Exercice écrit

L. **Vous laissez un mot.** Write a note to your French family in Bordeaux (or Brest, Lille, etc.) giving the important information about the tickets you bought in Exercise K. Tell them the price, your time of departure and time of arrival, etc.).

Deuxième étape

Point de départ:

Comment bien voyager

■ ■

tarifs: fares
assis: seated
repérer: to locate
quai: platform
composter: to validate

The SNCF publishes a **Guide pratique du voyageur** with hints about traveling by train in France. Here is a general outline of what to do.

À vous! ■

Answers, Ex. A:
d, h, b, g, a, e, i, f, c.

A. **Nicole a pris le train.** Voici ce que Nicole Matignon a fait pour se préparer à voyager par le train. Utilisez les suggestions proposées par le

Guide pratique du voyageur pour rétablir l'ordre chronologique des activités de Nicole.

a. Elle a regardé le tableau général des trains et elle a vu que son train allait partir de la voie G.
b. Elle a pris une réservation pour le 12 avril, en période bleue.
c. Elle a trouvé sa place dans le compartiment 17.
d. Elle a consulté un horaire.
e. Elle a composté son billet.
f. Elle est montée dans le train.
g. Elle a pris un taxi pour arriver à la gare une demi-heure avant le départ de son train.
h. Elle a acheté son billet.
i. Quand le train est entré en gare, elle a cherché la voiture n° 17.

Recycling activities.

Ex. B: ⇄

B. **Prenons les billets!** Jouez le rôle des personnes mentionnées ci-dessous. Allez à la gare, achetez les billets et faites les réservations. Votre camarade, qui joue le rôle de l'employé(e), peut consulter l'horaire des trains pour vous aider.

1. **Françoise:** Paris-Genève
   départ: 10 novembre, retour: 17 novembre (avant 6h du soir)
   voyage avec deux enfants (13 ans, 10 ans) et sa mère
   veut dépenser le moins d'argent possible
2. **M. Legentil:** Paris–Genève
   départ: 16 mars (arrivée pour l'heure du déjeuner, retour: 16 mars (fin de l'après-midi)
   voyage seul, veut voyager aussi confortablement que possible

PARIS → GENÈVE

N° du TGV		921	923	925	927	929
Restauration		◘	◘		◘	◘ 1/2
Paris-Gare de Lyon	D	7.35	10.36	14.32	17.42	19.13
Mâcon TGV	A	9.15		16.13		
Bourg-en-Bresse	A			16.33		21.11
Culoz	A			17.21		
Bellegarde	A	10.37	13.34	17.46	20.43	22.18
Genève	A	11.08	14.05	18.16	21.13	22.46

GENÈVE → PARIS

N° du TGV		920	922	924	926	928
Restauration		◘	◘	◘	◘	◘
Genève	D	7.09	10.04	13.01	16.50	19.29
Bellegarde	D	7.35	10.31	13.28	17.17	19.56
Culoz	D					20.23
Bourg-en-Bresse	D				18.26	
Mâcon TGV	D			14.54	18.47	
Paris-Gare de Lyon	A	10.39	13.36	16.38	20.31	23.09

C. **Mais qu'est-ce que vous allez faire pendant les vacances?** Sophie refuse de dire ce qu'elle va faire pendant les vacances avec sa famille. Ses amis essaient de deviner *(guess),* mais sans succès. Donnez les réponses de Sophie en utilisant les expressions **je doute, je ne pense pas, il est possible, il n'est pas possible, il est impossible, il est peu probable.**

MODÈLE: Vous avez l'intention d'aller en Afrique.
    Je ne pense pas que nous allions en Afrique. ou:
    Il n'est pas possible que nous allions en Afrique.

1. Vous allez visiter les États-Unis.
2. Vous espérez faire un voyage en Chine.
3. Vous allez quitter la France.
4. Vous avez l'intention d'aller au bord de la mer.
5. Vous voulez passer les vacances chez les grands-parents.
6. Vous allez louer un châlet dans les montagnes.
7. Un moment! Vous allez prendre des vacances, n'est-ce pas?

STRUCTURE

L'emploi de l'indicatif pour indiquer la certitude

On dit que Jacques et Hélène se sont mariés à Bruxelles.
Oh, je ne sais pas. **Il est vrai que Jacques est allé** en Belgique. Et **il est probable qu'Hélène l'a accompagné.** Mais **je suis sûre qu'elle veut** se marier en France.

They say that Jacques and Hélène got married in Brussels.
Oh, I don't know. *It is true that Jacques went* to Belgium. And *it is likely that Hélène went* with him. But *I'm sure that she wants* to be married in France.

As you have already learned, the subjunctive is used to express uncertainty or doubt. On the other hand, to suggest certainty or a strong probability that something is true, the indicative is used. The following expressions of certainty or probability are followed by the indicative:

être certain(e) que	il est probable que
être sûr(e) que	il est sûr que
il est certain que	il est vrai que
il est clair que	penser que
il est évident que	

Suggestion, certainty: Follow a procedure similar to that used to introduce expressions of doubt. Begin by reviewing the use of the subjunctive to express uncertainty, then make a statement about a student that is clearly (probably) true. Gradually introduce the various possible expressions (both long and short forms). Ex. D uses only expressions of certainty; Ex. E and F mix together certainty and uncertainty.

Just like expressions of uncertainty and doubt, expressions of probability and certainty, when used to refer to a whole sentence or to a previously mentioned idea, can be used without **que.** In these cases, **il** becomes **ce,** and the expressions **être certain** and **être sûr** are preceded by **en.** With the verb **penser,** you say either **je pense** or **je pense que oui.**

> — Paule vient?
> — **Oui, je pense. (Je pense que oui.)**

> — Le train va être à l'heure?
> — **C'est probable.**

> — Jean-Jacques a gagné de l'argent à la loterie?
> — **C'est vrai.**

> — Il va partir?
> — **J'en suis sûr(e).**

Application ■■■■■■■■■■■■■■■■■■■■■■■■■■■■■■

D. **Comment?** Vous parlez à nouveau avec vos amis de leurs activités et de leurs possessions. Quelqu'un pose une question; une personne donne une réponse affirmative en utilisant l'expression suggérée. Une deuxième personne n'entend pas; la première personne se répète en utilisant cette fois un verbe à l'indicatif.

MODÈLES: Anne-Marie n'est pas là. Elle est malade. (c'est probable)
    ÉLÈVE 1:   *C'est probable.*
    ÉLÈVE 2:   *Comment?*
    ÉLÈVE 1:   *Il est probable qu'elle est malade.*

    Georges va téléphoner à Caroline? (j'en suis sûr[e])
    ÉLÈVE 1:   *J'en suis sûr(e).*
    ÉLÈVE 2:   *Comment?*
    ÉLÈVE 1:   *Je suis sûr(e) que Georges va lui téléphoner.*

1. Chantal va à la soirée avec Henri? (je pense que oui)
2. Jean-Michel veut sortir avec la cousine de Raoul? (c'est évident)
3. Marcelle a invité ses parents? (c'est vrai)
4. Philippe a une Jaguar? (j'en suis certain[e])

5. Éric va demander à Janine d'aller au cinéma? (c'est probable)
6. Nous pouvons nous retrouver chez Yvonne après le film? (j'en suis sûr[e])

E. **Opinions contradictoires.** Vos amis réagissent de façon très différente à ce que vous déclarez. Utilisez les expressions entre parenthèses en faisant attention à l'emploi de l'indicatif ou du subjonctif.

MODÈLE: Henri est très malade. (je pense / je ne pense pas)
— *Oui, je pense qu'il est très malade.*
— *Mais non, je ne pense pas qu'il soit (très) malade.*

1. Les garçons vont faire la vaisselle. (je suis sûr[e] / je doute)
2. Nous allons être en retard. (il est possible / il est probable)
3. Anne-Marie sait la vérité. (il est évident / il est peu probable)
4. Éric comprend très bien. (je suis certain[e] / je ne pense pas)
5. Nous pouvons le faire. (je pense / je doute)
6. Marcelle va inviter beaucoup de gens. (il est possible / il est impossible)
7. Philippe a 21 ans. (il est vrai / il n'est pas possible)
8. Le train part de la Gare d'Austerlitz. (je suis sûr[e] / je ne pense pas)

F. **À mon avis...** *(In my opinion . . .)* Voici une série d'idées. Donnez votre opinion en employant une expression de certitude ou d'incertitude, de possibilité ou de probabilité. Ensuite, un(e) de vos camarades de classe va indiquer s'il (si elle) partage *(shares)* votre opinion.

MODÈLE: La guerre est inévitable.
— *Moi, je pense que la guerre est inévitable.*
— *Je suis d'accord avec toi. Il est évident que la guerre est inévitable.*
ou: — *Non, je ne suis pas d'accord avec vous deux. Il n'est pas vrai (je ne pense pas) que la guerre soit inévitable.*

1. L'inflation est un grand problème économique.
2. Les émissions télévisées sont rarement de bonne qualité.
3. La communication entre parents et enfants est toujours difficile.
4. Le français est une langue assez facile à apprendre.
5. Les Américains sont généralement en bonne santé.
6. On peut réussir si on travaille beaucoup.
7. Le président ＿＿ est un bon président.
8. Le meilleur acteur de cinéma est ＿＿.
9. La meilleure actrice de cinéma est ＿＿.

RELAIS

Audio Tape: See Teaching
Guide.

Le départ

Écoutez la bande que votre professeur va jouer pour vous. En particulier,
faites attention aux expressions utilisées pour se renseigner à la gare.

C'est le jour du départ pour les vacances. Mireille, Jeanne et Henri arrivent à
la gare Montparnasse pour prendre le train pour Rennes.

ON S'EXPRIME

Voici des expressions pour vous renseigner à la gare:

À quelle heure part le prochain *(next)* **train pour Bourges?**
Le train a-t-il du retard? Est-il à l'heure?
De quelle voie part le train pour Nantes?
Où est la voie B? C'est de ce côté-ci? C'est de l'autre côté?
Est-ce qu'il faut composter *(validate)* **son billet?**
Où est la voiture numéro 15?

Answers, Ex. G: 1–15h50;
2–E; 3–1¾ hours;
4–Gare St-Charles; 5–no
(stops at Chambéry and
Annecy); 6–18h50.

À vous!

G. **Le tableau des trains.** Il est 14h38 et vous venez d'arriver à la gare
    d'Austerlitz. Répondez aux questions en consultant le tableau des trains.

1. A quelle heure part le prochain train pour Montereau?
2. De quelle voie part ce train?
3. Vous allez à Lyon. Combien de temps allez-vous attendre avant le départ de votre train?
4. Quel est le nom de la principale gare de Marseille?
5. Le train qui part à 6h17 de l'après-midi, va-t-il directement à Lyon?
6. Il y a un train qui va en Italie. A quelle heure part-il?

H. **Dis-moi...** Vous voyagez avec un(e) ami(e) qui a tout arrangé. Vous arrivez à la gare et lui posez des questions. Il (elle) vous répond d'après les renseignements suggérés. Vous voulez savoir:

Ex. H: ⇌

a. à quelle heure part votre train
b. de quelle voie il part
c. le numéro de la voiture
d. si vous avez beaucoup de temps ou s'il faut vous dépêcher

MODÈLE: 13h27 / B / 11 / 13h (13h25)

VOUS:	*À quelle heure part notre train?*
VOTRE AMI(E):	*(Il part) à 13h27.*
VOUS:	*De quelle voie part-il?*
VOTRE AMI(E):	*(Il part) de la voie B.*
VOUS:	*Quel est le numéro de notre voiture?*
VOTRE AMI(E):	*C'est la 11.*
VOUS:	*Nous avons beaucoup de temps, non?*
VOTRE AMI(E):	*Oh, oui. Il est seulement 13h.* ou: *Mais non. Il est déjà 13h25. Dépêchons-nous!*

1. 9h44 / F / 18 / 9h25
2. 11h40 / 1 / 14 / 11h37
3. 15h51 / 3 / 12 / 15h50
4. 18h21 / C / 16 / 18h05

DÉBROUILLONS-NOUS!

Exercices oraux

Review of **étape**.

I. **Tu es sûr(e)?** You and a classmate are going on a train trip. When you get to the station, verify as much as you can about the trip (time of departure, track, car where your reserved seats are, time before departure, whether the train is on time or not). Each time you get an answer, ask your friend if he/she is absolutely certain.

Ex. I: ⇌

J. **On dit que...** You and other members of your group are talking about your teacher, your French class, other students, etc., in a humorous (but

Ex. J: ○

not mean) way. Each time someone makes a statement, other people react, using expressions such as **c'est possible, c'est probable, c'est vrai, j'en doute, j'en suis sûr(e),** etc.

Exercice écrit

K. **Un départ difficile.** Write a paragraph describing what happened when you took the train for the first time in France. Follow the suggestions below.

1. Tell where you wanted to go.
2. Tell at what time and from what station your train was scheduled **(devait)** to leave.
3. Tell how you got to the train station.
4. Tell at what time you got to the train station.
5. Explain that in France it is necessary to validate your ticket.
6. Tell how you went to the wrong platform **(se tromper de quai).**
7. Explain that you finally got on the train.
8. Say that you arrived at your destination right on time.

Written Work: See Workbook.

Lexique

On s'exprime

Pour acheter un billet de train

un aller-simple
un aller-retour
les jours bleus (blancs, rouges)

Pour faire une réservation

Est-il possible d'avoir une place . . . ?
fumeur / non-fumeur
première classe / deuxième classe
J'ai besoin d'une place . . .
Je voudrais réserver une place . . . ?

Pour se renseigner à la gare

À quelle heure part le train pour...?
                    arrive le train de...?
De quelle voie part le train pour...?
Le train pour (de)... a-t-il du retard?
              est-il à l'heure?
Où est la voiture numéro...?
Où se trouve la voie...? De ce côté-ci? De l'autre côté?

Pour exprimer le doute et l'incertitude

douter (que)
il est impossible (que)
il est peu probable (que)
il est possible (que)
il n'est pas possible (que)
ne pas penser (que)

Pour exprimer la probabilité et la certitude

être certain(e)
être sûr(e)
il est certain
il est clair
il est évident
il est probable
il est sûr
il est vrai
penser

Thèmes et contextes

La gare

composter un billet
le contrôleur
un coup de sifflet
le quai
le tableau général des trains
trouver sa place (sa voiture)
la voie

Les trains

un arrêt
le calendrier des trains
un Corail
l'horaire *(m.)* des trains
un omnibus
le TGV

Vocabulaire général

Autre expression

Nous y sommes!

INTÉGRATION CULTURELLE

LES VOYAGEURS

Un voyageur: une personne qui voyage, qui veut voir de nouveaux pays. Les voyageurs modernes se déplacent en train, en avion ou en voiture. Mais les premiers grands voyageurs, les explorateurs qui partaient à la découverte du Nouveau Monde, eux, voyageaient en bateau.

INTÉGRATION

A. **Les explorateurs.** Lisez les mini-portraits de quelques voyageurs français de l'époque des grandes découvertes, puis associez-les aux routes tracées sur la carte.

1. En 1534, Jacques Cartier découvre l'embouchure du Saint-Laurent. Il remonte le fleuve jusqu'à l'emplacement actuel de la ville de Montréal. Il apprend des Indiens le mot «Canada» (qui veut dire *village*).
2. Le père jésuite Jacques Marquette découvre en 1673, avec Joliet, le Mississippi. Ils le descendent jusqu'au confluent du Missouri et de l'Ohio.
3. Le cavalier Robert de la Salle explore le continent américain, parcourant le Mississippi après sa découverte par Marquette et Joliet. En 1682, il descend jusqu'au Golfe du Mexique.
4. Samuel Champlain visite la Nouvelle-France (l'actuel Canada) pour la première fois en 1603. Cinq ans après, il y retourne pour fonder la ville de Québec. Il devient gouverneur de cette nouvelle colonie française.
5. Le trappeur Robert Joliet explore d'abord la région des Grands Lacs. En 1672, avec le père Marquette, il reconnaît le cours du Mississippi, appelé à cette époque le fleuve Colbert.

Les voyageurs modernes

B. **Un voyageur moderne: Le commandant Jacques-Yves Cousteau.**
Lisez cet article au sujet d'un des grands explorateurs modernes, Jacques
Cousteau. Puis répondez aux questions.

LE COMMANDANT JACQUES-YVES COUSTEAU

TOUT EST DU RÊVE... TOUT EST DU RÊVE

« Dans ma vie, tout est du rêve*...» C'est ce que
dit le commandant Jacques-Yves Cousteau.
Quel est donc son rêve quand il part une fois de
plus, comme de décembre à mars dernier, sur son
vieux bateau la *Calypso* ? Quel est donc le rêve des trente
hommes qui partent avec lui pour l'océan le moins connu
du monde, l'Antarctique ?

L'ARGENT
Est-ce un rêve de richesse ? Non, Cousteau n'a jamais su
gagner de l'argent. A son «Centre d'études marines» de
Marseille, il manque même 10 millions de francs pour
vivre : le Centre va fermer. Déjà, en 1965, avec les travaux pour fabriquer* la maison sous la mer, il perd plusieurs millions de francs : les ingénieurs du pétrole trouvent les « maisons sous la mer » plus belles qu'utiles.
Heureusement, les deux films *Le Monde du Silence* puis
Le Monde sans Soleil ont, après 1966, un grand succès
aux Etats-Unis. Et la télévision américaine lui commande
trente-six films sous-marins à faire en neuf ans, quatre
par an ; Cousteau garde la liberté entière de filmer ce qu'il
veut, où il veut... dans l'Antarctique, par exemple.

L'AVENTURE
« Qu'est-ce que vous allez chercher là-bas ? » demande-t-on
à Jacques-Yves Cousteau. Avec son célèbre sourire, il
répond : « Si je le savais, je n'irais pas. » Sur la *Calypso*,
tout le monde ressemble, pour cela, à Cousteau : ils cherchent l'aventure*. Alain Bourgarau, le commandant du
bateau, quarante ans, quatre enfants ; Jean-Marie France,
le chef-mécanicien (« J'aime les sous-marins* mais pas
l'armée. Ici, j'ai les uns et pas l'autre ») ; Jean Paoletti, dit

« Pao », le radio, un ancien pêcheur à Terre-Neuve
(« A cinquante ans, j'ai le droit de faire ce qui me plaît,
non ?») ; Joseph François, quarante et un ans, le médecin
de la *Calypso* (installé dans la petite ville de Villeneuve-
sur-Lot, il quitte tout pour suivre Cousteau) ; Jean Morgan,
le cuisinier («Je n'ai cassé qu'un seul plat en quinze ans»),
et Jacky, le mousse* (il a pourtant toujours le mal de
mer). Ne sont-ils pas là, tous, parce qu'ils aiment l'aventure ?

LA SCIENCE ?
Il y a autre chose : le Pacha, comme ils disent, travaille
pour la science. Il emporte à chaque fois de nouveaux
appareils. Les appareils tiennent toujours la plus grande
place dans le ventre de la *Calypso*. Ils sont tous nés des
rêves du patron : celui-ci va permettre d'aller encore plus
profondément sous l'eau, celui-là d'avancer plus loin sur
l'eau, cet autre à mieux faire la course avec les poissons.
Pour le voyage de l'Antarctique, il y avait sur la *Calypso*
deux tonnes d'appareils en plus, des appareils de la
N.A.S.A. qui permettent de donner tous les jours à un
nouveau satellite* d'utiles renseignements sur ces eaux
inconnues. Demain peut-être, ce satellite saura voir la
moindre tache* d'huile ou de pétrole sur la mer, et
reconnaître de quel navire elle vient ? Grâce à Cousteau,
peut-être, les mers redeviendront-elles propres ? Ah ! si le
rêve de Cousteau pouvait devenir une réalité* !

rêve: dream
fabriquer: to
make (construct)
sous-marins:
submarines
mousse: deck-boy

1. À l'époque où on a rédigé cet article, quel était le voyage le plus récent
de Cousteau?
2. Donnez quelques exemples des difficultés financières de Cousteau.
3. Comment peut-il payer ses voyages?
4. Qu'est-ce qui indique que les membres de son équipage aiment aussi
l'aventure?

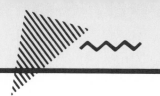

C. **D'où vient cette voiture?** En Europe, les voitures portent souvent une petite plaque *(sign)* qui indique le pays d'origine. Certains pays sont faciles à identifier; d'autres sont plus difficiles. En regardant les plaques données ci-dessous, répondez aux questions de votre camarade de classe.

MODÈLE: — *D'où vient cette voiture?*
           — *Elle est de France, je pense.*

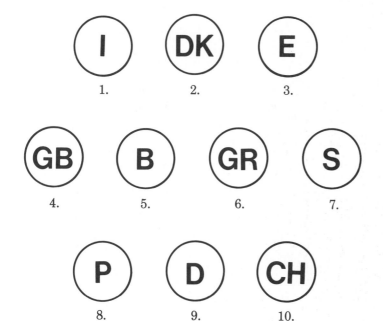

En voiture ou en avion?

1.

2.

Associez chaque description à une des photos.

a. Les Français aiment beaucoup la course d'automobile. Les Vingt-Quatre Heures du Mans sont une des plus célèbres courses automobiles.

b. Sur un monoplan qu'il a construit lui-même, Louis Blériot a effectué, en 1909, la première traversée de la Manche en aéroplane.

c. Construit en coopération par la France et la Grande-Bretagne, l'avion de transport long-courrier supersonique Concorde peut faire le voyage Paris–New York en trois heures et demie.

3.

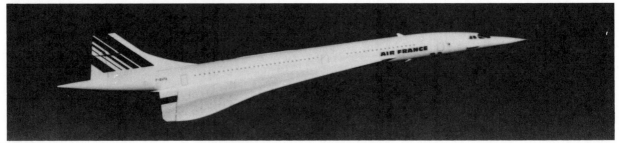

Première étape

Point de départ:

La carte routière

■■■■■■■■■■■■■■■■■■■■■■■■■■■■■■■■■■■■■■■

La société Michelin, qui fabrique des pneus, publie une série de cartes détaillées de chaque région de la France. Avec l'aide de la légende, étudiez le fragment de la carte qui représente le triangle Nîmes-Arles-Avignon (dans le sud de la France).

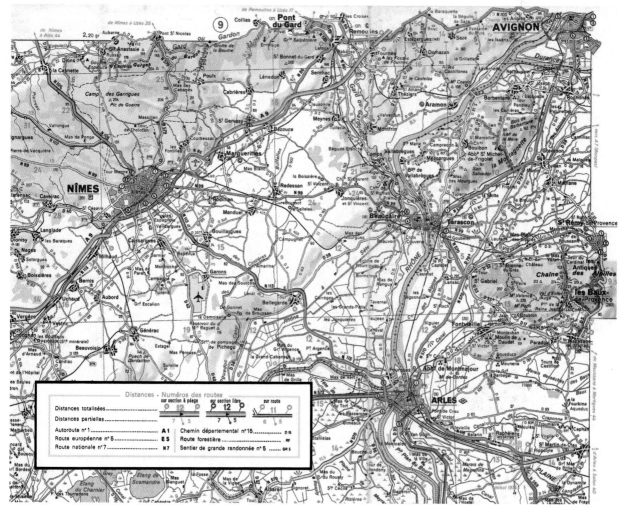

Note Culturelle

La France possède le réseau routier *(road system)* le plus dense du monde. En particulier, plus de 700 000 km de chemins ruraux donnent accès à un nombre impressionnant de petits villages et de régions agricoles. Pourtant, ce n'est qu'à partir de 1958 que la France a commencé à faire construire des autoroutes qui facilitent les déplacements sur de grandes distances. Il y a actuellement environ 5 000 km d'**autoroutes à péage** *(four-lane, divided tollways)* dans le pays. On y trouve des **aires de repos** *(rest stops)* et des stations-service tous les 10 à 15 km. La vitesse y est limitée à 130 km (80 *miles*) à l'heure.

Puisque les autoroutes ne représentent qu'un pourcentage assez petit du réseau routier, on voyage la plupart du temps sur des **routes nationales** (dont un grand nombre sont à quatre voies [*four lanes*]) et sur des **routes départementales.** La vitesse maximale sur une route à quatre voies (non-autoroute) est de 110 km (70 *miles*) à l'heure. Sur les autres routes la vitesse maximale est de 90 km (55 *miles*) à l'heure. Les Français ont tendance à conduire assez vite. Dans le but de réduire le nombre de fatalités dues aux accidents de la route, on a rendu obligatoire l'emploi d'une ceinture de sécurité aux sièges avant *(front seats)*. En plus, les enfants âgés de moins de dix ans doivent voyager dans les sièges arrière.

À vous! ■■

A. **Regardons la carte!** You are traveling with your family in southern France. You have picked up a rental car in **Nîmes** and are heading northeast on route A9 in the direction of **Avignon.** Because you speak and read French, you are the navigator. Answer your family's questions on the basis of the map in the **Point de départ.**

1. You are near the **Nîmes** interchange on A9. Your father asks, "How far is it to **Avignon** on the **autoroute?**"
2. Your mother says, "I'd like to go to **Arles.** How far is it from here? How would we go?"
3. Your sister says, "We studied Roman ruins in school. I'd like to see the old aqueduct called the **Pont du Gard.** Is that anywhere around here? How could we get there?"
4. Your grandmother, who is reading a guidebook of the region, adds, "It says here that there is a wonderful medieval city, built on top of a pile of rocks, and it's not too far from **Arles.** Can we get to **Les Baux** from here?"

5. You remember reading in **On y va! (Premier niveau)** about the festival at **Tarascon.** Tell your family where Tarascon is located in relation to Arles and Nîmes.

6. Finally, your mother says, "Whatever we do, we have to be at **Avignon** tonight in time for dinner. Which is the shorter way to get to Avignon from here—via Nîmes or via Arles?"

B. **La signalisation routière.** Some of the signs you see along French roads look like American road signs; others are quite different. Try to find the signs that have the following meanings.

Answers, Ex. B:
1. b
2. e
3. d
4. f
5. a
6. c

sens
interdit

travaux

interdiction
de dépasser

stationnement
interdit

limitation
de vitesse

interdiction
de tourner
à gauche

a. b. c. d. e. f.

1. Construction zone
2. Speed limit
3. No parking
4. No left turn
5. Wrong way; do not enter
6. No passing

REPRISE

C. **Nous avons pris le train pour aller à Grenoble.** Vous racontez à un(e) ami(e) votre voyage à Grenoble. En vous inspirant des dessins à la page suivante, décrivez votre départ de la Gare de Lyon.

Recycling activities

MODÈLE:

*Nous sommes partis de
la Gare de Lyon.*

1.

2.

3.

4.

5.

6.

7.

D. **Qu'est-ce que vous en pensez?** *(What do you think about it?)* Donnez votre réaction aux déclarations suivantes en utilisant une expression telle que **je(ne) pense (pas) que, il est (im)possible que, je doute que, il est (peu) probable que, je suis sûr (certain) que, il est vrai (évident) que,** etc.

1. L'état du Texas est plus grand que la France.
2. Le professeur a vingt-cinq ans.
3. En l'an 2000 une femme va être présidente des États-Unis.
4. Nous pouvons envoyer un astronaute sur la planète Mars.
5. En général, les garçons sont sportifs et les filles sont intellectuelles.
6. Un jour nous allons savoir guérir *(cure)* les personnes qui ont le cancer.
7. Les jeunes Américains sont trop matérialistes.
8. Il y a trop de violence à la télévision américaine.

STRUCTURE

Les pronoms interrogatifs (personnes)

—**Qui** a téléphoné?
—Georges et Marianne.

—*Who* called?
—Georges and Marianne.

—**Qui** cherchez-vous?
—Nous cherchons M. Rance.

—*Whom* are you looking for?
—We're looking for Mr. Rance.

—**À qui** parlais-tu?

—À Jean-Jacques.

—*To whom* were you talking?
 (*Whom* were you talking *to?*)
—(To) Jean-Jacques.

To ask a question about the identity of a person, French uses a form of the pronoun **qui.** The exact form of **qui** depends on how it is used in the sentence.

Question word = subject of the sentence (that is, the question word is followed by a verb without a specified subject):

> **Qui** est à la porte?

Question word = object of the sentence (that is, the question word is followed by both a subject and a verb):

> **Qui** cherche-t-elle? *(inversion)*
> **Qui est-ce qu'**elle cherche?

Question word = object of a preposition (that is, the question word is followed by a subject and a verb that requires a preposition. Note that the preposition is placed before the question word.):

> **À qui** a-t-elle téléphoné? *(inversion)*
> **À qui est-ce qu'**elle a téléphoné?

Suggestion, interrogative pronouns (people): 1) Write: **Georges est parti. Il a vu Alain avant de partir. Il est allë chez Monique.** 2) Have a student read the sentences and pretend you didn't hear clearly: **Qui est parti? Qui a-t-il vu avant de partir? Chez qui est-il allé?** 3) Make a chart on the board, including alternative forms with **est-ce que.** (Leave the chart on the board.)

Application ■■■■■■■■■■■■■■■■■■■■■■■■■■■■■

Follow-up, Ex. E, personal
questions: **Qui est assis à côté
de vous? A qui parliez-vous il
y a un instant? Qui regardez-
vous? Qui vous regarde? Avec
qui est-ce que vous êtes
arrivé(e) en classe?** etc.

E. **À la gare.** Voici des questions qu'on pourrait entendre à la gare. Complétez-les en utilisant les mots suggérés.

MODÈLE: Vous cherchez quelqu'un? (qui)
Qui cherchez-vous?

1. Vous cherchez quelqu'un? (qui est-ce que)
2. Quelqu'un va prendre le train de 12h15? (qui)
3. Vous voulez téléphoner à quelqu'un avant de partir? (à qui est-ce que)
4. Tu voyages avec quelqu'un? (avec qui)
5. Quelqu'un a fait les réservations? (qui)
6. Tu regardes quelqu'un? (qui est-ce que)
7. Ce monsieur regarde quelqu'un? (qui est-ce que)
8. Quelqu'un va composter les billets? (qui)
9. Tu vas donner ta place à quelqu'un? (à qui est-ce que)
10. Tu vas aider quelqu'un à monter dans le train. (qui est-ce que)

F. **Au Foyer International.** Votre classe visite la France pendant les vacances de Pâques. On vous héberge *(lodge)* dans une résidence pour étrangers *(foreigners)* à Paris. Voici des phrases ou des questions que vous entendez au Foyer. Utilisez les mots donnés pour faire continuer la conversation en posant une question. Employez une forme appropriée de **qui.**

MODÈLE: La porte de la salle de bains est fermée à clé. (être dans la salle de bains)
Qui est dans la salle de bains?

1. Je voudrais prendre une douche, mais il n'y a pas de savon. (prendre le savon)
2. Bonjour, Madame. Oui, c'est ici le Foyer International. (vous / chercher)
3. Allô. Allô. Ici le Foyer International. (vous / vouloir parler à)
4. Ah, Marilyn n'est pas là. (elle / sortir avec)
5. Nous allons passer huit jours dans le Midi. (nous / descendre *[stay]* chez)
6. Je n'ai pas d'argent! (je / pouvoir demander de l'argent à)
7. Tu as deux billets pour le concert? (tu / aller inviter)
8. Moi, j'ai deux billets pour le théâtre. (vouloir y aller avec moi)

Ex. G: ⇄

G. **Pour te connaître un peu mieux.** Vous voulez connaître un peu mieux un(e) de vos camarades de classe. Vous lui posez des questions en utilisant les expressions suivantes et une forme appropriée de **qui.**

MODÈLES: faire la vaisselle
         — *Qui fait la vaisselle chez toi?*
         — *Ma mère fait (mes frères font, etc.) la vaisselle.*

         admirer beaucoup
         — *Qui est-ce que tu admires beaucoup?*
         — *J'admire beaucoup mes parents (mon professeur, etc.).*

1. habiter avec
2. préparer les repas
3. faire la lessive
4. faire la vaisselle
5. aimer parler à
6. sortir le plus souvent avec
7. aimer le plus
8. aimer le moins
9. se disputer avec
10. s'amuser avec

Sur la route

Écoutez la bande que votre professeur va jouer pour vous. En particulier, faites attention aux expressions utilisées pour parler du temps qu'il fait pour faire quelque chose.

Audio Tape: See Teaching Guide.

Martine Lambert part en vacances avec ses deux enfants—Christian, 14 ans, et Colette, 10 ans. Ils habitent à Bordeaux. Ils vont passer huit jours chez le frère de Martine à Lyon.

ON S'EXPRIME

Voici des expressions pour parler du temps qu'il faut pour faire quelque chose:
     — **Il faut combien de temps pour faire cet exercice?**
     — **Il faut (compter) une demi-heure.**

     — **On met combien de temps à faire Paris-Lille (en voiture)?**
     — **On met deux heures et demie à faire le voyage (en voiture).**

À vous! ■■■■■■■■■■■■■■■■■■■■■■■■■■■■■■

H. **Paris–Brest, c'est un long voyage?** Vous écoutez des jeunes Français qui parlent des vacances. Ils vont tous partir en voiture. Vous ne connaissez pas très bien la géographie de la France et vous voulez savoir si leur voyage va être long.

MODÈLE: Paris–Nantes (400 km / 4, 4½ heures)
— *Paris–Nantes, c'est un long voyage?*
— *Non, pas très long. Nantes est à 400 km de Paris.*
— *Combien de temps faut-il pour aller de Paris à Nantes en voiture?*
ou: — *Combien de temps est-ce qu'on met pour faire Paris–Nantes en voiture?*
— *Oh, il faut compter quatre heures, quatre heures et demie.*
ou: — *On met quatre heures, quatre heures et demie à faire le voyage en voiture.*

1. Paris–Marseille (780 km / 8 heures)
2. Paris–Strasbourg (460 km / 5 heures)
3. Lyon–Grenoble (310 km / 3½, 4 heures)
4. Nantes–Bordeaux (330 km / 4, 4½ heures)
5. Dunkerque–Montpellier (1100 km / 13 heures)
6. Marseille–Toulouse (410 km / 4½, 5 heures)

I. **Des voitures en panne.** Vous et votre famille française voyagez en voiture. Chaque fois que la voiture croise un automobiliste en difficultés, quelqu'un fait une remarque. Indiquez l'image qui correspond à ce qu'on dit.

a.

b.

c.

d.

1. Tiens! Regarde! Ils ont une panne d'essence. Ils n'ont pas fait le plein avant de partir.
2. Oh, là, là! Une panne de moteur. Ils ont besoin d'un mécanicien.
3. Regarde ce pauvre monsieur! Son pneu est crevé. Il faut qu'il change la roue.
4. Ces gens-là, ils ne sont pas tombés en panne. Ils se sont trompés de route!

DÉBROUILLONS-NOUS!

Exercice oral

Review of **étape**.

J. **Tu veux y aller avec nous?** Invite a French exchange student visiting your school to go on a car trip with your family. A classmate will play the role of the exchange student and ask you questions about the distance, the time the trip takes, and the route. After hearing your answers, he/she will decide whether to accept your invitation.

Ex. J: ⇄

Exercice écrit

K. **Une panne.** Write a postcard to a friend, describing a car trip that you took with your French family. During the trip, you had a car problem—a flat tire, a breakdown, or an empty gas tank. Begin and end your card appropriately.

Preparation, Ex. K: Review expressions used to invite someone to do something. (*On y va!, Deuxième Niveau*, p. 234).

Deuxième étape

Point de départ:

Roissy–Charles de Gaulle

■ ■

En général, les avions venant des États-Unis arrivent à l'aéroport Charles de Gaulle à Roissy, à 25 km au nord de Paris. Il y a plusieurs moyens de faire le trajet entre l'aéroport et la ville de Paris—l'autocar (**Bus Air France**), l'autobus (**Bus . . . RATP**), le train (**Roissy Rail**) et bien entendu le taxi. Lisez cette brochure qui offre des renseignements aux touristes.

navette: shuttle bus
porte: door, gate
trajet moyen: average trip
environ: about

LES LIAISONS PARIS-AÉROPORTS
PARIS ◄════════► AÉROPORT CHARLES DE GAULLE

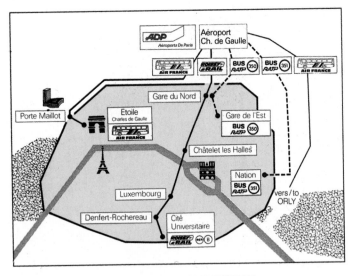

ROISSY RAIL de 5 h 25 à 23 h 25 Paris/CDG

de 5 h 10 à 23 h 45 CDG/Paris
Toutes les 15 mn
Départ de Paris vers CDG :
Toutes les stations de la ligne B du RER
Départ de CDG vers Paris :
CDG 2A porte A5
CDG 2B porte B6
CDG 1 porte 28 ou 30 niveau arrivée

Trajet moyen : 35 mn
35 F Gare du Nord en 1re classe
(navette comprise)
39,20 F métro, RER, toutes stations
(navette comprise)
23 F Gare du Nord en 2e classe
(navette comprise)
25,80 F métro, RER, toutes stations
(navette comprise)

BUS 350 RATP de 5 h 30 à 22 h 55 PARIS/CDG
de 5 h 59 à 23 h 51 CDG/PARIS
Toutes les 15/20 mn en semaine
(20 à 25 mn le dimanche)

Départ : Gare du Nord
Gare de l'Est

Départ : CDG 1 niveau boutiquaire
CDG 2A porte A5
CDG 2B porte B6

Trajet moyen : 50 mn – 28,20 F ou 6 tickets

BUS 351 RATP de 5 h 55 à 20 h 20 PARIS/CDG
de 6 h 10 à 21 h 10 CDG/PARIS
Toutes les 30 mn

Départ : Place de la Nation

Départ : CDG 1 niveau boutiquaire
CDG 2A porte A5
CDG 2B porte B6

Trajet moyen : 40 mn – 28,20 F ou 6 tickets

LES TRANSPORTS :

BUS AIR FRANCE de 5 h 45 à 23 h
Paris/CDG 2A/CDG 2B/CDG 1

de 6 h à 23 h CDG/Paris
Toutes les 12 mn

Départ de Paris vers CDG :
PLACE CHARLES-DE-GAULLE -ETOILE
(Avenue Carnot)
PORTE MAILLOT (près agence AF)

Départ de CDG vers Paris :
CDG 2A porte A5
CDG 2B porte B6
CGD 1 porte 36 niveau arrivée

Trajet moyen : 40 mn – 35 F

TAXI   Compter environ 135 F du centre de Paris
pour CDG 1 environ 150 F pour CDG 2
(tarif jour novembre 1987)

Note Culturelle

Comme les chemins de fer, les lignes aériennes françaises sont sous le contrôle du gouvernement. Les deux principales lignes aériennes sont **Air France** (compagnie internationale) et **Air Inter** (compagnie intérieure). Vous avez sans doute entendu parler d'Air France, mais Air Inter est moins connu aux États-Unis. C'est pourtant la vingtième compagnie mondiale pour le nombre de passagers transportés: plus de 10 millions. Elle dessert une soixantaine de villes en France et en Corse.

Il y a quatre aéroports à Paris—**Roissy–Charles de Gaulle, Orly–Ouest, Orly–Sud** et **Le Bourget.** Les avions en provenance des États-Unis et d'Europe arrivent en général à Charles de Gaulle. Les lignes intérieures utilisent Orly-Ouest tandis que les vols d'Afrique et d'Asie arrivent à Orly-Sud. Le Bourget est réservé aux avions des particuliers *(private planes)* et aux expositions.

À vous!■■■■■■■■■■■■■■■■■■■■■■■■■■■■■■■■■■■

A. **En arrivant à Paris...** *(Upon arriving in Paris...)* Answer the following questions on the basis of the information provided in the brochure.

1. What is the most expensive way to go from the Charles de Gaulle Airport into the center of Paris?
2. What is the least expensive way?
3. What is the fastest way?
4. Which way will probably take the most time?
5. When you arrive in Paris, where do you go to get the airport bus? a city bus? the shuttle bus to take you to the train?
6. When you are ready to leave Paris and want to get to Charles de Gaulle Airport, where can you go to get the airport bus? a city bus? the train?
7. If you were arriving in Paris with your family, which means of transportation would you recommend? Why?

REPRISE

Recycling activities.

Answers, Ex. B:
1. 744 km
2. 2 jours
3. 590 km
4. deux fois
5. à Tours
6. au Mans
7. un pneu crévé
8. non
9. le service de depannage
10. 4h30

B. **Un voyage en voiture.** Élisabeth et Jean-Paul Mermet sont allés de Toulouse (dans le sud de la France) à Caen (en Normandie) en voiture. De retour à Toulouse, leurs amis leur posent des questions au sujet du voyage. Jouez le rôle d'Élisabeth ou de Jean-Paul et répondez aux questions d'après l'image.

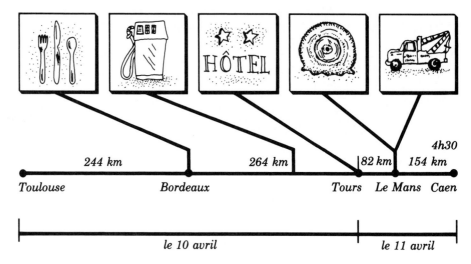

1. Quelle est la distance entre Toulouse et Caen?
2. Combien de jours est-ce que vous avez mis à faire le voyage?
3. Combien de kilomètres avez-vous faits le premier jour?
4. Combien de fois est-ce que vous vous êtes arrêtés le premier jour? Pourquoi?
5. Où est-ce que vous avez couché?
6. Et le second jour, vous êtes tombés en panne. C'est ça? Où?
7. Quel était le problème?
8. Votre père a changé la roue?
9. Alors, qui vous a dépanné?
10. À quelle heure est-ce que vous êtes enfin arrivés à Caen?

Ex. C: ⇄

C. **Qui a téléphoné?** Pendant que vous étiez en ville, une amie a téléphoné. Votre père (mère) lui a parlé et veut vous donner son message, mais vos petits frères font beaucoup de bruit et vous avez de la difficulté à entendre. Faites répéter votre père (votre mère) en utilisant une forme convenable de **qui.** Un(e) camarade de classe va jouer le rôle de votre père (mère).

MODÈLE: VOTRE PÈRE (MÈRE):   Juliette a téléphoné.
              VOUS: *Qui a téléphoné?*
       VOTRE PÈRE (MÈRE):   *Juliette.*

1. Elle a rencontré Jean-Jacques ce matin.
2. Son cousin Georges va venir la semaine prochaine.
3. Il veut aller au théâtre avec toi et Juliette.
4. Il a envie de voir aussi ton amie Martine.
5. Il faut que tu téléphones d'abord à Martine et ensuite à Juliette.
6. Georges et Jean-Jacques ont des billets pour un concert.
7. Ils vous invitent, toi et Juliette.
8. Ils n'ont pas de billet pour Martine.

STRUCTURE

Les pronoms interrogatifs (choses)

— **Qu'est-ce qui** se passe?   — *What* is going on?
— Éric et Marie se plaignent.   — Éric and Marie are complaining.
— **Que** veut-il?   — *What* does he want?
— Il veut sortir ce soir.   — He wants to go out tonight.
— **De quoi** a-t-elle besoin?   — *What* does she need?
— Elle a besoin d'une voiture.   — She needs a car.

To ask a question whose answer identifies a thing, you may use three possible pronouns in French—**qu'est-ce qui? que?** and **quoi?** All three are equivalent to the English word *what*.[3] The exact form of the pronoun depends on how the word is used in the sentence.

Question word = subject (that is, the question word is followed by a verb without a specified subject):

> **Qu'est-ce qui** fait ce bruit? *(What is making that noise?)*

Question word = object (that is, the question word is followed by a subject and a verb):

> **Que** cherche-t-il? *(inversion)*
> **Qu'est-ce que** Mme Rainier a trouvé?

Question word = object of a preposition (that is, the question word is followed by a subject and a verb that requires a preposition. The preposition is placed before the question word):

> **À quoi** s'intéresse-t-elle? *(inversion)*
> **De quoi** est-ce que tes amis ont besoin?

Suggestion, interrogative pronouns (things): 1) Write **Le vase est tombé. J'ai trouvé des fleurs sous la table. J'ai mis les fleurs dans un verre.**
2) Have students read, then pretend you did not hear: **Qu'est-ce qui est tombé? Qu'est-ce que vous avez trouvé sous la table? Dans quoi avez-vous mis les fleurs?**
3) Make a chart on board, including alternative forms with **est-ce que.**
4) Compare with chart for people.

[3]The interrogative adjective **quel (quelle, quels, quelles)** also means *what.* **Quel (quelle, quels, quelles)** is used when you already know the specific category to which your answer belongs. For example, **Quel est le nom de l'auteur?** (The answer must be an author's name.) **Quelle est leur adresse?** (The answer must be a street address.)

Application ■■■■■■■■■■■■■■■■■■■■■■■■■■■■

D. Remplacez les mots en italique.

1. Qu'est-ce qui *se passe?* (est sur la table / t'intéresse / ne va pas / fait ce bruit / s'est passé)
2. Que *cherches-tu?* (veut-il / regardes-tu / font-ils / voulez-vous)
3. Qu'est-ce que *tu cherches?* (vous voulez / Marc aime faire / tu as acheté / vos parents vont regarder)
4. *De* quoi *avez-vous besoin?* (avec . . . écrivez-vous / à . . . vous intéressez-vous / de . . . ont-ils peur / de . . . a-t-elle envie)
5. *Sur* quoi est-ce qu'*on met la bouteille?* (de . . . vous avez besoin / à . . . ils s'intéressent / de . . . tu as peur / avec . . . vous allez travailler)

Follow-up, Ex. E, personal questions: **Qu'est-ce que vous portez? De quoi parliez-vous il y a un instant? Qu'est-ce que vous avez à la main? Qu'est-ce qui vous intéresse? Avec quoi écrivez-vous?** etc.

E. **À la gare.** Voici quelques questions qu'on pourrait entendre à la gare. Utilisez les mots suggérés pour les compléter.

MODÈLE: Vous désirez quelque chose? (qu'est-ce que)
Qu'est-ce que vous désirez?

1. Vous voulez quelque chose? (qu'est-ce que)
2. Il y a quelque chose qui ne va pas? (qu'est-ce qui)
3. On vous a donné quelque chose? (qu'est-ce que)
4. Vous avez besoin de quelque chose? (de quoi)
5. Il y a quelque chose sur notre siège *(seat)?* (qu'est-ce que)
6. Quelque chose indique le numéro de la voiture? (qu'est-ce qui)
7. Il faut signer quelque chose? (qu'est-ce que)
8. Vous avez laissé votre valise sur quelque chose? (sur quoi est-ce que)

F. **À l'aéroport.** Vous êtes à l'aéroport et vous attendez l'arrivée de quelques amis. En attendant *(while waiting)*, vous entendez des phrases et des questions. Imaginez la suite *(continuation)* des conversations en utilisant les éléments donnés et un pronom interrogatif approprié— **qu'est-ce qui? que? qu'est-ce que? . . . quoi? . . . quoi est-ce que?**

MODÈLE: Vous avez soif? (vous / vouloir boire)
Qu'est-ce que vous voulez boire?

1. Ah, vous allez à Rome? (vous / faire)
2. Il vous faut quelque chose? (vous / avoir besoin de)
3. Tiens! Il y a beaucoup de monde *(people)* à l'aéroport ce matin. (se passer)
4. Ce pauvre garçon-là est tout pâle et il tremble. (il / avoir peur de)
5. Tu vas à la boutique sous-douane *(duty-free shop)*. (tu / aller acheter)

6. Elle n'a pas bonne mine, ta tante. (ne pas aller)
7. Tu as faim? (tu / vouloir manger)
8. Je m'excuse, Madame. Je n'ai pas bien compris. (vous / chercher)

G. **Pour te connaître un peu mieux (suite).** Vous continuez à poser des questions à un(e) camarade de classe. Cette fois vous utilisez les expressions suggérées et la forme convenable d'un pronom interrogatif qui demande une chose pour réponse (**que, qu'est-ce qui,** ou **quoi**).   Ex. G: ⇄

MODÈLE: prendre pour le petit déjeuner
     — *Que prends-tu pour le petit déjeuner?* ou:
     — *Qu'est-ce que tu prends pour le petit déjeuner?*
     — *Je prends du jus et des céréales.*
     écrire tes devoirs avec
     — *Avec quoi écris-tu tes devoirs?* ou:
     — *Avec quoi est-ce que tu écris tes devoirs?*
     — *Avec un stylo.*

1. manger pour le déjeuner d'habitude
2. mettre tes livres dans, pour aller à l'école
3. aimer comme films
4. se passer chez toi le dimanche soir
5. porter pour aller en ville
6. avoir besoin de, pour faire tes devoirs
7. t'intéresser davantage *(more)*—la musique ou les sports
8. acheter récemment
9. avoir peur de
10. regarder le plus souvent à la télé

L'arrivée en France

Écoutez la bande que votre professeur va jouer pour vous. En particulier, faites attention aux expressions utilisées pour récupérer des bagages perdus.   **Audio Tape:** See Teaching Guide.

En route pour Paris dans un avion Air France, Anne Steele fait la connaissance de deux Français—M. et Mme Maurel. Anne a un peu peur parce que c'est son premier voyage en France et son premier vol en avion. Mais les Maurel lui expliquent ce qu'il faut faire à l'aéroport: aller au contrôle des passeports, récupérer à la livraison des bagages les valises qu'on a enregistrées *(checked)*, passer par la douane *(customs)*. Enfin, Anne et ses deux compagnons quittent l'avion.

ON S'EXPRIME

Voici quelques expressions pour récupérer des bagages perdus:

—**Vous avez perdu votre sac de voyage (sac à main, sac à dos)?**

—**Oui, je l'ai laissé dans l'avion.**

—**Vous avez perdu votre valise?**

—**Oui, je l'ai enregistrée, mais je ne l'ai pas retrouvée.**

—**Dans quel avion? Sur quel vol?**

—**Air France, vol 060.**

—**De quelle couleur est-il (elle)?**

—**Il (Elle) est bleu(e).**

—**En quelle matière est-il (elle)?**

—**Il (Elle) est en tissu (en cuir [*leather*], en plastique).**

—**Il (Elle) possède des signes distinctifs?**

—**Il (Elle) a une étiquette avec mon nom.**

—**Qu'est-ce qu'il (Elle) contient?**

—**Il (Elle) contient des vêtements (des documents).**

À vous!

H. **L'arrivée à l'aéroport.** Vous expliquez à un(e) ami(e) ce qu'il faut faire quand on arrive à l'aéroport Charles de Gaulle. Utilisez les expressions suivantes, mais rétablissez l'ordre convenable. Employez aussi les expressions **d'abord, ensuite, puis** et **enfin.**

MODÈLE: *D'abord, tu vas quitter l'avion. Puis tu...*

passer par la douane / montrer ton passeport et ton visa / quitter l'avion / prendre le bus Air France pour aller à Paris / aller à la porte 36 / aller à la livraison des bagages / aller au contrôle des passeports / récupérer les valises enregistrées

Ex. I: ⇄

I. **Vous avez perdu quelque chose?** Expliquez à l'employé(e) que vous avez perdu les bagages illustrés dans les dessins. Puis répondez aux questions de l'employé(e) au sujet de ces bagages. Votre camarade de classe va jouer le rôle de l'employé(e) en s'inspirant des questions suggérées ci-dessous.

Questions de l'employé(e): Qu'est-ce que vous avez perdu? Dans quel avion? (Sur quel vol?) De quelle couleur est-il (elle)? En quelle matière est-il (elle)? Est-ce qu'il (elle) possède des signes distinctifs? Qu'est-ce qu'il (elle) contient?

1. 2. 3. 4. 5.

DÉBROUILLONS-NOUS !

Exercice écrit

Review of **étape**.

J. **Je vais te retrouver...** *(I'll meet you . . .)* Your French pen pal is coming to visit you in the United States. He/she will be coming by plane—either flying directly to where you live or changing planes (and going through customs) at a major city before reaching your local airport. In a letter, explain to him/her what to do upon arrival at the airport (in your city and/ or in the major city).

Preparation, Ex. J: Review the procedures (in French) with your class before they write the letter. Brainstorm possible problems and additional vocabulary (if needed).

Exercice oral

K. **À l'aéroport.** Play the role of your French pen pal and recount what actually happened when you arrived at the airport in the United States.

Written work: See Workbook.

Lexique

On s'exprime

Pour voyager en voiture

... est à ... kilomètres de ...
Il faut combien de temps pour aller de ... à ... ?
Il faut (compter) ... heures pour ...
On met combien de temps à faire ... – ... ?
On met ... heures pour ...

Pour récupérer des baggages perdus

contenir des documents (vêtements)   la matière
enregistrer, mais ne pas retrouver   en cuir
laisser dans la cabine   en plastique
un sac à dos   en tissu
une étiquette   un sac de voyage
un sac à main   une valise

Thèmes et contextes

Les voyages en avion

un avion   enregistrer des bagages
la boutique sous-douane   une ligne (aérienne)
le contrôle des passeports   la livraison des bagages
la douane   un vol (à destination de, en provenance de)

Les voyages en voiture

l'autoroute *(f.)* à péage   prendre de l'essence *(f.)*
la carte routière   la route départementale
changer la roue   la route nationale
faire le plein (d'essence)   le service de dépannage
faire ... kilomètres à l'heure   une station-service *(pl.* stations-service)
une panne d'essence (de moteur) tomber en panne
un pneu (crevé)

Vocabulaire général

Adjectif

gentil

Autre expression

davantage

Mise au point

Lecture: *Vacances à bicyclette*

Vous êtes en France avec un(e) ami(e). Vous voulez voyager un peu, mais vous n'avez pas envie de voyager seul(e)s. Vous vous intéressez donc à un voyage à vélo organisé. Lisez la brochure qui décrit ce voyage à travers le département du Loiret. Puis faites les exercices qui suivent.

Prereading: Discuss with students (in English) what they would want to know before signing up for a one-week bicycle trip in France. Then ask them what their parents would want to know.

BALADE A TRAVERS LE LOIRET

Référence C 45	7 nuits

Etang en Sologne   MOB - CRTL

Parti d'Orléans, ville qui fête chaque année et d'une façon grandiose la célèbre Jeanne d'Arc, ce circuit vous mènera dans le sud du département. Vous traverserez tout d'abord la forêt d'Orléans qui compte de nombreux petits châteaux, puis vous atteindrez la ville de Briare avec son canal-pont construit sur la Loire jusqu'à Sully-sur-Loire; puis de là, descendrez la Loire jusqu'à Gien, ville qui doit sa renommée aux faïences que l'on y fabrique. Vous passerez ensuite à l'extrême nord du département du Loir-et-Cher pour rejoindre ensuite Beaugency où vous retrouverez le fleuve si majestueux qu'est la Loire.

Durée   : du samedi au samedi
                et du vendredi au vendredi

Validité : du 24 avril au 24 octobre

Difficultés : ▲

Programme :

1er jour : Arrivée à Orléans vers 16 heures
2ème jour : Orléans – Combreux 40 kms
3ème jour : Combreux – Nogent-sur-Vernisson 43 kms
4ème jour : NOgent-sur-Vernisson – Briare 42 kms
5ème jour : Briare – Sully-sur-Loire via Gien 43 kms
6ème jour : Sully-sur-Loire – La Ferté St Aubin 40 kms
7ème jour : La Ferté St Aubin – Ligny le Ribault 41 kms
8ème jour : Ligny le Ribault – Orléans via Beaugency 43 kms

Accès :   – par la route : autoroute ou route nationale
              – en train : gare SNCF dOrléans

Prix par personne :
Base chambre double (2 personnes)   2350FF
Supplément chambre individuelle   395FF

CLASSEMENT DES CIRCUITS

Les circuits proposés sont accessibles à tous et ne présentent pas de difficultés majeures. Ils sont utilisables par toute personne en bonne santé même peu initiée à la pratique du vélo.
Cependant, pour faciliter votre choix, nous avons classé les circuits comme suit :
– Très facile, sans difficultés ▲
– Facile ▲ ▲
– Circuit pouvant offrir au cours du parcours
   quelques difficultés ▲ ▲ ▲

HOTELS

La majorité des établissements utilisés pour ce type de vacances sont des hôtels deux étoiles et la plupart membres de la chaîne des «Logis et Auberges de France». Le logement est prévu en chambre double dont la quasi totalité possède le confort moderne, soit douche / WC.

VELOS

Pour les personnes utilisant leur propre bicyclette une réduction de 250 FF sera appliquée.

TARIFS

Les tarifs, objets de la présente brochure, s'entendent par personne.

Ils comprennent :
– l'hébergement en demi-pension (chambre, dîner et
   petit déjeûner)
– le transport des bagages d'hôtel en hôtel
– la location de la bicyclette
– les fiches descriptives journalières et
   cartes itinéraires
– la documentation touristique
– les frais de dossier

Ils ne comprennent pas :
– les boissons
– les visites
– les repas de midi (panier pique-nique sur demande
   aux hôteliers)
– la caution du vélo à régler sur place
– le parking du véhicule personnel durant le circuit.

A. **Votre itinéraire.** Suivez, sur la carte de la région, la route que les cyclistes vont suivre.

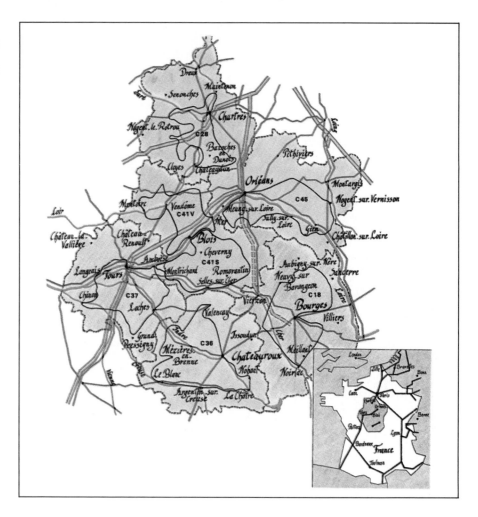

B. **Des renseignements.** Répondez aux questions que votre ami(e) vous pose au sujet de ce voyage.

1. How long does the trip last? How much time would we actually spend on a a bicycle? (Estimate on the basis of distance.)
2. What kind of hotels would we stay in?
3. How much does it cost (in dollars)? What is included?
4. What is not included?
5. What kind of things would we see on this trip?
6. Where would we meet the group? How would we get to the meeting place?

C. Tout s'est bien passé à l'aéroport! Gwen Chambers est allée en France pour la première fois. Jouez le rôle de Gwen et racontez comment tout s'est passé sans difficulté à son arrivée à l'aéroport.

Recycling activities.

MODÈLE: *Nous sommes arrivés à Charles de Gaulle à 7h30 du matin. Je . . .*

D. Au dîner. Vous dînez avec votre famille française. En utilisant les expressions données, formez les questions que posent les différents membres de la famille.

MODÈLE: Le téléphone sonne. Mme Cathelat va répondre. Un peu plus tard elle revient pour annoncer que c'était sa mère. (M. Cathelat: ta mère / vouloir)
                Qu'est-ce que ta mère voulait?
ou: *Qu'est-ce qu'elle voulait, ta mère?*

1. Mme Cathelat dit que son frère a eu un accident. (Jacques: se passer)
2. M. Cathelat dit qu'il a reçu une lettre de sa sœur. (Mme Cathelat: ta sœur / avoir besoin de)
3. Jacques dit qu'il va sortir ce soir. (M. Cathelat: tu / faire)
4. Chantal dit qu'elle va passer les vacances au Maroc. (Jacques: on / pouvoir voir au Maroc)
5. Jacques dit qu'il va coucher samedi soir à la plage avec ses copains. (Mme Cathelat: vous / dormir sur)
6. Mme Cathelat dit qu'elle a dépensé beaucoup d'argent au grand magasin. (Chantal: tu / acheter)
7. M. Cathelat dit qu'il n'est pas content de son travail. (Mme Cathelat: ne pas aller bien)
8. Chantal dit qu'elle n'aime pas les langues, qu'elle n'aime pas les sciences, qu'elle n'aime pas les beaux-arts. (Jacques: tu / s'intéresser à)

RÉVISION

In this **Révision,** you will review:
- making plans to travel by train, plane, and car;
- the use of prepositions with geographical expressions;
- the pronoun **y;**
- the use of the subjunctive and the indicative to express doubt and certainty;
- the interrogative pronouns used to ask questions about people and things.

Comment faire des projets pour voyager en train, en avion ou en voiture

E. **Faisons des projets!** Vous êtes à Paris avec un(e) camarade de classe. Vous avez décidé de faire un voyage en Espagne. Il faut maintenant arranger les détails:

- Comment est-ce que vous y allez—en avion, en train, en voiture?
- Combien de temps est-ce que vous allez y passer?
- Quelles villes est-ce que vous allez visiter?

En utilisant les indications données, prenez les décisions nécessaires pour fixer votre itinéraire.

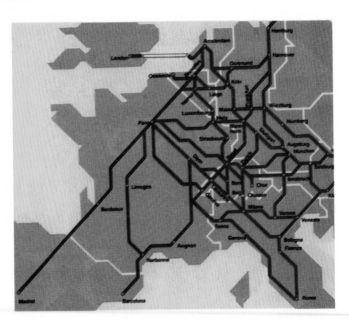

Horaires des trains
  Paris–Madrid
    départ Paris-Austerlitz   14 24   17 45   20 00
    arrivée Madrid   9 02   10 00   16 08

    départ Madrid   12 40   18 10   22 05
    arrivée Paris-Austerlitz   7 15   10 27   15 57

    aller-retour   820F

  Paris–Barcelone
    départ Paris-Austerlitz   7 38   9 39   21 00
    arrivée Barcelone   20 57   23 29   8 37

    départ Barcelone   9 40   16 32   20 55
    arrivée Paris-Austerlitz   23 49   7 48   8 36

    aller-retour   700F

Horaires des avions
  Paris–Madrid
    départ Paris-Orly   11h05   18h30
    arrivée Madrid   12h55   20h20

  Madrid–Paris
    départ Madrid   9h15   16h45
    arrivée Paris-Orly   11h10   18h40

    aller-retour   1755F

Les expressions géographiques et les prépositions

	City	Feminine country or masculine country beginning with vowel	Masculine country	Plural country
to, in, at	**à**	**en**	**au**	**aux**
from	**de (d')**	**de (d')**	**du**	**des**

F. **Échange scolaire.** Des jeunes gens venus de plusieurs pays européens se réunissent à Paris avant de partir pour passer l'année dans un grand nombre de pays différents. En lisant les étiquettes qu'ils portent, indiquez pour chaque personne: (a) de quel pays il (elle) vient, (b) dans quelle ville il (elle) va et (c) dans quel pays se trouve cette ville.

1. Michèle Bosquet / Belgique / New York
2. Najip Bouhassoun / Maroc / Londres
3. Louise Hébert / Montréal / Madrid
4. Keke Fleurissant / Haïti / Genève
5. Monique Dupuy / Suisse / Caire
6. Renée Thibault / Québec / Dijon
7. Angèle Kingué / Cameroun / Paris
8. Paul Tauriac / Louisiane / Rome

Le pronom *y*

With **aller**:

J'y vais.

To replace a prepositional phrase indicating location:

— Elle habite **chez ses grands-parents?**
— Oui, elle **y** habite.

G. **Quelle coïncidence!** Cet exercice est inspiré de la pièce d'Eugène Ionesco, **La Cantatrice chauve** *(The Bald Soprano)*. Dans une scène de cette pièce, deux personnes, qui se connaissent très bien (ils sont mari et femme), se parlent comme des étrangers *(strangers)*. Complétez le dialogue suivant entre deux voyageurs dans un train en répétant les renseignements donnés par Jacques mais en utilisant le pronom **y**.

MODÈLE: JACQUES: Moi, je vais à Lyon.
            MARCEL: Tiens! *J'y vais aussi.*

1. JACQUES: Je vais descendre à la Gare Lyon-Perrache.
   MARCEL: Ah, oui? Moi aussi, _____.
2. JACQUES: J'ai rendez-vous devant la gare à 4h.
   MARCEL: C'est curieux! Moi aussi, _____.
3. JACQUES: Mon père habite à Lyon.
   MARCEL: Quelle coïncidence! Mon père _____.
4. JACQUES: Mon père travaille chez Simca.
   MARCEL: Que c'est bizarre! Mon père _____.
5. JACQUES: Ma mère est venue à Lyon la semaine dernière.

MARCEL: Tiens! Ma mère aussi, elle _____. Comment est-ce que tu t'appelles?

6. JACQUES: Jacques Dufreigne. Et toi, comment est-ce que tu t'appelles?

MARCEL: Marcel Dufreigne. Tiens! Nous voici à Lyon. Et voilà Maman et Papa!

7. JACQUES: C'est ça! Nous voici à Lyon. Et voilà Maman et Papa! On y va?

MARCEL: Oui, mon frère, _____.

Comment exprimer l'incertitude et le doute, la certitude et la possibilité

Expressions suivies du subjonctif: **il est possible que, il n'est pas possible que, il est impossible que, il est peu probable que, douter que, ne pas penser que**

> **Il est possible que nous soyons** en retard.
> **Je ne pense pas que vous compreniez** très bien.

Expressions suivies de l'indicatif: **il est certain que, il est sûr que, il est évident que, il est clair que, il est vrai que, il est probable que, être certain(e) que, être sûr(e) que, penser que**

> **Il est évident que tu as** un gros problème.
> **Je suis sûre qu'elle va** venir.

H. **Peut-être que oui, peut-être que non.** *(Maybe yes, maybe no.)* Un de vos amis aime beaucoup parler des autres, mais il ne sait pas toujours ce qu'il dit. Utilisez les expressions entre parenthèses pour marquer votre réaction aux commentaires de votre ami. Distinguez entre les expressions suivies du subjonctif et les expressions suivies de l'indicatif.

MODÈLES: Jean va rester en ville pendant les vacances. (il est probable)
Il est probable qu'il va rester en ville.

Sa sœur va acheter une Mercédès. (il est impossible)
Il est impossible qu'elle achète une Mercédès.

1. Monique va aux Antilles cet hiver. (il est possible)
2. Ses parents vont l'accompagner. (je doute)
3. Elle sait faire de la plongée sous-marine. (je ne pense pas)
4. Elle adore nager. (mais non / je pense / avoir peur de l'eau)
5. Philippe ne va pas partir en vacances. (mais si / je suis certain[e])

6. Il va passer huit jours en Suisse. (mais non / il est probable / aller en Allemagne)
7. Il va prendre la voiture de sa sœur. (il n'est pas possible)
8. Elle va lui prêter *(lend)* sa voiture. (il est peu probable)

Les pronoms interrogatifs

Personnes	**Choses**
Qui va être en retard?	**Qu'est-ce qui** se passe?
Qui cherches-tu? **Qui est-ce que** vous avez vu?	**Que** cherches-tu? **Qu'est-ce que** vous avez vu?
À qui as-tu donné la clé? **Chez qui est-ce que** vous allez passer la nuit?	**De quoi** ont-ils peur? **Avec quoi est-ce qu'**on va faire le dîner?

I. **À table.** Au dîner chez vous, chaque fois qu'on annonce une nouvelle, il y a toujours plusieurs personnes à poser des questions. Utilisez les éléments donnés pour poser ces questions. Distinguez entre les questions qui vont avoir pour réponse **une personne** et les questions qui vont avoir pour réponse **une chose.**

MODÈLE: Je suis allé au grand magasin. (t'accompagner / acheter)
Qui t'a accompagné?
Qu'est-ce que tu as acheté?

1. Pépé et Mémé ont téléphoné. (parler / vouloir)
2. Je vais aller en ville demain. (avoir besoin / faire)
3. Je vais organiser une boum. (inviter / servir comme boisson)
4. Il y a eu un accident. (se passer / être dans la voiture)
5. Nous avons dîné dans un restaurant algérien. (aller / manger)
6. Nous sommes invités à passer le week-end à la campagne. (il faut apporter / dormir chez)
7. Jeanne veut aller en Afrique. (l'accompagner / voir)
8. Cécile est allée en ville ce matin. (faire / rencontrer)

Point d'arrivée

■■■■■■■■■■■■■■■■■■■■■■■■■■■■■■■■■■■■■■

Activités orales

J. **Projets de voyage.** You and two friends want to visit some part of France. Plan a one- or two-week trip starting and ending in Paris. Decide what area you want to visit, how you want to travel, and what itinerary you'll follow. Then go to the train station (or the travel agency) and buy your tickets.

Ex. J: △

K. **Un voyage inoubliable.** *(An unforgettable trip.)* Tell your class about a plane, car, or train trip that you took. Give as many details as you can about the travel itself: how far, how long, any problems, etc.

L. **Le voyage idéal.** You have just won a large sum of money in a lottery and have decided to spend some of it on travel. You can go anywhere you want in the world. Decide which countries you want to visit and why. Then explain your itinerary to other students. They will ask you questions.

Variation, Ex. L: Have students work in groups of 4 or 5.

M. **Découvrons les États-Unis!** Tell the rest of the class about one or two states that you have visited and know fairly well. Give your reactions to this (these) state(s). As each student talks about a state, you should ask questions and share your ideas with others. Suggestions: locate the state, tell when and how you visited it, mention some things you saw.

Activités écrites

N. **C'est à vous d'organiser le voyage!** Write out the itinerary for the trip that you planned with your classmates in Exercise J. Attach a suggested list of clothing to bring, depending on the season during which you will be traveling.

O. **Un journal de voyage.** When on a trip, travelers often keep a diary, making notes each evening about where they went and what they did that day. Imagine that you are on a one-week trip somewhere in France. Write your diary entries for each day of the trip.

P. **Des cartes postales.** When traveling, you often don't have time to write letters; it is much easier just to send postcards. Imagine that you are on a one-week trip somewhere in France. Each day you send a postcard to your French teacher telling him/her where you are and what you have been doing.

DEUX JEUNES FRANÇAIS

Audio Tape: See Teaching Guide.

Je m'appelle Giselle Bagnis et j'habite avec ma famille à Marseille, où mon père est avocat. Nous, on passe les vacances à Cassis, un petit village sur la Méditerranée à 25 kilomètres de Marseille. C'est là que nous avons une jolie maison d'été au style provençal. Vous dites que ce n'est pas très loin de chez nous. C'est vrai. Mais le gros avantage, c'est que nous pouvons y aller le week-end aussi. Effectivement, à partir de la saison de Pâques, nous y passons presque tous les week-ends. Puis, dès la fin de l'année scolaire, ma mère, mes deux petits frères et moi, nous nous installons à Cassis. Mon père est obligé de travailler pendant le mois de juillet, mais il y vient le week-end, puis il nous rejoint définitivement début août. C'est vraiment très sympa à Cassis. Le jour on peut nager, jouer au tennis, faire de l'équitation. Le soir il y a beaucoup de jeunes gens aux cafés du port. Et si on veut, on peut aller danser dans une discothèque.

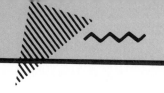

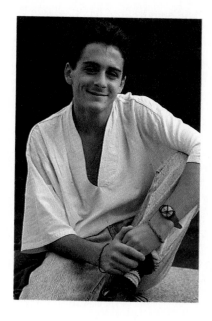

Je m'appelle Raymond Mousset et je suis parisien. Pour moi, les vacances, c'est surtout une époque de voyages. Mes parents travaillent tous les deux dans des bureaux, assis devant un ordinateur. C'est pour ça qu'ils ont toujours envie de se déplacer lorsqu'ils ont du temps libre. Mon père aime beaucoup les sports d'hiver. En décembre et en février, nous allons donc dans les montagnes pour faire du ski. Mais en été, c'est le grand tourisme. Au début, nous avons choisi chaque année une différente région de la France; mon père voulait que ma sœur et moi, nous connaissions bien notre pays. Une année nous avons fait la Bretagne; l'année d'après, l'Alsace; nous avons visité aussi le Périgord, la région autour de Bordeaux et, bien entendu, le Midi. Depuis quelques années, c'est l'étranger: d'abord, l'Espagne; deux fois, l'Italie; et cette année les Pays-Bas. Généralement, c'est très agréable et assez intéressant de voyager avec ma famille. Mais je rêve de partir seul avec des camarades. J'aurai bientôt dix-huit ans et mon copain Joël et moi, nous faisons déjà des projets pour un voyage en Allemagne et en Autriche—vélo, camping, tout ça.

EXPANSION

Et vous?

L. **Êtes-vous comme Giselle et Raymond?** Maintenant vous connaissez un peu Giselle et Raymond. Est-ce que vous avez les mêmes idées à propos des vacances et des voyages? Votre famille, ressemble-t-elle à la famille de Giselle ou à la famille de Raymond? Parlez de ce qui est important pour vous à l'égard des vacances.

le Maroc

la Grèce

le Sénégal

le Québec

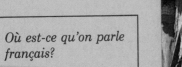
Où est-ce qu'on parle français?

l'Espagne

On visite le monde francophone

Unit 3 focuses on reading for information. Consequently, the **Points de départ** present predominantly reading texts and the **Relais** of other units have been replaced by a **Lecture**.

Planning Strategy: See Workbook.

Audio tape: See Teaching Guide.

Objectives

In this unit, you will learn:

- to understand a variety of texts about the French-speaking world;
- to talk about the French-speaking world;
- to make comparisons;
- to express emotion.

LE MONDE FRANCOPHONE

Lecture: *La francophonie, aire de solidarité*

La francophonie est une nouvelle notion entrée dans l'histoire depuis quelques années. Plus de quarante pays et régions ont un point commun: l'usage de la langue française. Ce monde francophone représente une très grande diversité qui regroupe 70 millions de personnes pour qui le français est la seconde langue et 200 millions de **locuteurs** qui utilisent le français comme première langue.

speakers

C'est donc l'expression qui crée la solidarité entre la France et ses anciennes colonies, une solidarité qui a comme résultat l'esprit de communauté et de services mutuels.

Il n'est pas facile de définir la francophonie. Beaucoup de gens ont pourtant essayé de trouver les idées qui semblent **lier** des pays et des cultures différents. Voici quelques-unes de ces définitions:

tie together

- «Je tiens beaucoup à la francophonie... Je ne comprends pas que nous, francophones, **soyons atteints** de je ne sais quel complexe d'infériorité et que nous refusions de nous grouper. C'est là un problème qui me préoccupait beaucoup.»

should be affected

(Léopold Sédar Senghor, juillet 1965)

- «La francophonie est un mode de pensée et d'action, une certaine manière de poser les problèmes et d'en chercher les solutions. Encore une fois, c'est une communauté spirituelle... »

(Léopold Sédar Senghor, Université de Laval, 1966)

- «La francophonie est une manifestation de la profonde parenté spirituelle qui unit les pays de langue française.»

(Georges Pompidou, 1966)

- «**Partageant** la même langue, nous avons un humour commun, des indignations communes, des aspirations communes: ainsi notre langue représente autant une féconde communauté de pensée qu'une simple communauté d'expressions.»

sharing

(Le ministre de l'éducation du Zaïre, à (Abidjan, 1964)

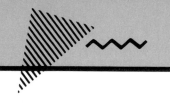

OUVERTURE

A. **La francophonie.** This reading contains certain ideas that can be used to define the notion of **francophonie.** Answer the following questions to show your comprehension of the text.

1. What do the forty francophone countries and regions have in common?
2. How many people in the world can speak and understand French?
3. What key words about **francophonie** can you find in the reading?
4. What do the definitions of **francophonie** have in common?

The Ballet Martiniquais *spells out the folklore of the French West Indies in song and dance.*

Prereading: Have students turn to the map of the Francophone world found on pages xii and xiii at the front of their book. Ask them to identify the countries and regions of the various continents (see **Étape préliminaire F** in Level 1 Teaching Guide). Then ask students how they think people define the idea of **Francophonie.**

Suggestion, Lecture: Have students list what they think are the key words related to the definition of **Francophonie** (40 pays et régions, langue française, diversité, solidarité, anciennes colonies, esprit de communauté, services mutuels, pays et cultures différents, complexe d'infériorité, mode de pensée et d'action, problèmes, solutions, communauté spirituelle, parenté spirituelle, même langue, humour commun, indignations communes, aspirations communes, langue, communauté de pensée). Then have students indicate how all of these words put together can serve as a definition of **Francophonie.** For homework, you can ask them to compose their own definition using some of the words in the list.

195

L'AFRIQUE FRANCOPHONE

pays francophones

L'Afrique francophone: Have students study the map of Africa and locate each country in relationship to its neighbor(s): **Le Mali se trouve au sud et à l'est de la Mauritanie, au nord de Burkina-Faso et de la Côte d'Ivoire, à l'est du Sénégal et de la Guinée, à l'ouest du Niger et de l'Algérie.** etc.

Ex. B: ⇄

B. **L'Afrique.** Regardez la carte de l'Afrique et décidez si les pays suivants sont francophones.

MODÈLE: la Tunisie
Oui, la Tunisie est un pays francophone.

1. le Nigeria
2. l'Algérie
3. le Ghâna
4. la Somalie
5. le Sénégal
6. le Tchad
7. la Sierra Leone
8. le Cameroun
9. la Zambie
10. le Mali

11. la Côte-d'Ivoire
12. le Mozambique
13. le Maroc
14. le Malawi
15. le Soudan
16. la Mauritanie
17. la Libye
18. le Gabon
19. la Tanzanie
20. le Burundi

C. **Les régions francophones.** Regardez la carte de la francophonie aux pages xiv et xv et décidez où se trouvent les régions francophones suivantes. Indiquez si la région se trouve en **Afrique**, en **Amérique**, en **Asie**, en **Europe** ou en **Océanie**.

MODÈLE: le Cameroun
Le Cameroun se trouve en Afrique.

1. Tahiti
2. la Martinique
3. Monaco
4. le Madagascar
5. la Nouvelle-Angleterre
6. la Belgique
7. le Québec
8. le Luxembourg
9. la Nouvelle Calédonie
10. le Zaïre
11. le Cambodge (Kampuchea)
12. la Suisse
13. Haïti
14. la Louisiane
15. la Guadeloupe

D. **Et maintenant, à vous.** Donnez quelques détails autobiographique à un(e) camarade de classe. Par exemple: Où est-ce que vous êtes né(e)? Combien de personnes est-ce qu'il y a dans votre famille? Qu'est-ce qu'ils font dans la vie? Quelle est votre langue maternelle *(native language)*? Quelle langue est-ce que vous parlez à la maison? Vos parents sont-ils nés aux États-Unis? Quelle langue parlent-ils?

Ex. D: ⇄

Bureau National du Tourisme Sénégalais
30, avenue George-V - 75008 Paris
Tél. (1) 723.78.08

Chapitre sept

L'Afrique francophone

6.

3.

1.

7.

5.

2.

4.

9.

8.

10.

C'est le timbre de quel pays? Quelle est la capitale du pays? Indiquez la lettre de la capitale qui correspond à chaque pays.

1. le Sénégal
2. le Maroc
3. la Côte-d'Ivoire
4. le Cameroun
5. la Tunisie
6. le Niger
7. le Mali
8. le Zaïre
9. l'Algérie

a. Alger
b. Abidjan
c. Dakar
d. Bamako
e. Kinshasa
f. Niamey
g. Tunis
h. Rabat
i. Yaoundé

Première étape

Point de départ:

Images du Cameroun

Point de départ: Each new country or region includes a **Profil** that provides some pertinent facts and statistics. You can treat this section through a series of questions and answers (in French) that oblige students to scan for the information. It is preferable if the questions don't follow the order of the material as it is presented.

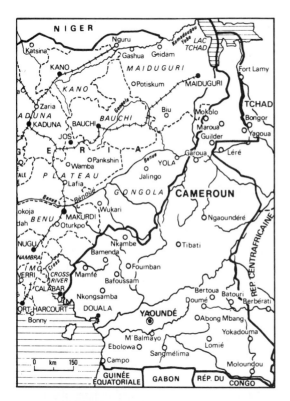

Profil: Le Cameroun

*Nom officiel: République Unie du Cameroun
*Devise *(motto)***:** Paix, Travail, Patrie
*Capitale: Yaoundé
*Superficie: 475 442 km²
*Villes importantes: Douala, Kribi, Lomié, Bafia, Maroua, Doumé,
        N'Kongsamba
*Population: 9,7 millions d'habitants
*Nom des habitants: Camerounais
*Langues officielles: Français et anglais
*Autres langues: Environ 200 langues et dialectes: pidgin, bamiléké, fang,
        mbang, fouldé, béti, douala, bassa, ewondo
*Religions: Animistes (45%), catholiques (21%), musulmans (20%),
        protestants (14%)
*Date d'indépendance: 1960–1961
*Climat: Pluvieux dans les plaines et les bas plateaux du sud, longue saison
        sèche (5 à 7 mois) dans le centre, moins pluvieux dans le nord

Lecture: *Une lettre au Cameroun*

Suggestion, Lecture: Give students 3–4 minutes to read the letter. Before doing the exercises, have them tell you what the main topics of the letter are (food, weather, how she is, when she'll return to Cameroon).

would have thought / I would miss / drops
dusk / tin roof (in this context)

believe

I thought

Chère Mama Sarah,[1]
        Comment vas-tu? Je sais déjà ce que tu vas me répondre: «Je vais bien, merci, mais quand reviens-tu donc à Nkonzock?[2] Est-ce que je ne te manque pas?» Bien sûr que tu me manques, Mama Sarah! Tu sais ce qui me manque aussi, c'est le bon foufou,[3] koki[4] et ndole[5] que tu prépares si bien. Tu sais autre chose qui me manque aussi, c'est la pluie. C'est étrange, n'est-ce pas? Qui **aurait pensé** que la pluie **me manquerait** tant. Le vent dans les palmiers, le ciel qui change de couleur, l'odeur des premières **gouttes** de pluie mélangées à la **poussière**, le bruit de la pluie sur le **toit de taule**, je pense souvent à tout ça.
        Tu sais le temps qu'il fait ici en ce moment? Il neige! Malaga wa![6] De la vraie glace qui tombe du ciel! Tu ne le **crois** pas, n'est-ce pas? La première fois que j'ai vu ça de mes propres yeux, j'ai pensé que c'était un miracle! Imagine un peu le réfrigérateur de Papa Paul et multiplie par un million ce que tu y vois, et c'est ça, la neige! Comme tu dis souvent: «Magnaga mi longe»,[7] les miracles de la vie! Eh oui, c'est bien ca.
        J'ai cru un moment que j'étais près de toi, surtout que je suis en train d'écouter du Makossa[8] pendant que je t'écris. N'oublie pas que je vais rentrer bientôt. L'année scolaire va finir au mois de juin. Tu me manques beaucoup, Mama Sarah. Je t'aime et je t'embrasse bien fort.
                Ta fille
                Angèle

Note Culturelle

1. **Mama** and **Papa** followed by a name are terms of respect and affection used to address older members of the community with whom one may not necessarily have direct family ties. In cases where **Mama** or **Papa** is not followed by any other name, it usually refers to the actual father or mother.
2. The small village of Nkonzock is in the littoral province of Cameroon. Nkonzock translates as "kingdom of elephants." The language spoken there is called mbang, which is in the family of Bantu languages.
3. **Foufou** is corn or cassava flour boiled in water to form a dense, dried paste that can be molded into a ball to be dipped into a variety of stews or soups. It is best eaten with the fingers.
4. **Koki** is ground bean cakes steamed in banana leaves and seasoned with salt and aromatic spices.
5. **Ndole** is meat or dried fish stew made with bitter leaves and ground nuts in an oil base with tomatoes, onions, and local spices.
6. **Malaga wa** literally translates into "I am telling you," meaning "I'm not kidding" or "no kidding."
7. **Magnaga mi longe** means "the wonders of life."
8. **Makossa** refers to a music and dance originating in the Douala region of Cameroon.

Exercices de familiarisation ■■■■■■■■■■■■■■■■■

A. **Profil du Cameroun.** Vous venez de rentrer du Cameroun et vous décrivez le pays à un(e) camarade de classe. Employez les renseignements donnés dans le **Profil.** Votre camarade va vous poser des questions.

Ex. A: ⇄

MODÈLE: — *J'ai beaucoup aimé le Cameroun. Nous avons visité Douala et Doumé.*
— *Quelle est la capitale du Cameroun?*
— *Yaoundé est la capitale.*

B. **Une lettre au Cameroun.** Répondez aux questions.

1. Qu'est-ce qu'il y a dans la lettre qui indique qu'Angèle a le mal du pays *(is homesick)*?
2. Quelles sont quelques spécialités camerounaises qu'elle mentionne dans sa lettre? Qu'est-ce que nous mangeons aux États-Unis qui correspond à ces spécialités?

3. Qu'est-ce qui manque le plus à Angèle?
4. Est-ce que Mama Sarah est la mère d'Angèle? Pourquoi est-ce qu'elle emploie le mot *Mama?*
5. Pendant quelle saison est-ce qu'Angèle écrit sa lettre? Comment le savez-vous?
6. Comment décrit-elle la neige à Mama Sarah?
7. Quand est-ce qu'elle va rentrer au Cameroun?

STRUCTURE

Structure: You can present **qui** using the Total Physical Response technique. Use compound sentences to have students carry out commands: **Prends le livre qui est sur la table et donne-le à . . . ! Apporte-moi les papiers qui sont sur le bureau! Montre-nous un étudiant qui porte un T-shirt! Trouve la carte d'Afrique qui est à la page 196! Donne-moi le dictionnaire qui est sur la table! Montre-nous la lettre qui a été écrite par Angèle! Dis-moi avec qui tu as dîné hier soir! Dis-moi à qui tu as téléphoné hier soir! Regarde la carte d'Afrique et montre-moi la ville qui est la capitale du Cameroun!**

Le pronom relatif *qui*

J'ai parlé à quelqu'un **qui** vient du Cameroun.

Les plantations **qui** se trouvent au sud du Cameroun produisent du café et du cacao.

I spoke to someone *who* comes from Cameroon.

The plantations *that* are located in the southern part of Cameroon produce coffee and cocoa.

A relative pronoun is used to connect two clauses into a single sentence. The relative pronoun introduces the second clause, while referring back to a word in the main clause. **Qui** *(who, that, which)* may refer to either persons or things and acts as the subject of the subordinate clause. **Qui** is always followed by a verb.

Les amis **chez qui** j'ai dîné sont Camerounais.

The friends *at whose house* I ate dinner are Cameroonians.

The relative pronoun **qui** may also be the object of a preposition when it refers to a person. The most common prepositions used with **qui** are **à, chez, avec,** and **pour.**

Application ■■■■■■■■■■■■■■■■■■■■■■■■■■

Ex. C: ⇄

C. **Donne-moi. . . !** Employez les éléments donnés pour demander quelque chose à votre camarade. Suivez le modèle.

MODÈLE   le livre / sur la table
— *Donne-moi le livre.*
— *Quel livre?*
— *Le livre qui est sur la table.*

1. le disque / sous la chaise
2. la lampe électrique / dans le tiroir
3. le stylo / dans mon sac à dos
4. les cassettes / sur l'étagère
5. les magazines / à côté de toi
6. la tasse / dans l'évier
7. la fourchette / sur la table
8. les assiettes / dans la salle à manger

D. **Je connais. . .** Vous voulez indiquer à vos amis que vous connaissez beaucoup de gens qui viennent de pays d'Afrique. Suivez le modèle et employez le pronom relatif **qui.**

MODÈLE: connaître des gens / le Mali
Je connais des gens qui viennent du Mali.

1. connaître des gens / la Côte-d'Ivoire
2. avoir des amis / le Zaïre
3. téléphoner à un ami / le Niger
4. connaître un professeur / le Cameroun
5. avoir une amie / la Tunisie
6. connaître un poète / le Sénégal
7. avoir des amis / le Maroc
8. connaître des gens / l'Algérie

E. **Des renseignements.** Répondez en utilisant l'expression **je ne sais pas le(s) nom(s) de,** le nom entre parenthèses et le pronom relatif **qui.**

MODÈLE: À qui parle-t-elle? (monsieur)
Je ne sais pas le nom du monsieur à qui elle parle.

1. À qui parle-t-il? (garçon)
2. Chez qui habite-t-elle? (famille)
3. Pour qui travaillent-ils? (homme)
4. Avec qui sont-elles allées au cinéma? (élèves)
5. Chez qui allez-vous avoir la fête? (jeune fille)
6. À qui a-t-elle prêté de l'argent? (garçon)
7. Avec qui vont-ils sortir? (jeunes gens)

Expansion, Ex. E: Suggest to students that they react to the statements made by the other group members (**C'est vrai?, C'est intéressant!, C'était cher?**) and that they can ask follow-up questions.

Prereading: Have students come up with questions they might ask someone whom they have just met. What would they want to know about the person? This is a good review of basic question forms, while at the same time introducing the structure of the poem.

Lecture: *Qui es-tu?*

Qui es-tu?
Je suis Mamadi, fils de Dioubaté.
D'où viens-tu?
Je viens de mon village.
Où vas-tu?
À l'autre village.
Quel autre village?
Quelle importance?
Je vais partout,[1] là où il y a des hommes.
C'est ainsi ma vie.

Que fais-tu dans la vie?
Je suis griot,[2] m'entends-tu?[3]
Je suis griot, comme l'était mon père.
Comme l'était le père de mon père.
Comme le seront[4] mes enfants
Et les enfants de mes enfants. . . .
Je suis griot, m'entends-tu?

Je suis griot comme du temps où nos pères
Ouvraient le cœur à la naissance[5] du jour
Et l'hospitalité au voyageur inconnu[6]
Attardé[7] sur la route de la nuit. . . .
Je suis enfant de Guinée,
Je suis fils du Mali,
Je sors du Tchad ou du fond[8] du Bénin,
Je suis enfant d'Afrique. . .

Mamadi, fils de Dioubaté,
Gardien des traditions de tout un monde,
Troubadour de l'Afrique de toujours,
Conteur, danseur, chanteur
Tout au long de la vie.
Viens me sortir de mon savoir[9] venu d'un autre monde,
Parle-moi de l'Afrique de nos ancêtres,
Enseigne-moi l'Afrique d'autrefois
Et sa sagesse[10] proverbiale,
Chante, danse, chante, danse, . . .

Francis Bebey

Vocabulaire: 1. everywhere   2. poet, musician, and genealogist of an African people   3. do you hear me?   4. will be   5. birth   6. unknown   7. delayed   8. the depths   9. knowledge   10. wisdom

Compréhension ■■■■■■■■■■■■■■■■■■■■■■■■

F. **Le sens du poème.** Répondez aux questions.

1. Ce poème est comme une petite interview. Qui sont les deux personnes qui parlent?
2. Qu'est-ce que nous savons du griot? Donnez quelques détails de sa vie.
3. Pourquoi est-ce que le griot est important dans les cultures africaines? Quel rôle joue-t-il?
4. Est-ce que nous savons de quel pays vient ce griot? Pourquoi pas?
5. Qu'est-ce que l'interviewer demande au griot?
6. À votre avis, quel est le message du poème?

G. **Un poème à vous.** Refaites le poème en substituant des renseignements sur votre vie. C'est-à-dire, répondez aux questions de l'interviewer.

Suggestion, Ex. G: You can ask students to prepare this as homework.

Structure: 1) On the board, write sets of 2 sentences, which you then connect with **que**. Examples: **J'ai vu un film. Le film est italien. → Le film que j'ai vu est italien. J'ai rencontré une famille. La famille vient du Cameroun. → La famille que j'ai rencontrée vient du Cameroun.** 2) Then do a quick transformation drill. *Modèle: Le film* que j'ai vu est italien. (la jeune fille / le garçon / la voiture / les chaussures / les vêtements / le vélo / l'émission).

STRUCTURE

Le pronom relatif que

Le pays francophone **que** je vais étudier est le Cameroun.

La personne **que** j'ai rencontrée récemment est du Cameroun.

The French-speaking country *that* I'm going to study is Cameroon.

The person *whom* I met recently is from Cameroon.

The relative pronoun **que** *(whom, which, that)* is used as a *direct object* and may stand for either persons or things. It is always followed by a subject and a verb. **Que** becomes **qu'** when it is followed by a vowel or a silent **h.** Note that if the subordinate clause contains a compound tense, such as the **passé composé,** the past participle agrees in gender and number with the word that **que** refers to, which is the preceding direct object.

Application ■■■■■■■■■■■■■■■■■■■■■■■■■■■■■■■

H. **Les gens que j'ai rencontrés.** Employez l'élément donné pour expliquer de quel pays francophone viennent les gens que vous avez rencontrés. Suivez le modèle.

MODÈLE: la Belgique
      Les gens que j'ai rencontrés viennent de Belgique.

1. le Cameroun
2. la Suisse
3. le Mali
4. la Tunisie
5. le Canada
6. le Viêt-Nam
7. la Nouvelle Calédonie
8. le Luxembourg
9. la Côte-d'Ivoire
10. le Niger

Ex. I: ⇄

I. **Des souvenirs.** Votre ami vient de rentrer du Cameroun et il vous parle des souvenirs qu'il a achetés. Vous voulez voir l'objet dont il parle.

MODÈLE: J'ai acheté un portefeuille.
      Montre-nous le portefeuille que tu as acheté.

           J'ai acheté des disques.
      Montre-moi les disques que tu as achetés.

1. J'ai acheté des épices *(spices* [f.pl.]*).*
2. J'ai acheté des bijoux.
3. J'ai acheté un costume traditionnel camerounais.
4. J'ai acheté des cartes postales.

5. J'ai acheté une peinture.
6. J'ai acheté un livre sur le Cameroun.
7. J'ai acheté des livres de poésie camerounaise.
8. J'ai acheté une carte de Yaoundé.

J. **Précisions.** Utilisez les pronoms relatifs **qui** et **que** et les mots entre parenthèses pour donner des précisions. Attention aux temps des verbes!

MODÈLES: Quelle auto faut-il acheter? (ton père / recommander)
L'auto que ton père a recommandée.

Quel livre veux-tu? (être sur le bureau)
Le livre qui est sur le bureau.

1. Quel train faut-il prendre? (partir de Lyon à 17h)
2. Quelle vidéo va-t-on montrer? (Jean / apporter)
3. Quelles oranges faut-il acheter? (venir du Maroc)
4. À quelle station faut-il descendre? (être juste après Concorde)
5. Quelle jupe vas-tu acheter? (je / voir hier)
6. Quelles places peut-on prendre? (être marquées «non-réservées»)
7. Quels pays vont-elles visiter? (nous / recommander)
8. Quelle lettre viens-tu de recevoir? (mes parents / envoyer)

DÉBROUILLONS-NOUS!

Exercice oral

Review of **étape**.

K. **Quand j'étais petit(e)...** Comparez vos souvenirs d'enfance aux souvenirs d'enfance d'un(e) camarade de classe. Suivez le modèle.

Ex. K: ⇄

MODÈLE: J'avais un ami qui...
— *J'avais un ami qui n'aimait pas aller à l'école.*
— *Moi, j'avais un ami qui refusait de faire ses devoirs.*

1. J'avais une amie qui...
2. Nous habitions dans une maison (un appartement) qui...
3. J'aimais jouer avec... que...
4. Je me souviens bien de..., chez qui...
5. Un jour j'ai perdu... que...
6. J'avais un ami qui...

Exercice écrit

L. **Chère Angèle...** Pretend that you're either Mama Sarah or Papa Paul and answer Angèle's letter. Tell her about the weather, the meals you've been preparing, and the people you've seen. Tell her you miss her.

Preparation, Ex. L: Have students brainstorm some of the topics they might talk about. Remind them also about how to open and close the letter.

Written Work: See Workbook.

Deuxième étape

Point de départ:
Images du Maroc

■ ■

Suggestion, Lecture: Have students note some of the things they might see if they went to Morocco. Have them pay particular attention to the place names.

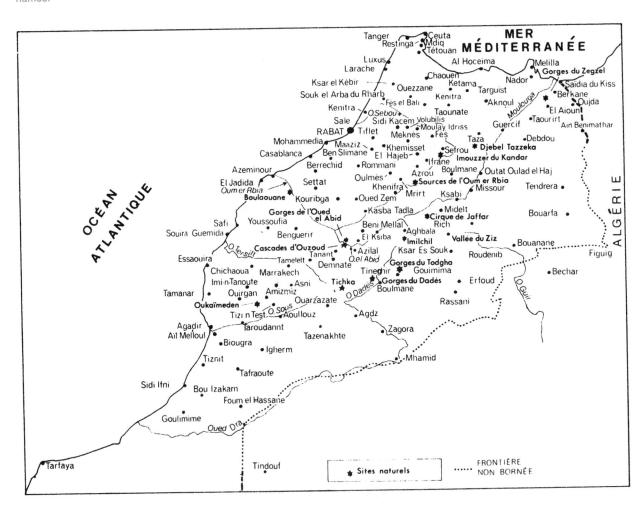

Proverbe arabe: Il y a cinq degrés pour arriver à être sage: se taire, écouter, se rappeler, agir, étudier.

Le Maroc, avec l'Algérie et la Tunisie, fait partie de la région appelée par les Arabes **le Maghreb** (le Couchant). Chaque année, 1,5 millions de touristes visitent les sites fascinants du Maroc. Ils font des achats dans les marchés de Casablanca, ils visitent la ville historique de Marrakech, ils admirent la forteresse de Zagora (la porte du désert), ils regardent le travail des **tailleurs de pierre** à Taroudant. Enfin, il ne faut pas oublier la ville de Fès, capitale spirituelle du **royaume,** où l'on trouve la plus importante médina (partie **musulmane** de la ville) d'Afrique du Nord, qui **renferme** le centre artisanal du Maroc. Le Maroc offre une grande variété de paysages avec un climat splendide pour **ceux** qui aiment le soleil et la chaleur.

stonecutters

kingdom

Moslem / encloses

those

Profil: **Le Maroc**

*Forme du gouvernement: Monarchie constitutionnelle
*Roi: Hassan II (devenu roi en 1961)
*Capitale: Rabat
*Superficie: 710.850 km²
*Villes importantes: Casablanca, Marrakech, Safi, Mohammedia, Agadir,
                            Tanger, Essaouira, Fès
*Population: 22 millions d'habitants
*Nom des habitants: Marocains
*Langue officielle: Arabe
*Autres langues: Berbère, français, hassania, espagnol
*Religion: Musulmans (95,95%)
*Date d'indépendance: 1956
*Climat: Sec du côté méditerranéen, étés tempérés et hivers doux du
                côté atlantique, très sec dans les régions présaharienne et
                saharienne

Exercice de familiarisation ■■■■■■■■■■■■■■■■■

Ex. A: □

A. **Un voyage au Maroc.** Vous allez avec votre famille faire un voyage au
    Maroc. Créez un itinéraire avec vos camarades de classe. Décidez quelles
    villes vous allez visiter, combien de temps vous allez passer dans chaque
    endroit et ce que vous allez faire dans chaque endroit. Consultez la carte à
    la page 208 et les renseignements dans la lecture. Si nécessaire, consultez
    aussi des livres à la bibliothèque.

**LES PREMIERS MOTS
D'ARABE**
Bonjour : *Sebah el kheir*
Au revoir : *Besslâma*
Merci : *Saha*
S'il vous plaît : *Min fadlak*
Oui : *N'am*
Non : *lâ*

REPRISE

B. Répondez en utilisant les pronoms **qui** ou **que**.

Recycling activity.

MODÈLE:

Mme Dufour a deux robes de soirée. L'une coûte 700F; elle a acheté l'autre en solde. Laquelle de ses robes aimez-vous mieux?
La robe qui a coûté 700F.
ou: *La robe qu'elle a achetée en solde.*

1. Les Aubusson ont acheté deux tableaux. Ils ont mis un tableau dans leur chambre; l'autre est dans la salle à manger. Lequel préférez-vous?
2. Monique a deux amies. L'une est élève en Californie; Monique va à l'école avec l'autre. Laquelle Monique voit-elle le plus souvent?

3. Robert a trois frères. Robert dîne souvent chez le premier; il joue au rugby avec le deuxième; il voit rarement l'autre. Lequel de ses frères habite à Lyon? À Marseille? À Paris?

4. Il y a deux trains pour Genève. Le train de Marie-Claude part à 9h; Le train de Louis part à 11h. Quel train prendriez-vous *(would you take)*?

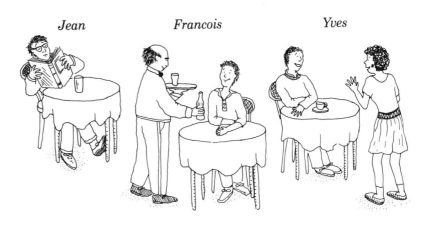

Jean   *Francois*   *Yves*

5. Il y a trois élèves au café. L'un lit un roman; le garçon sert un Coca au deuxième; une amie appelle le troisième. Lequel de ces élèves s'appelle Yves? François? Jean?

STRUCTURE

Le comparatif

In English, comparisons are made either by using a comparison word *(more, less, as)* or by adding a suffix *(-er)*. In French, you must always use a comparison word.

Comparaison des adjectifs et des adverbes

Elle est **plus grande que** son frère.	She's *taller than* her brother.
Il est **aussi sérieux que** sa sœur.	He's *as serious as* his sister.
Ils travaillent **moins rapidement que** leurs amis.	They work *less rapidly than* their friends.

The expressions **plus** *(more)*, **aussi** *(as)*, and **moins** *(less)* are used to compare adjectives and adverbs. They are followed by **que** *(as)*.

Comparaison des noms

Nous avons **plus d'**argent **que** Paul.   We have *more* money *than* Paul.
J'ai **autant d'**énergie **que** lui.   I have *as much* energy *as* he (does).
Elle a **moins de** tact **que** moi.   She has *less* tact *than* I (do).

The expressions **plus de** *(more)*, **autant de** *(as much)*, and **moins de** *(less)* are used to compare nouns and are also followed by **que**. If you want to use a pronoun rather than a noun in your comparison, use the stress pronouns **moi, toi, lui, elle, nous, vous, eux, elles.** You'll learn more about stress pronouns in **Unit 4.**

Application ■■■■■■■■■■■■■■■■■■■■■■■■■■■■■■

C. Ajoutez les mots entre parenthèses et faites les changements nécessaires.

   MODÈLE: Philippe est jeune. (plus... son frère)
   Philippe est plus jeune que son frère.

1. Francine est intelligente. (plus... sa sœur / aussi... son père / moins... son amie)
2. Henri parle rapidement. (aussi...toi / moins...Jeanne / plus...moi)
3. Nous avons beaucoup de disques. (plus de... Philippe / autant de... eux / moins de... vous)
4. Elles connaissent beaucoup de pays d'Afrique. (autant de... Marie / plus de... moi / moins de... toi)

D. **Les élèves du lycée Voltaire.** Faites les comparaisons indiquées en utilisant les expressions données.

Nom de l'élève	Examen de classement[1]	Heures de préparation
Sylvie	1ère	20
Louis	5e	15
Yves	19e	30
Simone	35e	15
Gilbert	60e	10

   MODÈLE: (intelligent) Yves et Simone
   Yves est plus intelligent que Simone.

1. (intelligent) Sylvie et Yves / Louis et Simone / Gilbert et Louis / Simone et Sylvie / Gilbert et Sylvie

1. **Un examen de classement** is an exam that ranks students in a class.

MODÈLE: (faire des devoirs) Yves et Gilbert
Yves fait plus de devoirs que Gilbert.

2. (faire des devoirs) Yves et Simone / Louis et Simone / Gilbert et Sylvie / Louis et Gilbert / Gilbert et Yves

E. **Géographie humaine: Les régions.** Comparez la superficie et la population des régions suivantes.

Régions	Superficie (km²)	Population (millions)	Densité (hab./km²)
Afrique	30 388 000	587	18,1
Amérique	42 081 000	803	15,9
Asie	27 580 000	3 036	102,6
Europe	4 937 000	492	99,7
Océanie	8 510 000	28	2,8
U.R.S.S.	22 402 000	278	12,4

MODÈLES: (grand) l'Europe et l'Asie
L'Europe est moins grande que l'Asie.

(habitants) l'U.R.S.S. et l'Océanie
L'U.R.S.S. a plus d'habitants que l'Océanie.
et: *L'U.R.S.S. a plus d'habitants par kilomètre carré que l'Océanie.*

1. (grand) l'Amérique et l'Océanie / l'U.R.S.S. et l'Afrique / l'Asie et l'Europe / l'Asie et l'Amérique / l'Océanie et l'Europe
2. (habitants) l'Asie et l'U.R.S.S. / l'Europe et l'Amérique / l'Afrique et l'Amérique / l'Europe et l'Océanie
3. (habitants par km²) l'Europe et l'Asie / l'Amérique et l'Afrique / l'Océanie et l'U.R.S.S. / l'Amérique et l'U.R.S.S.

NOTE GRAMMATICALE

Les comparatifs **meilleur** *et* **mieux**

Mes notes sont **meilleures que** les notes de mon frère.	My grades are *better than* my brother's grades.
Il parle **mieux que** moi.	He speaks *better than* I (do).

The adjective **bon** and the adverb **bien** have irregular comparative forms: **bon(ne)(s)** ⟶ **meilleur(e)(s), bien** ⟶ **mieux.** The English equivalent of both **meilleur** and **mieux** is *better.* Be sure to distinguish between the adjective **meilleur,** which modifies a noun and agrees with it in gender and number, and the adverb **mieux,** which modifies a verb and is invariable. Notice that the comparative forms of **bon** and **bien** are regular when you want to indicate equality or inferiority:

> Elle chante **aussi bien que** sa sœur.
> Ces oranges-ci sont **moins bonnes que** ces oranges-là.

F. Ajoutez les mots entre parenthèses et faites les changements nécessaires.

1. Mes notes sont bonnes. (moins. . . tes notes / meilleures. . . les notes de Pierre / aussi. . . les notes de Micheline)
2. Marguerite chante bien. (mieux. . . moi / moins. . . Félicité / aussi. . . toi)

G. Bon et bien. Répondez aux questions selon les modèles en distinguant entre **bon** et **bien, meilleur** et **mieux.**

MODÈLES: Quelle sorte d'élève est Georges? Comparez-le à Claire.
Georges est un bon élève. C'est un meilleur élève que Claire.

Comment Gérard chante-t-il? Comparez-le à Philippe.
Gérard chante bien. Il chante mieux que Philippe.

1. Quelle sorte d'élève est Valérie? Comparez-la à Denis.
2. Comment Annick chante-t-elle? Comparez-la à Marielle.
3. Comment Vincent parle-t-il? Comparez-le à Jean-Yves.
4. Quelle sorte d'assistante est Christiane? Comparez-la à Luce.
5. Quelle sorte de professeur est Antoine? Comparez-le à Robert.
6. Comment marche la Renault 9? Comparez-la à la Peugeot.

H. **Les élèves du lycée Voltaire.** Faites les comparaisons indiqués en utilisant les éléments donnés. Utilisez **meilleur** ou **mieux** selon le cas.

Nom de l'élève	Note en maths[2]	Note en littérature
Sylvie	14/20	16/20
Louis	16/20	10/20
Yves	12/20	12/20
Simone	8/20	11/20
Gilbert	8/20	6/20

MODÈLE: (bon en littérature) Sylvie et Louis
Sylvie est meilleure en littérature que Louis.

1. (bon en littérature) Simone et Gilbert / Louis et Yves / Simone et Louis / Gilbert et Sylvie
2. (bon en maths) Simone et Gilbert / Louis et Sylvie / Yves et Sylvie / Sylvie et Simone
3. (faire bien en littérature) Yves et Gilbert / Simone et Sylvie / Simone et Louis / Sylvie et Yves
4. (faire bien en maths) Gilbert et Simone / Yves et Gilbert / Louis et Sylvie / Yves et Sylvie / Sylvie et Gilbert

I. **Les ouvriers de l'atelier Michelin.** Faites les comparaisons indiqués en utilisant les verbes donnés.

Nom de l'ouvrier	Âge	Minutes pour faire le travail	Qualité du travail	Salaire (par mois)
Jean-Loup	22	15 minutes	excellent	10 000F
Mireille	21	18 minutes	bien	7 500F
Albert	40	18 minutes	bien	12 500F
Thierry	55	20 minutes	assez bien	10 000F
Jacqueline	18	25 minutes	assez bien	6 500F

MODÈLE: (être âgé) Jacqueline et Albert
Jacqueline est moins âgée qu'Albert.

1. (être âgé) Jean-Loup et Mireille / Albert et Thierry / Mireille et Jacques
2. (travailler rapidement) Jean-Loup et Thierry / Jacqueline et Thierry / Mireille et Albert
3. (le travail / être bon) Jean-Loup et Albert / Thierry et Mireille / Albert et Jacqueline
4. (travailler bien) Mireille et Albert / Thierry et Jean-Loup / Mireille et Thierry
5. (gagner de l'argent) Albert et Jacqueline / Thierry et Jean-Loup / Mireille et Thierry

Follow-up, Ex. I: Use these expressions to compare members of class: **grand, petit, riche** (based on change in pocket), **parler rapidement, danser ou chanter bien, jouer bien au...,** etc.

2. On course exams and papers in France, grades are based on a maximum of 20 points, with 10 being the passing score. Approximate equivalents are 8/20 = D, 12/20 = C, 15/20 = B, 18/20 = A.

Lecture: *Artisans de Fès*

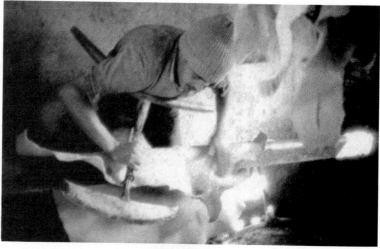

Prereading: Have students name all the professions they know. Then introduce the ones mentioned in the reading: **boisselier, tonnelier, menuisier.** You may also wish to have a short discussion about artisans in this country. What kinds of things are still made by hand? Where can one buy such things? etc. Finally, students should be aware of where the city of Fès is located before they begin the reading.

Au Maroc, la plupart du temps, l'apprenti-artisan, recruté de préférence dans la famille du **patron (maallem),** commence son initiation **dès** le plus jeune âge et **franchit** les étapes successives de l'apprentissage du métier jusqu'à ce qu'il s'installe **à son propre compte** et devienne lui-même maallem, avec l'accord de son **ancien** patron. La continuité et la **sauvegarde** de l'art sont garanties par l'amin, chef de chaque corporation, qui a surtout une fonction de juge en cas de conflit. Récemment, des artisans se sont regroupés en coopératives, pour mieux défendre leurs intérêts.

boss / from
passes through
in his own right
former / safeguarding

Le bois

cedar

pine / walnut

nettle

woodcarver

coopers / buckets

Turkish baths / casks

goblets

carpenters / trunks

frames

daily (everyday)

carved / scissors / chisel

Principal matériau utilisé à Fès, le **cèdre** provient des forêts du Moyen-Atlas, où il est abondamment exploité. **Chêne,** olivier, **noyer,** bambou, **micocoulier,** bois blanc d'importation ou de récupération sont aussi employés.

Le **boisselier** fabrique des ustensiles en bois.

À Bab Selsla, plusieurs ateliers de **tonneliers** produisent des **seaux** utilisés au **hammam,** de petits **tonneaux** pour la conservation de l'huile ou pour le transport de l'eau à la campagne, des **gobelets** en bois.

Les **menuisiers** produisent portes, tables rondes, armoires, **coffres, armatures** de divan et tous les meubles nécessaires à la vie **quotidienne.**

Ces meubles sont très souvent sculptés, le sculpteur travaillant soit dans l'atelier du menuisier, soit dans son propre atelier. Le dessin est tracé au crayon, puis **creusé** au **ciseau** et à la **gouge.**

Compréhension ■■■■■■■■■■■■■■■■■■■■■■■■■■■■■■

J.   **Les artisans de Fès.** Answer the questions in English.

1. What different kinds of artisans do you see in the photographs?
2. What main point is made in the introductory paragraph?
3. From where are the young apprentices recruited?
4. How young would you guess an apprentice is when he starts to work for an established artisan?
5. What is the meaning of the term **maallam?**
6. What is the goal of every apprentice?
7. Who is the **amin?**
8. What do you think a **corporation** is?
9. Why did the artisans recently form **coopératives?**
10. What kinds of wood do the woodworkers use?
11. What things do the following woodworkers make: **le boisselier, le tonnelier, le menuisier, le sculpteur?**

DÉBROUILLONS-NOUS !

Review of **étape.**

Implementation, Ex. K: Go over the itinerary by asking students some questions about details. Give them the opportunity to ask about things they don't understand.

Exercice écrit

K.   **Un voyage au Maroc.** You've just completed an eight-day visit to Morocco, where you followed the itinerary on page 219. Now write a letter to a friend saying what you did each day. Be sure to use the **passé composé** to enumerate your activities and the imperfect to describe places and people. You might also want to say something about the weather.

SUD MAROC: Circuit 8 jours

Programme

1er jour - MARRAKECH
Voyage à destination de Marrakech.
Accueil et installation à l'hôtel. Dîner
et logement.

2e jour - MARRAKECH
Journée consacrée à la visite de la ville.
Déjeuner à l'hôtel.
Dîner dans un restaurant typique.

3e jour - MARRAKECH/ OUARZAZATE
Le matin: départ à travers un paysage
grandiose pour le Haut Atlas.
Arrivée à Ouarzazate.
Après-midi, visite de la ville.
Dîner et logement.

4e jour - OUARZAZATE/ZAGORA/ OUARZAZATE
Départ pour la Vallée du Draa.
Le Draa dont un barrage a régularisé
les crues, coule paisiblement maintenant
et nourrit de longues palmeraies.
Traversée de l'impressionnant défilé
de Tifernine et arrivée à Zagora (gros
bourg coiffé d'une forteresse) «la Porte
du désert».
Retour à Ouarzazate.
Dîner et logement.

5e jour - OUARZAZATE/TINERHIR/ OUARZAZATE
Départ pour Tinerhir par la Vallée
du Dades:
Vallée des Kasbahs (châteaux-forts
de terre battue en plaine et de pierre grise
en montagne).
Déjeuner à Tinerhir.
Puis retour à Ouarzazate par les gorges du
Todra (décor grandiose, chaotique, pics

impressionnants).
Dîner et logement.

6e jour - OUARZAZATE/TAROUDANT
Le matin départ pour Tataouine.
Déjeuner.
Puis continuation sur Taroudant
avec ses remparts très bien conservés,
c'est la ville des tailleurs de pierre, superbe
cité, capitale du Maroc en 1520.
Dîner et logement.

7e jour - TAROUDANT/AGADIR/ MARRAKECH
Départ pour Agadir (port de haute pêche,
mais aussi la plus connue des stations
balnéaires marocaines).
Déjeuner.
Départ pour Chichaoua, continuation vers
Marrakech.
Dîner et logement.

8e jour - MARRAKECH/PARIS
transfert à l'aéroport.
Puis envol pour la France.

Exercice oral

Ex. L: □ or ○

L. **Un voyage au Cameroun.** After your visit to Morocco, you visited
Cameroon. Since you know something about Cameroon, friends of your
parents have asked you to create an itinerary for their up-coming trip to
the country. Use the map of Cameroun and the information provided on
pages 199 and 200 to explain the itinerary to the members of your group.

Written Work: See Workbook.

Lexique

On s'exprime

Pour faire des comparaisons

aussi . . . que (de)
autant . . . de
meilleur(e)(s) . . . que

mieux . . . que
moins . . . que (de)
plus . . . que (de)

Vocabulaire général

Noms

un artisan
un atelier
un continent
la densité

une devise
des épices *(f.pl.)*
un examen de classement
la Francophonie

un griot
la langue maternelle
un(e) ouvrier(-ère)
un profil

INTÉGRATION CULTURELLE

LA FRANCE ET SON EMPIRE

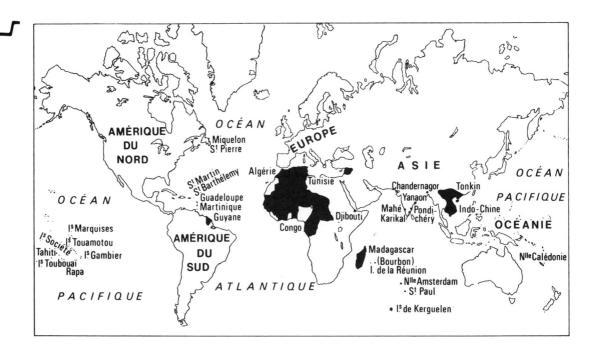

En 1939, le domaine colonial français formait un ensemble de 12 300 000 km² peuplé par 110 millions d'habitants. Mais il ne faut pas oublier que, avant cette date, la France avait également colonisé certaines parties de l'Amérique du Nord (le Québec, la Louisiane, etc.).

Histoire de la colonisation

Suggestion,
Intégration culturelle:
Have students scan the history of colonization and decolonization. As you read various events, students give you the dates. For homework, some of your more artistic students could create a timeline on pieces of paper taped together.
   Also have students find the **DOM** and **TOM** on the map.

1534	Sous François Ier, Jacques Cartier fait une expédition en Amérique du Nord et prend possession du Canada.
1562–1565	Jean Ribault et René de Laudonnière établissent Fort-Caroline en Caroline du Sud.
1604	Pierre de Monts et Samuel Champlain fondent une colonie en Acadie (Nouvelle Écosse)
1608	Champlain s'installe au Québec. (Montréal est fondé en 1642.)
1635	La Compagnie des Îles d'Amérique occupe la Guadeloupe et la Martinique.

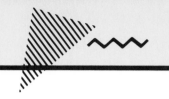

1642	La Compagnie des Indes Orientales fonde Fort-Dauphin à Madagascar.
1659	Les Français fondent St-Louis au Sénégal.
1674	Les Français occupent la Réunion et l'île Maurice.
1682	Cavalier de la Salle prend la Louisiane.
1830–1940	La France établit ses colonies en Afrique et en Indochine.

Histoire de la décolonisation

1763	La France perd le Canada.
1803	La France vend la Louisiane aux États-Unis.
1941–1946	Indépendance de la Syrie et du Liban.
1949	Indépendance du Viêt-Nam.
1949–1950	Indépendance du Cambodge et du Laos.
1956	Indépendance du Maroc, de la Tunisie et du Togo.
1958	Indépendance de la Guinée.
1960	Indépendance des états africains et de Madagascar.
1962	Indépendance de l'Algérie.

Départements et territoires d'outre-mer (DOM et TOM)

De toutes ses anciennes colonies, la France a gardé certaines régions qui constituent aujourd'hui ses départements et territoires d'outre-mer. Les DOM et TOM dépendent d'un ministre délégué du Premier Ministre.

DOM: Martinique, Guyane, Guadeloupe, Réunion, St-Pierre-et-Miquelon

TOM: Nouvelle Calédonie, Wallis et Futuna, Polynésie Française, Terres Antarctiques, Mayotte

INTÉGRATION

A. **La France et son empire.** Tell when each country or region was colonized and when it gained its independence from France.

1. le Sénégal   2. Madagascar   3. le Maroc   4. la Louisiane
5. le Québec   6. le Cameroun   7. l'Algérie   8. le Viêt-Nam

Prereading: Have students locate the various areas of the **Antilles** on a map.

Lecture: *Les Français aux Antilles*

Il y a des siècles, les Caraïbes (Indiens) appelaient la Guadeloupe «Karukera» (Île aux Belles Eaux) et la Martinique «Madinina» (Île des Fleurs). Aujourd'hui, les îles des Antilles continuent à offrir aux visiteurs des paysages spectaculaires où le bleu de la mer se joint aux couleurs des fleurs.

Haïti

Guadeloupe

Martinique

Les Antilles Françaises sont composées de plusieurs îles dans la chaîne des îles caraïbes. La Guadeloupe et la Martinique ont été découvertes par Christophe Colomb en 1493 et en 1502. Peu après, les Français s'y sont installés. En 1946, elles sont devenues départements de la France.

Haïti («Pays Montagneux»), une île des Grandes Antilles, se trouve à l'est de Cuba. L'île est divisée en deux états indépendants: la République Dominicaine à l'est et la république d'Haïti à l'ouest. L'île a été découverte par Christophe Colomb en 1492 et elle est devenue française en 1697. Haïti est aujourd'hui un pays indépendant, mais l'influence française continue à jouer un rôle important dans la culture des Haïtiens.

Il n'est pas surprenant de découvrir le cachet français qui sépare très nettement ces îles des autres îles antillaises. Le français se parle partout (avec le créole), la cuisine y est aussi importante qu'elle l'est en France et les institutions imitent en grande partie celles de la France métropolitaine.

Compréhension ▪▪▪▪▪▪▪▪▪▪▪▪▪▪▪▪▪▪▪▪▪▪▪▪

B. Répondez aux questions selon les idées présentées dans la lecture.

1. Quelles sont les trois îles mentionnées?
2. Lesquelles des trois îles font encore partie de la France?
3. Quelles images est-ce qu'on peut associer aux noms indiens pour Guadeloupe et Martinique?
4. Que veut dire Haïti?
5. Qu'est-ce qui rend ces trois îles différentes des autres îles des Antilles?

Chapitre huit

Les Antilles

Suggestion, Chapter opener:
Besides identifying the authors
with their place of origin, you
can ask students to name some
of the major themes in the
works of the authors.

Answers, Chapter Opener:
1. Martinique
2. Guadeloupe
3. Haïti

D'où sont-ils? Regardez la carte et indiquez d'où viennent ces écrivains.

1. Aimé Césaire est un écrivain et homme politique qui est né à Basse-Pointe. Engagé politiquement à l'extrême gauche, anticolonialiste ardent, il cherche, dans son œuvre poétique et dramatique, à se dégager de la culture occidentale traditionnelle et à retrouver les sources de la «négritude».
2. Simone Schwartz-Bart est née dans un département d'outre-mer. Cette île des Antilles ressemble à un papillon *(butterfly)*. Schwartz-Bart est romancière et elle a beaucoup voyagé aux Antilles, en France et au Sénégal. Dans ses romans elle évoque l'originalité de la culture créole. Dans *Pluie et vent sur Télumée Miracle* (1972), par exemple, elle décrit l'univers rural antillais et la psychologie d'une femme noire.
3. Joseph Zobel est né dans une île des Grandes Antilles dont le capitale est Port-au-Prince. Dans ses œuvres il parle beaucoup des expériences des Antillais sous la domination des blancs d'Europe. Il reflète la politique turbulente qui continue à caractériser son pays natal.

Première étape

Point de départ:

Images de la Guadeloupe

▪▪▪▪▪▪▪▪▪▪▪▪▪▪▪▪▪▪▪▪▪▪▪▪▪▪▪▪▪▪▪▪▪▪▪▪▪

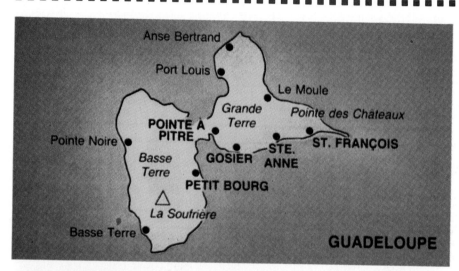

Anse Bertrand
Port Louis
Le Moule
Grande Terre
Pointe des Châteaux
POINTE À PITRE
Pointe Noire
ST. FRANÇOIS
Basse Terre
GOSIER
STE. ANNE
PETIT BOURG
La Soufrière
Basse Terre
GUADELOUPE

Prereading: Since this text contains a great deal of information, you may wish to give students an outline of the topics with the major facts: general physical characteristics (butterfly shape, 2 islands connected by a 40-meter bridge, Basse-Terre is the highest island with volcanic terrain and dense vegetation, Grande-Terre is the most populated of the 2 islands, flat terrain with beautiful beaches); history (discovered by Columbus in 1493, a French **département** since 1946); capital city (Pointe-à-Pitre, markets and old colonial houses); tourist attractions (village of Gosier: beaches, good hotels, many restaurants that serve creole food, discotheques; Saint-François: on a lagoon and has many rental houses, boutiques, restaurants, marina, 18-hole golf course).

was

wings
tied together / spanning

ferns / flowering hedges
colorful
flat / bordered
of coral

in the process
attractive

Peuplée de 330 000 habitants, la Guadeloupe se présente tel un papillon posé sur des eaux claires. Les Caraïbes l'appelaient l'Île aux Belles Eaux. Elle est surnommée maintenant l'Île d'Émeraude en raison de la couleur exceptionnelle de la mer. La Guadeloupe **fut** découverte par Christophe Colomb le 4 novembre 1493. C'est un département français d'outre-mer depuis 1946. L'Île-Papillon se compose de deux **ailes,** au relief très différent, **reliées** entre elles par un pont de 40 mètres **enjambant** un bras de mer appelé Rivière Salée. Basse-Terre, curieusement nommée, est la plus haute des deux îles et possède un relief volcanique. Le massif de la Soufrière culmine à 1 500 mètres. La végétation est luxuriante: **fougères** arborescentes, **haies de balisiers** aux fleurs extraordinairement **vives.** Grande-Terre, d'un relief peu accentué, est la plus peuplée. Ses côtes sont **plates** et **bordées** de magnifiques plages de sable **corallien.** Pointe-à-Pitre, capitale commerciale et industrielle, est surprenante. Il faut voir son marché coloré et ses vieilles maisons coloniales à colonnes et balcons de bois. Gosier, petit village à 6 km de Pointe-à-Pitre, devient de saison en saison la plus réputée des stations guadeloupéennes. On y trouve de très belles plages, une hôtellerie de bonne qualité, de nombreux restaurants servant une nourriture créole, des discothèques et tout ce qui permet la réussite d'un séjour inoubliable. Saint-François, situé au sud-est de la Guadeloupe à 37 km de Pointe-à-Pitre, face à un magnifique lagon protégé par une barrière de corail, bénéficie d'un microclimat sec. Avec ses nombreuses résidences locatives, ses boutiques, ses restaurants, sa marina et son golf 18 trous, Saint-François est **en passe** de devenir la plus **attrayante** des stations touristiques de l'île.

Profil: La Guadeloupe

*Capitale: Pointe-à-Pitre
*Superficie: 1 509 km^2
*Villes importantes: Moule, Basse-Terre, Trois-Rivières, Sainte-Rose
*Dépendances: Les Saintes, Marie-Galante, La Désirade, St-Barthélemy, St-Martin
*Population: 330 000 habitants
*Nom des habitants: Guadeloupéens
*Langue officielle: Français
*Autre langue: Créole
*Religions: Catholiques, quelques sectes protestants
*Climat: Tropical adouci par les alizés *(trade winds)* (température moyenne 24°C), plus frais sur les hauteurs; pluies abondantes et cyclones entre juillet et octobre

---

Exercice de familiarisation ■■■■■■■■■■■■■■■■

A. **Allons en Guadeloupe.** Vous essayez de convaincre votre professeur de français d'organiser un voyage en Guadeloupe. Expliquez-lui ce que vous savez sur l'île, son histoire, sa situation géographique, son climat, etc. Vous commencez la description et vos camarades de classe ajoutent d'autres détails.

B. **Vous et. . .** Faites des comparaisons entre vous et votre frère, sœur, meilleur(e) ami(e), etc., en utilisant les expressions suivantes.

1. être âgé(e)
2. être intelligent(e)
3. avoir des ami(e)s
4. avoir du temps libre
5. travailler sérieusement
6. jouer bien au tennis
7. chanter bien
8. être optimiste
9. être un(e) bon(ne) élève
10. être ambitieux(-se)
11. dépenser de l'argent
12. se réveiller facilement

C. **Mon emploi du temps.** Un(e) lycéen(ne) français(e) rend visite à votre famille. Il (elle) vous pose des questions sur votre emploi du temps. Décrivez votre semaine typique, énumérez vos cours, donnez l'horaire de vos classes. Ensuite, comparez vos cours: Est-ce que votre cours d'histoire est plus intéressant que votre cours d'anglais? Est-ce qu'il est plus ou moins difficile que votre cours de maths? Est-ce que votre prof de musique est meilleur que votre prof de chimie? Est-ce que vous êtes meilleur(e) en français qu'en géométrie?

PORT AUTONOME DE LA GUADELOUPE

Gare Maritime - B.P. 485
97165 Pointe-à-Pitre Cédex
Tél : (590) 91.63.13
Télécopie : (590) 91.56.79
Télex : 919 710 GL PAGUAD

Structure: Tell students to close their eyes and identify the sounds they hear (**J'entends...**). In some cases they will need sentences with **qui.** Music (**J'entends de la musique.**), door closing (**J'entends une porte qui ferme.**), paper (**J'entends du papier.**), book dropping (**J'entends un livre qui est tombé.**), bouncing ball (**J'entends un ballon, une balle.**), chalk (**J'entends de la craie sur le tableau.**), person walking or marching (**J'entends une personne qui marche.**), etc.

STRUCTURE

Les verbes réguliers en -re

— Tu sais ce que **j'ai entendu dire?**

— Non. Quoi?

— Paul **vend** sa voiture!

— Je sais. Sa famille déménage au Sénégal. **Ils vendent** toutes leurs affaires.

— **Nous perdons** un très bon ami.

— Oui, il va nous manquer.

— Do you know what *I heard*?

— No. What?

— Paul *is selling* his car!

— I know. His family is moving to Sénégal. *They're selling* all their things.

— *We're losing* a very good friend.

— Yes, we'll miss him.

The third group of regular verbs in French end in **-re.** To conjugate these verbs in the present tense, drop the **-re** from the infinitive and add the endings **-s, -s, -, -ons, -ez, -ent.**

vendre (to sell)	
je vend**s**	nous vend**ons**
tu vend**s**	vous vend**ez**
il, elle, on vend	ils, elles vend**ent**
Past participle: **vendu** (avoir) Imperfect stem: **vend-**	Subjunctive stem: **vend-**

Some other common regular **-re** verbs are:

attendre	to wait for
descendre (conjugated with **être**)	to go down (downstairs)
entendre	to hear
entendre dire	to hear secondhand
entendre parler de	to hear about
perdre	to lose
rendre	to return (something)
répondre à	to answer

Application ▪▪▪▪▪▪▪▪▪▪▪▪▪▪▪▪▪▪▪▪▪▪▪▪▪▪▪▪▪▪

D. Remplacez les mots en italique et faites les changements nécessaires.

1. *Elle* vend sa maison. (nous / tu / ils / je / elles / vous)
2. *J'*entends de la musique. (tu / elle / nous / vous / ils)
3. *Nous* attendons nos parents. (je / elle / ils / nous / il)
4. *Ils* ont perdu les billets? (vous / elle / tu / elles / on)
5. Il faut que *tu* vendes ton auto. (elle / nous / ils / vous / je)
6. Autrefois, *il* descendait toujours au Sheraton. (nous / je / elles / on)

E. **Des conseils.** Complétez les phrases avec les verbes entre parenthèses pour donner des conseils à vos camarades de classe. Attention! Il faut employer le présent du subjonctif.

MODÈLE: Tu as des problèmes d'argent? Il faut que tu _____ (vendre) ton vélo.
Tu as des problèmes d'argent? Il faut que tu vendes ton vélo.

1. Pour aller au centre commercial? Il faut que tu _____ (descendre) à la station Montparnasse.
2. D'accord, à 13h alors. Mais il faut que vous _____ (attendre) quelques minutes. Jean va arriver à 13h15.
3. Ton professeur n'est pas content de toi? Il est essentiel que tu _____ (répondre) toujours à ses questions.
4. Vos parents sont fâchés? Il vaut mieux que vous _____ (rendre) l'argent que vous avez emprunté.
5. Jean-Michel veut une voiture? Il vaut mieux qu'il _____ (attendre) encore un an.
6. Suzanne et Simone vont au musée? Il faut qu'elles _____ (descendre) de l'autobus au Quartier Latin.

F. **Questions.** Posez quatre questions **(tu, vous, il/elle, ils/elles)** aux autres membres du groupe. Ex. F: ☐

1. pourquoi / vendre—**passé composé** (sa voiture, ses livres, etc.)
2. qu'est-ce que / perdre—**passé composé**
3. qu'est-ce que / entendre dire de—**passé composé** (film, etc.)
4. est-ce que / entendre parler de—**passé composé** (livre, film, vidéo)
5. qu'est-ce que / répondre à—**futur immédiat** (parents, professeur, amis, etc.)

Prereading: Have students describe resorts in the U.S. that are frequented by tourists. They should mention tourist attractions, hotels, restaurants, etc. What U.S. places would they visit if they were foreign tourists?

Lecture: *Les marines de St-François*

Situation
L'ensemble des Marines de Saint François est construit en bordure de la marina de Saint-François sur un terrain verdoyant de 4 ha avec piscine et tennis.

Logement
Le complexe des Marines de Saint-François se compose de petits immeubles de deux étages comportant les studios et studios avec mezzanine et de bungalows mitoyens : «les Marines».

• Studio pour 2 personnes comportant un séjour avec 2 lits, kitchenette et terrasse ou loggia attenante, salle de bains et W.C. indépendant, rangement.

• Studio mezzanine pour 4 personnes comportant 2 pièces : un séjour avec deux lits et une chambre double en mezzanine, kitchenette et loggia, salle de bains et W.C. indépendant, rangement.

• «Les Marines» : appartement pour 4 personnes comportant 2 pièces : séjour avec 2 lits et chambre avec grand lit, kitchenette et terrasse attenante, patio avec douche extérieure, salle de bains et W.C. indépendant, rangement.

Tous les studios et appartements sont climatisés (la chambre en mezzanine n'a pas sa propre climatisation et est rafraîchie par celle du séjour se trouvant au rez-de-chaussée). Ils sont entièrement meublés en style scandinave avec kitchenette équipée de réfrigérateur et plaques chauffantes, batterie de cuisine.
A votre arrivée, vous trouverez votre logement en parfait état de propreté et les draps, torchons, serviettes de toilette vous seront fournis pour une semaine. Si vous restez plus d'une semaine, vous aurez droit à un change de linge et à une prestation de ménage, au début de chaque semaine supplémentaire.

Distractions
Très belle piscine d'eau douce et petits bassins disposés sur les pelouses de la résidence. La plage se trouve à 300 m. Dans la résidence : 2 courts de tennis, un restaurant le Saint-Georges, proposant des menus à des prix raisonnables.

Dans la galerie marchande, vous trouverez un bureau de loisirs avec une hôtesse proposant des forfaits sports pour planche à voile, dériveur, sunfish, pédalo, matériel de plongée libre, bicyclette, leçons de tennis et de golf.

Autres possibilités :
ski nautique, pêche au gros, pilotage d'avion léger, plongée sous-marine, excursions en voilier ou bateau à moteur. Vous êtes à «deux pas» de St-François où vous trouverez restaurants de cuisine française et créole, casino, discothèque. Marché à St-François et centre commercial dans les Marines.

Compréhension ▪▪▪▪▪▪▪▪▪▪▪▪▪▪▪▪▪▪▪▪▪▪▪▪▪▪▪▪

G. **Les marines de St-François.** Vous et votre famille, vous allez passer quinze jours en Guadeloupe. Expliquez à votre camarade de classe ce qu'il y a dans le complexe des marines de St-François. Pour chacune des rubriques indiquées, donnez le plus de détails possibles.

Ex. G: ⇄

1. situation
2. différents types de logement
3. distractions
4. restaurants

DÉBROUILLONS-NOUS!

Exercice oral

Review of **étape.**

H. **Je vous présente. . .** Choose a place that you want to visit or that you know a great deal about and create a photo display about it. Then, using French, present the place to your class, talking about the main tourist attractions, leisure-time activities, etc.

Exercice écrit

I. **Un endroit idéal pour les vacances.** Now write a description in French of the place you presented to your class. Include as many facts as possible.

Written Work: See Workbook.

Deuxième étape

Point de départ:

Images de la Martinique

■ ■

Prereading: Give students an outline of the main ideas before they read the text. History (discovered by Columbus in 1502, occupied by France in 1635, periods of British occupation, became a French **département** in 1946 and a French **région** in 1974); geography and climate (in the Atlantic ocean, some mountains, mild climate, never too hot, beautiful beaches, rich vegetation); traditions (music, dance, costumes, folk tales).

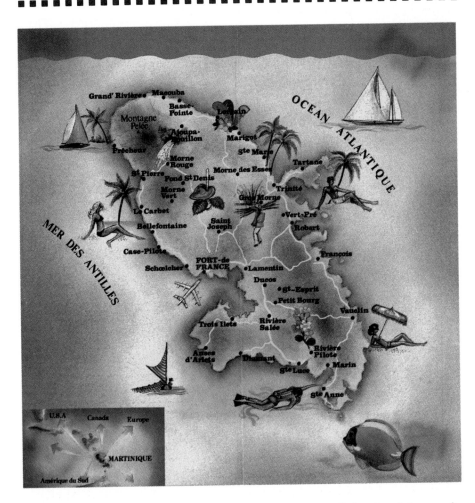

La Martinique, découverte en 1502 par Christophe Colomb, a été occupée par la France en 1635 et après de courtes périodes d'occupation anglaise est devenue définitivement française en 1815. C'est un département français depuis 1946 et une «région» depuis 1974. Elle fait partie du groupe des Petites

Antilles ou «Îles au vent» et est **baignée** à l'Ouest par la mer des Antilles, et à l'Est, par l'Océan Atlantique.

Le terrain **s'élève** graduellement depuis le **littoral** jusqu'au centre et vers le Nord sont groupées quelques montagnes reliées entre elles par des collines appelées **«mornes»**. Le point culminant est au Nord-Ouest: La Montagne Pelée (1.397).

Le climat est relativement doux et la chaleur jamais insupportable (26° environ).

L'île est faite de contrastes, tant par le relief que par la nature et le climat. Au Sud, se trouvent de magnifiques plages de sable blanc, **tandis que** la richesse du Nord est composée d'une faune et d'une flore riches et originales. **L'éventail** de fleurs et plantes diverses possédant des nuances infiniment variées dans les couleurs est remarquable. Les nombreux fruits eux, sont aussi **odorants** que succulents. Cette végétation abrite une faune variée: le colibri, le siffleur des montagnes et les «cabris de bois» forment avec les criquets et les minuscules **grenouilles** un orchestre **féérique**, le soir venu.

En plus de ces **atouts** naturels, se trouvent **éparpillés**, ici et là, les vestiges d'une histoire qui connut de nombreuses fluctuations. Cette histoire qui renaît aussi grace au folklore: la musique, la danse, les costumes, les contes permettent d'entrevoir la Martinique **d'antan**.

Glossary (right margin): bathed / rises/coast / bleak / while / variety / fragrant / frogs/magical / features/scattered / of yesteryear

---

Profil: *La Martinique*

*Capitale: Fort-de-France
*Superficie: 1 102 km²
*Villes importantes: Lamentin, Ste-Marie, Schœlcher, Le Robert, Le François, St-Joseph, Rivière Pilote, La Trinité
*Population: 350 000 habitants
*Nom des habitants: Martiniquais
*Langue officielle: Français
*Autre langue: Créole
*Religion: Catholiques
*Climat: Climat chaud et humide, un cyclone ou une tempête violente tous les huit ans en moyenne

---

Exercice de familiarisation ■■■■■■■■■■■■■■■

A. **Vrai/faux.** Indiquez si les phrases suivantes sont vraies ou fausses. Si elles sont fausses, corrigez-les.

1. La Martinique a été découverte en 1502 par Samuel Champlain.
2. La Martinique n'a pas toujours été française.

3. La Martinique est un département français.
4. La Martinique a des montagnes de plus de 5000 mètres.
5. Pendant certaines saisons, la chaleur en Martinique est insupportable.
6. Les plus belles plages se trouvent au sud de l'île.
7. La Martinique est plus grande que la Guadeloupe.
8. La langue officielle de la Martinique est le créole.

REPRISE

Recycling activity.

Ex. B: ⇄

B. **Échange.** Posez les questions suivantes à votre camarade de classe. Il (elle) va répondre à vos questions.

1. Est-ce que tu attends souvent tes amis quand tu as rendez-vous avec eux? C'est-à-dire, est-ce que tes amis sont souvent en retard?
2. Est-ce que tu prends l'autobus quelquefois? Où est-ce que tu descends?
3. Est-ce que tu as tendance à perdre tes affaires? Est-ce que tu as perdu quelque chose récemment?
4. Quand tes amis empruntent *(borrow)* des choses, est-ce qu'ils les rendent tout de suite?

5. Est-ce que tu vends des choses de temps en temps? Qu'est-ce que tu as vendu récemment? Pourquoi?
6. Est-ce que tu as entendu parler d'une nouvelle vidéo? Qu'est-ce que tu as entendu dire de cette vidéo?

STRUCTURE

Les expressions négatives *ne . . . rien* et *ne . . . personne*

— Est-ce que tu vois quelque chose?
— Non, je **ne** vois **rien.**

— Est-ce que tu vois quelqu'un?
— Non, je **ne** vois **personne.**

— Do you see something?
— No, I *don't* see *anything* (I see *nothing*).

— Do you see someone?
— No, I *don't* see *anyone* (I see *no one, nobody*).

You have already learned to use one negative expression—**ne . . . pas.** As you know, **ne** generally goes before the conjugated verb and **pas** follows it. This basic rule also applies to the expressions **ne . . . rien** *(nothing)* and **ne . . . personne** *(nobody, no one).*

There are a few special rules to remember about these negative expressions:

1. In the **passé composé, ne . . . rien** surrounds the helping verb:
   Je **n'**ai **rien** trouvé.
   However, **personne** follows the past participle:
   Je **n'**ai vu **personne.**
2. Regardless of the tense, if the verb is followed by a preposition, **rien** and **personne** come after this preposition:
   Je **n'**ai besoin **de rien.**
   Nous **n'**avons parlé **à personne.**
3. **Ne . . . personne** and **ne . . . rien** may also be used as subjects of the sentence. In this case, the word order is reversed and both parts of the negative come before the verb:
   Rien ne m'intéresse.
   Personne n'a téléphoné.
4. **Rien** and **personne** may be used without verbs as answers to questions. In such cases, the **ne** is dropped:
   — Qui est là?
   — **Personne.**
   — Qu'est-ce que tu fais?
   — **Rien.**

Structure: Proceed through questions and answers using opposites: **Tu veux quelque chose? Non, je ne veux rien. Tu attends quelqu'un? Non, je n'attends personne.** etc. Put model sentences on the board to make placement clear. Then proceed to exercises.

Ex. C: ⇄

Application ■■■■■■■■■■■■■■■■■■■■■■■■■■■■■

C. Posez la question à votre partenaire, puis faites répéter la réponse.

MODÈLE: Qu'est-ce que tu veux?
— *Rien.*
— *Comment?*
— *Je ne veux rien.*

1. Qu'est-ce que tu cherches?
2. Qu'est-ce que tu as acheté?
3. Qu'est-ce que tu as dit?
4. Qu'est-ce que tu as fait?
5. Qu'est-ce que tu as mangé?
6. Qu'est-ce que tu veux?

MODÈLE: Qui est-ce que tu cherches?
— *Personne.*
— *Comment?*
— *Je ne cherche personne.*

7. Qui est-ce que tu attends?
8. Qui est-ce que tu as vu?
9. Qui est-ce que tu as rencontré?
10. Qui est-ce que tu as invité?
11. À qui est-ce que tu as téléphoné?
12. À qui est-ce que tu parles?

Ex. D: ⇄

D. Répondez aux questions en utilisant **rien** ou **personne** dans une phrase complète.

MODÈLES: Qu'est-ce qui te choque?
Rien ne me choque.

Qui m'appelle?
Personne ne t'appelle.

1. Qu'est-ce qui t'intéresse?
2. Qui t'a téléphoné?
3. Qui m'a cherché?
4. Qui te manque?
5. Qu'est-ce qui te manque?
6. Qui te ressemble?
7. Qu'est-ce qui t'est arrivé?
8. Qu'est-ce qui t'impressionne?

NOTE GRAMMATICALE

Les expressions négatives **ne ... plus, ne ... pas encore,** *et* **ne ... jamais**

— Est-ce qu'il est encore là?
— Non, il **n'**est **plus** là.

— Is he still here?
— No, he's *no longer* here.

— Est-ce qu'elle est déjà partie?
— Non, elle **n'**est **pas encore** partie.

— Did she leave already?
— No, she *didn't* leave *yet*.

— Est-ce qu'ils ont répondu à ta lettre?
— Non, ils **n'**ont **jamais** répondu à ma lettre.

— Did they answer your letter?
— No, they *never* answered my letter.

The rules that apply to the negative expressions you've already learned also apply to **ne ... plus** *(no longer)*, **ne ... pas encore** *(not yet)*, and **ne ... jamais** *(never)*. Remember that **pas encore** and **jamais** may be used alone as answers to questions:

— Ils sont partis?
— **Pas encore.**

— Vous buvez du Coca?
— **Jamais.**

Note grammaticale: At this point, little explanation should be necessary for the additional negative expressions. Once the meaning has been made clear, proceed directly to the exercises.

E. Posez la question à votre partenaire, puis faites répéter la réponse.

Ex. E: ⇄

MODÈLE: Ils sont déjà partis?
— *Pas encore.*
— *Comment?*
— *Ils ne sont pas encore partis.*

1. Ils sont déjà arrivés?
2. Ils ont déjà pris le TGV?
3. Ils ont déjà fini leurs devoirs?
4. Ils sont déjà descendus?

MODÈLE: Vous voulez encore du pain?
— *Merci.*
— *Comment?*
— *Merci. Je ne veux plus de pain.*

5. Vous voulez encore des légumes?
6. Vous voulez encore du Perrier?
7. Vous voulez encore du café?
8. Vous voulez encore de la salade?

Implementation, Ex. F: Two
students can ask the questions
of a third student.

Ex. F: △

F. **Il a le cafard.** *(He's very depressed.)* Vous avez un ami qui a le cafard. Ses parents s'inquiètent et vous posent des questions. Vous dites la vérité, c'est-à-dire que vous répondez toujours négativement. Employez les expressions négatives que vous avez apprises.

MODÈLE: Avec qui est-ce qu'il sort?
Il ne sort avec personne.

1. Mais il voit toujours[3] sa petite amie Nicole, n'est-ce pas?
2. Mais il va souvent au cinéma, n'est-ce pas?
3. Alors, qu'est-ce qu'il fait le week-end?
4. À qui est-ce qu'il parle?
5. À quoi est-ce qu'il s'intéresse?
6. Qui lui téléphone?
7. À qui est-ce qu'il téléphone?
8. Mais il fait toujours ses devoirs, non?
9. Il a déjà parlé à son professeur?

Implementation, Ex. G: Each
pair should be made up of one
girl and one boy. If that is not
possible, the pairs can consist
of **la postière** and **la dame** or
le postier and **l'homme**.

Ex. G: ⇄

G. **Au bureau de poste.** La scène: un bureau de poste en province. Les personnages: le postier, une dame bien habillée. La situation: la femme est assise sur un banc à l'intérieur du bureau de poste depuis trois heures. Le postier commence à soupçonner *(to suspect)* quelque chose. Jouez le rôle de la dame en répondant négativement à toutes les questions du postier.

MODÈLE: Pardon, Madame. Vous désirez quelque chose?
Non, Monsieur. Je ne désire rien.

1. Vous attendez quelqu'un?
2. Vous avez besoin de quelque chose?
3. Vous voulez acheter quelque chose?
4. Vous avez déjà acheté des timbres *(stamps)*?
5. Vous voulez téléphoner à quelqu'un?
6. Quelqu'un va vous téléphoner?
7. Vous avez quelque chose à envoyer?
8. On vous a envoyé quelque chose?
9. Vous passez souvent l'après-midi aux bureaux de poste?

3. **Toujours** may mean either *always* or *still*, depending on the context.

Suggestion, Lecture: Have students read questions 1, 5, and
6 in Ex. H before reading the
poem. This will help them to
focus on the most important aspects of the poem.

Lecture: *Pour Haïti*

Pluie de la patrie, tombe, tombe avec force
Sur mon cœur qui brûle[1]
Jette[2] ta bonne eau fraîche
Sur mon souvenir en feu.[3]

Haïti
Il y a des centaines d'années
Que j'écris ce nom sur du sable[4]
Et la mer toujours l'efface[5]
Et la douleur[6] toujours l'efface
Et chaque matin de nouveau
Je l'écris sur le sable millénaire[7]
   de ma patience.

Haïti
Les années passent
Avec leur grand silence de mer
Dans mes veines il y a encore du courage
Et de la beauté pour des milliers d'années
Mais le corps dépend de n'importe quel
   petit accident,
Et l'esprit n'a pas d'éternité!

Haïti
Toi et moi nous nous regardons
À travers la vitre infinie
Et dans mes yeux pleure
Un seul désir:
Sentir encore ta pluie
Sur ma soif de toujours
Sur ma peine de toujours!

               René Depestre

Vocabulaire: 1. burns 2. throw 3. on fire 4. sand 5. erases 6. pain
7. a thousand years old

Compréhension ■■■■■■■■■■■■■■■■■■■■■■■■■■

H. **Le sens du poème.** Answer the following questions about the poem.

1. In general, do you have the feeling that this is a happy or a sad poem? Why?
2. Do you think the poet is in Haiti while he's writing the poem? Why or why not? Give specific words and lines from the poem that support your answer.
3. Which words suggest that the poet is very nostalgic about Haiti?
4. What does the poet want to experience specifically? (This is mentioned both at the beginning and at the end of the poem.)
5. What is the effect of the repetition of the word **Haïti?**
6. Water plays an important role in this poem. In what different forms does it appear?

Suggestion, Ex. H: Have students discuss the questions in groups of 3 or 4. Then have some of the groups report back to the class. Or you can have an "eavesdropper" for each group, who takes notes of the discussion and then reports back to the class.

Ex. H: △ or □

DÉBROUILLONS-NOUS !

Review of **étape**.

Exercice oral

Ex. I: ⇄

I. **Un sondage.** Interview one of your classmates about his/her travels and activities. As he/she answers with **ne . . . jamais, ne . . . pas encore, ne . . . plus,** or **ne . . . personne,** mark the answers on a sheet of paper. Then report your findings to the class. Find out. . .

1. if he/she has ever visited Martinique.
2. if he/she has already gone to California (or another state).
3. if he/she still likes to go to the beach.
4. if anyone in the family has ever been to Africa.
5. if he/she ever goes skiing.
6. if his/her friends still go to the movies together **(ensemble).**
7. if he/she still likes his/her science class.
8. if anyone he/she knows is studying sociology **(la sociologie).**

Exercice écrit

Written Work: See Workbook.

J. **Un voyage en Martinique.** Vous êtes en Martinique. Écrivez une lettre à votre professeur de français. Expliquez ce que vous faites, quels endroits vous avez visités, le temps qu'il fait, etc.

Lexique

On s'exprime

Pour exprimer le négatif

ne . . . jamais
ne . . . pas encore
ne . . . personne (personne ne)
ne . . . plus
ne . . . rien (rien ne)

Vocabulaire général

Noms

la (dé)colonisation
des commérages *(m.pl.)*
un empire
un papillon
la sociologie
un timbre

Verbes

attendre
avoir le cafard
choquer
descendre
emprunter
entendre
entendre dire
entendre parler de
perdre
rendre
répondre (à)
soupçonner
vendre

Autres expressions

ensemble
toujours

LA POLITIQUE DES LANGUES

Libération, 17 juin 1974.

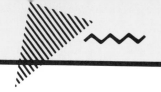

4.

Prereading: Have students discuss the various dialects and regional accents of English in the United States. Focus also on the slang spoken by different generations. Do teens use the same vocabulary as their parents and grandparents? Stress the fact that language is dynamic (always changing).

Suggestion, Chapter opener: Have students say in English what the various signs suggest to them. If you wish, you can then give equivalent statements in French.

7.

5.

6.

INTÉGRATION

A. Match the languages below to the signs and posters.

Answers, a-1, 4; b-2; c-3, 5, 6; d-7.

    a. l'alsacien   c. l'occitan
    b. le breton   d. le corse

Lecture: *Langue, dialecte, patois*

En France, comme dans les autres pays francophones, les langues, les dialectes et les patois abondent. Une langue, c'est ce que parlent les gens d'un pays (la France) ou d'une région (le breton). Un dialecte est une variation régionale d'une langue (l'alsacien). Un patois est un parler local qui n'a généralement pas de forme écrite (le joual au Québec, le cajun en Louisiane).

Le désir d'un groupe de gens de parler leur langue particulière représente très souvent un effort d'indépendance culturelle ou même de séparatisme politique. Au Québec, par exemple, le québécois est la langue de préférence de ceux qui aimeraient voir un Québec indépendant du Canada. Le même mouvement se manifeste de temps en temps avec le breton en Bretagne, l'alsacien en Alsace ou le basque au Pays Basque.

La langue, c'est une identité, une culture, des traditions bien définies. Il n'est donc pas surprenant que tout peuple désireux de maintenir son individualisme cherche à faire valoir sa façon de s'exprimer.

Conte de la Guadeloupe

ZANBA È LAPIN KA PWAN PWASON

An tan lontan, té tini dé zanmi. Yonn sété Conpè Lapin é lot la sété Conpè Zanba.

On jou, Conpè Zanba pa té difé pou i té limé chabon a-y. Alo, i voyé timoun a-y aca Lapin mandé-y tibwin difé. Timoun la alé, i fwapé é i rantré. Lè i rantré, i touvé Conpè Lapin ka fwi pwason. Alo i di :

— Conpè, ka ou ka fwi la, on?

Lapin réponn con sa sé on pwason i soti kyinn adan létan a Conpè Louwa. Timoun la di :

— Ban gouté an timoso.

Lè timoun la gouté pwason la, i dit :

— Manmans! Sa bon minn!

Traduction

ZAMBA ET LAPIN PÊCHENT DU POISSON

Autrefois, il y avait deux amis, l'un s'appelait Compère Lapin et l'autre Compère Zamba. Un jour, Compère Zamba n'avait pas de feu pour allumer son charbon. Alors il envoya son fils chez Lapin lui demander du feu. L'enfant frappa chez Compère Lapin et entra. A l'intérieur, il trouva Lapin occupé à faire frire du poisson. Alors il lui dit :

— Que fais-tu donc frire là?

Lapin lui répondit que c'était des poissons qu'il venait de pêcher dans l'étang de Compère le Roi. L'enfant dit :

— Fais m'en goûter un morceau.

Lorsqu'il eut mangé le poisson, l'enfant dit :

— Maman! C'est vraiment bon!

Extrait de *Lectures bilingues graduées, créole-français*, Ageco éditeur.

B. **Compréhension de la lecture.** Answer the questions about the reading.

1. What is the main point of the reading? How do the signs and slogans support that main point?
2. What are the differences among **une langue, un dialecte,** and **un patois?**
3. Given that language is a reflection of culture and traditions, do you think it's important for people to be able to speak their own language and to have their language recognized by others?
4. In what way might one's language and the idea of independence be related?
5. What different languages and dialects are spoken in the United States?

Chapitre neuf

L'Amerique du Nord

Que vous disent ces affiches?

BRUNCH
TOUS LES
DIMANCHE

FONTE DE NEIGE
ET DE GLAÇONS
DANGER

SI LA REMONTEE
NE VOUS EST PAS
FAMILIERE
DEMANDEZ DES
INSTRUCTIONS
AU PERSONNEL

C'EST ÉVIDENT !
VOUS DEVEZ TOUJOURS
PORTER VOTRE BILLET POUR
AVOIR DROIT AUX REMONTÉES

SKI
EST
OBLIGATOIRE
Lanières ou
Freins de sécurité.

MONTEZ
DEUX À LA FOIS
VOUS FEREZ
PLUS DE SKI

RETIREZ LES
COURROIES DE
VOS POIGNETS

Première étape

Point de départ:

Images du Québec

Prereading: Ask students to say what they already know about Canada and specifically about Quebec. They should talk about their impressions and sort out the stereotypes they might have.

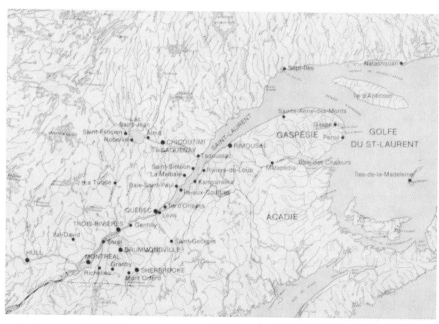

praised / entertainers (singers)

Le Québec, **vanté** par les **chansonniers** et les poètes, offre aux touristes une grande variété de distractions: sports d'hiver, alpinisme, pêche, festivals d'art, promenades historiques. Les Québécois sont très fiers de leur province et ils **tiennent** à tout prix à **sauvegarder** leur langue et leurs traditions.

insist / to safeguard (to protect)

La ville de Québec

Dans la ville de Québec, les visiteurs ont l'occasion d'admirer les monuments et les musées qui leur parlent de l'histoire longue et difficile des Québécois. Il y a la place d'Armes au centre même de la ville; l'Hôtel Château-Frontenac, qui domine le vieux quartier; le Musée du Fort, qui montre les grandes étapes de l'histoire militaire québécoise; la Terrasse Dufferin, où l'on trouve le monument de Samuel Champlain, fondateur de Québec; la Citadelle, qui est le fort le plus ancien de Québec; et le Monastère des Ursulines, fondé par Marie l'Incarnation.

La ville de Montréal

will not miss
was born

Les amateurs d'histoire **ne manqueront pas** de visiter le quartier du Vieux Montréal, arrondissement historique où **naquit** Ville-Marie, ancêtre de la grande métropole actuelle. Montréal, c'est aussi et surtout une mosaïque culturelle étonnante, à la fois deuxième ville française au monde et l'agglomération la plus cosmopolite du Canada. Une visite de Montréal doit surtout inclure la place Ville-Marie et la ville souterraine, avec ses boutiques et le métro; le Marché Bonsecours, avec son marché public; le Palais des Congrès, inauguré en 1983, où les Québécois accueillent les délégués des grands congrès internationaux; le Festival international de jazz (fin juin, début juillet); le Festival international de films du monde (fin août); et la rue Sainte-Catherine, principale rue commerciale.

Les restaurants (plus de 80 groupes ethniques sont représentés), les musées, les magasins et les monuments historiques, tous contribuent à faire de Montréal une des villes les plus intéressantes du monde.

Gouvernement du Québec
Ministère du Tourisme

Profil: Le Québec

*Capitale: Québec
*Superficie: 1 667 926 km²
*Villes importantes: Montréal, Trois-Rivières, Sherbrooke, Rivière-du-
Loup, Rimouski, Kamouraska
*Population: 6 532 000 habitants
*Nom des habitants: Québécois
*Langue officielle: Français (81,2%)
*Autre langue: Anglais (12,0%)
*Climat: Climat frais avec hivers rigoureux; températures: basse moyenne
en janvier −22° C, haute moyenne en juillet 12° C; de 12 à 23
semaines de neige par année

Exercice de familiarisation ■ ■ ■ ■ ■ ■ ■ ■ ■ ■ ■ ■ ■

A. **Nous connaissons le Québec.** Vous et votre camarade voulez montrer à
votre professeur combien vous savez sur le Québec. Parlez-lui de la
géographie, des habitants, des sites touristiques et des deux grandes villes,
Québec et Montréal.

B. **Un crime.** L'inspecteur de police interroge des personnes au sujet d'un
crime. Chaque personne dit le contraire de ce que dit l'inspecteur.

MODÈLE: Vous arrivez toujours de bonne heure?
Non, je n'arrive jamais de bonne heure.

1. Vous avez vu quelqu'un à l'extérieur?
2. Vous avez entendu quelque chose?
3. On a pris de l'argent?
4. Quelqu'un est entré dans la boutique pendant que vous y étiez?
5. Vous avez parlé à quelqu'un?
6. Il y a encore du sang *(blood)* sur le plancher *(floor)*?
7. Vous avez quelque chose à ajouter?

Recycling activity.

Ex. B: ○

Suggestion, Ex. B: One student
plays the role of the police inspector.

Structure: Since students have already worked with the principles of the subjunctive, this presentation should focus on the expressions of emotion and on continued practice of verbs conjugated in the subjunctive.

STRUCTURE

Le subjonctif pour exprimer l'émotion

Je suis content que vous vouliez *I'm happy that you want to go.*
y aller.
Nous sommes désolés que tu *We're sorry that you are sick.*
sois malade.
Elle est surprise que nous *She's surprised that we are staying.*
restions.

You've already learned to use the subjunctive with a variety of expressions, such as **il faut, il est important,** and **il vaut mieux.** The subjunctive is also used with verbs that express emotion—happiness, sadness, anger, surprise, and regret. These verbs, unlike those that express necessity, require a personal subject (**je, tu, elle,** etc.). If the subject of the first verb and the subject of the second verb are different, the subjunctive is used with the second verb.

Some frequently used verbs of emotion are:

Regret[4]	*Happiness*
regretter que	**être content(e) que**
être triste que	**être heureux(-se) que**
être navré(e) que	**être ravi(e) que**
être désolé(e) que	

Surprise	*Anger*
être surpris(e) que	**être fâché(e) que**
être étonné(e) que	**être furieux(-se) que**

Application ■■■■■■■■■■■■■■■■■■■■■■■■■■■■■■■■

C. **C'est bien dommage!** *(It's really too bad!)* Quand quelqu'un vous dit quelque chose, vous exprimez vos sentiments. Refaites les phrases en ajoutant l'élément entre parenthèses.

MODÈLE: Je ne peux pas aller à la soirée. (je regrette)
Je regrette que tu ne puisses pas aller à la soirée.

1. Tu es malade. (nous sommes désolés)
2. Michel ne peut pas aller à l'université. (mes parents regrettent)

---

4. Regret may also be expressed with **il est dommage que** + subjunctive: **Il est dommage que vous ne puissiez pas venir.** *It's too bad you can't come..*

3. Vous partez demain. (je suis triste)
4. Danielle n'a pas l'argent pour aller en Afrique. (nous sommes navrés)

MODÈLE: Il parle anglais. (Nous sommes contents.)
           Nous sommes contents qu'il parle anglais.

5. Vous étudiez le français. (mes parents sont surpris)
6. Mes parents vont en vacances. (je suis content)
7. Henri part. (nous sommes étonnés)
8. Michèle ne va pas au concert. (Philippe est faché)

D. **Les vacances de printemps.** Michèle, Roger et Christiane parlent de leurs vacances. Refaites les phrases en exprimant les sentiments indiqués entre parenthèses. Utilisez le subjonctif.

D'abord c'est Michèle qui parle:

MODÈLE: Nous allons dans les montagnes. (bonheur: [*happiness*])
           Je suis ravie (contente) que nous allions dans les montagnes.

1. Vous n'avez pas le temps d'aller avec nous. (regret)
2. Roger ne fait pas de ski. (surprise)
3. Nous sommes en vacances. (bonheur)
4. Les prix sont si élevés *(high).* (colère *[anger]*)

Maintenant ce sont Roger et Christiane qui parlent (**nous**):

5. Nos parents viennent à Rome avec nous. (bonheur)
6. Vous ne pouvez pas nous accompagner. (regret)
7. Il n'y a plus de couchettes dans le train. (colère)
8. Vous n'allez pas à Chamonix. (surprise)
9. Nous laissons *(are leaving)* les enfants à la maison. (regret)

E. **Quelle est votre réaction?** Réagissez à ce que dit un(e) de vos camarades   Ex. E: ⇌
en employant un verbe ou une expression d'émotion et le subjonctif.

MODÈLES: J'ai rendez-vous avec Michel.
           Je suis content(e) que tu aies rendez-vous avec Michel.

           Je vais me coucher de bonne heure.
           Je suis étonné(e) que tu te couches de bonne heure.

1. J'ai mal au dos.
2. Je ne suis pas heureux(-se).
3. Je ne sors pas ce soir.
4. J'ai un rhume.
5. Je vais partir demain.
6. Je vais aller en vacances.
7. Je ne peux pas aller au cinéma ce soir.
8. Je ne veux pas aller à Dakar.
9. J'aime parler français.

NOTE GRAMMATICALE

L'emploi de l'infinitif pour exprimer l'émotion

Je suis content de les voir.	*I'm happy to* see them.
Elle regrette de ne pas pouvoir venir.	*She's sorry that* she *can't* come.

If the subject of the verb of emotion is the same as the subject of the action, use **de** + infinitive.

If the action verb is negative, place **ne pas** directly in front of the infinitive.

F. Ajoutez les expressions entre parenthèses et faites les changements nécessaires.

   MODÈLE: Je ne peux pas aller à la soirée. (Je regrette...)
             Je regrette de ne pas pouvoir aller à la soirée.

   1. Marielle est en retard. (Elle regrette...)
   2. Nous ne pouvons pas rester. (Nous sommes désolés...)
   3. Je pars. (Je suis triste...)
   4. Mes parents n'ont pas son adresse. (Ils regrettent...)
   5. Je ne sors pas ce soir. (Je suis content...)
   6. Roger et Christiane vont à Rome. (Ils sont ravis...)
   7. Nous sommes en vacances. (Nous sommes contents...)
   8. Jacques va apprendre cette nouvelle. (Il va être surpris...)
   9. Mes parents sont avec nous. (Ils sont très heureux...)
   10. Je ne sais pas la réponse. (Je suis désolé...)

G. **Réagissons!** Chaque fois qu'on entend quelque chose, on réagit négativement ou positivement. Utilisez les expressions que vous avec apprises et employez le subjonctif ou l'infinitif selon le cas.

   MODÈLES: C'est presque le week-end. (je)
              Je suis très content(e) que ce soit presque le week-end.

              Nous n'allons pas sortir ce week-end. (nous)
              Nous sommes désolés de ne pas sortir ce week-end.

   1. Je vais aller au centre commercial. (ils)
   2. Mes amis vont jouer au football. (je)
   3. Ma mère et moi, nous allons nettoyer la maison. (nous)
   4. Je ne vais pas sortir. (je)

5. Mon frère va faire du ski. (il)
6. Mon professeur va corriger nos devoirs. (nous)
7. Je vais faire tous mes devoirs de français. (mon professeur)
8. Je vais ranger ma chambre. (ma mère)
9. Mes sœurs vont faire les courses. (elles)
10. Je vais aussi me reposer. (je)

Lecture: *Une lettre à une Québécoise*

Chère Louise,

Un gros joyeux Noël! Je t'envie dans ta maison québécoise au fond de la campagne. Ça doit être blanc partout! Mais, franchement, après des années passées à **pelleter** des bancs de neige[1] à n'en plus finir, **je ne me plains pas.** Ici, j'ai échangé ma **pelle** contre un parapluie!

    Qu'est-ce qui t'arrive par les temps qui courent? Fais-tu souvent du ski de fond? As-tu fait tes cipâtes et tes tourtières?[2] Je t'imagine en train de passer

Prereading: Students can talk about the weather in their regions during the various holiday seasons.

Additional information, Lecture: Michel explains that **joual** is no more the language of Racine than cockney is the language of Shakespeare. Jean Racine was a 17th century playwright (1639–1699) who wrote such plays as *Phèdre, Andromaque, Britannicus, Bérénice,* and other classical and biblical tragedies. Shakespeare's dates are 1564–1616. Ask students which Shakespeare plays they've read in their English classes and have them give a summary of a few plays in French.

to shovel / I'm not complaining
shovel

un dimanche tranquille à écouter ton Vigneault[3] et à te demander si son bazou[4] va partir lundi matin. Laisse-moi savoir ce qui se passe chez toi!

Par ici, ça va pas mal. Je veux surtout te parler de la présentation que j'ai faite aux élèves de la classe de français la semaine dernière: «Qu'est-ce que le Canada français?» Eh bien, j'ai essayé de leur faire comprendre (dans 45 minutes!) la différence entre un Franco-ontarien[5] comme moi et une Québécoise comme toi. Ça n'a pas été facile! Pour les élèves américains, le Canada français est tout à fait uniforme. De toute façon, comment leur parler d'une culture canadienne quand il y a tant de cultures—francophones et anglophones—au Canada? Je leur ai donné quand même les grandes lignes. En plus, pour finir, je leur **ai lu** du Tremblay.[6] Ils ont bien peu compris, mais, **tout en riant,** ils ont vite constaté que le joual[7] n'est pas du tout la langue de Racine, pas plus que le cockney est la langue de Shakespeare.

À part cet épisode, il n'y a pas grand'chose à raconter. J'ai beaucoup d'amis et ma nouvelle famille est très gentille. Les vacances approchent et j'espère renter au Canada pour quinze jours. Écris-moi au plus sacrant![8] À la revoyure![9]

Michel

read / while laughing

HIER, LA RADIO...
La belle et la voix

UNE CRÉATION DU THÉÂTRE DE LA COULISSE

MISE EN SCÈNE: MARIE BRASSARD

DU 19 JUIN AU 21 AOÛT 1988
A 15h30 et 20h30
RELÂCHE LES LUNDIS ET MARDIS

AU 11 ST-STANISLAS
VIEUX-QUÉBEC

Adultes 5$
Enfants 2$
(12 ans et -)

RÉSERVATION 529-2669

Note Culturelle

1. Canadian French (**le Québécois**) and French as spoken in France often have different terminology for the same thing. In some instances, Canadian French borrows its vocabulary from American English. For example, **bancs de neige** is the **Québecois** term for *snow banks*; in French, **bordées de neige** is used.
2. **Cipâtes** and **tourtières** are traditional meat pies, occasionally made with venison, and served at family gatherings and holidays, especially Christmas.
3. Gilles Vigneault is one of Quebec's many **chansonniers.** His song **"Mon pays"** became the unofficial national anthem of Quebec in the late 1960s.
4. **Bazou** is **Québécois** slang for *jalopy.*
5. A **Franco-ontarien** is a francophone raised in Ontario, an officially English-speaking province with a large French-Canadian minority.
6. Michel Tremblay, Quebec's best-known playwright, won international fame with his 1968 play, ***Les Belles-Sœurs (The Sisters-in-Law),*** written entirely in **joual.**
7. **Joual** is a spoken and written **Québécois** dialect, equivalent to cockney English. In literature, music, monologues, and movies, **joual** has become the badge of national pride, associated with the underdog whose losing battles against the system usually pitted **Québécois** workers against English-Canadian bosses.
8. **Au plus sacrant** = **joual** for *as fast as possible.*
9. **À la revoyure** = **joual** for *see you later.*

Compréhension ■■■■■■■■■■■■■■■■■■■■■■■■■■■■■

H. **Une lettre à une Québécoise.** Répondez aux questions.

1. Est-ce que Michel a le mal du pays? Comment le savez-vous?
2. En quelle saison est-ce que Michel écrit sa lettre?
3. D'où vient Michel? Est-ce qu'il est Québécois?
4. Où est-ce que Michel a appris son français?
5. Qu'est-ce qu'il fait aux États-Unis?
6. Qu'est-ce qu'il a essayé d'expliquer aux élèves de la classe de français?
7. Pourquoi est-ce que les élèves n'ont pas compris le texte de Tremblay?
8. Pour combien de temps est-ce qu'il va rentrer au Canada?

DÉBROUILLONS-NOUS !

Review of **étape**.

Exercices oraux

I. **La carte du Québec.** Le Québec est la plus grande des dix provinces canadiennes. Québec (sans article défini) est sa capitale. Consultez la carte du Québec à la page 247 et faites les projets pour un voyage avec votre groupe. Décidez quelles villes vous allez visiter, combien de temps vous allez rester dans chaque ville, en quelle saison vous faites ce voyage, si vous allez faire du ski et ce que vous allez faire à Montréal et à Québec.

Ex. J: ⇄

J. **Échange.** Répondez aux questions suivantes. Ensuite un(e) autre élève va réagir à votre réponse en utilisant une expression d'émotion (**je suis content(e), je regrette, je suis surpris(e),** etc.).

MODÈLE: Est-ce que tu as mal à la tête aujourd'hui?
   — *Non, je n'ai pas mal à la tête aujourd'hui.*
   — *Je suis contente que tu n'aies pas mal à la tête aujourd'hui.*

1. Est-ce que tu es fatigué(e)?
2. Est-ce que tu as beaucoup d'amis?
3. Est-ce que le prochain examen de français va être difficile?
4. Est-ce que tu sais bien jouer au tennis?
5. Est-ce que tu vas sortir ce week-end?
6. Est-ce que tu as un magnétoscope à la maison?
7. Est-ce que tu as des vidéos intéressantes?
8. Est-ce que tu as beaucoup de devoirs ce soir?

Exercice écrit

K. **Une lettre à Michel.** Faites semblant *(pretend)* que vous êtes Louise ou son frère Robert et répondez à la lettre de Michel. Expliquez-lui ce que vous faites, le temps qu'il fait, si vous êtes en vacances, ce que vous avez fait le week-end dernier, etc.

Written Work: See Workbook.

Deuxième étape

Point de départ:

Images de la Louisiane

Prereading: Students can talk about their impressions of and ideas about Louisiana. Have

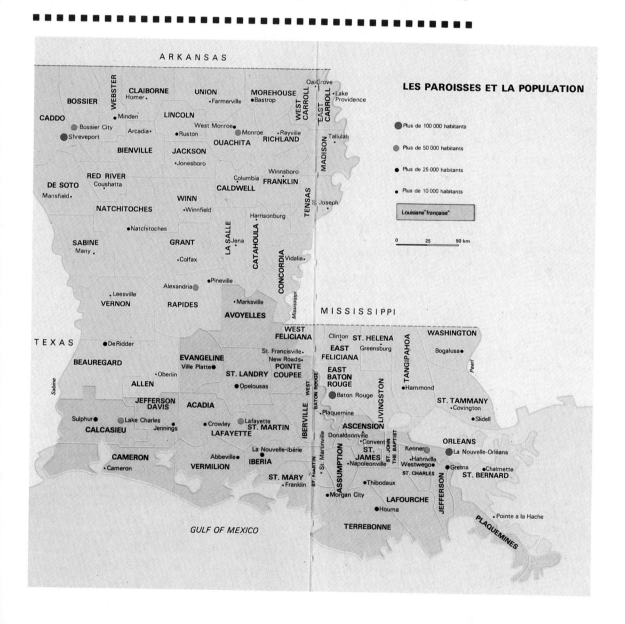

LES PAROISSES ET LA POPULATION

ARKANSAS

- Plus de 100 000 habitants
- Plus de 50 000 habitants
- Plus de 25 000 habitants
- Plus de 10 000 habitants

Louisiane "française"

0   25   50 km

WEBSTER · CLAIBORNE · Homer · UNION · Farmerville · MOREHOUSE · Bastrop · WEST CARROLL · EAST CARROLL · Oak Grove · Lake Providence

BOSSIER · CADDO · Bossier City · Shreveport · Minden · LINCOLN · West Monroe · Ruston · Monroe · RICHLAND · Rayville · MADISON · Tallulah

Arcadia · OUACHITA

BIENVILLE · JACKSON · Jonesboro

DE SOTO · RED RIVER · Coushatta · Columbia · CALDWELL · FRANKLIN · Winnsboro · TENSAS · St. Joseph

Mansfield · WINN · Winnfield

NATCHITOCHES · Natchitoches · Harrisonburg · CATAHOULA · CONCORDIA · Vidalia

SABINE · Many · GRANT · Colfax · LA SALLE · Jena

Alexandria · Pineville

Leesville · VERNON · RAPIDES · Marksville · AVOYELLES · MISSISSIPPI

TEXAS · De Ridder · WEST FELICIANA · St. Francisville · Clinton · ST. HELENA · Greensburg · WASHINGTON · Bogalusa

BEAUREGARD · EVANGELINE · Ville Platte · New Roads · EAST FELICIANA · POINTE COUPEE · EAST BATON ROUGE · TANGIPAHOA · Hammond · ST. TAMMANY · Covington · Slidell

Oberlin · ST. LANDRY · Opelousas · Baton Rouge · LIVINGSTON

ALLEN · JEFFERSON DAVIS · ACADIA · Plaquemine

Sulphur · Lake Charles · Crowley · Lafayette · ST. MARTIN · ASCENSION · Donaldsonville · Convent · ST. JOHN THE BAPTIST · Kenner · ORLEANS · La Nouvelle-Orléans

CALCASIEU · Jennings · LAFAYETTE · La Nouvelle-Ibérie · IBERVILLE · St. Martinville · Hahnville · Westwego · Gretna · Chalmette

CAMERON · Cameron · Abbeville · IBERIA · VERMILION · ST. MARY · Franklin · ASSUMPTION · Napoleonville · ST. JAMES · ST. CHARLES · ST. BERNARD

Thibodaux · JEFFERSON

GULF OF MEXICO · Morgan City · LAFOURCHE · Houma · TERREBONNE · PLAQUEMINES · Pointe a la Hache

En Amérique, les régions francophones principales se trouvent aux Antilles, au Canada et aux États-Unis. Aux États-Unis, c'est surtout en Louisiane et en Nouvelle-Angleterre que **se fait sentir** l'héritage français. Dans les années passées un grand nombre de Canadiens français sont descendus aux États-Unis pour s'y établir. On n'a qu'à consulter une carte du pays pour constater que le français a laissé ses traces: par exemple, il y a beaucoup de villes qui ont des noms français.

can be felt

La Louisiane

Une Amérique différente. C'est bien le mot. Différente par son passé, par sa culture, par la nature de son **sol** et par ses paysages, **telle** se présente la Louisiane.

soil / such

Pour beaucoup, cet État **à part** se résume à quelques réminiscences historiques rafraîchis par les cartes postales géantes: la Nouvelle-Orléans, le jazz, de jolies femmes en crinoline dans de parcs **ombragés**. Mais **sitôt** le dernier **bateau à roues happé** par les **brumes** du Mississippi, que reste-t-il? La Louisiane **vaut** pourtant davantage qu'**un coup d'œil** entre deux avions. Encore faut-il savoir la découvrir. Ses beautés sauvages ont échappé pour l'instant au **saccage** du progrès. Elles **s'étendent** à l'infini, aussi **vierges** qu'à l'époque des pionniers, pour **celui** qui veut bien abandonner l'itinéraire expéditif et impératif de l'autoroute et de certains voyages organisés.

separate

shaded / as soon as
steamboat / mist, fog
glance

havoc / stretch out / virgin
the one

Quitter la Louisiane après un tour rapide à travers les rues du *Vieux Carré* à la Nouvelle-Orléans et une promenade à bord du *Natchez*, c'est se contenter de la première page d'un grand album... Il faut entrer véritablement dans le pays, ne pas rester au bord. Pénétrer dans ses forêts **innombrables,** ses parcs d'État, ses jardins botaniques. **Se glisser** dans l'univers mystérieux de ses **marécages** où les animaux **pullulent, parcourir** ses bayous, traverser ses champs de coton, pousser la porte parfois **vermoulue** de ses vieilles plantations.

innumerable
to slip
swamps / are found in profusion
to cross / worm-eaten

Profil: *La Louisiane*

*Origine du nom: Nommé d'après le roi Louis XIV
*Capitale: Baton Rouge
*Superficie: 123 677 km²
*Villes importantes: La Nouvelle-Orléans, Shreveport, Lafayette, Lake Charles, Houma, Iberia
*Population: 4 462 000 habitants
*Nom des habitants: Louisianais
*Langue officielle: Anglais
*Autres langues: Français, créole
*Dates importantes: 1682—Cavalier de la Salle prend possession de la Louisiane pour la France; 1803—Napoléon Bonaparte vend la Louisiane aux États-Unis
*Climat: En hiver il fait doux, mais en été il fait généralement très chaud et humide.

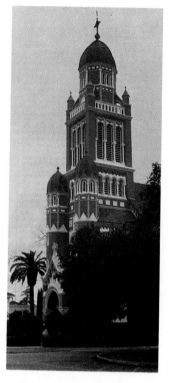

Compréhension ■■■■■■■■■■■■■■■■■■■■■■■■■

A. **La Louisiane: État francophone.** Answer the questions in English according to the information given in the reading and in the **Profil.**

1. Why is Louisiana considered a different America?
2. What should you do if you really want to get to know Louisiana?
3. Why does the author talk about a "mysterious universe"?
4. How many languages are spoken in Louisiana?
5. Is New Orleans the capital of Louisiana?
6. Who does the name *Louisiana* come from? What do you know about this person?
7. What do you know about the history of Louisiana?
8. Look at the map of Louisiana. Can you find the name of the person who took possession of the region for France?

B. **Consultons la carte des États-Unis.** Regardez un atlas des États-Unis et trouvez les villes suivantes qui portent des noms français.

MODÈLE: Lafayette
Lafayette se trouve dans l'état de Louisiane.

1. Baton Rouge	5. Terre Haute	9. Montpelier	13. Des Moines
2. Louisville	6. Fond du Lac	10. St. Louis	14. Alliance
3. Belleville	7. Des Plaines	11. La Porte	15. Napoleon
4. Versailles	8. Bellefonte	12. Thibodaux	16. Abbeville

Answers, Ex. B:
1. Louisiana (a French translation of the Choctaw **ituúma,** meaning "red pole," a boundary mark)
2. Kentucky
3. Illinois, Kansas, Michigan, New Jersey, Pennsylvania
4. Indiana, Kentucky, Missouri, Ohio, Pennsylvania
5. Indiana
6. Wisconsin
7. Illinois
8. Delaware, Wisconsin
9. Vermont
10. Missouri
11. Indiana, Texas, Iowa
12. Louisiana
13. Iowa
14. Nebraska, Ohio
15. North Dakota, Ohio
16. Alaska, Louisiana, South Carolina

REPRISE

Recycling activity.

Suggestion, Ex. C: Since students need some time to come up with statements, you may wish to have them prepare the exercise in writing ahead of time.

C. **Vous vous exprimez.** Vous avez la possibilité d'exprimer vos sentiments en vous adressant aux personnes indiquées et en parlant de vous. Complétez les phrases en utilisant le subjonctif ou l'infinitif.

À votre meilleur(e) ami(e):
1. Je suis heureux(-se) que tu...
2. Je suis surpris(e) que tu...
3. Je regrette que tu...
4. Je suis content(e) que tu...

Aux membres de votre famille:
5. Je suis fâché(e) que vous...
6. Je suis étonné(e) que vous...
7. Je regrette beaucoup que nous...
8. Je suis content(e) que nous...

En parlant de vous:
9. Je suis content(e) de...
10. Je suis faché(e) de...
11. Je regrette de...
12. Je suis heureux(-se) de...

STRUCTURE

Structure: Introduce by finding the tallest and shortest students in class, the oldest and youngest, the best tennis player and the worst, the students who sing the best and the worst, those who have the most and the fewest cousins (brothers and sisters), etc.

Le superlatif

Thérèse est **l'élève la plus avancée de** la classe.

Thérèse is *the most advanced student in* the class.

Elle a **les meilleures notes de** tous les élèves.

She has *the best grades of* all the students.

Elle travaille **le plus sérieusement de** tous les élèves.

She works *the most seriously of* all the students.

Mais elle a **le plus de temps libre de** tous ses amis.

But she has *the most free time of* all her friends.

C'est elle qui parle **le mieux** le français.

She's the one who speaks French *the best.*

In French, the superlative forms are the same as the comparative forms **plus, moins, meilleur,** and **mieux,** except that the definite article **le, la,** or **les** is added.

In the case of adjectives, the article agrees with the noun (**l'élève la plus avancée**). In the case of nouns, the superlative form acts like an expression of quantity (**le plus de temps libre**). Notice that the French equivalent of *in* or *of* after a superlative is **de**.

If an adjective follows the noun it qualifies, the superlative form repeats the definite article: **la maison la plus solide, le livre le plus ennuyeux, les élèves les moins travailleurs.** If an adjective comes before the noun, only one definite article is required: **la plus jolie maison, le plus gros livre, les moins bons étudiants.** Reminder: The following adjectives are placed before the noun: **grand, vieux, bon, long, beau, autre, petit, nouveau, mauvais, joli, jeune.**

Application ■■■■■■■■■■■■■■■■■■■■■■■■■■■■

D. Remplacez les mots en italique et faites les changements nécessaires.

1. *Georges* est l'étudiant le plus sérieux de la classe. (Suzanne / Alain et Robert / Martine et Christiane)
2. Hervé est l'élève le *plus optimiste* de la classe. (plus sportif / moins sérieux / plus jeune / meilleur / moins honnête)
3. Voilà la *plus belle* maison de la ville. (plus jolie / plus grande / plus chère / moins intéressante / plus petite)
4. Nathalie *parle le plus rapidement* de tous les élèves. (étudie le plus sérieusement / chante le mieux / travaille le plus / joue le mieux)

E. **Les élèves du lycée Voltaire.** En utilisant les expressions données, faites les comparaisons indiquées. Employez les tableaux aux pages 216 et 217.

MODÈLE: Sylvie (intelligent)
Sylvie est l'élève la plus intelligente de la classe.

1. Gilbert (intelligent)
2. Gilbert (étudier sérieusement)
3. Sylvie (bon en littérature)
4. Yves (étudier sérieusement)
5. Louis (bon en mathématiques)

F. **Les ouvriers de l'atelier Michelin.** En utilisant les expressions données, faites les comparaisons indiquées. Employez le tableau à la page 216.

MODÈLE: Thierry (âgé)
Thierry est l'ouvrier le plus âgé de l'atelier.

Additional information: Point out to students that, in France, secondary schools tend to be named after famous people rather than after the town in which they're located (as is often true in the U.S.). Voltaire (1694-1778) was a French philosopher of the Enlightenment who is best known for *Zadig, Micromégas, Candide,* and his philosophical essays and poems. He was particularly well-received by the anti-clerical bourgeoisie who used some of his ideas to inspire the French Revolution.

1. Jacqueline (âgé)
2. Jean-Loup (travailler rapidement)
3. le travail de Jean-Loup (bon)
4. Jacqueline (gagner de l'argent)

5. Jacqueline (jeune)
6. Jacqueline (travailler rapidement)
7. Albert (gagner de l'argent)

Lecture: *Être cajun aujourd'hui*

to claim
unless one has
self-aggrandizement
dugout canoe
small sailing ship / fled
blended
briskly, enthusiastically / which

remain / by comparison to

Qui peut aujourd'hui **revendiquer** le titre d'Acadien ou de Créole? Il semble très difficile en effet, **à moins de porter** un nom typique et de posséder un arbre généalogique sans **complaisance**, d'affirmer que son ancêtre a descendu le Mississippi en **pirogue** venant du Canada, a débarqué d'une **caravelle** en provenance de la Rochelle, ou **a fui** la France après les Adieux de Fontainebleau. Les Acadiens et les Créoles se sont **mélangés** eux-mêmes, et leur culture a assimilé avec un **bel entrain** celle de leurs voisins étrangers. **Ce qui** explique que l'on trouve aujourd'hui tant de Louisianais de descendance espagnole, italienne, allemande ou anglo-américaine qui se disent «Cajuns» parce que leur mère ou leur grand-mère s'exprimait en français à la maison. Les Noirs et les Indiens francophones sont aussi, souvent, des «Cajuns», ce nom de Cajun ou de Cadjiin (déformation anglaise de Cadien) portant pour beaucoup cette volonté de **demeurer** différents **par rapport à** la culture uniformisante de l'Amérique protestante.

Quelques proverbes cajuns

Suggestion, Cajun proverbs:
Ask students to give some English proverbs they know.

*C'est un **défonceur** de portes ouvertes. (Quand quelqu'un parle beaucoup et fait peu de choses.)

person who breaks down

*C'est lui qui a **gratté** la lune pour faire les étoiles. (Quand quelqu'un est toujours content de lui.)

scratched

*Il reste **debout** comme un **poteau fanal**. (De quelqu'un qui manque d'énergie.)

standing up / streetlight

*Il **dételle** la **charrue** au milieu du **marais**. (De quelqu'un qui ne finit jamais rien.)

unhitches / cart / swamp, marsh

*Il a pas **pendu** la lune. (De quelqu'un qui n'est pas trop intelligent.)

hang

Compréhension ■■■■■■■■■■■■■■■■■■■■■■■■■■■

G. **Être Cajun aujourd'hui.** Answer the following questions in English.

1. What unmistakable proof can someone give to lay claim to the name of Acadian or Cajun?
2. Why do so many Cajuns have a Spanish, Italian, German, or Anglo-American heritage?
3. What seems to be the main reason people give for being Cajun?
4. Where does the word *Cajun* come from?
5. Why do so many people want to be considered Cajun?

H. **Des proverbes cajuns.** Which of the proverbs would you use for each of the following people?

1. Once again, he left half of the work undone!
2. Talk, talk, talk... that's all he does!
3. Her elevator doesn't go all the way to the top!
4. I've seen more energy in a snail!
5. I can't stand people who are always smug!

DÉBROUILLONS-NOUS !

Exercice oral

Review of **étape**.

I. **Les profils des régions francophones.** Regardez tous les **Profils** des pays et régions francophones dans cette unité. Selon les renseignements donnés, décidez quelle région est la plus grande, la plus petite, a le plus et le moins d'habitants, a le plus ou le moins de langues, a le meilleur climat (à votre avis), etc.

Suggestion, Ex. I: You may wish to have students prepare this exercise ahead of time.

Exercice écrit

J. **Les délices de la cuisine louisianaise.** Read the following Cajun recipe for jambalaya. Then make a shopping list and identify the different stores you would go to if you were in France.

Jambalaya de poulet aux carottes
1 poulet
1 oignon haché
1 tasse de riz (non cuit)
2 tasses de carottes râpées
½ poivron vert haché
Sel et poivre

Mettre le poulet dans une cocotte et le faire dorer dans l'huile. Retirer le poulet. Laisser juste assez d'huile pour recouvrir le fond de la cocotte. Cuire une minute environ les carottes, l'oignon, le poivron et le riz dans le fond d'huile. Remettre le poulet dans la cocotte. Remuer. Recouvrir le poulet d'eau. Saler et poivrer. Cuire 45 minutes environ dans la cocotte ouverte. Remuer une à deux fois pendant la cuisson.

Written Work: See Workbook.

Lexique

On s'exprime

Pour exprimer ses sentiments

le regret
  regretter que (de)
  être triste que (de)
  être navré(e) que (de)
  être désolé(e) que (de)
  il est dommage que
le bonheur
  être content(e) que (de)
  être heureux(-se) que (de)
  être ravi(e) que (de)
la surprise
  être surpris(e) que (de)
  être étonné(e) que (de)
la colère
  être fâché(e) que (de)
  être furieux(-se) que (de)

Pour exprimer le superlatif

le (la, les) moins de
le (la, les) plus de
le mieux de
le (la, les) meilleur(e)(s) de

Vocabulaire général

Noms

le plancher
le sang

Adjectifs

avancé(e)
élevé(e)

Verbes

faire semblant que (de)
laisser

Adverbe

sérieusement

Autre expression

C'est dommage!

Mise au point

Prereading: Discuss the idea of stereotypes and how they are formed.

Lecture: *L'homme qui te ressemble*

René Philombe (1930–   ), un poète camerounais, a écrit ce poème qui implore le lecteur d'accepter tous les hommes, n'importe leur lieu d'origine ni leur apparence.

L'homme qui te ressemble

J'ai frappé[1] à ta porte
J'ai frappé à ton cœur
pour avoir bon lit
pour avoir bon feu
pourquoi me repousser?[2]
Ouvre-moi mon frère!...

Pourquoi me demander si
si je suis d'Afrique
si je suis d'Amérique
si je suis d'Asie
si je suis d'Europe?
Ouvre-moi mon frère!...

Pourquoi me demander
la longueur de mon nez
l'épaisseur[3] de ma bouche
la couleur de ma peau[4]
et le nom de mes dieux?[5]
Ouvre-moi mon frère!...

Je ne suis pas un noir
je ne suis pas un rouge
je ne suis pas un jaune
je ne suis pas un blanc
mais je ne suis qu'un homme
Ouvre-moi mon frère!...

Vocabulaire:
1. knocked
2. push back
3. thickness
4. skin
5. gods
6. heavens

Ouvre-moi ta porte
Ouvre-moi ton cœur
car je suis un homme
l'homme de tous les temps
l'homme de tous les cieux[6]
l'homme qui te ressemble!...

Compréhension ■■■■■■■■■■■■■■■■■■■■■■■■■■■

A. **Le sens du poème.** Answer the questions in English.

1. What is the main message of this poem? What is the poet telling us?
2. What is the **je** in the poem asking of us in the first stanza?
3. What does he not understand?
4. According to the poet, what aspects of a person are not particularly important?
5. In what way do you think the poet is talking about prejudices we have about other people?

Postreading, Ex. A: Question 5 can serve as a lead-in to a discussion on prejudices and the problems they create.

B. **Les élèves du collège St-Jean.** *(The students of St. John Secondary School.)* Chaque élève se distingue d'une façon ou d'une autre. Utilisez les expressions données pour expliquer en quoi chaque élève est différent des autres.

Recycling activity.

Nom de l'élève	Âge	Taille	Note en espagnol	Chant
André	15 ans	1m65	12/20	excellent
Béatrice	14 ans	1m45	12/20	assez bien
Charles	16 ans	1m50	16/20	bien
Éric	16 ans	1m75	10/20	bien
Hélène	15 ans	1m40	15/20	bien
Jacqueline	15 ans	1m50	13/20	mal
Robert	17 ans	1m60	8/20	bien

MODÈLE: Béatrice (jeune)
          Béatrice est la plus jeune élève de la classe.

1. Béatrice (âgé)
2. Robert (âgé)
3. Éric (grand)
4. Hélène (petit)
5. André (chanter bien)
6. Robert (un mauvais élève en espagnol)
7. Jacqueline (chanter bien)
8. Charles (un bon élève en espagnol)

RÉVISION

In this **Révision,** you will review:

■ facts about French-speaking areas of the world;
■ the relative pronouns **qui** and **que;**
■ the comparative and superlative;
■ regular verbs ending in **-re;**
■ negative expressions;
■ the present subjunctive and the infinitive used with expressions of emotion.

C. **Quel pays francophone veux-tu visiter?** Take a survey of some your classmates to find out which French-speaking country or region each would like to visit. Each person should use the information in this unit to explain his/her choice.

Les pronoms relatifs *qui* et *que*

J'ai parlé à quelqu'un **qui** vient du Cameroun.
Les plantations **qui** se trouvent au sud du Cameroun produisent du café
   et du cacao.
Le pays francophone **que** je vais étudier est le Cameroun.
La famille **que** j'ai rencontrée récemment est du Cameroun.

A relative pronoun connects two clauses into a single sentence. The relative pronoun introduces the second clause while referring to a word in the main clause. **Qui** *(who, that, which)* refers to persons or things and acts as the *subject* of the subordinate clause. **Qui** is always followed by a verb. It may also be used with a preposition, such as **à, chez, avec,** and **pour.** The relative pronoun **que** *(whom, which, that)* acts as a *direct object* and stands for persons or things. It is always followed by a subject and a verb. In the **passé composé,** the past participle agrees in gender and number with the word to which **que** refers.

D. **Curiosité.** Posez une question pour trouver le renseignement que vous avez oublié. Utilisez un pronom relatif (**qui** ou **que**) dans votre question.

1. Georgette lit *(is reading)* un très bon roman, mais j'ai oublié son titre.
2. Didier est sorti avec une jeune fille très sympathique, mais je ne sais pas son nom.
3. Le train arrive à Cassis à 12h30, mais je ne sais pas à quelle heure il part de Marseille.
4. J'ai acheté un pull hier, mais je ne me rappelle pas combien il coûte.
5. Nous avons parlé à un jeune homme très intéressant, mais nous avons oublié son nom.
6. J'ai acheté mon billet hier, mais maintenant je ne sais pas où il se trouve.
7. Elle a visité plusieurs pays francophones, mais je ne me rappelle pas quels pays.
8. Ils connaissent bien le restaurant dans la rue Mouffetard, mais ils ont oublié son nom.

Le comparatif

Elle est **plus grande que** son frère.
Il est **aussi sérieux que** sa sœur.
Ils travaillent **moins rapidement que** leurs amis.
Nous avons **plus d'**argent **que** Paul.
J'ai **autant d'**énergie **que** lui.
Elle a **moins de** tact **que** moi.
Mes notes sont **meilleures que** les notes de mon frère.
Il parle **mieux que** moi.

The expressions **plus** *(more)*, **aussi** *(as)*, and **moins** *(less)* are used to compare adjectives and adverbs. They are followed by **que** *(as)*.

The expressions **plus de** *(more)*, **autant de** *(as much)*, and **moins de** *(less)* are used to compare nouns and are also followed by **que**.

The adjective **bon** and the adverb **bien** have irregular comparative forms to indicate superiority: **bon(ne)(s)** ⟶ **meilleur(e)(s)**, **bien** ⟶ **mieux**. The English equivalent of both **meilleur** and **mieux** is *better*.

Le superlatif

Thérèse est **l'élève la plus avancée de** la classe.
Quels sont **les meilleurs restaurants de** la ville?
Jacques travaille **le plus sérieusement de** tous les ouvriers de l'atelier.
Elle a **le plus de temps libre de** tous ses amis.
C'est Mathilde qui chante **le mieux.**

The superlative forms are the same as the comparative forms **plus, moins, meilleur,** and **mieux,** except that the definite article **le, la,** or **les** is added. Remember that if the adjective follows the noun, the definite article is repeated: **la maison la plus solide, le livre le plus ennuyeux, les étudiants les moins travailleurs.**

Ex. E: △

E. Ma famille et mes amis. Utilisez des expressions comparatives et super-latives pour parler des membres de votre famille.

MODÈLE: *Ma grand-mère est plus âgée que mon grand-père. Elle a 80 ans. Ma grand-mère est la personne la plus âgée de la famille. Mon frère Paul joue le mieux au tennis. Il joue beaucoup mieux que moi. Un jour je veux jouer aussi bien que lui. Etc.*

Quelques suggestions de comparaisons: âge (âgé, jeune, vieux), jouer bien, parler bien le français, aller souvent au cinéma, être bon en maths, être bon en science, être bon en histoire, taille (grand, petit), travailler sérieusement, manger, être intelligent(e), être sportif(-ive), aimer bien, etc.

Les verbes réguliers en *-re*

vendre (to sell)

je vend**s**	nous vend**ons**
tu vend**s**	vous vend**ez**
il, elle, on vend	ils, elles vend**ent**

Past participle: **vendu** (avoir)   Subjunctive stem: **vend-**
Imperfect stem: **vend-**

Some other common regular **-re** verbs are:

attendre	to wait for
descendre (conjugated with **être**)	to go down (downstairs)
entendre	to hear
entendre dire	to hear secondhand
entendre parler de	to hear about
perdre	to lose
rendre	to return (something)
répondre (à)	to answer

F. **Mes habitudes.** Employez des verbes en **-re** pour expliquer ce que vous faites typiquement.

MODÈLE: *Je perds toujours les clés de ma voiture.*

Ensuite parlez des membres de votre famille.

MODÈLE: *Mes parents vendent leur auto tous les deux ans.*

Maintenant, dites ce que vous et les membres de votre famille (ou amis) avez fait la semaine dernier. Continuez à employer des verbes en **-re**.

MODÈLE: *Linda a entendu dire que Pat est malade.*

Les expressions négatives

Je **ne** vois **rien.**
Je **ne** vois **personne.**
Rien ne m'intéresse.
Personne n'a téléphoné.
Elle **n'**est **plus** là.
Ils **ne** sont **pas encore** partis.
Nous **n'**avons **jamais** assez de temps.

The negative expressions **ne . . . rien, ne . . . personne, ne . . . plus, ne . . . pas encore,** and **ne . . . jamais** go around the conjugated verb (the main verb in the present tense or the helping verb in the **passé composé). Personne** and **rien** may also be the subject of a sentence, in which case **ne** is placed directly before the verb.

Ex. G: ☐

G. **Une semaine désastreuse.** Vous avez eu une semaine particulièrement mauvaise et vous n'êtes pas en bonne humeur. Quand vos amis vous interrogent, vous répondez toujours négativement. Employez les expressions négatives que vous avez apprises.

MODÈLE: Est-ce que tu as fini tes devoirs de français?
Non, je n'ai jamais fini mes devoirs de français!

1. Est-ce que quelqu'un t'a téléphoné?
2. Est-ce que le mécanicien a déjà réparé ta voiture?
3. Est-ce que tes parents sont sortis cette semaine?
4. Est-ce que tu es toujours premier(-ère) dans ta classe de français?
5. Est-ce que tu as fait beaucoup de choses cette semaine?
6. Est-ce que tu as vu tes amis?
7. Est-ce que tu as parlé à ton professeur?
8. Est-ce que tu vas faire quelque chose demain soir?
9. Est-ce que quelque chose t'intéresse?
10. Est-ce que tu as parlé à ta tante?

Le subjonctif et l'infinitif pour exprimer l'émotion

Je suis content de les voir.
Je suis content que vous vouliez y aller.

If the subject of a verb of emotion is the same as the subject of the action, you use **de** + infinitive: **Je regrette de partir.** *(I'm sorry that I'm leaving).*

If the subject of a verb of emotion differs from the subject of the action, you use the subjunctive: **Je regrette que vous partiez.** *(I'm sorry that you're leaving).*

Some frequently used verbs of emotion are

Regret	*Happiness*	*Surprise*
regretter que	**être content(e) que**	**être surpris(e) que**
être triste que	**être heureux(-se) que**	**être étonné(e) que**
être navré(e) que	**être ravi(e) que**	
être désolé(e) que		

anger
être fâché(e) que
être furieux(-se) que

H. **Mes réactions.** Pour chacun des sujets suivants, exprimez votre regret, votre surprise, votre bonheur ou votre colère. Utilisez le subjonctif s'il y a changement de sujet ou l'infinitif s'il n'y a pas changement de sujet.

Ex. H: ☐

MODÈLE: la politique
Je suis content d'être trop jeune pour voter. ou:
Je regrette que mon candidat n'ait pas gagné l'élection.

1. les membres de votre famille
2. votre meilleur(e) ami(e)
3. les sports
4. une fête
5. un centre commercial
6. votre professeur
7. la politique
8. le temps qu'il fait
9. un film (une vidéo)
10. vos cours

Point d'arrivée

■ ■

Activités orales

Ex. I: ○

I. **Les pays francophones.** You're a travel agent who is planning a trip through some of the French-speaking countries and regions of the world for a group of tourists. Your classmates will tell you what they'd like to see, and you will choose which country or region is most likely to fulfill their wishes. Use the information in the unit to make your decisions.

MODÈLES: ÉLÈVE 1: *Je voudrais aller dans le désert.*
ÉLÈVE 2: *Allez au Maroc.*

ÉLÈVE 3: *Je n'aime pas la chaleur.*
ÉLÈVE 2: *Allez au Québec.*

Ex. J: □

J. **Le tour du monde.** Look at the map on pages xiv and xv and explain to your classmates which francophone countries (regions) you're going to visit someday. Give at least one reason for each of your choices.

MODÈLE: *Je vais aller à la Martinique parce que j'adore les plages et le soleil et parce que je veux manger beaucoup de poisson. J'aimerais aussi étudier la langue créole.*

Ex. K: ○

K. **Des stéréotypes.** Take a survey of your classmates to find out what stereotypes they think of for the following countries. Get at least one statement about each country from five different students. Then report your findings to the rest of the class. Be sure to take notes on their statements because you'll be asked to write up your findings in Exercise R.

MODÈLES: la Suisse
Les Suisses ont beaucoup d'argent dans leurs banques.
ou: *Les Suisses sout très matérialistes.*
ou: *Les Suisses travaillent beaucoup. Etc.*

1. la France   2. la Suisse   3. les États-Unis   4. l'Angleterre
5. l'Italie   6. le Maroc   7. le Canada

Ex. L: □

L. **Un voyage.** Pick a French-speaking country you know something about and prepare to talk about it to the members of your group. You may choose a country discussed in this chapter or another one. Pretend that you just returned from a trip to this country and that you are sharing your knowledge and impressions with your friends. Don't forget that there are also some French-speaking countries, other than France, in Europe: **la Suisse, la Belgique, le Luxembourg.**

M. **Quand nous étions jeunes...** Your parents, your teachers, and other people older than you often have childhood memories that are quite different from your experience. Imagine a conversation in which people are talking about differences and similarities between how children grow up today and how they grew up 20 or 30 years ago. Use as many comparative expressions as possible.

Ex. M: △

N. **Tout va mal!** Recall or imagine the worst day possible, a day when nothing goes right and when no one does what you want. Because the day is so bad, you have a very negative outlook on things and are in a bad mood. Have a contest with your classmates to see who can tell about the worst day. Use as many negative expressions as possible.

Ex. N: □

Activités écrites

O. **Une région francophone.** Pick a francophone country or region that you did not study in this unit and write a factual outline using the **Profil** sections as models. Suggestions: **Haïti, la Suisse, la Belgique, l'Algérie, la Tunisie, la Côte-d'Ivoire, le Mali, Tahiti, Madagascar, le Sénégal.**

P. **Une lettre.** Now write a letter to your teacher about the country or region you've researched. Pretend that you're still in the country. Talk about where you've been, where you're going, what the weather is like, the people you've met, the things you've bought, etc.

Q. **Mon ami(e)...** A friend is about to visit your "French family" in Grenoble. Write them a letter telling all about your friend *by comparing him/her to you.* Give a physical description, a personality portrait, and what he/she likes and dislikes (activities, food, weather).

R. **Résultats du sondage et mes commentaires.** In Exercise K you surveyed some of your classmates to find possible stereotypes about a variety of countries. Pick one of the countries, write out the statements your classmates made, and comment on what was said. If you need more information about why your classmates made particular statements, ask them before or after class. In your comments, try to use some expressions of emotion with the subjunctive.

Written Work: See Workbook.

DEUX JEUNES FRANCOPHONES

Audio tape, Expansion culturelle: Have students listen to the interviews on the Teacher Tape without looking at the written script. Then have them tell you what information they got from each of the teenagers. Then play the interviews again while students follow along in the book.

Je m'appelle Fakhri Ahmed et j'habite à Bizerte en Tunisie. J'ai 15 ans et je suis encore au lycée. J'ai deux sœurs et un frère et à la maison nous parlons arabe. Ici en Tunisie, l'arabe est la langue officielle, mais nous parlons aussi tous le français. Depuis l'âge de huit ans, je fais mes études en arabe et en français et je me considère donc bilingue. Il faut dire, tout de même, que je suis un peu plus confortable quand je parle arabe parce que c'est la langue que je parle à la maison. Quand j'étais enfant, mes parents parlaient surtout l'arabe avec nous. Mais quelque fois quand ils étaient en colère, ils nous adressaient aussi en français pour être plus formel! J'ai déjà visité la France avec mes parents et un jour j'aimerais bien continuer mes études universitaires en France. Mais j'ai l'intention de revenir en Tunisie pour travailler ici. Je pense que j'ai beaucoup d'avantages parce que je parle l'arabe et le français et parce que j'étudie aussi l'anglais.

Je m'appelle Isabelle Michaud. J'ai 16 ans et j'habite à Lausanne en Suisse. Lausanne se trouve dans la Suisse romande, qui est la partie francophone du pays. Le français est une des langues officielles de la Suisse, avec l'allemand et l'italien. J'ai beaucoup d'amis qui viennent de la partie allemande et de la partie italienne de la Suisse. Mais on se parle surtout français parce que ma seconde langue c'est l'anglais. Puisque nous avons trois langues officielles en Suisse, nous avons l'habitude d'entendre beaucoup les autres langues. Les affiches dans les rues, dans les gares et dans d'autres endroits publics sont toutes écrites en français, en allemand et en italien. Il est donc normal que nous soyons très conscients des trois cultures qui se mélangent harmonieusement ici en Suisse.

EXPANSION

Et vous?

S. **Je pense...** Maintenant vous connaissez un peu Fakhri et Isabelle. Ce sont des jeunes personnes pour qui l'étude des langues étrangères est très importante. Discutez avec vos camarades de classe des avantages qu'on a quand on parle plusieurs langues. Pourquoi est-il surtout important pour les Américains d'étudier des langues étrangères?

Ex. S: ☐

C'est la France ou les États-Unis?

Unité quatre

On prend le dîner

Planning Strategy: See Workbook.

Audio Tape: See Teaching Guide.

Objectives

In this unit, you will learn:

- to read a menu;
- to order a meal in a restaurant;
- to use the telephone;
- to write and mail an invitation;
- to understand a recipe;
- to express wishes and preferences.

LA GASTRONOMIE

Êtes-vous gourmand ?

Est-ce que vous vivez pour manger ou est-ce que vous mangez pour vivre? Aimez-vous les sucreries? Avez-vous toujours un bon appétit? Faites ce petit test. Additionnez vos points puis lisez nos commentaires, page 11.

1 On vous donne un billet de 50 francs.
(a) Vous vous précipitez dans la pâtisserie la plus proche. (3 points)
(b) Vous achetez un gâteau ou une glace et des magazines ou un disque. (2 points)
(c) Vous n'achetez rien à manger. Vous allez au cinéma. (1 point)

2 Vous avez faim. Le repas est prêt dans une heure.
(a) Vous attendez patiemment. Vous ne mangez jamais entre les repas. (1 point)
(b) Vous ne pouvez plus attendre. Vous mangez un sandwich et des biscuits en attendant. (3 points)
(c) Vous mangez une pomme ou vous buvez un verre de lait. (2 points)

3 Vous regardez un film à la télé. Sur la table à côté, il y a une boîte de chocolats/des biscuits/des chips...
(a) À la fin du film, il ne reste rien. (3 points)
(b) Vous ne mangez jamais en regardant la télé. (1 point)
(c) Vous avez mangé quelques chocolats/biscuits/chips mais il en reste beaucoup. (2 points)

4 C'est votre anniversaire. On vous offre une grande boîte de chocolats.
(a) Vous êtes content. Vous partagez vos chocolats avec votre famille/vos amis. (2 points)
(b) Une boîte de chocolats pour vous tout seul? Vous êtes très heureux! (3 points)
(c) Vous êtes déçu. Vous préférez un disque ou un magazine. (1 point)

5 On vous invite à une sortie. Vous avez le choix: un bon repas dans un grand restaurant, un film suivi d'un petit sandwich dans un café ou un concert de votre groupe préféré.
(a) Vous vous décidez tout de suite: le restaurant! (3 points)
(b) Vous choisissez le concert, sans hésiter! (1 point)
(c) Un spectacle suivi d'un petit snack, c'est très agréable. (2 points)

6 Est-ce que vous vous rappelez ce que vous avez mangé hier à midi?
(a) Hier à midi? Je n'ai pas eu le temps de manger. (1 point)
(b) Ah oui, je crois que j'ai pris un hamburger avec un dessert, je ne sais plus quoi... (2 points)
(c) Vous voulez parler du gros steak avec des frites, suivi du gâteau au chocolat et de la coupe de glaces à la vanille? (3 points)

7 Vous êtes dans un restaurant self-service à l'heure du déjeuner.
(a) Vous prenez l'assiette la plus pleine, avec un ou deux desserts avec beaucoup de crème. (3 points)
(b) Vous choisissez quelque chose de léger, un petit repas équilibré. (2 points)
(c) Vous n'avez jamais très faim. Un petit sandwich suffit. (1 point)

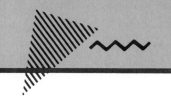

ÊTES-
VOUS
GOURMAND?

Commentaires
– *Vous avez plus de 17 points:* Attention, vous êtes un peu trop gourmand. Il faut manger moins et des choses plus saines.
– *Vous avez entre 11 et 17 points:* Vous aimez les bonnes choses mais sans excès. C'est bien.
– *Moins de 11 points:* Vous n'êtes pas gourmand du tout. En fait, mangez-vous assez? Attention, à votre âge, c'est important.

Ne prenez pas ce test trop au sérieux.

OUVERTURE

A. **Êtes-vous gourmand?** Faites le petit test à la page 280 sur votre attitude à l'égard de la bonne cuisine. Puis comparez vos résultats à ceux de vos camarades de classe.

crêpes: pancakes
rillettes: pork pâté

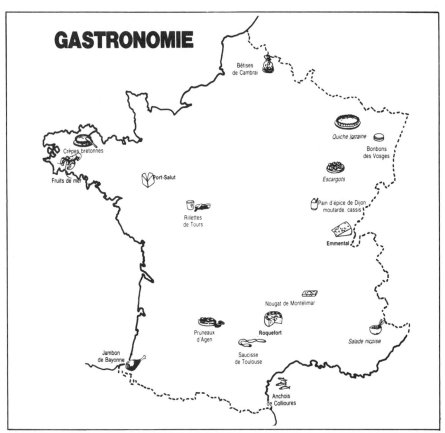

B. **Les spécialités de la région.** Des amis de vos parents vont visiter la France. Ce sont des gens qui aiment déguster *(taste)* les spécialités des régions qu'ils visitent. En consultant la carte gastronomique de la France à la page 281, dites-leur ce qu'il faut manger dans les régions suivantes.

MODÈLE: dans le Val de Loire
Dans le Val de Loire il faut manger du fromage—du Port-Salut—et des rillettes de Tours.

1. en Normandie   2. en Bretagne   3. en Alsace   4. en Provence
5. dans la région de Toulouse   6. près de la frontière espagnole

LA TABLE

étoiles: stars
but: goal
à la fois: both
attendez-vous à: expect
dépense: expense
cadre: setting
soigné: prepared with care

Les étoiles : voir les cartes p. 64 à 71.

En France, de nombreux hôtels et restaurants offrent de bons repas et de bons vins.

Certains établissements méritent toutefois d'être signalés à votre attention pour la qualité de leur cuisine. C'est le but des étoiles de bonne table.

Nous indiquons pour ces établissements trois spécialités culinaires et des vins locaux. Essayez-les, à la fois pour votre satisfaction et pour encourager le chef dans son effort.

❀ 574 **Une très bonne table dans sa catégorie**

L'étoile marque une bonne étape sur votre itinéraire.

Mais ne comparez pas l'étoile d'un établissement de luxe à prix élevés avec celle d'une petite maison où à prix raisonnables, on sert également une cuisine de qualité.

❀❀ 84 **Table excellente, mérite un détour**

Spécialités et vins de choix... Attendez-vous à une dépense en rapport.

❀❀❀ 20 **Une des meilleures tables, vaut le voyage**

Table merveilleuse, grands vins, service impeccable, cadre élégant... Prix en conséquence.

R **Les repas soignés à prix modérés**

Tout en appréciant les bonnes tables à .étoiles, vous souhaitez parfois trouver sur votre itinéraire, des restaurants plus simples à prix modérés. Nous avons pensé qu'il vous intéresserait de connaître des maisons qui proposent, pour un rapport qualité-prix particulièrement favorable un repas soigné, souvent de type régional.

Consultez les cartes p. 74 à 80 et ouvrez votre guide au nom de la localité choisie. La maison que vous cherchez se signale à votre attention par la lettre **R** en rouge, ex. : **R** 70.

282

XXXX ✿✿✿ **Jamin** (Robuchon), 32 r. Longchamp, ✉ 75116, ✆ 47 27 12 27 – 🖳   G 7
fermé juil., sam. et dim. – **R** (nombre de couverts limité – prévenir) carte 300 à 440
Spéc: Rouelles de homard à la vapeur, Bar cuit en peau sauce verjutée, Ravioli de ris de veau.

XXXXX ✿✿✿ **Taillevent**, 15 r. Lamennais ✆ 45 61 12 90 – 🖳. ✵   F 9
fermé 26 juil. au 25 août, vacances de fév., sam., dim. et fériés – **R** (nombre de couverts limité - prévenir) carte 290 à 400
Spéc. Cannelloni de céleri au jus de truffe, Poularde de Bresse Edouard Mignon, Diplomate aux griottes confites.

XXXXX ✿✿✿ **Lucas-Carton** (Senderens), 9 pl. Madeleine ✆ 42 65 22 90, « Authentique décor 1900 » – VISA. ✵   G 11
fermé 2 au 26 août, 20 déc. au 5 janv., sam. et dim. – **R** carte 365 à 520
Spéc. Escalope de saumon fumé chaude, Foie gras de canard aux choux, Canard poché et rôti au miel.

XXXXX ✿✿✿ **Tour d'Argent** (Terrail), 15 quai Tournelle (5e) ✆ 43 54 23 31, « Petit musée de la table, ⩽ Notre-Dame, dans les caves : spectacle historique sur le vin » – AE ⓪ VISA   K 16
fermé lundi – **R** 220 (déj.) et carte 390 à 585
Spéc. Canard au sang Tour d'Argent.

C. **Les bonnes tables.** Your grandparents are going to France to celebrate fifty years of marriage. Your parents and your aunts and uncles would like to treat them to a very special meal. They ask you what you know about the rating system for restaurants in France. You read the *Guide Michelin* and then answer their questions.

1. What's the difference between a one-star, a two-star, and a three-star restaurant?
2. Which are the best restaurants in Paris? How much would it cost to eat in them?

Allons au restaurant!

1.

2.

3.

Où vont-ils dîner?

a. Jean-Pierre de la Maisonneuve aime très bien manger. Pour lui, il est important que le décor, le service et le repas soient tous exceptionnels. Il accepte de payer une somme importante pour bien dîner.

b. Marcelle Gillon a beaucoup voyagé dans le monde. Elle aime bien manger. Mais ce qui importe pour elle, c'est la variété. Elle aime bien déguster les cuisines internationales.

c. Lucien Bertin et Élisabeth Béchaux sont étudiants. Ils n'ont pas beaucoup d'argent, mais ils aiment bien sortir pour dîner de temps en temps. Pour eux, l'important, c'est que le restaurant serve un bon repas à un prix modéré.

Point de départ:

Les plats

Some unfamiliar and unglossed words are used in the menus in this Unit. Thus, students face a situation that would probably occur in France. Encourage them to ask the "waiter" for explanations, when needed.

Suggestion, Point de départ: Begin by having students repeat category names (ex., **Les hors-d'œuvre**), then the food names (**crudités, steak**). Then present the terms from the **Note culturelle.**

LA BONNE BOUCHE

Les hors-d'œuvre

Assiette de crudités
Asperges vinaigrette
Œufs mayonnaise
Jambon melon
Pâté maison
Terrine de crabe
Escargots de Bourgogne

Les potages

Bisque de homard
Soupe à l'oignon gratinée
Consommé au vermicelle

assiette de crudités: plate of raw vegetables / *bisque de homard:* creamy lobster soup

terrine: pâté
escargots: snails

Les poissons

Daurade provençale
Filet de sole meunière
Truite aux amandes
Langoustines mayonnaise
Moules marinières
Coquilles St-Jacques
 à la parisienne

Les viandes

Canard à l'orange
Escalope de veau au citron
Côte de porc grillée
Steak au poivre
Châteaubriand sauce béarnaise
Bœuf bourguignon
Poulet rôti normand

daurade: gilt-head (fish)

truite: trout
langoustines: crayfish
moules: mussels

Les fromages

Camembert   Brie   Roquefort

Les desserts

Glace à la vanille
Sorbet
Tartelette aux fruits

Mousse au chocolat
Crème caramel
Fraises au sucre

sorbet: sherbert

285

Note Culturelle

À première vue, une carte de restaurant français peut sembler assez mystérieuse. Pourtant, il est possible d'apprendre à lire une carte si on se souvient de certaines conventions.

Le nom d'un plat cuisiné est souvent divisé en deux parties: un nom indiquant la matière première du plat (**soupe, steak, glace**) et un groupe de mots spécifiant son mode de préparation (**de poisson, au poivre, à la vanille**). Par exemple:

tarte aux fraises: *pie made with strawberries*
canard à l'orange: *duck served with orange sauce*
œufs mayonnaise: *hard-boiled eggs served with mayonnaise*

Dans les exemples précédents, le rapport entre les deux parties du nom est assez clair: dans d'autres cas, il est peu évident et il faut donc apprendre l'expression. Par exemple:

champignons à la grecque: *mushrooms prepared in the Greek style (cooked in a broth of vegetables and herbs)*
entrecôte béarnaise: *steak with béarnaise sauce (served with a sauce made of butter, eggs, vinegar, and herbs)*

Voici d'autres expressions à apprendre:

gratiné(e): *sprinkled with bread crumbs or cheese and browned*—**soupe à l'oignon gratinée**
fumé(e): *smoked*—**saumon fumé**
sauté(e): *fried*—**bifteck sauté au beurre**
flambé(e): *flamed*—**bananes flambées**
maison: *prepared in the restaurant's special way*—**tarte maison**
meunière: *dipped in flour and cooked in butter*—**sole meunière**
bordelais(e), bourguignon(ne): *cooked in red wine (from Bordeaux or Burgundy)*—**bœuf à la bourguignonne**
beurre blanc: *cooked in a sauce of butter, onions, and white wine*—**truite au beurre blanc**

provençal(e): *cooked with tomatoes, onions, garlic, and olive oil (as in Provence)*—**sauté de bœuf à la provençale**

normand(e): *cooked with heavy cream and often with apples (as in Normandy)*—**poulet rôti à la normande**

parisien(ne): *cooked in a sauce of flour, butter, and egg yolks*—**coquilles St-Jacques à la parisienne**

À vous! ■■■■■■■■■■■■■■■■■■■■■■■■■■■■■■■■■■■■

A. **Qu'est-ce qu'on peut manger?** Consultez la carte du restaurant *La Bonne Bouche* et répondez aux questions.

1. J'aime les légumes. Qu'est-ce que je peux manger comme hors-d'œuvre?
2. J'aime la viande. Qu'est-ce que je peux manger comme hors-d'œuvre?
3. J'adore les fruits de mer. Qu'est-ce que je peux choisir pour commencer le repas? Et comme plat principal?
4. Je n'aime pas le poisson. Quels plats est-ce qu'il faut éviter *(avoid)*?
5. Quelles sortes de viande est-ce qu'on sert?

B. **Qu'est-ce que vous recommandez?** Faites votre choix d'après la carte de *La Bonne Bouche* et commandez un repas—hors-d'œuvre, plat principal, fromage ou dessert—pour chacune des personnes suivantes.

1. Une personne qui aime beaucoup les poissons et les fruits de mer
2. Une personne qui ne mange que *(only)* des légumes et des fruits
3. Un gourmand (une personne qui mange beaucoup)
4. Un gourmet (une personne qui mange bien)
5. Une personne qui aime la cuisine américaine traditionnelle—du bœuf, des pommes de terre, etc.

STRUCTURE

Suggestion, pronoun **en:** Ask
students questions, then give
your answer to the same questions using en: **Vous voulez de
la glace? (Oui, je veux de la
glace.) Moi, j'en veux aussi ...
Vous avez besoin de ce stylo?
(Oui, j'ai besoin de ce stylo.)
Moi, je n'en ai pas besoin.**
Contrast with **le, la, les.**

Le pronom en

— Tu veux du sel?	— Do you want some salt?
— Merci. Je n'**en** prends jamais.	— No, thanks. I never take *any*.
— J'espère que tu aimes la salade Nous **en** avons préparé beaucoup.	— I hope you like salad. We've prepared a lot *(of it)*.
— Oh, oui. J'adore la salade.	— Oh, yes. I love salad.
— Eh, bien, prends-**en.** Il te faut une fourchette propre?	— Well, have *some*. Do you need a clean fork?
— Non, non. Je n'**en** ai pas besoin.	— No, no. I don't need *one*.

The object pronoun **en** replaces nouns introduced by the preposition **de.** It usually refers to things rather than to people. This substitution occurs most frequently in the following situations:

1. To replace a noun preceded by a partitive **(du, de la, de l', des).** In this case, the English equivalent is often *some* or *any:*

   — Qui veut **de la glace?**
   — Moi, j'**en** veux.

2. To replace a noun used with an expression of quantity **(beaucoup de, assez de, trop de,** etc.). In this case, it often has no equivalent in English:

   — Elle a **beaucoup d'argent,** non?
   — Mais non. Elle n'**en** a pas **beaucoup.**

3. To replace a noun used with a verbal expression that requires **de** (for example, **avoir besoin de, avoir peur de, parler de, s'occuper de, être content de).** In this case, the English equivalent is often *of it* or *of them:*

   — Qui va **s'occuper des animaux?**
   — Gérard va s'**en** occuper.

The placement of **en** in the sentence is identical to that of direct and indirect object pronouns (including **y):**

- Before the verb in simple tenses: **J'en ai besoin.**[1]
                    compound tenses: **Elle n'en a pas mangé.**
                    negative commands: **N'en achetez pas!**

[1]If a sentence already has an object pronoun, **en** is placed after that pronoun and directly before the verb: —**Il y a du pain? —Oui, il y en a. —Tu lui as parlé du problème? —Oui, je lui en ai parlé. —Je leur donne de la glace? —Non, ne leur en donnez pas. —Il va nous acheter des fleurs? —Oui, il va nous en acheter.**

- Before the infinitive in constructions with conjugated verb + infinitive: **On peut en parler si on veut.**
- After the verb in affirmative commands: **Prends-en!**
  Achètes-en![2]

Application ■

Exercises C and D use only **en**; Exercises E and F mix **en** and the direct object pronouns **le, la, les.**

C. Remplacez les mots en italique par le pronom **en.**

MODÈLE: Tu veux *du pain?* *Tu en veux?*

1. Elle a *des disques.*
2. Il y a *du fromage.*
3. Nous cherchons *des chaussures.*
4. Je ne veux pas *de soupe.*
5. J'ai vu *des animaux.*
6. Elles ont mangé beaucoup *de salade.*
7. Il a acheté deux kilos *de poires.*
8. Elle veut parler *de ses problèmes.*
9. Tu veux t'occuper *des enfants?*
10. Elle va nous donner *des cassettes.*
11. Ne mangez pas trop *de chocolat.*
12. Mais si! Mangez *du chocolat* si vous voulez *du chocolat!*

NOTE GRAMMATICALE

Suggestion, additional uses of en: Ask **Combien de frères (sœurs,** etc.) **avez-vous?**

Le pronom **en** *avec les expressions de quantité*

In English, both numbers and specific expressions of quantity may stand alone at the end of a sentence—that is, they do not need to be followed by a noun: — *Do you have any brothers?* — *Yes, I have two.* — *Did you buy any apples?* — *Yes, I bought two pounds.* In French, if no noun is used after a number or an expression of specific quantity, the pronoun **en** must be used:

— Tu as des frères?

— Oui, j'**en** ai **deux.**

— Et des sœurs aussi?

— Oui, j'**en** ai **une.**[3]

— Nous avons des œufs?

— Oui, Maman **en** a acheté **une douzaine.**

— Et des tomates aussi?

— Oui, elle **en** a acheté **un demi-kilo.**

[2]In the familiar form of affirmative commands, -er verbs keep the **s** to allow for liaison: **Manges-en!**

[3]To answer these questions negatively, use **en** without a number: **—Tu as des frères et des sœurs? —Non, je n'en ai pas.**

D. **Échange.** Posez les questions à un(e) camarade de classe qui va vous répondre. Utilisez le pronom **en.**

1. Combien de frères as-tu?
2. Et de sœurs?
3. As-tu des oncles et des tantes qui habitent dans notre ville?
4. Combien de films as-tu vu le mois dernier?
5. Et de matchs sportifs?
6. Est-ce que ta famille mange des œufs? Combien de douzaines par mois?

E. **En écoutant...** *(While listening....)* Voici des conversations que vous avez entendues dans des contextes variés. Complétez-les en utilisant les expressions suggérées et le pronom **en** ou un pronom d'objet direct (**le, la, les**).

À table

MODÈLE: Tu veux de la salade? (non)
               Non, merci. Je n'en veux pas.
               Tu n'aimes pas la salade? (non / ne jamais manger)
               Non, je n'en mange jamais.

1. Tu veux du fromage? (non) Tu n'aimes pas le fromage? (non / manger très peu)
2. Tu veux des oignons? (non) Tu n'aimes pas les oignons? (non / ne jamais manger)
3. Tu veux du pain? (oui) Ah, tu aimes le pain? (oui / manger à tous les repas)

À l'épicerie

MODÈLE: Tu aimes les pommes? (beaucoup)
               Oui, je les aime beaucoup.[4]
               Tu vas acheter des pommes? (un kilo)
               Oui, je vais en acheter un kilo.

4. Tu aimes les poires? (oui / beaucoup) Combien de poires vas-tu acheter? (un demi-kilo)
5. Tu as acheté du cidre? (trois bouteilles) Tu vas servir du cidre avant le dîner? (non / avec le dîner)
6. Tu aimes les épinards? (non / détester) Tu ne veux pas acheter d'épinards? Ils sont très bons. (non, merci)

---

[4]Distinguish clearly between the adverb **beaucoup,** which modifies the verb, and the adverbial expression **beaucoup de,** which is followed by a noun. **Beaucoup** has no effect on the pronoun:
—**Tu aimes les carottes? —Oui, je les aime beaucoup.** *(I like them a great deal, a lot.)*
Beaucoup de requires the pronoun **en:** —**Il y a des carottes? —Oui, il y en a beaucoup.**
(There are a lot of them.)

Au grand magasin

MODÈLE: Moi, je cherche des jeans. (il y a / au troisième étage)
Oh, il y en a au troisième étage.
Est-ce qu'ils sont en solde? (oui / acheter trois / hier)
Oui, j'en ai acheté trois hier.

7. Moi, cherche des chaussures. (il y a / au sous-sol) Est-ce qu'elles sont en solde? (oui / acheter deux paires / la semaine dernière)
8. Tu devrais acheter des gants. (non / ne pas avoir besoin) Mais ils sont en solde. (avoir cinq paires / à la maison)
9. Je cherche des lunettes de soleil. (avoir besoin?) Où est-ce qu'on peut les acheter? (trouver / au rayon des femmes / la dernière fois)

F. **Oui, Maman... Non, Maman...** François(e) passe le mois de juillet chez ses grands-parents à la campagne. Toutes les semaines sa mère lui téléphone et elle lui pose toujours beaucoup de questions. Jouez le rôle de François(e) et répondez aux questions de sa mère en utilisant des pronoms d'objet direct **(le, la, les)** ou indirect **(lui, leur)** ou le pronom **en.**

MODÈLES: Tu as reçu *(received)* ma lettre? (ce matin)
Oui, Maman. Je l'ai reçue ce matin.

Tu as parlé à ta sœur? (pas récemment)
Non, Maman. Je ne lui ai pas parlé récemment.

Tu prends tes vitamines? (deux / tous les matins)
Oui, Maman. J'en prends deux tous les matins.

1. Tu as des shorts? (assez)
2. Tu as des chaussettes? (cinq ou six paires)
3. Tu as téléphoné à tes amis? (la semaine dernière)
4. Tu as reçu la lettre de Papa? (il y a trois jours)
5. Tu manges des légumes? (deux ou trois à chaque repas)
6. Tu as envoyé quelque chose à ta sœur pour son anniversaire? (un joli cadeau)
7. Tu aides ta grand-mère? (tous les jours)
8. Tu fais tes exercices de maths? (tous les soirs)
9. Tu as des amis? (beaucoup)
10. Tu as assez d'argent? (non)

Audio Tape: See Teaching
Guide.

Commandons!

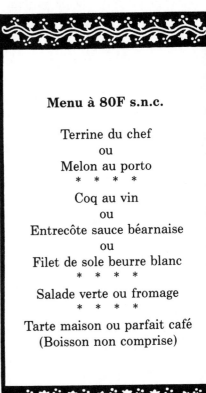

La Bonne Bouche

Menu à 50F

Salade de tomates
ou
Consommé au vermicelle
* * * *

Steak pommes frites
ou
Poulet rôti haricots verts
* * * *

Fromage ou Crème caramel
ou Fruit de saison
(Boisson non comprise)

Menu à 80F s.n.c.

Terrine du chef
ou
Melon au porto
* * * *

Coq au vin
ou
Entrecôte sauce béarnaise
ou
Filet de sole beurre blanc
* * * *

Salade verte ou fromage
* * * *

Tarte maison ou parfait café
(Boisson non comprise)

Écoutez la bande que votre professeur va jouer pour vous. En particulier, faites attention aux expressions utilisées pour demander une table, pour demander ce qu'on veut manger, pour commander et pour demander l'addition *(check)*.

owner
greets

M. Gilbert dîne dans le restaurant *La Bonne Bouche*. C'est la patronne *(owner)* qui l'accueille *(greets)*, prend sa commande, lui sert le dîner et lui apporte l'addition.

Note Culturelle

En France, tous les restaurants affichent leur menu à l'extérieur. Comme cela, les clients ont la possibilité de voir les plats et les prix avant de décider où ils vont déjeuner ou dîner.

En général, on peut choisir entre un ou deux **menus à prix fixe** (les choix sont limités, mais le prix inclut le repas entier) et des **repas à la carte** (les choix sont plus nombreux, mais on paie chaque plat séparément).

Un repas au restaurant comprend normalement un hors-d'œuvre ou une soupe, un plat principal garni (c'est-à-dire servi avec des pommes de terre ou un légume), une salade, un fromage ou un dessert. Les boissons (vin, eau minérale, café, thé) ne sont généralement pas comprises. Mais on ajoute automatiquement 15 pour cent pour le service. On peut donner aussi un petit pourboire *(tip)* supplémentaire, si on veut.

ON S'EXPRIME

Pour demander une table dans un restaurant

Une table pour . . . personnes, s'il vous plaît.

Pour demander ce qu'on veut manger

Qu'est-ce que vous (tu) { **voulez (veux)** / **prenez (prends)** / **désirez (désires)** } **comme** { **hors-d'œuvre?** / **plat principal?** / **dessert?** / **boisson?** }

Pour commander   Pour demander l'addition

Je voudrais...   **L'addition, s'il vous plaît.**
Je vais prendre...   **Est-ce que vous pourriez nous apporter l'addition, s'il vous plaît?**

À vous! ■■■■■■■■■■■■■■■■■■■■■■■■■■■■■■■■■■■■■■■

G. **S'il vous plaît, Monsieur (Madame).** Your father (mother) will be in France on a business trip. He (she) would like to invite his (her) French associate and his (her) spouse out to dinner. Answer your father's (mother's) questions about what to say in the restaurant.

1. How do I ask for a table?
2. If I choose the fixed-price meal, how do I ask if a beverage is included.
3. How do I ask my guests what they would like to start with?
4. How do I order an appetizer and main course?
5. How do I ask my guests what they would like to drink with their meal?
6. When we have finished the main course, how do I find out if my guests would like something more to eat?
7. How do I get the check?

Ex. H: ○

H. **Commandons!** Choisissez dans la carte du restaurant *La Bonne Bouche* le repas que vous voulez commander. Le professeur ou un(e) autre élève jouent le rôle du garçon ou de la serveuse.

DÉBROUILLONS-NOUS !

Review of **étape**.

Exercice oral

Ex. I: △

I. **Au restaurant.** Go to the restaurant with a friend. Get a table, discuss the menu, and order your meal. One of your classmates will play the role of the waiter. Look at the menus on pages 285 and 292.

Exercice écrit

J. **Une carte de restaurant.** Your family is planning to open a French restaurant in your town. Design a short but interesting menu for the new restaurant. Include a fixed-price selection as well as an **à la carte** listing of foods for each category (**hors-d'œuvre, potage, viande, poisson, fromage, dessert**). Select foods that you think would appeal to people in your area.

Deuxième étape

Point de départ:

Des restaurants

Suggestion, Point de départ: Point out to students that there will be *numerous* words and expressions they will not understand. Reassure them that they are expected only to get the gist of each review—enough to answer the general and somewhat open-ended questions of Ex. A.

Pariscope et *L'officiel des spectacles* offrent des renseignements non seulement sur les films, mais aussi sur les restaurants. Vous allez lire trois descriptions de restaurants à Paris ou dans ses environs. Il y a beaucoup de mots que vous n'allez pas comprendre, mais essayez d'en dégager les idées principales.

La Gourmandière. Après avoir mérité les louanges de la presse gastronomique au « Chalet de Villebon », Jean-Claude Giraud a repris les fourneaux de cette belle auberge de charme, qui jouxte les bois de Verrières. Dans un cadre au charme buccolique, juste à quelques minutes de Paris, ce chef-propriétaire au caractère enjoué et généreux, nous propose sa bonne cuisine, faite d'élégance et de tradition. On peut s'y régaler à peu de frais, en choisissant ce bon menu à 70 francs s.n.c., composé par exemple d'un cocktail d'avocat aux fruits de mer, du « plat gourmand » (ris et langue de veau sauce périgueux), puis de salade, fromages et dessert au choix. A la carte, on trouve aussi une, salade d'écrevisses tièdes aux trois herbes, un superbe foie gras frais à la cuillère, des gambas moscovites, un copieux cassoulet, un rognon de veau beaugé, ou une exquise tarte fine aux pommes. L'addition d'un excellent repas, arrosé d'un Givry enchanteur: environ 280 F t.c. Menus à 70 et 120 F s.n.c.
1, rue Antoine Bièvres, 91-Bièvres. 60.19.20.92 (Autoroute pont de Sévres, sortie Bièvres Nord). Fermé Lundi. Service jusqu'á 22H30. Tennis. Practice de golf.

La chaumière de Chine. Au déjeuner, il est souvent difficile de trouver une table libre, dans ce confortable restaurant, tant les amateurs sont nombreux à venir goûter les recettes originales et parfois insolites, que M. et Mme Yau ont ramené de leur Chine natale. Les soirées, plus calmes, permettent d'y apprécier enfin, un vrai canard laqué à la pékinoise, qu'il n'est pas nécessaire de commander à l'avance, comme c'est si souvent le cas. On en déguste tout d'abord la peau délicieusement croustillante, enroulée dans de petites crêpes de riz, avant de savourer la chair de ce palmipède, sautée aux légumes. Au nombre des plats les moins habituels, on note aussi une fondue chinoise, et des gambas ou du filet de bœuf servi frémissant, sur une plaque de fonte chaude. Les dim sum (délicieux petits plats à la vapeur), les crevettes au sel de cinq parfums, le bœuf sauce d'huîtres ou le poulet aux mangues, sont tout aussi recommandables. L'addition: environ 160 francs tout compris. Menu à 68 F s.c. au déjeuner (sauf Dimanche). 23, avenue Pierre-1er de Serbie (16e). 47.20.85.56. Service jusqu'à 23h.
Jean-Claude MARIANI

Brasserie Lutetia. Après avoir suivi Joël Rebuchon à l'hôtel Nikko en 1978 et dirigé les fourneaux du Nova Park Élysées, Jacky Fréon chef de cuisine de l'Hôtel Lutetia notamment du Paris, est revenu à ses premières amours, ses vrais débuts datant de 1974, aussi dans un hôtel Concorde, au Lafayette. A la brasserie Lutetia, dans une ambiance toujours très parisienne et un nouveau décor très réussi de Slavick, il a été conçu une carte séduisante et bien équilibrée. Des plats de bonne tradition comme le cervelas alsacien en salade, le civet d'oie aux lentilles vertes le chateaubriand et sa sauce béarnaise, le mulet grillé des simples, la sole meunière servie avec des pommes à l'anglaise et pour terminer votre repas en douceur, le domino aux marrons et sauce anglaise au café. Ce panorama gourmand se complète d'un superbe banc d'huîtres dont le généreux plateau à 145 F qui se compose de six claires, 4 praires, ½ tourteau, 2 clams, crevettes grises, bulots et bigorneaux. Env. 180 F, accueil chaleureux du directeur M. Manpu, et service aimable compris. Formule spéciale autour d'un plat: 81 F vin n.c.
23, rue de Sèvres (6e). 45.44.38.10. Service jusqu'à minuit.
Jeanne CHADENIER

À vous! ■■■■■■■■■■■■■■■■■■■■■■■■■■■■■■■■

A. **Où dîner?** While in Paris, you receive a letter from your parents asking you to help some of their friends who will be visiting France. When you meet the friends, they ask for help in choosing a place to go to dinner. You consult the latest *Pariscope* and answer their questions about the three restaurants featured that week.

1. What are these restaurants like? (food, atmosphere)
2. Which is the least expensive? the most expensive?
3. Your parents' friends are staying at a hotel on the **Rive Droite,** near the **Opéra.** Which restaurant will be easiest to get to?
4. What foods do the reviewers recommend?
5. Your parents' friends invite you out to dinner. Which restaurant would you prefer?

ℝ𝔼ℙℝ𝕀𝕊𝔼

Recycling activities.

Ex. B: ⇄

B. **En ville.** Vous vous promenez en ville avec un(e) ami(e). Chaque fois que vous voyez quelque chose d'intéressant, vous en parlez à votre ami(e). Suivez le modèle. Votre partenaire doit utiliser dans ses réponses des pronoms d'objet direct **(le, la, les)** ou des pronoms d'objet indirect **(lui, leur)** ou le pronom **en.**

MODÈLE: Tu as des frères? (deux / ne pas voir souvent)
    — *Tu as des frères?*
    — *Oui, j'en ai deux, mais je ne les vois pas souvent.*

1. Tu as des sœurs? (une / parler presque tous les jours)
2. Tu aimes les chiens? (non / avoir peur)
3. Tu voudrais acheter des chaussures? (oui / avoir grand-besoin)
4. Tu aimes les pommes? (oui / manger presque tous les jours)
5. Tu as des grands-parents? (quatre / téléphoner une ou deux fois par mois)
6. Tu as des cousins? (beaucoup / voir très rarement)

C. **Au restaurant (suite).** À la fin de la dernière étape (l'Exercice I), vous êtes allé(e) au restaurant avec un(e) ami(e). Un(e) camarade de classe va vous poser les questions suivantes. Répondez d'après la conversation que vous avez eue avec votre ami(e).

1. Tu as dîné dans un restaurant français récemment, n'est-ce pas? Avec qui?
2. Où est-ce que vous êtes allé(e)s?

3. Est-ce que vous avez pris le menu ou est-ce que vous avez dîné à la carte?
4. Qu'est-ce que tu as pris pour commencer? Et ton ami(e)?
5. Qu'est-ce que tu as commandé comme plat principal? Est-ce que ton ami(e) a commandé la même chose?
6. Qu'est-ce que vous avez pris comme boisson?
7. Qui a pris un dessert?
8. Combien avez-vous payé le repas? Est-ce que le service était compris?

STRUCTURE

Le subjonctif pour exprimer le désir et la volonté

Papa veut que j'aille à la boulangerie.

Mais moi, **j'aimerais mieux que tu y ailles.**

Je veux bien, mais je suis sûr que **Papa va insister pour que tu y ailles.**

Dad *wants me to go* to the bakery.

But *I would prefer that you go.*

I'm willing, but I'm sure that *Dad is going to insist that you go.*

In French, when you want to express your desire or your will that someone else be or do something, you use a verb of wishing (**désir**) or willing (**volonté**). These verbs are followed by the subjunctive.

vouloir (que)   **aimer mieux (que)**   **exiger (que)** *(to require)*

désirer (que)   **préférer (que)**   **insister pour (que)**

Notice that in English such sentences are often constructed with an infinitive: *I want you to do it. They are going to require her to finish.* In French, however, because two different people are involved, you must use **que** and the subjunctive.

Suggestion, desire and volition: 1) Ask a student: **Voulez-vous chanter pour nous?** Ask another student: **Voulez-vous que . . . chante pour nous?** Ask the class: **Qui va insister que . . . chante pour nous?** 2) Continue with other questions until the one-subject/two-subject distinction is clear: e.g., **Voulez-vous aller en France? Voulez-vous que . . . aille en France? Voulez-vous sortir ce soir? Préférez-vous que . . . reste à la maison?** etc.

Application ■■■■■■■■■■■■■■■■■■■■■■■■■■■■■■

D. **Je suis Napoléon Bonaparte.** Napoléon Ier, empereur des Français au 19e siècle, avait des manières tyranniques. Imaginez que vous soyez Napoléon. Complétez chaque phrase à l'aide d'une des expressions suivantes et faites les changements nécessaires: **je veux, je désire, je préfère, j'aime mieux, j'exige, j'insiste.**

MODÈLE: Vous obéissez. *Je veux que vous obéissiez.* ou:
                                   J'exige que vous obéissiez.

1. Nous allons en Russie.
2. Tu descends en Espagne.
3. Elle rencontre le général anglais.
4. Vous servez un repas somptueux.
5. Nous finissons la guerre.
6. Tu punis les traîtres.
7. Ils vont en Italie.
8. Vous partez en Égypte.

NOTE GRAMMATICALE

L'infinitif pour exprimer le désir ou la volonté

When the subject of a verb of wishing or willing is the same as the subject of the action, use an infinitive:

    Je veux le **faire.**   **Elle préfère rester** à la maison.

Be sure to distinguish clearly between two verbs with the same subject, in which case you must use the infinitive and two verbs with different subjects, in which case you must use **que** and the subjunctive.

    Elle veut aller en France.   *She wants to go* to France.
    Elle veut que nous allions   *She wants us to go* to France.
      en France.

E. **Je veux que...** Quand vous expliquez à vos amis ce que vous voulez qu'ils fassent, ils refusent. Dites que:

MODÈLE: You want him to buy the tickets.
                — *Je veux que tu achètes*[5] *les billets.*
                — *Mais moi, je ne veux pas les acheter.*

[5]Like the present indicative, regular stem-changing verbs, such as **acheter, préférer,** and **se lever,** add or change an accent in the present subjunctive when the ending is not pronounced: **que j'achète, que tu achètes, qu'il/elle/on achète, qu'ils/elles achètent.** In the second- and third-person plural forms, where the ending is pronounced, no spelling change occurs: **que nous achetions, que vous achetiez.**

1. You want her to be on time.
2. You want them to finish their work.
3. You want them to wait.
4. You want him to go to the train station.
5. You want them to leave immediately.
6. You don't want them to argue.
7. You don't want her to leave.
8. You want him to buy some bread.

F. **Les différends.** *(Disagreements.)* Vous aimez bien les membres de votre famille, mais de temps en temps vous n'êtes pas d'accord les uns avec les autres. Utilisez les expressions données pour parler des différends entre les membres de votre famille.

MODÈLE: J'aime..., mais ma mère préfère que...
J'aime porter des jupes courtes, mais ma mère préfère que je porte des jupes qui descendent jusqu'au genou.

1. J'aime..., mais mon père préfère que...
2. Ma mère veut que..., mais j'aime mieux...
3. Mon père insiste pour que...
4. Mes parents exigent que...
5. Mon frère (ma sœur) aime..., mais moi, je voudrais que...
6. Mes parents ne veulent pas que...

Quel restaurant choisir?

Écoutez la bande que votre professeur va jouer pour vous. En particulier, faites attention aux expressions utilisées pour indiquer qu'on a envie de manger, pour parler des plats et pour indiquer ses préférences.

Audio Tape: See Teaching Guide.

Roger et sa petite amie Yvonne se promènent à Paris. Il est huit heures du soir et ils commencent à chercher un restaurant.

ON S'EXPRIME

Pour indiquer qu'on a envie de manger

> **J'ai grand-faim.**
> **J'ai très faim.**
> **J'ai une faim de loup.** *(familier)*
> **Qu'est-ce que j'ai faim!**

Pour parler des plats

> **Qu'est-ce que c'est que...?**
> > **C'est un plat fait avec du (de la, des)...**
>
> **Comment est...?**
> > **C'est sucré. C'est salé. C'est très épicé** *(spicy).*
> > **Ça pique.** *(It's hot.)* **C'est un peu fade** *(bland).*
> > **C'est assez lourd. C'est très léger.**

Pour indiquer ses préférences

> **J'ai envie de manger... (Je n'ai pas envie de manger...)**
> **Je voudrais quelque chose de...**
> **J'aime beaucoup la cuisine chinoise (grecque, italienne,** etc.**).**

À vous!

G. **Qu'est-ce que c'est?** Vos amis français dînent avec vous dans un restaurant américain. Répondez à leurs questions au sujet de quelques-uns des plats qui sont à la carte du restaurant.

1. Qu'est-ce que c'est que «Clam Chowder»? (clams = **palourdes,** *f. pl.*)
2. Comment est «Southern Fried Chicken»?
3. Qu'est-ce que c'est que «Stuffed Peppers»? (peppers = **poivrons,** *m. pl.*)
4. Comment est «Banana Cream Pie»?
5. «Barbecued Spare Ribs», c'est très épicé? Ça pique?
6. «Blueberry Pie», c'est très sucré?

Ex. H: ⇄

H. **Quel restaurant choisir?** Vous vous promenez avec un(e) ami(e) et vous décidez de trouver un restaurant. Votre ami(e) n'aime pas votre première suggestion, mais il (elle) accepte le second restaurant que vous proposez. Imitez le modèle.

MODÈLE: un restaurant òu la spécialité est le poisson / un restaurant
connu pour ses grillades
— *Tiens. Moi, j'ai grand-faim.*
— *Moi aussi. J'ai une faim de loup.*
— *Si on trouvait un restaurant?*
— *Bonne idée. Voilà un restaurant qui se spécialise en
poisson.*
— *Non. Je n'aime pas beaucoup le poisson. Je préfère le bœuf.*
— *Ah, voilà un restaurant où les grillades sont la spécialité.*
— *Ça, c'est très bien. J'adore les viandes grillées.*

1. un restaurant italien / un restaurant chinois
2. un restaurant végétarien / un restaurant connu pour les fruits de mer
3. un restaurant où les grillades sont la spécialité / un restaurant algérien
4. un restaurant vietnamien / un restaurant grec

DÉBROUILLONS-NOUS !

Exercice oral

Review of **étape**.

I. **Où est-ce qu'on va dîner?** You and your friend(s) are trying to choose a
restaurant for your evening meal. Consult the menus posted outside the
restaurants, discuss the dishes on each menu, and try to come to a
mutually satisfactory decision.

Ex. I: ⇄

Exercice écrit

J. **Hier soir nous avons dîné...** Imagine that last night you and your family
had dinner at one of the restaurants whose menu appears in this book.
Write a postcard to your French teacher telling him (her) about the meal.

Lexique

On s'exprime

Pour indiquer qu'on veut manger

J'ai grand-faim.
J'ai très faim.
J'ai une faim de loup.
Qu'est-ce que j'ai faim!

Pour demander une table au restaurant

Une table pour . . . personnes, s'il vous plaît!

Pour parler de ce qu'on veut manger

Qu'est-ce que vous (tu) désirez (désires)
                              prenez (prends)
                              voulez (veux)

                    comme boisson?
                              dessert?
                              hors d'œuvre?
                              plat principal?

Pour parler des plats

Comment est...?
    Ça pique
    C'est sucré (salé, épicé, fade, lourd, léger)
Qu'est-ce que c'est?

Pour indiquer ses préférences

J'ai (Je n'ai pas) envie de manger...
J'aime beaucoup la cuisine...
Je voudrais quelque chose de...

Pour commander

Je voudrais...
Je vais prendre...

Pour demander l'addition (f.)

L'addition, s'il vous plaît.
Est-ce que vous pourriez nous apporter l'addition, s'il vous plaît?

Thèmes et contextes

Les plats (m.pl.)

les hors-d'œuvre *(m.pl.)*
  les crudités *(f.pl.)*
  les escargots *(m.pl.)*
  une terrine
les soupes *(f.pl.)*
  une bisque
  un consommé
  un potage
les poissons *(m.pl.)*
  les coquilles St-Jacques *(f.pl.)*
  les crevettes *(f.pl.)*
  la daurade
  le homard
  les langoustines *(f.pl.)*
  les moules *(f.pl.)*
  la sole
  la truite
les viandes *(f.pl.)*
  un châteaubriand
  un coq au vin
  une entrecôte
  la sauce béarnaise
les desserts *(m.pl.)*
  une glace
  une mousse
  un sorbet

Vocabulaire général

Noms

la carte
le menu
le (la) patron(ne)

Verbes

accueillir
exiger
insister (pour)

Adjectifs

bordelais(e)
bourguignon(ne)
fumé(e)
garni(e)
gratiné(e)
normand(e)
provençal(e)
sauté(e)

Autres expressions

à la carte
à prix fixe
de l'autre côté
ne ... que

LES FRANÇAIS À TABLE

La France est un pays très fier de ses traditions gastronomiques. Et les Français trouvent que la plupart des autres pays sont «sous-développés» en ce domaine, à l'exception des pays latins et orientaux: l'Italie, l'Espagne, le Maroc, la Chine, le Viêt-Nam. On dit aussi que les Français passent des heures et des heures à table, en train de manger et de discuter. Voilà leur image. Mais est-ce que ceci est encore vrai? La revue *Ça va* a fait une enquête sur l'alimentation en France.

LES REPAS, IL Y A QUELQUES ANNÉES

Le petit déjeuner: composé de café au lait avec des croissants, des petits pains au chocolat ou du pain avec du beurre.

Le déjeuner: le repas principal de la journée, entre midi et quatorze heures. Il se compose généralement d'un hors d'œuvre (soupe ou salade), d'un plat de résistance (le plat principal, avec de la viande, du poisson, des légumes...), et le dessert (fruit, pâtisserie, glace...). Beaucoup de Français prennent aussi du fromage avant le dessert.

Le dîner: en général comme le déjeuner mais en moins grande quantité.

dans un restaurant français

LES REPAS, MAINTENANT

Ces dernières années, les habitudes alimentaires des Français ont beaucoup changé. On voit de moins en moins de croissants ou de pain au petit déjeuner et de plus en plus de céréales comme les cornflakes. Le déjeuner de midi n'existe presque plus. Il est remplacé par les hamburgers et autres produits des fast-foods. Le soir, c'est des conserves ou des repas surgelés et préparés à l'avance dans les usines françaises et étrangères. On réchauffe tout ça rapidement et on les sert en face de la télé...

POURQUOI CES CHANGEMENTS?

Il y a beaucoup de raisons pour ça. D'abord, beaucoup plus de femmes travaillent maintenant. Il y a aussi beaucoup de restaurants de fast-food, beaucoup moins chers que les restaurants traditionnels. Les habitudes de travail changent de plus en plus. Beaucoup de Français font la journée continue. Ils ont seulement une heure ou moins pour le déjeuner. Il y a aussi le fait que maintenant on peut acheter dans les grands magasins, les supermarchés ou hypermarchés un très grand nombre de plats préparés à l'avance et qu'il suffit de réchauffer.

INTÉGRATION

A. Que mangent les Français? Selon l'article à la page précédente indiquez si les phrases suivantes sont vraies ou fausses.

1. Autrefois les Français mangeaient un grand repas à midi.
2. On mange plus de croissants maintenant qu'autrefois.
3. Les fast-food deviennent de plus en plus importants en France.
4. Ce sont les hommes qui préparent assez souvent le repas du soir.
5. Il est rare que les Français regardent la télé pendant qu'ils dînent.
6. Les menus avec entrée, plat de résistance, salade, fromage et dessert sont en train de disparaître.

Answers, Ex. A:
1. vrai
2. faux
3. vrai
4. faux
5. faux
6. vrai

B. **Que mangent les Américains?** Est-ce qu'on peut faire la même sorte de comparaison pour les États-Unis entre les repas d'il y a quelques années et les repas d'aujourd'hui? Où est-ce que vous mangez de la même façon que vos parents et vos grands-parents? Faites l'enquête suivante auprès de quelques membres plus âgés de votre famille. Puis comparez vos résultats à ceux de vos camarades de classe.

Quand vous étiez jeune. . .

exigeants: demanding
n'empêche pas: does not prevent
molle: soft
chèvre: goat
persillés: blue-molded
fondus: melted (processed)

1. Qu'est-ce que vous preniez pour le petit déjeuner? Pour le déjeuner à l'école? Pour le déjeuner à la maison? Pour le dîner?
2. À quelle heure est-ce que vous dîniez? Où? Avec qui?
3. Qui préparait les repas? Est-ce que vous mangiez des fast-food? Des produits surgelés?
4. Est-ce que vous écoutiez la radio ou regardiez la télé pendant le dîner?

Cocktail de fromages de chèvre.

Les Français sont les premiers consommateurs de fromage au monde : 20 kg par an et par personne.

Cette tradition fromagère fait qu'ils sont très exigeants quant à la qualité et à la variété des assortiments proposés en magasin.

Cette richesse, qui fait de la France le pays des 400 fromages, est due :
— à la diversité géographique et aux facteurs naturels : climat ou nature du sol, exposition, flore naturelle, variétés végétales cultivées, races animales élevées...
— à l'affirmation et au développement de l'originalité des produits : procédés de fabrication, de transformation et de conservation.

C'est ainsi que depuis la découverte de la pasteurisation, l'industrie fromagère française a su se développer jusqu'à devenir le premier producteur européen et l'un des premiers exportateurs mondiaux.

Sa production annuelle (chiffre 1986) est de l'ordre de 1.284.000 tonnes.

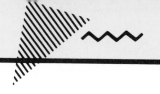

Les grandes familles de fromages français

La longue expérience des Français en matière de fromages est le garant de méthodes de fabrication éprouvées. Il faut y ajouter une très grande attention aux contrôles sanitaires et bactériologiques.

Cett rigueur n'empêche pas une grande diversité dans les méthodes et les techniques de production. Aussi, en fonction de l'origine du lait, des procédés de fabrication ou de la nature de la pâte, les fromages français ont été classés en sept grandes familles :

— les fromages frais (Roulé, Boursin...)
— les fromages à pâte molle (Brie, Camembert...)
— les fromages de chèvre
— les fromages à pâte dure (Comté, Emental...)
— les fromages à pâte demi-dure (Saint-Paulin...)
— les fromages à pâte persillée (Roquefort, Bleus)
— les fromages fondus (Rambol, Gourmandise...)

C. **Une conversation: Les Français et le fromage.** In a conversation about France, people start talking about cheese. On the basis of what you already know and what you have just learned from two articles, what could you add to this conversation? In particular, react in English to the following statements by offering more specific information.

1. "The French eat a lot of cheese."
2. "France produces a large quantity and a large variety of cheeses."
3. "Although there are lots of different cheeses, there are basically seven kinds or types of cheese made in France."
4. "Have you ever eaten any French cheeses?"

Allô! Allô! Tu peux venir dîner vendredi soir?

Ma mère va préparer du poulet et de la mousse au chocolat. C'est délicieux!

Première étape

Point de départ:

Pour donner un coup de fil

to make a phone call

En France, si vous n'êtes pas à votre hôtel ou chez quelqu'un qui a un téléphone, vous pouvez toujours téléphoner d'une cabine publique. Il y en a dans les bureaux de poste, les aéroports, les gares et, bien entendu, dans la rue. Pour téléphoner, vous avez besoin de pièces de monnaie ou d'une **télécarte**. On peut acheter des télécartes dans les bureaux de poste ou aux guichets SNCF.

telecard; type of charge card for use in pay phones

Comment téléphoner d'une cabine publique

Suggestion, Point de départ: Have students read the passage. Then have students describe the steps in making a phone call from a booth.

D'abord, vous décrochez l'appareil.

Puis vous introduisez les pièces de monnaie dans la **fente**.

Vous attendez la tonalité.

slot

Vous composez le numéro au **cadran**.

Vous parlez à votre **correspondant(e)**.

Et quand vous avez fini, vous raccrochez l'appareil.

dial/person with whom you are speaking on the phone

Comment composer un numéro

area code

Un numéro de téléphone en France comprend huit chiffres. Les deux premiers chiffres représentent l'**indicatif** (par exemple: 90, Avignon; 56, Bordeaux; 80, Dijon; 76, Grenoble; 20, Lille; 78, Lyon; 91, Marseille; 83, Nancy; 40, Nantes; 93, Nice; 35, Paris; 1, Rouen; 88, Strasbourg; 61, Toulouse). Les six autres chiffres forment le numéro de la ligne. Par conséquent,

76 87 55 21 = un numéro de téléphone à Grenoble
20 55 09 35 = un numéro de téléphone à Lille.

renseignements – réclamations

● pour connaître le numéro d'appel d'un abonné au téléphone étranger dont vous avez le nom et l'adresse
● pour être renseigné sur un indicatif de zone ne figurant pas dans l'annuaire, ou pour connaître les tarifs

décrochez | tonalité | **19** | tonalité | **33** | indicatif du pays (voir p. 20) | vous obtenez un agent des Télécommunications à qui vous formulez votre demande

Ce que vous devez savoir pour téléphoner:
À L'INTÉRIEUR DE LA FRANCE

POUR TELEPHONER DE PROVINCE EN PROVINCE.

Vous faites le numéro à 8 chiffres sans faire le 16.

Par exemple:
38 41 21 00

POUR TELEPHONER DE PROVINCE VERS PARIS/REGION PARISIENNE.

Vous faites le 16, puis le code (1) pour rentrer dans la région parisienne suivi du numéro à 8 chiffres.

Par exemple:
16 ~ (1) 45 64 22 22
16 ~ (1) 39 51 95 36
16 ~ (1) 60 63 39 72

POUR TELEPHONER DE PARIS/REGION PARISIENNE VERS LA PROVINCE.

Vous faites le 16, puis le numéro à 8 chiffres.

Par exemple:
16 ~ 38 41 21 00

POUR TELEPHONER A L'INTERIEUR DE PARIS/REGION PARISIENNE.

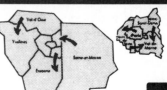

Vous faites le numéro à 8 chiffres.

Par exemple:
45 64 22 22
39 51 95 36
60 63 39 72

TELECOMMUNICATIONS

Indicatifs de quelques pays		Indicatifs de quelques villes	
Allemagne (RDA)	37	Avignon	90
Allemagne (RFA)	49	Bordeaux	56
Belgique	32	Dijon	80
Canada	1	Grenoble	76
Espagne	34	Lille	20
États-Unis	1	Lyon	7
Italie	39	Marseille	91
Japon	81	Nancy	8
Maroc	212	Nantes	40
Mexique	52	Nice	93
Royaume Uni	44	Rouen	35
Suisse	41	Strasbourg	88
U.R.S.S.	7	Toulouse	61

À vous! ■■■■■■■■■■■■■■■■■■■■■■■■■■■■■■■■

A. C'est où? Indiquez dans quelle ville se trouvent les numéros de téléphone suivants.

1. 40 74 39 76	3. 80 30 18 52	5. 56 48 03 74	7. 61 49 02 58
2. 90 82 62 31	4. 88 36 28 16	6. 91 78 25 06	8. 35 71 57 69

B. Il faut que nous téléphonions... Vous êtes en France avec vos parents. Chaque fois qu'ils veulent téléphoner, ils vous demandent de leur expliquer exactement comment il faut composer le numéro.

MODÈLE: You are in Paris. "Next week we would like to go to Nice. Here's a hotel that has been recommended. Can we call ahead and get a room? Hôtel Univers, 9 av. J.-Médecin 93 87 88 81."
Dial 16, then the number.

1. You are in Paris. "Let's go eat at that restaurant in Versailles the Kaplans recommended. Here it is: La Boule d'or 39 50 13 21. We need to call and make a reservation."
2. You are now in Nice. "I need to call some friends of Mike and Pat Johnson. They live in Lille and their number, I think, is something . . . 05 83 57."
3. You are still in Nice. "Let's call Paris and see if the Davenports have gotten there yet. They are supposed to be staying at the Hôtel Washington, 43, rue Washington 45 63 33 36."

4. You are back in Paris. "If we have time, I would love to go to Rouen. Let's call and see if we can rent a car there. The number of a rental car agency is 35 72 16 90."

REPRISE

C. **À l'avenir.** Parlez de votre vie future en exprimant vos désirs personnels et les désirs des gens que vous connaissez. Inspirez-vous des expressions suggérées, mais n'hésitez pas à utiliser d'autres expressions.

MODÈLES: Je voudrais...
Moi, je voudrais aller à l'université.

Mes parents veulent...
Mais mes parents veulent que je cherche du travail.

1. Je voudrais...
2. Mes parents veulent...
3. J'aimerais...
4. Mon père exige...

5. Je veux...
6. Ma mère insiste...
7. Je préfère...
8. Ma famille veut...

D. Pourquoi pas dîner à *L'Omelette*? Vous êtes avec deux amis devant le restaurant *L'Omelette* à Québec. Vous voudriez bien y dîner, mais vos deux amis hésitent. L'un(e) est français(e)—il (elle) ne connaît pas tous les plats (il y a des spécialités canadiennes et américaines). Vous devez lui donner des explications. L'autre est difficile—il (elle) change souvent d'avis: il (elle) veut manger du poisson, il (elle) a envie de manger de la viande, il (elle) voudrait une omelette, etc. Vous devez lui montrer que *L'Omelette* a quelque chose pour satisfaire à tous ses désirs. Bref, essayez de convaincre vos amis de choisir *L'Omelette*.

Ex. D: ⇌

HORS-D'OEUVRE
ENTRÉE

Fondue Parmesan
Cheese croquette

Quiche Lorraine
Quiche Lorraine

Escargots de bourgogne
Snails in garlic butter

Pâté maison
Home Pâté

SOUPES

Soupe du jour
Soup of the day

Soupe aux pois
Canadian pea soup

Soupe à l'oignon gratinée
Baked french onion soup

SANDWICHS

Sandwich au poulet
Chicken sandwich

**Sandwich au jambon
et fromage**
Ham and cheese sandwich

**Sandwich, bacon, tomate
et laitue**
Bacon, tomato and lettuce sandwich

Club Sandwich

SOUS-MARINS
CHAUDS OU FROIDS
HOT OR COLD SUBMARINES

Sous-marin maison garni
House submarine garnished

**Sous-marin jambon
et fromage garni**
Cheese and ham submarine garnished

SALADES

Salade maison
House salad

Salade César
Ceasar salad

Salade jambon et fromage
Ham and cheese salade

Salade de Poulet
Chicken salad

SPÉCIAL
AVEC SOUPE ET CAFÉ
SPECIAL WITH SOUP AND COFFEE

Brochette de Poulet
Chicken shish kebab

Demi-poulet rôti au jus
Half roasted chicken

Foie de veau au bacon
Calf's liver with bacon

**Filet de sole, Meunière
ou Amandine**
Sole meunière or with almonds

Crevettes Provençale
Shrimps with garlic and tomatoes

Crêpes de Fruits de Mer
Seafood crêpe

Gratin de Fruits de Mer
Baked sea food dish

Saumon grillé
Broiled salmon steak

**Côtelettes de Porc
aux pommes**
Pork chops with apples

**Escalope de veau,
sauce aux champignons**
Veal scaloppine with mushrooms sauce

Brochette de filet mignon
Tenderloin shish kebab

Toutes nos assiettes sont garnies
All our dishes are garnished

PÂTES

Spaghetti à la viande
Spaghetti with meat sauce

Spaghetti Napolitain
Spaghetti with tomato sauce

Lasagne au four
Baked lasagna

DIVERS

Hot chicken (sandwich)

Croque-monsieur
Grilled bread with ham and cheese

Hambourgeois garni deluxe
Hamburger deluxe garnished

Steak haché lyonnaise
Hamburger steak with onions

Fish'n chip

PIZZAS
8"

Napolitaine
Cheese and tomato sauce

Garnie
Mushrooms, cheese, green peppers,
pepperoni and tomato sauce

OMELETTES

**Omelette aux champignons
et fromage**
Omelette with mushrooms and cheese

Omelette Niçoise
tomates pelées et fond d'artichauds en dés
Omelette with tomatoes and artichoke hearts

Omelette Western
Jambon, pommes de terre et oignons
Omelette with ham, potatoes and onions

CRÊPES FRANÇAISES
À LA POÊLE

Fraises et crème glacée
Strawberries and ice cream

Pêches et crème glacée
Peaches and ice cream

Bleuets et crème glacée
Blueberries and ice cream

DESSERTS

Tarte au sucre
Sugar pie

Tarte aux pommes
Apple pie

Mousse au chocolat
Chocolate mousse

Shortcake aux fraises
Strawberry shortcake

Gâteau Forêt noire
Black Forest cake

Gâteau au fromage
Cheese cake

Salade de fruits
Fruits salad

Fraises au vin
Strawberries with wine

Cassata Maison
House Italian ice cream

CAFÉS

Café, thé, lait	1,00	Café au lait	
Espresso	1,50	Liqueurs douces	
Cappuccino	1,75		

Tous nos Sandwichs et Omelettes sont servies avec frites / All our Sandwichs and Omelettes are served with french fries

STRUCTURE

Les pronoms accentués

Élise veut épouser Jean-Jacques.	Élise wants to marry Jean-Jacques.
Est-ce qu'**il** va vraiment se marier, **lui?**	Is *he* really going to get married?
Je n'en sais rien, **moi.**	*I* have no idea.

Unlike English, French is not an accented language. In English, you can emphasize a word by putting stress on it (that is, by pronouncing it with more force): *I have no idea.* In French, emphasis is created by adding words such as stress pronouns (**pronoms accentués**). Stress pronouns are personal pronouns—that is, they always refer to people. Here are the stress pronouns with their corresponding subject pronouns:

je	**moi**	nous	**nous**
tu	**toi**	vous	**vous**
il	**lui**	ils	**eux**
elle	**elle**	elles	**elles**
on	**soi**[6]		

To emphasize the person who is the subject of a sentence, place the appropriate stress pronoun either at the beginning or at the end of the sentence:

> **Moi, je** préfère le football.
> **Il** n'est pas très honnête, **lui.**
> **Tu** ne comprends pas, **toi.**

Stress pronouns are also used when the subject of a sentence is two or more persons connected by **et—mon frère et moi, toi et elle, lui et sa sœur.** In these cases, French usually sums up the compound subject with the appropriate subject pronoun—**mon frère et moi, nous; toi et elle, vous; lui et sa sœur, ils.** In that way, you remember to conjugate the verb in the correct form.

---

[6]In conversational French, the stress pronoun **nous** is often used with **on: Nous, on va aller au cinéma. Je ne sais pas où ils vont, eux.** *We're going to the movies. I don't know where **they**'re going.*

Lui et moi, nous voulons voir un film d'épouvante.

He and I want to see a horror film.

Jacques et elle, ils veulent trouver un film policier.

She and Jacques want to find a detective film.

Qu'est-ce que **vous** préférez voir, **toi et Mathilde?**

What do *you and Mathilde* prefer to see?

Application ■■■■■■■■■■■■■■■■■■■■■■■■■■

E. **Au restaurant.** Voici des phrases qu'on entend souvent au restaurant. Utilisez un pronom accentué pour insister sur le sujet de la phrase.

MODÈLES: Je voudrais le menu à 80F.
Moi, je voudrais le menu à 80F. ou:
Je voudrais le menu à 80F, moi.

Qu'est-ce qu'il veut?
Qu'est-ce qu'il veut, lui? ou:
Et lui, qu'est-ce qu'il veut?

1. Je vais prendre des escargots pour commencer.
2. Qu'est-ce que tu veux comme hors-d'œuvre?
3. Elle mange toujours du bœuf.
4. Vous voulez une salade?
5. Ils n'aiment pas le poisson.
6. Comment! Tu ne prends pas de dessert?

F. **Les spécialités francophones.** Un groupe de gastronomes parlent de leurs voyages à travers le monde francophone pour manger des spécialités non-françaises. Complétez leur conversation en utilisant les éléments donnés.

MODÈLE: Où est-ce que Georges est allé? (lui et sa femme / à la Nouvelle Orléans / de la jambalaya)
Lui et sa femme, ils sont allés à la Nouvelle Orléans pour manger de la jambalaya.

1. Et François? (lui et sa femme / au Maroc / du couscous)
2. Et Henriette? (elle et son amie / au Québec / de la soupe aux pois)
3. Et Hervé? (lui et moi / en Suisse / de la raclette)
4. Et Francine? (elle et moi / au Sénégal / du tié diène)
5. Et toi? (ma femme et moi / au Cameroun / du poulet aux arachides)
6. Et moi? (toi et ton frère / en Martinique / du poulet aux bananes)

Explanation, Ex. F: jambalaya = poulet (ou poisson ou viande), riz, tomates, poivrons verts, oignons; couscous = semoule de blé dur, viande (poulet, mouton), légumes, sauce; raclette = tranches de fromage fondues; tié diène = riz et poisson; poulet aux arachides = arachides, oignons, tomates; poulet aux bananes = bananes, amandes.

Suggestion, additional uses of stress pronouns: 1) Ask students: **Qui veut . . . ? Vous? Lui? Elle aussi?** 2) Ask: **Qui veut . . . avec moi? avec lui? avec elle? avec eux?**

NOTE GRAMMATICALE

Les pronoms accentués (suite)

Stress pronouns are also called disjunctive pronouns, meaning that they are used in sentences where a pronoun is separated from the verb. Stress pronouns are therefore also used:

1. In short phrases and questions where the main verb is omitted:[7]

> Qui a fait la vaisselle hier soir? **Moi.**
> Je voudrais bien aller au musée. **Et toi? Et eux?**

2. After a preposition:

> Nous avons déjeuné **chez elle.**
> Qui veut y aller **avec moi?**

Follow-up, Ex. G: Ask the class questions; have students point out the people: **Qui est le plus grand de la classe? Qui est la plus âgée?**

G. **Qui...?** Les élèves à l'école élémentaire sont en général très enthousiastes. Quand l'instituteur ou l'institutrice leur posent une question, ils répondent tout de suite. Donnez leurs réponses en utilisant le pronom accentué approprié.

MODÈLE: Qui veut commencer? (Martine)
Elle.

1. Qui veut commencer? (René)
2. Qui sait la réponse? (Chantal)
3. Qui va lire la première phrase? (je)
4. Qui a lancé la première boule de neige? (les garçons)
5. Qui a jeté ces petites boules de papier? (les filles)

H. **Moi aussi... Moi non plus...** Vous parlez avec vos amis de ce que vous mangez. Répondez aux questions en utilisant le pronom accentué approprié et l'expression **aussi** ou **non plus.** Dans chaque situation, les personnes mentionnées ont les mêmes habitudes.

MODÈLES: Moi, je mange beaucoup de légumes. Et ta cousine?
Elle aussi, elle en mange beaucoup.

Mes parents ne mangent pas beaucoup de légumes.
Et vous?
Nous non plus, nous n'en mangeons pas beaucoup.

---

[7]This situation also occurs in comparisons: **Jean-Jacques est plus âgé que moi. Nous avons moins de temps qu'eux.**

1. Ma sœur mange beaucoup de salade. Et toi?
2. Mon frère ne mange pas de pain. Et Janine?
3. Tes parents mangent beaucoup de viande. Et les Garand?
4. Je ne mange pas beaucoup de poisson. Et Max?
5. Mes cousins ne mangent pas de porc. Et vous?
6. Tu manges souvent deux desserts. Et moi?

I. **Où est...?** Vous allez au théâtre avec un groupe d'amis, mais vous avez des places un peu partout dans la salle. Vous et un(e) autre élève, vous êtes au balcon et vous voyez toute la salle. Par conséquent, quand votre voisin(e) vous demande où se trouve quelqu'un, vous pouvez le lui indiquer. Suivez le modèle.

Ex. I: ⇌

MODÈLE: Jean-Paul / juste derrière la femme au chapeau vert
— *Où est Jean-Paul?*
— *Tu vois la dame au chapeau vert? Alors, Jean-Paul est juste derrière elle.*

1. Lucette / juste derrière le monsieur chauve
2. Daniel / juste devant les deux petits garçons
3. Nicole / à côté de la dame au chapeau à fleurs
4. Louis / en face des trois jeunes lycéennes
5. Michèle / derrière *(la personne qui pose les questions)*
6. André / devant *(vous et la personne qui pose les questions)*

J. **Un dîner au restaurant.** Pensez à un repas que vous avez mangé au restaurant avec votre famille ou avec des amis. Répondez aux questions de votre camarade de classe en utilisant autant que possible les pronoms accentués.

1. Où est-ce que vous avez mangé? À quelle heure?
2. Qu'est-ce que vous avez commandé pour commencer? comme plat principal? comme dessert? comme boisson?
3. Où est-ce que vous étiez assis(e) *(seated)*?
4. Qui a demandé l'addition? Est-ce que cette personne a payé le repas?

Une invitation à dîner

Écoutez la bande que votre professeur va jouer pour vous. En particulier, faites attention aux expressions utilisées pour téléphoner et pour inviter.

Audio Tape: See Teaching Guide.

Colette Leroy téléphone à son amie Françoise Cuvillier pour lui faire une invitation.

ON S'EXPRIME

Pour téléphoner à un(e) ami(e)	Pour téléphoner à quelqu'un que vous ne connaissez pas bien
Allô. **Ici** (nom). **Je te le (la) passe.** **Qui est-ce?**	**Allô.** **C'est de la part de qui?** *(Who is calling?)* **Ne quittez pas.** *(Don't hang up.)* **Je vous le (la) passe.**
Pour inviter un(e) ami(e) à dîner	Pour inviter quelqu'un que vous connaissez moins bien
Tu es libre...? **Tu veux dîner...?** **Je t'invite à dîner...**	**Est-ce que vous pourriez dîner...?** **Vous voudriez dîner...?** **Je voudrais vous inviter à dîner...**
Pour accepter une invitation (familier)	Pour accepter une invitation (moins familier)
Oui, je veux bien. **C'est sympa!** **Chouette!** **Pourquoi pas?**	**Je voudrais bien.** **Oh, c'est gentil. J'accepte.** **Avec plaisir.**
Pour refuser une invitation (familier)	Pour refuser une invitation (moins familier)
Oh, je regrette. Je ne peux pas. **Je voudrais bien, mais je ne suis pas libre.** **Merci, mais j'ai déjà fait des projets.**	**C'est dommage, mais ce n'est pas possible.** **Je suis désolé(e), mais je ne suis pas libre.**

À vous!

Ex. K: ⇄

Implementation, Ex. K, L, M: Have students switch partners for each exercise.

K. **Allô... Allô...** Faites les conversations téléphoniques suivantes en imitant les modèles.

MODÈLE: Véronique Poupard (sa cousine)
— *Allô. Ici (nom). C'est toi, Véronique?*
— *Non. C'est sa cousine.*
— *Oh. Je m'excuse. Est-ce que Véronique est là?*
— *Oui. Je te la passe.*

Chapitre onze Allô! Allô! Tu peux venir dîner vendredi soir?

319

1. Marcelle Flury (sa sœur)   2. Jean-Pierre Mettetal (son cousin)

MODÈLE: Lucien Péras / 40 22 61 03
    — *Allô, allô. C'est bien le 40 22 61 03?*
    — *Oui, Monsieur (Madame, Mademoiselle).*
    — *Je voudrais parler à Lucien Péras, s'il vous plaît.*
    — *C'est de la part de qui?*
    — *C'est (nom) à l'appareil.*
    — *Ne quittez pas. Je vais voir s'il est là... Je suis désolé.*
      Il est sorti.
    — *Voulez-vous bien lui dire que (nom) a téléphoné?*
    — *Certainement, Monsieur (Madame, Mademoiselle).*
    — *Merci, Monsieur (Madame, Mademoiselle). Au revoir.*

3. Michel Roux / 61 32 73 22   4. Mireille Brisset / 47 42 65 39

L. **Vous invitez des gens à dîner.** Donnez un coup de téléphone pour faire   Ex. L: ⇄
les invitations indiquées. Un(e) camarade de classe va jouer le rôle du (de
la) correspondant(e).

1. Vous invitez un(e) ami(e) à dîner chez vous.
2. Vous invitez un(e) ami(e) à dîner au restaurant avec vous et deux
   ami(e)s.
3. Vous invitez deux ami(e)s à déjeuner chez vous.
4. Vous invitez vos parents français à aller au restaurant.
5. Vous invitez les parents de votre ami(e) à aller au restaurant avec vous,
   votre ami(e) et votre famille.
6. Vous invitez votre professeur à dîner chez vous.

DÉBROUILLONS-NOUS!

Exercice oral

Review of **étape**.

M. **Un coup de fil.** *(A phone call.)* You and your family have just arrived in   Ex. M: ⇄
Paris. You call your French friend Dominique Gautier, who lives in the
suburbs. She is away on vacation for several days, but a family member
answers the phone. Identify yourself as Dominique's American friend,
find out when she will be back, and decide whether to call again
(rappeler) or to leave a message.

Exercice écrit

N. **Un petit mot.** *(A short note.)* Dominique Gautier has not gotten in touch
with you. You have called back several times, but no one has answered.
You write her a short note in which you tell her you're in Paris with your
family, say how much longer you will be there, and invite her to join you
and your family for dinner.

Deuxième étape

Point de départ:

Une recette

■ ■

POULET GRILLÉ AU DIABLE   Pour quatre personnes: un poulet, 3 cuillères à soupe de beurre, 1 cuillère à soupe d'huile, 3 cuillères à soupe de moutarde de Dijon, 2 cuillères à soupe **d'échalotes**, ½ cuillère à café de thym ou d'estragon, sel, poivre, poivre de cayenne, 2 verres de **chapelure**.

shallots
bread crumbs

Découpez le poulet en quatre morceaux. **Enduisez**-les de beurre **fondu** et d'huile et faites-les **cuire** à four assez chaud un quart d'heure. **Arrosez**-les toutes les cinq minutes de beurre et d'huile. Sortez-les du four.

Coat
melted/(to) cook
Baste

Mélangez la moutarde, l'échalote, le thym ou l'estragon, le sel et le poivre dans un bol. Ajoutez-y, **goutte** à goutte, la moitié du beurre et de l'huile utilisés pour faire cuire le poulet. **Remuez** constamment pour en faire une mayonnaise.

Mix
drop
Stir

Panez les morceaux de poulet cuit en les enduisant de la mayonnaise, puis de chapelure.

Bread

Remettez-les à griller à feu pas trop fort pendant vingt minutes. Retournez-les et arrosez-les du beurre et de l'huile qui restent toutes les cinq minutes. (Si vous voulez préparer ce plat à l'avance, faites griller les morceaux de poulet pané seulement cinq minutes de chaque côté. Sortez-les du four. Vous pouvez attendre plusieurs heures, puis les faire **réchauffer** au four à feu pas trop fort, vingt ou trente minutes.)

(to) reheat

Servez avec des tomates grillées et des haricots verts à la crème.

À vous!■■■■■■■■■■■■■■■■■■■■■■■■■■■■■■■■■■■■■■■

A. **D'abord... ensuite...** Vous aidez quelqu'un à preparer le poulet grillé au diable. Expliquer-lui ce qu'il faut faire en suivant le bon ordre.

Arrosez-les du beurre et d'huile toutes les cinq minutes.
Mélangez la moutarde, l'échalote et les épices dans un bol.
Servez avec des tomates et des haricots.
Découpez le poulet.
Remuez constamment.
Remettez-les à griller pendant vingt minutes.
Enduisez-les de beurre et d'huile.
Panez les morceaux de poulet cuit.

REPRISE

B. **Un coup de fil.** When you phone a friend to invite him/her to dinner at your house, his/her brother answers. Along with two classmates, play out the conversations, based on the following suggestions.

Recycling activities.

Ex. B: △

1. You call and ask for your friend.
2. Your friend's brother/sister answers, says that your friend is not at home, and explains where he/she is.
3. You tell the brother/sister that you will call back (**rappeler**) later on.
4. You call back. Again your friend's brother/sister answers; this time your friend is home.
5. Invite your friend to come to your house for dinner.
6. Your friend may either accept and arrange the details or refuse and explain why.

C. **Après l'école...** Les membres de votre groupe vont indiquer ce qu'ils vont faire après l'école aujourd'hui. Vous notez ce qu'ils disent et rapportez les résultats à la classe entière. Employez un pronom accentué dans chacune de vos phrases.

Ex. C: ○

MODÈLE: *Jacques, lui, va aller en ville. Moi, je... Etc.*

STRUCTURE

Suggestion, avant et après: 1) Write on board the following series: **Je quitte la maison, j'entre dans le bureau de tabac, j'achète un journal, je sors du bureau de tabac, je lis mon journal, je vais en ville, je fais des courses.** 2) Combine sentences using avant de—e.g., **Avant de sortir du bureau de tabac, ... Avant d'aller en ville, je lis mon journal.** 3) Then combine with après—e.g., **Après avoir quitté la maison, je suis entré dans le bureau de tabac. Après avoir acheté mon journal, je suis sorti du tabac. Après être sorti, ...** 4) Point out to students that each verb must have the same subject.

Les prépositions *avant* et *après*

Avant l'examen, j'ai refait tous les exercices.

Before the test, I redid all the exercises.

J'ai retrouvé mon ami dans la salle de classe le jour de l'examen; il y est arrivé **avant moi.**

I met my friend in the classroom the day of the exam; he got there *before me.*

Avant de commencer l'examen, nous avons regardé le livre une dernière fois.

Before starting the exam, we looked at the book one last time.

Après l'examen, j'ai retrouvé mon ami au café.

After the test, I met my friend at the café.

Cette fois, il y est arrivé **après moi.**

This time he got there *after me.*

Après avoir mangé quelque chose, nous sommes rentrés. Et **après être rentrés,** nous avons regardé la télé.

After eating something, we went home. And *after going home,* we watched TV.

The preposition **avant** *(before)* may be used with a noun (**avant l'examen**), a stress pronoun (**avant moi**), or an infinitive (**avant de commencer**). When used before an infinitive, it must be followed by **de.**

The preposition **après** *(after)* may also be used with a noun (**après l'examen**) or a stress pronoun (**après lui**). However, when **après** is followed by a verb, the *past infinitive* must be used. The past infinitive is formed with the infinitive of the helping verb (**avoir** or **être**) and the past participle: **après avoir mangé, après être rentrés.** Notice that the past participle of a verb that takes **être** agrees with the subject of the sentence.

Application ■■■■■■■■■■■■■■■■■■■■■■■■■■■■■■■■

D. Remplacez les mots en italique et faites les changements nécessaires.

1. Avant *le match,* nous sommes allés en ville. (l'examen / la réunion / la discussion / le déjeuner)
2. Après *le match,* nous sommes rentrés chez nous. (l'examen / le film / la conférence / la boum)
3. Elles sont parties avant *nous.* (toi / eux / vous / moi)

4. Nous sommes sortis après *vous*. (toi / elles / lui / eux)
5. Avant de *regarder la télé*, elle a fait ses devoirs. (sortir / me téléphoner / aller au cinéma / préparer le dîner)
6. Après avoir *téléphoné à ses amis*, elle a fait ses devoirs. (mis la table / préparé le dîner / débarrassé la table / fait la vaisselle)
7. Après être *retournée en ville*, elle a fait ses devoirs. (allée au centre commercial / rentrée à la maison / sortie avec ses copines / arrivée à la bibliothèque)

E. **Tu veux téléphoner? Mais c'est très facile!** Vous et un(e) ami(e), vous expliquez à un(e) camarade de classe comment téléphoner en France. Chaque fois que votre ami(e) dit quelque chose, vous le répétez en utilisant la préposition **après** et la forme correcte du passé de l'infinitif.

MODÈLE: Tu arrives au bureau de poste, puis tu cherches une cabine téléphonique.

Après être arrivé(e) au bureau de poste, tu cherches une cabine téléphonique.

1. Tu trouves une cabine, puis tu y entres.
2. Tu entres dans la cabine, puis tu décroches l'appareil.
3. Tu décroches l'appareil, puis tu attends la tonalité.
4. Tu entends la tonalité, puis tu mets une pièce de monnaie dans la fente.
5. Tu mets une pièce de monnaie dans la fente, puis tu composes le numéro.
6. Tu parles à ton correspondant, puis tu raccroches.
7. Tu raccroches, puis tu sors de la cabine.
8. Tu sors de la cabine, puis tu quittes le bureau de poste.

The explanations and exercises stress the use of **avant de** and **après** with non-pronominal verbs. After students are comfortable using both constructions (especially **après**) with **avoir** and **être** verbs, you may wish to point out what the structures look like with pronominal verbs. This can be done with a series such as: **Je me réveille, je reste au lit pendant quelques minutes, je me lève, je prends une douche, je m'habille, je quitte la maison.**

NOTE GRAMMATICALE

*Les prépositions **avant** et **après** suivies d'un verbe pronominal*

When **avant de** and **après** are followed by a pronominal verb, the reflexive or reciprocal pronoun must agree with the subject of the sentence:

Avant de me coucher, il faut que je me brosse les dents.

Before I go to bed (before going to bed), I have to brush my teeth.

Après nous être couchés, nous aimons lire.

After we go to bed (After going to bed), we like to read.

Remember that the past infinitive of a reflexive verb is always formed with **être** and the past participle. This past participle agrees with the subject of the sentence.

F. Remplacez les mots en italique et faites les changements nécessaires.

1. Avant de se coucher, *il* a lu le journal. (elle / nous / tu / je / vous / ils)
2. Après s'être levée, *elle* a pris une douche. (il / je / nous / tu / vous / elles)

Ex. G: ○

G. **Sondage.** Sélectionnez une des paires de questions ci-dessous, puis posez ces deux questions à dix de vos camarades. Marquez les réponses sur une feuille de papier. Après avoir terminé le sondage, partagez-en les résultats avec la classe entière.

1. Qu'est-ce que tu veux faire après avoir terminé tes études secondaires? Qu'est-ce que tu veux faire avant de commencer un travail?
2. Qu'est-ce que tu fais normalement avant un examen? Et après l'examen?
3. Qu'est-ce que tu fais avant de quitter la maison le matin? Qu'est-ce que tu fais après être rentré(e) chez toi le soir?
4. Qu'est-ce que tu fais normalement avant de te coucher? Qu'est-ce que tu fais après t'être réveillé(e) le matin?

H. **La journée de Nicole.** Les dessins suivants racontent une journée typique de Nicole, une jeune Française qui passe une année dans un lycée américain. En utilisant les structures **après** + nom, **après** + verbe, **avant** + nom et **avant de** + verbe, composez autant de phrases que possible.

Implementation, Ex. H: Have students work in pairs first, then correct with the entire class.

MODÈLE: *Après avoir déjeuné (avoir pris le petit déjeuner), Nicole va à l'école. Avant de déjeuner (prendre le petit déjeuner), elle s'habille. Après le petit déjeuner...*

Les préparatifs

Audio Tape: See Teaching Guide.

Écoutez la bande que votre professeur va jouer pour vous. En particulier, faites attention aux expressions utilisées pour demander, accepter et refuser de l'aide *(help)*.

Colette Leroy a invité trois de ses amis—Françoise Cuvillier, Élisabeth Broche et Paul Lartilleux—à dîner chez elle samedi soir. C'est Colette qui va préparer le repas. Son frère Jean-Michel la trouve dans la cuisine.

ON S'EXPRIME

Pour demander à quelqu'un de vous aider

Voudriez-vous
Pourriez-vous
Tu veux   }   **m'aider?**
Tu voudrais   **me donner un coup de main?**
Tu pourrais   **(infinitif)?**
Tu as le temps de

Pour accepter d'aider quelqu'un   Pour refuser d'aider quelqu'un

Bien sûr.   **Je voudrais bien, mais il faut que...**

Pas de problème.   **Je regrette, mais ce n'est pas possible.**
D'accord.
Avec plaisir.   **Je suis désolé(e), mais je ne peux pas.**

Pour hésiter

Je ne sais pas.
Ça dépend.

Ex. I: △

I. **Deux réponses.** Vous demandez à deux camarades de classe de vous aider. La première personne refuse; la seconde accepte (avec ou sans hésitation). Utilisez les suggestions données, mais ajoutez des précisions.

     MODÈLE: Demandez à un(e) camarade de classe de vous prêter un livre.
             ÉLÈVE 1:   *Paul, tu pourrais me prêter ton livre de mathématiques?*
             ÉLÈVE 2:   *Je suis désolé, mais je ne peux pas. J'ai un examen demain.*
             ÉLÈVE 1:   *Kelly, tu veux bien me prêter ton livre de maths?*
             ÉLÈVE 3:   *Bien sûr.* ou:
                        Je ne sais pas. J'en ai besoin ce soir. Écoute. Je te prête mon livre, mais il faut que je l'aie ce soir.

     1. Demandez à un(e) ami(e) de vous prêter de l'argent.
     2. Demandez à un(e) ami(e) de vous prêter un vêtement.
     3. Demandez à un(e) ami(e) de vous aider à changer le pneu de votre voiture.
     4. Demandez à un(e) ami(e) de vous aider à porter un paquet très lourd.

J. **Préparons un repas!** Demandez à un(e) ou deux camarades de vous aider à préparer le poulet grillé au diable (p. 320). Lisez ensemble la recette, puis répartissez *(divide up)* les responsabilités. Par exemple, qui va acheter ou chercher chaque ingrédient? Qui va couper, battre, remuer, ajouter, etc.? Vos camarades sont libres de préférer une activité à une autre.

Ex. J: ⇄ or △

MODÈLE: On a décidé de préparer le poulet grillé.

ÉLÈVE 1: *Qui va acheter le poulet grillé au diable. Tammy, tu veux aller au marché acheter des échalotes?*

ÉLÈVE 2: *Bien sûr.*

ÉLÈVE 1: *Bon. Qui va préparer la chapelure? Toi, Bill, tu pourrais t'en occuper?*

ÉLÈVE 3: *Je ne sais pas la préparer. Je préfère découper le poulet.*

Anciennes Halles de Paris, entre la Bourse de Commerce et Saint Eustache....

au pied de cochon

(1) 42.36.11.75 Ouvert Jour et Nuit. 6 rue Coquillière-Paris

DÉBROUILLONS-NOUS!

Exercice oral

Review of **étape**.

K. **Ma journée d'hier.** Tell a classmate how you spent yesterday (or a day of your choice). Start with when you woke up and continue until the time you went to bed. Whenever possible, show the relationship between events by using the prepositions **avant (de)** and **après.**

Ex. K: ⇄

Implementation, Ex. K: Encourage the partners to ask questions.

Exercice écrit

L. **Pour faire la soupe aux poireaux pommes de terre.** A student in
fourth-year French has tasted your leek-and-potato soup and would like
the recipe. You decide to write out a simplified version of how the soup is
made. Use the verbs suggested below and summarize the key steps. Do not
use the command form of the verb.

MODÈLE: *D'abord tu épluches les pommes de terre.*

Verbes: **ajouter, couper, éplucher, faire fondre (cuire), laver,
mettre, mouiller, poivrer, saler, servir.**

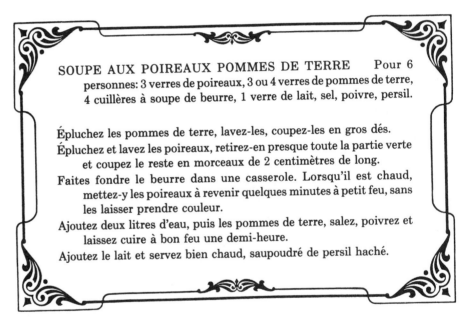

SOUPE AUX POIREAUX POMMES DE TERRE   Pour 6
personnes: 3 verres de poireaux, 3 ou 4 verres de pommes de terre,
4 cuillères à soupe de beurre, 1 verre de lait, sel, poivre, persil.

Épluchez les pommes de terre, lavez-les, coupez-les en gros dés.

Épluchez et lavez les poireaux, retirez-en presque toute la partie verte
et coupez le reste en morceaux de 2 centimètres de long.

Faites fondre le beurre dans une casserole. Lorsqu'il est chaud,
mettez-y les poireaux à revenir quelques minutes à petit feu, sans
les laisser prendre couleur.

Ajoutez deux litres d'eau, puis les pommes de terre, salez, poivrez et
laissez cuire à bon feu une demi-heure.

Ajoutez le lait et servez bien chaud, saupoudré de persil haché.

Lexique

On s'exprime

Pour téléphoner

Allô.
Ici...
Qui est-ce?
Qui est à l'appareil?
Ne quittez pas.
Je vous (te) le (la) passe.
C'est de la part de qui?

Pour inviter

Est-ce que vous pourriez...?
Je t'invite à...
Je voudrais vous inviter à...
Tu es libre...?
Tu veux...?
Vous voudriez...?

Pour accepter une invitation

Avec plaisir.
C'est sympa!
Chouette!
Je voudrais bien.
Oh, c'est gentil.
Oui, je veux bien.
Pourquoi pas?

Pour refuser une invitation

C'est dommage, mais ce n'est pas possible.
Je suis désolé(e), mais je ne suis pas libre.
Je voudrais bien, mais je ne suis pas libre.
Merci, mais j'ai déjà fait des projets.
Oh, je regrette. Je ne peux pas.

Pour demander à quelqu'un de vous aider

Voudriez-vous
Pourriez-vous
Tu veux
Tu voudrais
Tu pourrais
Tu as le temps de

} m'aider?
me donner un coup de main?
(infinitif)?

Pour accepter ou refuser de rendre un service

Avec plaisir.
Bien sûr.
D'accord.
Pas de problème.

Je regrette, mais ce n'est pas possible.
Je suis désolé(e), mais je ne peux pas.
Je voudrais bien, mais il faut que...

Ça dépend.
Je ne sais pas.

Thèmes et contextes

Le téléphone

l'annuaire *(m.)*
l'appareil *(m.)*
une cabine téléphonique
le cadran
composer le numéro
le (la) correspondant(e)

décrocher
la fente
l'indicatif *(m.)*
une pièce de monnaie
raccrocher
la tonalité

La cuisine

un bol
une casserole
une cuillerée à café
une cuillerée à soupe
un fouet
une poêle
une recette

Vocabulaire général

Noms

un coup de fil
un petit mot

Verbes

ajouter
arroser
battre
couper
découper

éplucher
faire cuire
faire fondre
laver

mélanger
poivrer
réchauffer
saler

INTÉGRATION CULTURELLE

LES REPAS DE FÊTE

daily
on the other hand

Si les repas **quotidiens** deviennent de plus en plus simples et rapides, **par contre** l'attitude des Français à l'égard des repas de fête a peu changé. Ils y voient l'occasion de, comme on le dit, «mettre les petits plats dans les grands», de faire un grand repas qu'on peut **partager** avec sa famille ou avec ses amis.

share
widespread

Une des fêtes les plus **répandues,** c'est le Réveillon, repas servi après la messe de minuit à Noël (c'est-à-dire, dans les premières heures du jour de Noël) ou la nuit de la Saint-Sylvestre (le 31 décembre) pour fêter le nouvel an. Le menu pour le Réveillon de Noël comprend traditionnellement:

raw
goose liver

Huîtres—fruits de mer que l'on mange généralement **crus**
Foie gras—pâté fait de **foie d'oie** ou de canard
Boudin blanc—saucisse faite avec du lait et de la viande blanche
Dinde—viande traditionnelle des fêtes américaines; en France, à Noël,
        elle est **farcie aux marrons**

stuffed with chestnuts
log

Bûche de Noël—gâteau que l'on façonne en forme d'une **bûche** et que
        l'on décore avec une crème au beurre au chocolat ou au

bark

        moka pour en simuler l'**écorce**

330

INTÉGRATION

A. **Les fêtes de fin d'année en France et aux États-Unis.** Les coutumes diffèrent souvent de pays en pays. Les échanges culturels permettent de découvrir comment on célèbre une fête traditionnelle très connue dans un autre pays. Faites l'exercice bilingue suivant.

1. First, explain to your parents how the French use food to celebrate Christmas and/or New Year's.
2. Ensuite, expliquez à votre famille française comment on célèbre, du point de vue de la nourriture, les fêtes de fin d'année (Noël, Hanukkah, le Jour de l'An) chez vous.

331

INTÉGRATION CULTURELLE

B. **Trois menus.** Les gens ne mangent pas tous de la même façon. Les repas que l'on peut s'offrir varient selon sa condition économique et sociale. Voici trois menus datant du dix-neuvième siècle. Étudiez-les, puis répondez aux questions.

Menu 2

(pour 10 personnes)

Un potage

Deux poulets rôtis
Carottes, haricots verts,
    pommes de terre

Salade

Une tarte aux pommes

Menu 1

(pour 20 personnes)

Deux potages

Des entrées: Un rôti de mouton, un dindon, des côtelettes, une poularde, des ris de veau, un lapin, des anguilles, un filet de bœuf, une noix de veau

Premier entremet: Un gâteau mille feuille, un carpeau au bleu

Rôtis: Des cailles, un quartier d'agneau, des pigeons, des poulets

Deuxième entremet: Un biscuit, une crème, des beignets, des petits pois, des choux-fleurs, des artichauts

Des desserts: Quatre assiettes de bonbons, deux de biscuits, deux de macarons, huit de fruits cuits, deux de fromages, deux de sucreries

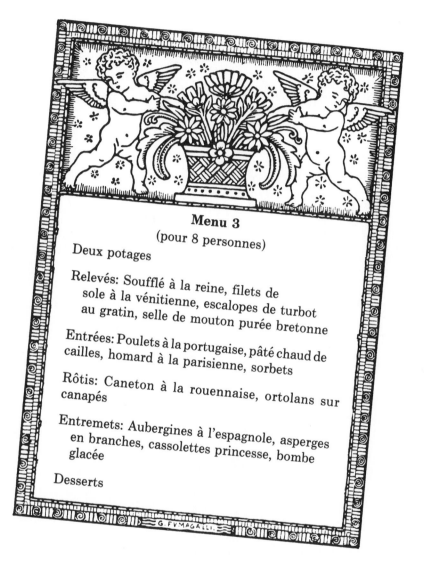

Menu 3

(pour 8 personnes)

Deux potages

Relevés: Soufflé à la reine, filets de sole à la vénitienne, escalopes de turbot au gratin, selle de mouton purée bretonne

Entrées: Poulets à la portugaise, pâté chaud de cailles, homard à la parisienne, sorbets

Rôtis: Caneton à la rouennaise, ortolans sur canapés

Entremets: Aubergines à l'espagnole, asperges en branches, cassolettes princesse, bombe glacée

Desserts

G. FVMAGALLI.

1. Associez ces menus aux repas suivants:
   a. Un dîner pour célébrer l'anniversaire d'un père de famille de la classe ouvrière *(working)*
   b. Un dîner servi au tzar Alexandre II, au tzarevitch (futur Alexandre III) et au roi de Prusse
   c. Un dîner offert par un riche bourgeois à ses amis
2. Pouvez-vous donner un exemple d'un repas de gala que vous avez mangé?

Chapitre douze

On nous a envoyé une invitation

1.

2.

3.

Answers, ways to mail a letter:
1. c
2. a
3. b

Comment peut-on poster une lettre?

a. On peut la mettre dans une boîte aux lettres.

c. On peut l'apporter au bureau de poste.

b. On peut la donner au facteur qui vous livre votre courrier.

Point de départ:

La poste

■■■■■■■■■■■■■■■■■■■■■■■■■■■■■■■■■■■■■■■

En France, les fonctions des PTT (Postes, Télégraphes, Téléphones) ou des P et T (Postes et Télécommunications) ne se limitent pas à l'**envoi** du **courrier.** Les Français peuvent y aller pour téléphoner, pour payer les **factures** du gaz et de l'électricité, pour recevoir et envoyer de l'argent par des **mandats** et même pour mettre de l'argent à leur **compte d'épargne.** Les touristes, eux, vont aux bureaux de poste pour des raisons plus traditionnelles. Voici une brochure, destinée aux étrangers, qui donne des renseignements sur le fonctionnement des PTT.

sending
mail
bills
money orders / savings account

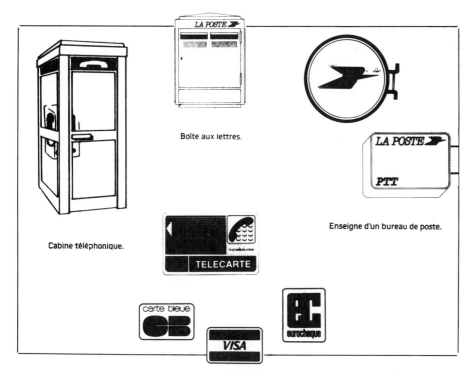

Boîte aux lettres.

Cabine téléphonique.

TELECARTE

Enseigne d'un bureau de poste.

carte bleue CB

VISA

eurocheque

Vous désirez téléphoner...

Utilisez, en vous munissant préalablement de pièces de monnaie (page 15), une des 172 000 cabines placées dans les lieux publics* ou adressez-vous au guichet téléphone d'un de nos

17 000 bureaux de poste*. Si vous appelez à partir de votre hôtel, d'un café ou d'un restaurant, votre facturation risque d'être supérieure à la taxe officielle (maximum 30 %).

• **La télécarte:** elle vous permettra de téléphoner sans souci et sans monnaie

à partir d'une cabine équipée d'un publiphone à cartes. Ces télécartes de 40 ou 120 unités s'achètent dans les bureaux de poste, guichets SNCF et revendeurs agréés reconnaissables à leur affichette "Télécarte".*

● **Tarifs réduits :**
– du lundi au vendredi de 21 h 30 à 8 h et le samedi à partir de 14 h pour les pays de la CEE, la Suisse et l'Espagne ;
– de 22 h à 10 h pour le Canada et les États-Unis ;
– de 20 h à 8 h pour Israël ;
– et, pour ces mêmes pays, les dimanches et jours fériés français toute la journée.

...télégraphier

Vous pouvez déposer votre texte au guichet d'un bureau de poste, ou le téléphoner depuis votre hôtel.

...recevoir votre courrier

● Votre adresse en France comporte un numéro de code à 5 chiffres ; n'oubliez pas de le communiquer à vos correspondants.
● Le courrier adressé en "poste restante", dans une ville ayant plusieurs bureaux, est, sauf précision, disponible au bureau principal. Le retrait d'une correspondance donne lieu à paiement d'une taxe.
● Pour toute opération de retrait de courrier ou d'argent au guichet, on vous demandera votre passeport ou une pièce d'identité, pensez-y !
● Un courrier parvenu après votre départ peut vous être réexpédié. Renseignez-vous aux guichets.

...expédier vos envois

● **Les timbres-poste :** vous pouvez vous les procurer dans les bureaux de poste (où on vend également des aérogrammes), les bureaux de tabac ou les distributeurs automatiques jaunes disposés sur la façade de certains bureaux de poste.

● **Les boîtes de dépôt des lettres :** vous les trouverez à l'extérieur et à l'intérieur des bureaux de poste et dans les lieux de fort passage du public*.

● **Paquets :** les paquets adressés à d'autres pays jusqu'à 1 kg (ou 2 kg au tarif des lettres) acceptés par les bureaux de poste doivent porter extérieurement une étiquette verte de douane. Si vous voulez réaliser un envoi rationnel et pratique, utilisez les emballages préformés mis en vente dans les bureaux de poste.

● **Colis postaux :** ils sont acceptés au bureau de poste principal de chaque localité :

– "Avion" jusqu'à 10 ou 20 kg suivant la destination.
– "Voie de surface" jusqu'à 5 kg et jusqu'à un certain format (au-delà ils peuvent être confiés à la SNCF).

● **Service Posteclair :** national et international à votre disposition dans 400 points réseau PTT, si vous désirez envoyer tout document urgent (plans, graphiques, tableaux, schémas...).

...envoyer ou recevoir de l'argent

● Pour le paiement ou l'émission de mandats ou l'échange de "postchèques", adressez-vous directement au bureau de poste de votre choix.
● Dans les principales villes, vous pouvez changer votre argent dans 150 bureaux de poste signalés par un autocollant "CHANGE".
● Si vous êtes porteur d'une carte visa ou d'une carte de garantie Eurochèque délivrée par votre banque, vous pouvez retirer de l'argent dans un des 780 bureaux de poste signalés par un autocollant CB ou EC*.
VISA

À vous! ■■■■■■■■■■■■■■■■■■■■■■■■■■■■■■■■■■■■■■■

A. **Le PTT Contact.** Your parents have several questions about French post offices. Consult the brochure published by the **PTT** and try to answer their questions.

1. Would we be better off making phone calls from our hotel or from a public phone? Why?
2. What are the least expensive times to call home from France?
3. Do you have to go to the post office if you want to send a telegram?
4. Do you have to use a zip code when sending a letter to France?
5. Suppose we don't know where we'll be staying in France. Could we have our mail sent to the post office and could we pick it up there?
6. Where can we buy stamps other than at a window in the post office?
7. What limits are placed on mailing packages?
8. If we run out of money, how can the post office be of help?

Ex. B: ⇄

B. **Au guichet de la poste aérienne.** Vous vous renseignez sur les tarifs postaux. Puis vous achetez les timbres qu'il vous faut. Suivez le modèle. Votre camarade va jouer le rôle du postier ou de la postière.

MODÈLE: lettre / Canada / 2F80 / 3

     ÉLÈVE 1:   *C'est combien pour envoyer une lettre au Canada?*

     ÉLÈVE 2:   *C'est 2F80 francs.*

     ÉLÈVE 1:   *Eh bien... euh... Donnez-moi trois timbres à 2F80.*

     ÉLÈVE 2:   *Voilà. Ça fait 8F40.*

1. lettre / États-Unis / 4F20 / 5
2. carte postale / États-Unis / 3F40 / 10
3. lettre / Angleterre / 3F60 / 1
4. carte postale / Allemagne / 2F80 / 2

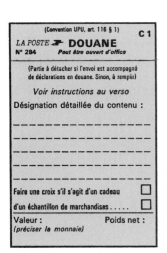

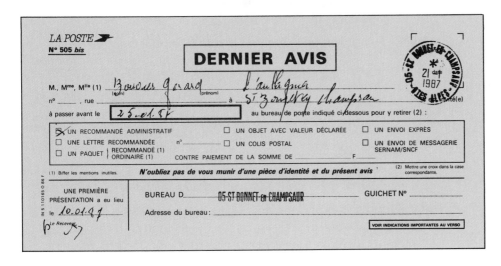

Ex. C: ⇄

C. **Il faut que j'envoie ce colis.** Envoyez les colis indiqués en suivant le modèle. Votre camarade va jouer le rôle du postier ou de la postière.

MODÈLE: Canada / T-shirts, parfum, livres / 90F, 30F / pas recommandé

ÉLÈVE 1:   *Je voudrais envoyer ce colis au Canada.*

ÉLÈVE 2:   *Pendant que je le pèse, voulez-vous remplir la fiche de douane?*

ÉLÈVE 1:   *D'accord. Voyons... T-shirts, parfum, livres.*

ÉLÈVE 2:   *Par avion ou par voie de surface?*

ÉLÈVE 1:   *C'est combien par avion?*

ÉLÈVE 2:   *90F. Et par voie de surface, c'est 30F.*

ÉLÈVE 1:   *Par avion, s'il vous plaît.*

ÉLÈVE 2:   *Vous voulez l'envoyer en recommandé?*

ÉLÈVE 1:   *Non, merci.*

1. Chine / pull marin, blue-jean / 80F, 25F / pas recommandé
2. États-Unis / livres, foulard, colliers / 100F, 40F / recommandé avec avis de réception
3. Canada / chemisier, gants / 75F, 22F / recommandé avec avis de réception
4. Angleterre / souvenirs de voyage / 50F, 20F / pas recommandé

REPRISE

Recycling activity.

Ex. D: ⇄

D. **Avant... après...** Décrivez à un(e) autre étudiant(e) cinq de vos activités d'hier. Ensuite votre partenaire va vous demander ce que vous avez fait *avant* chaque activité.

MODÈLE: ÉLÈVE 1:   *J'ai pris le petit déjeuner.*

ÉLÈVE 2:   *Qu'est-ce que tu as fait avant le petit déjeuner?*
ou:
Qu'est-ce que tu as fait avant de prendre le petit déjeuner.

ÉLÈVE 1:   *Avant (de prendre) le petit déjeuner, je me suis lavé la tête.*

Ensuite, votre partenaire va vous décrire cinq de ses activités. Vous allez lui demander ce qu'il/elle a fait *après* chaque activité.

MODÈLE: ÉLÈVE 2:   *Je me suis levé(e) vers 7h30.*

ÉLÈVE 1:   *Qu'est-ce que tu as fait après t'être levé(e)?*

ÉLÈVE 2:   *Après m'être levé(e), j'ai pris une douche.*

STRUCTURE

Les verbes irréguliers *écrire, envoyer* et *recevoir*

Écrire

— Est-ce que **tu as écrit** à Claude?

— Pas encore. **J'écris** d'abord à Robert. Autrefois, **je** lui **écrivais** tous les mois.

— *Did you write* to Claude?

— Not yet. First, *I am writing* to Robert. In the past *I used to write* him every month.

The verb **écrire** *(to write)* is irregular in the present indicative but forms the imperfect and the present subjunctive in the regular ways. When followed by a person, the verb **écrire** always uses the preposition **à**.

écrire	
j'**écris**	nous **écrivons**
tu **écris**	vous **écrivez**
il, elle, on **écrit**	ils, elles **écrivent**

Past participle: **écrit** (avoir)
Imperfect stem: **écriv-**
Subjunctive stem: **écriv-**

The irregular verbs **écrire**, **envoyer**, and **recevoir** have been grouped together because they relate to the context of this chapter.

Structure, écrire, envoyer, recevoir: 1) Begin with a short series: **Paul écrit une lettre. Il envoie la lettre à Marie. Marie reçoit la lettre.** 2) Point out that **écrire** is conjugated like a regular **-ir** verb in the singular; have students repeat plural forms. 3) Show that **envoyer** is conjugated like a regular **-er** verb, except for the spelling change. 4) Present **recevoir** in three groups: **je, tu, il, elle / ils, elles / nous, vous.** 5) Redo the three sentences in the **passé composé**—first with **nous**, then with **ils**, finally with **je**. You may wish to have students do the short mechanical exercise each time before proceeding to the presentation of the next verb.

Application

E. Remplacez les mots en italique et faites les changements nécessaires.

1. Est-ce que *tu* écris beaucoup de lettres? (il / vous / elles / nous)
2. *Nous* avons écrit des cartes pour le Nouvel An. (je / elle / tu / ils / vous)
3. *Elle* écrivait une lettre quand vous avez téléphoné. (je / nous / ils / ma mère)
4. Ils préfèrent qu'*on* écrive en français. (nous / tu / elle / vous)

Envoyer

Elle a envoyé une lettre à Éric.	*She sent* Eric a letter.
Nous envoyions beaucoup de cadeaux.	*We used to send* lots of presents.
Tu envoies des cartes pour le Nouvel An?	*Do you send* New Year's cards?

The verb **envoyer** *(to send)* is irregular in the present indicative and the present subjunctive, but it is regular in the imperfect. When followed by a person, the verb **envoyer** uses the preposition **à**.

---

envoyer

j'**envoie**	nous **envoyons**
tu **envoies**	vous **envoyez**
il, elle, on **envoie**	ils, elles **envoient**

Past participle: **envoyé** (avoir)
Imperfect stem: **envoy-**
Subjunctive stems: **envoi-, envoy-**

F. Remplacez les mots en italique et faites les changements nécessaires.

1. Nous *envoyons* beaucoup de cartes de Noël. (je / vous / elle / ils)
2. *Il* n'a pas encore envoyé le colis. (elles / nous / je / tu / vous)
3. Autrefois, *elles* envoyaient beaucoup d'invitations. (nous / il / tu / vous)
4. Est-il nécessaire qu'*elle* lui envoie une réponse? (je / nous / on / vous / ils)

Recevoir

Est-ce qu'**elle a reçu** une lettre?	*Did she get* a letter?
Elle reçoit des lettres presque tous les jours.	*She gets* letters almost every day.
Autrefois, **je recevais** beaucoup de courrier aussi.	In the past, *I used to get* a lot of mail also.

The verb **recevoir** *(to get, to receive)* is irregular in the present indicative and the present subjunctive, but it is regular in the imperfect. Pay close attention to the spelling changes, particularly the addition of a cedilla (**ç**) before the letters **o** and **u**.

recevoir

je **reçois**	nous **recevons**
tu **reçois**	vous **recevez**
il, elle, on **reçoit**	ils, elles **reçoivent**

Past participle: **reçu** (avoir)
Imperfect stem: **recev-**
Subjunctive stems: **reçoi-, recev-**

G. Remplacez les mots en italique et faites les changements nécessaires.

1. *Nous* recevons beaucoup de courrier. (il / je / vous / mes amis)
2. Quand *elle* était petite, *elle* recevait beaucoup de cadeaux. (je / nous / mes cousins / tu / vous)
3. Qu'est-ce qu'*il* a reçu comme cadeau? (tu / vous / elles / nous / je)
4. Il est important qu'*on* reçoive de bonnes notes en français. (ils / je / tu / nous / vous)

H. **Questionnaire.** Posez les questions à un(e) autre étudiant(e) et écrivez les réponses sur une feuille de papier. Ensuite, expliquez vos résultats à d'autres étudiants. Demandez...   Ex. H: ⇄

1. s'il (si elle) reçoit beaucoup de lettres
2. s'il (si elle) écrit beaucoup de lettres
3. à qui il (elle) écrit très souvent
4. s'il (si elle) reçoit beaucoup d'invitations
5. s'il (si elle) envoie beaucoup d'invitations
6. s'il (si elle) a reçu une lettre récemment et de qui
7. s'il (si elle) a reçu une invitation récemment et à quoi
8. s'il (si elle) a envoyé une lettre récemment et à qui
9. s'il (si elle) a envoyé un cadeau récemment et pour qui
10. s'il (si elle) recevait beaucoup de cadeaux quand il (elle) était petit(e)
11. s'il (si elle) envoyait beaucoup de cartes pour le jour de l'An quand il (elle) était à l'école élémentaire
12. s'il (si elle) écrivait des histoires quand il (elle) était petit(e)

I. **La correspondance.** Décrivez votre correspondance avec un(e) ami(e), un(e) correspondant(e) étranger(ère), un membre de votre famille, etc. **Suggestions:** À qui est-ce que vous écrivez? Depuis combien de temps? Combien de fois par an? Est-ce que cette personne vous écrit? Souvent? Est-ce qu'il/elle vous envoie des cadeaux ou des colis ou autre chose?

Audio Tape: See Teaching
Guide.

On m'a invitée à dîner

Écoutez la bande que votre professeur va jouer pour vous. Puis regardez la lettre d'invitation. Faites particulièrement attention aux expressions utilisées pour commencer et pour finir une invitation.

Karen Ludlow passe une année en France. Elle va à un lycée à Rouen et elle habite avec la famille de Jacqueline Chartrier. Un jour, Karen reçoit une invitation par la poste.

> Chère Mademoiselle,
>
> À l'occasion du 16e anniversaire de notre fille Solange, ma famille organise un dîner chez nous, 12, rue du Bac, le samedi, 17 juillet, à 20h 30.
>
> Nous serions tous très heureux si vous pouviez être des nôtres.
>
> Auriez-vous la gentillesse de donner réponse aussitôt que possible.
>
> Veuillez agréer, chère Mademoiselle, l'expression de mes sentiments les meilleurs.
>
> Simone Joyale

ON S'EXPRIME

Pour commencer et finir une invitation à des gens que vous connaissez peu

Monsieur (Madame / Mademoiselle),

Veuillez agréer l'expression de mes sentiments les meilleurs.
Je vous prie de croire à mes sentiments dévoués.

Pour commencer et finir une invitation à des gens que vous connaissez, mais qui sont plus âgés que vous

Cher Monsieur (Chère Madame / Chère Mademoiselle),

Veuillez croire, cher (chère)..., à } **mes sentiments cordiaux.**

Soyez assuré, cher...,
Soyez assurée, chère..., } **de** } **mes sentiments très amicaux.**
Soyez assurés, chers...,

Pour commencer et finir une invitation à des camarades

Cher ami (Chère amie / Cher Jean / Chère Denise / Bonjour / Salut),

Amicalement,
Amitiés,
À bientôt,

À vous!

K. **Les formules de politesse.** Relevez dans l'invitation de Mme Joyale (p. 342) l'équivalent français des expressions suivantes.

1. Dear Miss Ludlow   2. for Solange's birthday   3. to join us
4. RSVP   5. Very truly yours

L. **Deux invitations à écrire.** Rédigez les invitations suivantes en utilisant les formules de politesse appropriées.

1. Les parents de Jacqueline Chartrier invitent des amis de Jacqueline à venir dîner chez eux pour fêter l'anniversaire de leur fille.
2. Karen Ludlow invite des amis de Jacqueline à venir passer la soirée chez Jacqueline pour fêter l'anniversaire de sa «sœur» française.

DÉBROUILLONS-NOUS !

Review of **étape**.

Ex. M: ⇄

Exercice oral

M. **Au bureau de poste.** You are spending the summer in France. Go to the post office and buy some air letters **(aérogrammes)** and some stamps for postcards. It's also the birthday of someone in your family. You have bought that person an article of clothing as a present. Mail your package to this person.

Exercice écrit

N. **Encore une invitation à écrire.** You have spent several months living with a French family. They and their friends have been very nice to you, and you would like to prepare an American meal for them. You have chosen to do so on the fourth of July **(la fête nationale américaine).** Write the invitation.

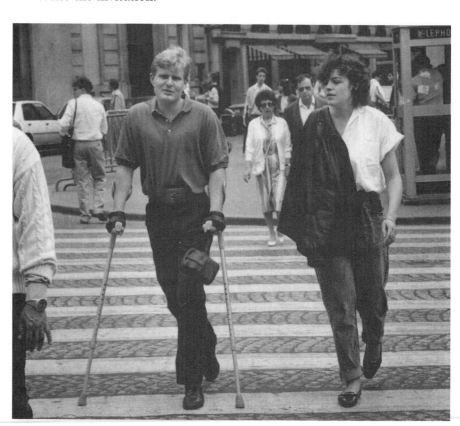

Je crois qu'il y a un bureau de poste près d'ici.

Deuxième étape

Point de départ:

Comment se tenir à table

■■■■■■■■■■■■■■■■■■■■■■■■■■■■

la table est mise

S'il s'agit d'une invitation sans façons, "à la fortune du pot", la table est mise simplement : une seule assiette pour chaque convive, sauf s'il y a de la soupe, quatre couverts, un verre, une bouteille de vin, une carafe d'eau. C'est la maîtresse de maison et/ou le maître de maison qui apporte les plats et sert tout le monde ; le plus souvent, on se passera les plats autour de la table.

sans façons: informal
à la fortune du pot: pot-luck
une convive: guest
sauf: unless
un couvert: place setting

1 une fourchette ("de table")
2 une assiette "plate" et quelquefois pour la soupe une "creuse"
3 un couteau
4 une cuillère à soupe
5 une petite cuillère (ou cuillère à dessert)
6 un verre (ici "verre à pied").

Pour "un repas de réception" on aura mis — comme on dit — "les petits plats dans les grands" : on a sorti le plus beau linge de table (nappe et serviettes assorties) et le service en argent, les verres de cristal ; les assiettes sont changées après chaque plat.
Mais, dans les deux cas, il est prudent d'obéir à un code — non écrit — des "bonnes manières".

sortir (conj. avec *avoir*):
   to take out
le linge: linen
la nappe: tablecloth
une serviette: napkin
assorti(e): matching
l'argent: silver

l'abc du "savoir se tenir à table"

Il vaut mieux :
— ramener la soupe vers soi avec la cuillère (sans jamais pencher l'assiette pour la finir) ;
— tenir le couteau dans la main droite pour couper la viande, et éviter de reprendre la fourchette dans cette main pour porter le morceau à sa bouche ;
— ne pas "saucer", c'est-à-dire essuyer la sauce avec un morceau de pain ;
— poser les mains (et non les coudes) sur le bord de la table ;
— rompre (casser) son morceau de pain ; ne pas le couper au couteau ; et si l'on vous offre de vous servir une deuxième fois, savoir répondre :
"Avec plaisir, s'il vous plaît !" qui veut dire, oui, ou "Merci !" qui — attention ! — veut dire "non"... (c'est-à-dire "c'était très bon, mais"...).
Mais ce ne sont là que des suggestions et pas... "les Tables de la Loi !"

ramener: to bring
pencher: to lean
essuyer: to wipe

À vous! ■■■■■■■■■■■■■■■■■■■■■■■■■■■■■■■■■

A. **À table!** Regardez les dessins, puis répondez aux questions d'après les renseignements donnés dans l'article que vous venez de lire.

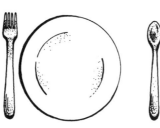

*Qu'est-ce qui manque à cette table? (**Il manque...**)*

Cette table est-elle mise pour un repas de famille ou pour un repas de gala? Comment le savez-vous?

Est-ce que ce jeune monsieur sait se tenir à table?

Et cette jeune femme?

Comment savez-vous que cette femme n'est pas américaine?

Qu'est-ce que ce petit garçon est en train de faire?

Comment savez-vous que ce monsieur n'est pas français?

Est-ce que cette femme veut encore du (some more) pain?

B. **Échange.** Posez des questions à un(e) camarade de classe en utilisant les éléments donnés. Si la réponse à votre première question d'une série est négative, passez au groupe de questions suivant.

Recycling activities.

Ex. B: ⇄

1. écrire une lettre / récemment / à qui / recevoir ta lettre
2. écrire beaucoup de cartes postales / quand / à qui, envoyer / recevoir des cartes postales de tes amis
3. recevoir un télégramme / qui, envoyer / être surpris(e) de recevoir ce télégramme
4. envoyer un télégramme / à qui / pourquoi, ne pas écrire de lettre
5. recevoir un cadeau récemment / de qui / envoyer par la poste
6. envoyer un aérogramme / à qui / où, acheter

C. **Il faut que tu...** Votre nouvel(le) ami(e) vénézuélien(ne) ne connaît pas très bien les services des PTT en France. Pour l'aider, vous lui expliquez ce qu'il est nécessaire de savoir et de faire. Utilisez les expressions données et consultez la brochure des PTT (pp. 335–336).

MODÈLE: Je veux téléphoner chez moi. (il faut)
Il faut utiliser une cabine téléphonique. ou:
Il faut que tu trouves une cabine téléphonique.

1. Je veux téléphoner à des amis qui sont en Espagne. (il vaut mieux)
2. Je veux envoyer un télégramme. (il est possible)
3. Je veux recevoir du courrier. (il est important)
4. On va m'envoyer de l'argent par la poste. (il est nécessaire)
5. J'ai besoin d'acheter des timbres. (il est possible)
6. Je veux poster une lettre. (il est possible)
7. Je veux envoyer un colis qui pèse 5 kilos. (il faut)
8. J'ai besoin d'argent. (il est possible)

STRUCTURE

Suggestion, future tense: Because the future tense is not used as frequently in speaking as in writing, you may want to emphasize more than usual the writing exercises for this topic. See the Teaching Guide for suggestions on presenting the future.

Le futur

— **On visitera** le château demain?

— *Will we visit* the castle tomorrow?

— Oui, **je téléphonerai** ce soir pour arranger ça.

— Yes, *I'll call* tonight to arrange it.

— Où est-ce que **nous nous retrouverons?**

— Where *shall we meet?*

— **Je** t'**attendrai** devant la banque.

— *I'll wait for* you in front of the bank.

So far, to talk about future time, you have used either the immediate future (**aller** + infinitive—**Je vais voir un film ce soir**) or an expression that implies the future (**je veux, j'ai l'intention de, je pense, j'espère** + infinitive—**J'espère aller à Paris cet été**). French also has a future tense that, like the English future tense, expresses what will happen.

To form the future tense, simply add the ending **-ai, -as, -a, -ons, -ez,** or **-ont** to the infinitive form of the verb. Notice that the final **-e** of a verb ending in **-re** is dropped before the future-tense ending is added.

arriver	**partir**	**attendre**
arriver-	partir-	attendr¢-
j'arriver**ai**	je partir**ai**	j'attendr**ai**
tu arriver**as**	tu partir**as**	tu attendr**as**
il, elle, on arriver**a**	il, elle, on partir**a**	il, elle, on attendr**a**
nous arriver**ons**	nous partir**ons**	nous attendr**ons**
vous arriver**ez**	vous partir**ez**	vous attendr**ez**
ils, elles arriver**ont**	ils, elles partir**ont**	ils, elles attendr**ont**

Application ■■■■■■■■■■■■■■■■■■■■■■■■■■■■■■■■

D. Remplacez les mots en italique et faites tous les changements nécessaires.

1. *Elle* organisera une soirée. (nous / je / ils / tu / on)
2. *Tu* réussiras certainement aux examens. (vous / il / nous / je / elles)
3. *Il* ne répondra pas aux questions. (je / elles / tu / nous / vous)

NOTE GRAMMATICALE

Le futur des verbes irréguliers

Many of the irregular verbs that you have learned have irregular future stems. The endings, however, are the same as for regular verbs (**-ai, -as, -a, -ons, -ez, -ont**). The most common verbs that have irregular future stems are:

avoir	**aur-**	j'**aurai**	pouvoir	**pourr-**	nous **pourrons**
aller	**ir-**	tu **iras**	recevoir	**recevr-**	vous **recevrez**
envoyer	**enverr-**	il **enverra**	savoir	**saur-**	elles **sauront**
être	**ser-**	elle **sera**	voir	**verr-**	ils **verront**
faire	**fer-**	on **fera**	vouloir	**voudr-**	elles **voudront**
falloir	**faudr-**	il **faudra**			

E. **Projets de vacances.** Indiquez ce que feront les personnes suivantes pendant leurs vacances. Mettez les phrases au futur.

MODÈLE: Maurice est à Paris. Il visite le Louvre. Il va à Beaubourg.
               Maurice sera à Paris. Il visitera le Louvre. Il ira à Beaubourg.

1. Janine a 18 ans. Elle va à la campagne avec ses parents. Ils font du camping.
2. Nous sommes à la plage. Nous pouvons nous faire bronzer. Nous voulons apprendre à faire de la planche à voile.
3. Georges et son cousin prennent le TGV pour aller à Marseille. Ils descendent chez leurs grands-parents. Ils peuvent manger de la bouillabaisse.
4. Je vais en Angleterre. Je fais du tourisme. Je t'envoie une carte postale.
5. Tu es chez toi. Il faut que tu t'occupes[8] de ton petit frère. Tu reçois des lettres de tes amis.
6. Martine travaille pour son père. Elle a l'air triste. Elle ne sait pas quoi faire le soir.

F. **Bon, d'accord.** Indiquez que les personnes à la page suivante feront demain ce qu'il faut faire aujourd'hui.

MODÈLE: Il faut que tu ailles à la banque.
               Bon, d'accord. J'irai à la banque demain.

---

[8]The subjunctive has no future form. **Tu t'occupes** does not change.

1. Il faut que ta sœur parle à Jean.
2. Il est indispensable que vous étudiiez.
3. Il est nécessaire que Chantal fasse un effort pour voir le professeur.
4. Il faut que nous téléphonions à nos amis.
5. Il est nécessaire que vous preniez le nouveau métro.
6. Il est indispensable que tu ailles en ville.
7. Il faut qu'on soit à l'heure.
8. Il faut que ton frère voie ce film.
9. Il faut que vous envoyiez ce colis.
10. Il est important que tu te couches de bonne heure.

Ex. G: ⇌

G. **Échange.** Employez les éléments donnés pour poser des questions à un(e) camarade de classe, qui va vous répondre. Employez le futur ou bien un verbe ou une expression qui indiquent le futur.

MODÈLE: faire / après la classe
    — *Qu'est-ce que tu feras (vas faire) après la classe?*
    — *J'irai (je vais aller, je pense aller) en ville.*

1. faire / après cette classe
2. faire / cet après-midi avant de rentrer chez toi
3. faire / ce soir
4. voir / la prochaine fois que tu iras au cinéma
5. acheter / la prochaine fois que tu iras au centre commercial
6. manger / la prochaine fois que tu iras au restaurant
7. recevoir / comme cadeau pour ton prochain anniversaire
8. apprendre à faire / l'été prochain
9. faire / l'année prochaine

Audio Tape: See Teaching Guide.

Nous vous remercions

Écoutez la bande que votre professeur va jouer pour vous. En particulier, faites attention aux expressions utilisées pour remercier quelqu'un et pour répondre à un remerciement.

Invitées chez les Joyal pour fêter *(to celebrate)* l'anniversaire de Solange, Karen et Jacqueline font bien attention aux règles de la politesse. Elles offrent un cadeau non seulement à Solange mais aussi à sa mère. En plus, elles remercient Mme Joyale en personne à la fin de la soirée et ensuite par écrit.

Chère Madame,
   Je tiens à vous exprimer le plaisir que j'ai
eu à être des vôtres à l'occasion de
l'anniversaire de Solange. Je garderai
de cette soirée un excellent souvenir.
   Je renouvelle mes compliments pour
ce dîner exceptionnel et vous prie de
croire, chère madame, à mes sentiments
respectueux.
                              Jacqueline Chartier

Note Culturelle

En France, si on est invité à manger, il est normal d'apporter un petit cadeau à son hôtesse. Vous pouvez apporter des fleurs, des bonbons, des chocolats. Offrez-les à votre arrivée. Mais attention! Si vous apportez des fleurs, n'offrez pas de chrysanthèmes; ce sont des fleurs que l'on offre traditionnellement à l'occasion de funérailles.

Lindt
Chocolat Extra
au lait

ON S'EXPRIME

Pour remercier une personne que vous ne connaissez pas bien

Merci beaucoup, Monsieur (Madame, Mademoiselle).
Merci bien, Monsieur (Madame, Mademoiselle).
Je vous remercie beaucoup.
Je ne sais comment vous remercier.

Pour répondre aux remerciements

Je vous en prie.

Pour remercier un(e) camarade

Merci, hein?
Tu es très gentil(le)!
Merci mille fois.

Pour répondre aux remerciements

De rien.
Ce n'est rien.
Il n'y a pas de quoi.

Pour remercier quelqu'un par écrit

Je tiens à vous exprimer le plaisir que j'ai eu à...
Je voudrais vous remercier de...
C'était vraiment très gentil de votre part de...

À vous!

H. **Des remerciements.** Avec un(e) camarade de classe, jouez les petites scènes indiquées. Choisissez les expressions appropriées à chaque situation.

1. Votre camarade de classe vous offre un cadeau d'anniversaire.
2. Vous offrez un cadeau de Noël à votre professeur.
3. Vous êtes invité(e) chez les parents de votre ami(e) pour dîner. Vous apportez un petit cadeau à la mère de famille.
4. Vous êtes dans un restaurant fast-food avec un(e) camarade de classe. Vous n'avez pas assez d'argent pour payer; votre camarade vous prête ce qu'il vous faut.

I. **Une lettre de remerciement.** Karen Ludlow, elle aussi, écrit une lettre de remerciement à Mme Joyale. Elle veut imiter la lettre de Jacqueline, mais elle ne veut pas la recopier. Rédigez la lettre de Karen.

STRUCTURE

Le conditionnel

J'aimerais te présenter mon amie Michèle.

I would like to introduce you to my friend Michelle.

The conditional tense in French is equivalent to the English structure *would* + verb. You have already learned to use it in many polite expressions:

Je voudrais un express.

J'aimerais te présenter...

Est-ce que **tu pourrais** nous aider?

Voudriez-vous bien y aller avec nous?

In French, the conditional tense is also used to give advice:

À ta place, je trouverais le temps de lui parler.

À sa place, je resterais à la maison.

The conditional tense looks a lot like the future tense. It is formed by combining the *future* stem with the endings for the *imperfect* tense: **-ais, -ais, -ait, -ions, -iez, -aient.** This is true for all verbs, both regular and irregular.

parler parler-	**rendre** rendr-	**aller** ir-	**être** ser-
je parler**ais**	je rendr**ais**	j'ir**ais**	je ser**ais**
tu parler**ais**	tu rendr**ais**	tu ir**ais**	tu ser**ais**
il, elle, on parler**ait**	il, elle, on rendr**ait**	il, elle, on ir**ait**	il, elle, on ser**ait**
nous parler**ions**	nous rendr**ions**	nous ir**ions**	nous ser**ions**
vous parler**iez**	vous rendr**iez**	vous ir**iez**	vous ser**iez**
ils, elles parler**aient**	ils, elles rendr**aient**	ils, elles ir**aient**	ils, elles ser**aient**

Suggestion, conditionnel: 1) In a café, ask students what they want: **Vous désirez?** After two or three use **Je voudrais**, ask other students: **Est-ce que (Jack) voudrait...? Et vous deux, voudriez-vous...?** 2) Write forms on board, showing relationship between future stem and imperfect endings.

Application ●●●●●●●●●●●●●●●●●●●●●●●●●

J. Remplacez les mots en italique et faites les changements nécessaires.

1. Pourriez-*vous* m'aider? (tu / elle / vous / ils)
2. *Elle* voudrait dîner en ville. (je / nous / ils / elle)
3. *Je* lui parlerais, mais je n'ai pas le temps. (elle / nous / ils / on)
4. *Tu* n'aimerais pas ce restaurant. (je / nous / ils / vous / elle)

K. **Soyez plus poli(e)!** Vos «parents» français vous corrigent quand vous utilisez des expressions qui ne conviennent pas à la situation. Ils vous indiquent une façon plus polie de vous exprimer en utilisant le conditionnel.

MODÈLE: Je veux vous parler.
Il vaut mieux dire «Je voudrais vous parler.» C'est plus poli.

1. Je veux parler à M. Imbert.
2. Pouvez-vous m'indiquer son adresse?
3. Savez-vous où il est allé?
4. Nous voulons vous demander un service.
5. Avez-vous le temps de lui parler?
6. Je suis content(e) de lui téléphoner.
7. Peux-tu dîner avec lui ce soir?
8. Ma sœur et moi, nous voulons bien.

L. **Quels conseils donneriez-vous?** Vos amis vous parlent de leurs problèmes ou des problèmes des gens qu'ils connaissent. Employez les éléments entre parenthèses pour indiquer ce que vous feriez à leur place.

MODÈLES: Je suis toujours très fatigué. (se coucher plus tôt)
À ta place, je me coucherais plus tôt.

Mon frère s'ennuie à son travail. (chercher quelque chose de nouveau)
À sa place, je chercherais quelque chose de nouveau.

1. Depuis quelques semaines je grossis énormément. (ne pas prendre de frites)
2. Mes parents n'aiment pas la maison où nous habitons. (acheter une nouvelle maison)
3. Je n'ai jamais assez d'argent. (ne pas aller dans les grands magasins)
4. La femme d'Éric Villot ne sait pas parler français. (apprendre le français)
5. J'ai une grippe depuis cinq jours. (consulter un médecin)
6. Nous n'avons pas envie de faire la cuisine ce soir. (dîner au restaurant)
7. Mon frère a des difficultés avec son cours de chimie. (aller voir le prof)
8. J'ai mal à la tête. (prendre des cachets d'aspirine)
9. Nous ne savons pas qui inviter. (inviter mes meilleurs amis)
10. Ma sœur a besoin d'argent encore une fois. (ne pas lui donner d'argent)

NOTE GRAMMATICALE

*Le conditionnel dans des phrases avec **si***

The conditional is also used with an *if* clause and the imperfect tense to indicate that a certain event may not occur, but that if it *were to occur,* this is what *would* take place:

Si j'avais le temps, **je parlerais** à mes cousins.

If I had the time, *I would talk* to my cousins [but I don't have the time].

Si nous avions plus d'argent, **nous ferions un voyage** cet été.

If we had more money, *we would take a trip* this summer [but we don't have more money].

M. **Si vous pouviez choisir...** Indiquez le choix que vous feriez dans les situations suivantes.

> MODÈLE: Si vous pouviez choisir, est-ce que vous dîneriez au Macdo ou à La Bonne Bouche?
> *Bien sûr, je dînerais à La Bonne Bouche.*

1. Si vous payiez le repas, est-ce que vous choisiriez le menu à 50F ou le menu à 80F?
2. Et si vos parents vous invitaient à dîner?
3. Si vous vouliez maigrir, qu'est-ce que vous prendriez comme hors-d'œuvre—l'assiette de crudités ou les œufs mayonnaise?
4. Si vous n'aimiez pas le poisson, est-ce que vous commanderiez le filet de sole ou l'entrecôte?
5. Si vous aviez grand-faim, est-ce que vous mangeriez une salade ou un rôti de bœuf?
6. Si vous vouliez grossir, qu'est-ce que vous aimeriez comme dessert—une glace ou un fruit?
7. Si vous aviez le choix, qu'est-ce que vous prendriez comme boisson?
8. Si le service n'était pas compris, combien est-ce que vous donneriez comme pourboire—10 pour cent ou 15 pour cent?

DÉBROUILLONS-NOUS !

Exercice oral

Ex. N: ⇄

N. Si tu étais riche... D'abord, utilisez les éléments donnés pour poser des questions à un(e) camarade de classe au sujet de ce qu'il (elle) ferait s'il (si elle) était riche. Mettez les verbes au conditionnel et à l'imparfait.

MODÈLE: où / habiter
        — *Où est-ce que tu habiterais si tu étais riche?*
        — *J'habiterais en Floride (à New York, en France, etc.).*

1. où / habiter
2. que / porter
3. qu'est-ce que / manger
4. avec qui / sortir
5. où / faire un voyage
6. quelle voiture / acheter
7. combien d'argent / avoir
8. comment / passer le temps
    (*réponse*: passer le temps à + infinitif)

Ex. O: ⇄

O. Quand tu seras riche... Votre camarade est plus optimiste que vous. Par conséquent, il (elle) est certain(e) d'être riche un jour. Utilisez les éléments donnés pour poser des questions au sujet de ce qu'il (elle) fera quand il (elle) sera riche. Mettez les verbes au futur.

MODÈLE: où / habiter
        — *Où est-ce que tu habiteras?*
        —*J'habiterai en Floride (à New York, en Europe, etc.).*

1. où / habiter
2. que / porter
3. qu'est-ce que / manger
4. avec qui / sortir
5. où / faire un voyage
6. quelle voiture / acheter
7. combien d'argent / avoir
8. comment / passer le temps
    (*réponse*: passer le temps à + infinitif)

Exercice écrit

P. Encore une lettre de remerciement. Monsieur Raymond Mercier, a friend of your parents who lives in Paris, took you out to a very nice restaurant. Write him a thank-you note.

Lexique

On s'exprime _____

Pour commencer une lettre

Monsieur (Madame, Mademoiselle)   Cher ami (Chère amie)
Cher Monsieur (Chère Madame,   Cher... (Chère...)
   Chère Mademoiselle)

Pour terminer une lettre

Veuillez agréer l'expression de   ⎫ ⎧   mes sentiments les meilleurs
Je vous prie de croire à   ⎬ ⎨   mes sentiments dévoués
Veuillez croire, cher(chère)..., à   ⎪ ⎪   mes sentiments cordiaux
Soyez assuré(e), cher(chère)..., de   ⎭ ⎩   mes sentiments très amicaux
Amicalement (Amitiés)
Je t'embrasse
À bientôt

Pour remercier quelqu'un

Merci beaucoup.   Merci, hein?
Merci bien.   Merci mille fois.
Je vous remercie beaucoup.   Tu es très gentil(le)!
Je ne sais comment vous remercier.

Pour répondre à un remerciement

Je vous en prie.   Ce n'est rien.
De rien.   Il n'y pas de quoi.

Thèmes et contextes _____

La poste

un aérogramme   une lettre (de remerciement)
une carte postale   un mandat
un colis   la poste aérienne
un compte d'épargne   le (la) postier(-ère)
le courrier   un télégramme
une invitation

Vocabulaire général _____

Verbes			Adjectif	Autre expression
écrire	manquer	remercier	volé(e)	encore du (de la, des)
envoyer	recevoir			

Mise au point

Lecture: This passage is an excerpt from the first scene of Act III.

Pre-reading: Ask students in English what a miser is. Have them distinguish between someone who is economical and someone who is a miser. Ask if they can identify any famous misers from literature (ex., Scrooge).

Lecture: *Il faut manger pour vivre, et non pas vivre pour manger*

Voici une scène de la célèbre pièce de Molière, *L'Avare.* Harpagon, riche bourgeois avare, est obsédé par son argent. Valère, qui est amoureux de la fille d'Harpagon, s'est introduit dans la maison en obtenant l'emploi d'intendant (personne chargée d'administrer la maison et les affaires d'une riche personne). Maître Jacques est le serviteur principal de la maison d'Harpagon.

HARPAGON:	Maître Jacques, approchez-vous; je vous ai gardé pour le dernier.
MAÎTRE JACQUES:	Est-ce à votre cocher,[1] monsieur, ou bien à votre cuisinier que vous voulez parler? Car je suis l'un et l'autre.
HARPAGON:	C'est à tous les deux.
MAÎTRE JACQUES:	Mais à qui des deux le premier?
HARPAGON:	Au cuisinier.
MAÎTRE JACQUES:	Attendez donc, s'il vous plaît. (Il enlève sa casaque[2] de cocher et paraît vêtu en cuisinier.[3])
HARPAGON:	Quelle diantre de cérémonie[4] est-ce là?
MAÎTRE JACQUES:	Vous n'avez qu'à parler.
HARPAGON:	Je me suis engagé, maître Jacques, à donner ce soir à souper.[5]
MAÎTRE JACQUES:	Grande merveille!
HARPAGON:	Dis-moi un peu, nous feras-tu bonne chère?[6]
MAÎTRE JACQUES:	Oui, si vous me donnez bien de l'argent.
HARPAGON:	Que diable! Toujours de l'argent! Il semble qu'ils n'aient autre chose à dire: de l'argent, de l'argent, de l'argent! Ah, ils n'ont que ce mot à la bouche, de l'argent! Toujours parler de l'argent!
VALÈRE:	Je n'ai jamais vu de réponse plus impertinente que celle-là. Voilà une belle merveille que de faire bonne chère avec bien de l'argent! C'est une chose la plus aisée[7] du monde, et il n'y a pauvre esprit qui n'en fît bien autant;[8] mais, pour agir en habile homme,[9] il faut parler de faire bonne chère avec peu d'argent.
MAÎTRE JACQUES:	Bonne chère avec peu d'argent?
VALÈRE:	Oui.

1 coachman
2 hat
3 dressed as a cook
4 what devilish formality
5 to have people to supper
6 put on a good meal
7 easy (effortless)
8 any poor fool could do as much
9 act as a clever man

MAÎTRE JACQUES:	Par ma foi, monsieur l'intendant, vous nous obligerez de nous faire voir ce secret, et de prendre mon office de cuisinier.
HARPAGON:	Taisez-vous![10] Qu'est-ce qu'il nous faudra?
MAÎTRE JACQUES:	Voilà monsieur votre intendant qui vous fera bonne chère pour peu d'argent.
HARPAGON:	Haye! Je veux que tu me répondes.
MAÎTRE JACQUES:	Combien serez-vous de gens à table?
HARPAGON:	Nous serons huit ou dix: mais il ne faut prendre que huit. Quand il y a à manger pour huit, il y en a bien pour dix.
VALÈRE:	Cela s'entend.[11]
MAÎTRE JACQUES:	Eh bien, il faudra quatre grands potages et cinq assiettes.[12] Potages... Entrées...
HARPAGON:	Que diable! Voilà pour traiter[13] toute une ville entière!
MAÎTRE JACQUES:	Rôt...
HARPAGON, *en lui mettant la main sur la bouche:*	Ah, traître, tu manges tout mon bien.[14]
MAÎTRE JACQUES:	Entremets...[15]
HARPAGON:	Encore?
VALÈRE:	Est-ce que vous avez envie de faire crever[16] tout le monde? Et monsieur a-t-il invité des gens pour les assassiner à force de mangeaille?[17] Allez-vous-en lire un peu les préceptes de la santé et demander aux médecins s'il y a rien de plus préjudiciable[18] à l'homme que de manger avec excès.
HARPAGON:	Il a raison.
VALÈRE:	Apprenez, maître Jacques, vous et vos pareils, que pour bien se montrer ami de ceux que l'on invite, il faut que la frugalité règne dans les repas qu'on donne, et que, suivant le dire d'un ancien, *il faut manger pour vivre,*[19] *et non pas vivre pour manger.*
HARPAGON:	Ah! Que cela est bien dit! Approche, que je t'embrasse pour ce mot. Voilà la plus belle sentence[20] que j'aie entendue de ma vie. *Il faut vivre pour manger, et non pas manger pour vi. . .* Non, ce n'est pas cela. Comment est-ce que tu dis?
VALÈRE:	*Qu'il faut manger pour vivre, et non pas vivre pour manger.*
HARPAGON:	Oui. Entends-tu? Qui est le grand homme qui a dit cela?
VALÈRE:	Je ne me souviens pas maintenant de son nom.
HARPAGON:	Souviens-toi de m'écrire ces mots. Je les veux faire graver[21] en lettres d'or sur la cheminée de ma salle.
VALÈRE:	Je n'y manquerai pas.[22] Et pour votre souper, vous n'avez qu'à me laisser faire. Je réglerai[23] tout cela comme il faut.
HARPAGON:	Fais donc.

10 Be quiet!
11 That's understood.
12 main dishes
13 enough to cater for
14 wealth
15 sweet or vegetable course between main dishes
16 to make croak (die)
17 (over)feeding
18 harmful
19 to live
20 saying
21 have engraved
22 I won't fail.
23 I'll arrange

24 that will be less work for me
25 hardly (scarcely)
26 fill up
27 thick lamb stew with beans
28 let there be a lot of that

MAÎTRE JACQUES: Tant mieux, j'en aurai moins de peine.[24]
HARPAGON: Il faudra de ces choses dont on ne mange guère,[25] et qui rassasient[26] d'abord: quelque bon haricot bien gras,[27] avec quelque pâté en pot bien garni de marrons. Là, que cela foisonne.[28]
VALÈRE: Reposez-vous sur moi.

Compréhension ■

Post-reading: See Ex. V
(p. 373).

A. **Harpagon et son souper.** Answer the following questions about the scene you have just read.

1. Find as many examples as you can of Harpagon's miserliness.
2. What seems to be Valère's strategy to get Harpagon's permission to marry his daughter? Find examples of his use of this strategy.
3. Does Maître Jacques treat Harpagon as a servant is supposed to treat his master? Justify your answer.
4. *L'Avare* is a comedy. What are the comic aspects of this scene?

REPRISE

Recycling activities.

Ex. B: ⇄

B. **Merci beaucoup.** Avec un(e) camarade de classe, imaginez que vous jouez le rôle des jeunes personnes dans les situations suivantes. Trouvez toutes les expressions possibles qui conviennent à chaque situation.

MODÈLE: You and a friend are saying goodbye to a woman who has been your hostess for dinner.
—*Merci beaucoup, Madame. Le dîner était excellent (délicieux).*
—*Au revoir, Madame. Merci beaucoup pour le dîner.*

1. You and a friend are saying goodbye to some French friends of your parents who have been your host and hostess for dinner at their house.
2. You and a friend arrive for dinner with a French family. You are bringing flowers and a box of candy for the hostess.
3. You and a friend are giving a birthday present to a French classmate.
4. You and a friend have bought a travel bag as a going-away present for a French friend who is about to visit the United States.

C. **En l'an 2025...** Imaginez le monde en l'an 2025. Mettez les phrases suivantes au futur.

MODÈLE: Nous habitons d'autres planètes.
          Nous habiterons d'autres planètes.

1. Les hommes et les femmes sont égaux *(equals).*
2. On vend le bifteck en forme de pilule.
3. Nous n'avons pas de guerres.
4. Il n'y a pas de pollution.
5. Nous faisons des voyages interplanétaires.
6. Nous rencontrons des habitants d'autres planètes.
7. On peut passer ses vacances dans la lune.
8. Les enfants apprennent un minimum de quatre langues à l'école.
9. Nous savons guérir le cancer.
10. On étudie jusqu'à l'âge de 40 ans.

D. **Que feriez-vous?** Indiquez ce que vous feriez dans les situations suivantes. Mettez les verbes au conditionnel.

1. Mathieu dîne dans un restaurant avec son amie Marie-Jo. Ils commandent tous les deux le menu à 90F. Puis Mathieu se rappelle qu'il n'a que 150F dans son portefeuille. Marie-Jo a laissé son sac à la maison. Que feriez-vous à la place de Mathieu?

   a. Vous excuser, aller aux toilettes et vous sauver *(to run away)*
   b. Vous excuser, aller aux toilettes et téléphoner à vos parents
   c. Demander à Marie-Jo d'aller chercher son sac chez elle
   d. Appeler le garçon et commander le menu à 60 francs

2. Demain Annick doit passer un examen de mathématiques, son cours le plus difficile. Son petit ami Roger, qu'elle n'a pas vu depuis deux mois, téléphone pour dire qu'il passera ce soir, mais qu'il sera obligé de repartir le lendemain avec ses parents. Que feriez-vous à la place d'Annick?

   a. Demander à votre frère ou à votre sœur de passer la soirée avec Roger et étudier jusqu'à 9h ou 10h
   b. Demander à Roger de ne pas venir
   c. Passer la soirée avec Roger et tenter votre chance *(to trust to luck)* à l'examen
   d. Sortir avec Roger et inventer une excuse pour votre professeur

3. François a invité ses amis Martin et Chantal à dîner chez lui. Il n'a pas fait attention et il a fait brûler *(burned)* la viande; elle est immangeable. Ses amis vont arriver dans quelques minutes. Que feriez-vous à sa place?

     a. Quitter votre appartement et aller au cinéma
     b. Attendre vos amis à l'extérieur et les inviter à dîner au restaurant
     c. Leur servir des pizzas congelées
     d. Préparer une sauce à mettre sur la viande

4. Anne-Marie vient de se fiancer avec Hervé. Les parents d'Hervé, qui habitent en Afrique, lui rendent visite. Ils partent demain et ils veulent faire la connaissance de la fiancée de leur fils; ils ont donc invité Anne-Marie à dîner au restaurant le plus élégant de la ville. Hélas, Anne-Marie tombe malade; elle a de la fièvre et des frissons. Que feriez-vous à sa place?

     a. Prendre deux cachets d'aspirine et aller au restaurant
     b. Aller au restaurant, mais ne rien manger
     c. Téléphoner aux parents d'Hervé pour faire vos excuses
     d. Aller chez le médecin et lui demander de vous faire une piqûre *(shot)*

In this **Révision,** you will review:

- eating in restaurants, going to the post office, and making telephone calls;
- the pronoun **en;**
- the use of the infinitive and the subjunctive to express wishing and willing;
- stress pronouns;
- the prepositions **avant** and **après;**
- the irregular verbs **écrire, envoyer,** and **recevoir;**
- the future and conditional tenses.

Le restaurant, le bureau de poste et le téléphone

E. **Une excursion en ville.** En vous inspirant des dessins, répondez aux questions sur les activités de Stéphanie et de son amie Delphine.

1. Quand est-ce que Stéphanie a téléphoné à Delphine? Est-ce qu'elle lui a téléphoné d'une cabine téléphonique?
2. Qu'est-ce qu'elle l'a invitée à faire?
3. Pour quelle heure est-ce qu'elles ont pris rendez-vous?
4. Est-ce que Stéphanie est allée directement retrouver son amie?
5. Qu'est-ce qu'elle a fait au bureau de poste?
6. Où est-ce que Stéphanie et Delphine se sont retrouvées?
7. Est-ce que Stéphanie y est arrivée la première?
8. Où est-ce qu'elles ont décidé de déjeuner?
9. Pourquoi est-ce qu'elles n'ont pas déjeuné au premier restaurant?
10. Qu'est-ce que Stéphanie a commandé? Et Delphine?
11. Est-ce qu'elles ont toutes les deux pris un dessert?
12. Qui a payé l'addition?
13. Est-ce qu'elles sont rentrées tout de suite après avoir déjeuné?
14. Qu'est-ce qu'elles ont fait?

Le pronom *en*

The pronoun **en** is used to replace:

1. A noun preceded by a partitive:
   — Tu veux **de la salade?**   — Oui, j'**en** veux.

2. A noun used with an expression of quantity:
   — Il y a **assez de pain?**   — Non, il n'y **en** a pas assez.

3. A noun used with a verbal expression that requires **de:**
   — Tu **as besoin de mon livre?**   — Oui, j'**en** ai besoin.

4. A noun preceded by a number:
   — Tu as **deux frères?**   — Non, j'**en** ai trois.

Poulet Suisse et roulés au jambon
Recette micro-ondes

1½	tasse (375 mL) poulet cuit grossièrement haché
1	bte 10¾ oz (320 g) soupe crème de poulet condensée
1	oignon vert, finement tranché
6	tranches de jambon bouilli
2	tasses (500 mL) de riz cuit
¼	tasse (65 mL) de crème sure ou yogourt
¼	tasse (65 mL) de lait
½	tasse (125 mL) fromage Suisse râpé
	paprika

Dans un bol à mélanger, combiner le poulet, ⅓ tasse (75 mL) de soupe et l'oignon. Mettre ¼ tasse (65 mL) de ce mélange sur chaque tranche de jambon et rouler.
Fixer avec des cure-dents si nécessaire.
Étendre le riz dans un plat à micro-ondes peu profond de 1½ pinte (1.30 L). Placer le jambon roulé sur le riz. Mélanger le reste de la soupe avec la crème sûre et le lait. Verser sur les roulés.
Cuire à HI (max.) 12 à 14 minutes. Saupoudrer de fromage et de paprika. Couvrir et laisser reposer 5 minutes avant de servir.

F. **Pour faire du poulet suisse et des roulés au jambon.** Étudiez la recette donnée ci-dessus. Puis répondez aux questions en utilisant autant que possible le pronom **en**.

MODÈLES: Est-ce qu'on a besoin de sucre pour faire ce plat?
Non, on n'en a pas besoin.

Est-ce qu'il faut du yogourt pour faire ce plat?
Oui, il en faut un quart de tasse.

1. Est-ce qu'on a besoin de carottes pour faire ce plat?
2. Est-ce qu'il faut du riz?
3. Combien de tasses de poulet haché faut-il?
4. Est-ce qu'on a besoin de lait pour faire ce plat?
5. Combien de tranches de jambon bouilli faut-il acheter?
6. Est-ce qu'on a besoin d'oignons verts?
7. Où est-ce qu'on met un tiers de tasse du mélange?
8. Pourquoi est-ce qu'on a besoin de cure-dents *(toothpicks)?*

L'emploi de l'infinitif et du subjonctif pour exprimer le désir et la volonté

In French, to express your wish or desire to do or be something yourself, use a verb of wishing or willing followed by an infinitive:

Je veux aller en France.
Elles aimeraient partir plus tard.

To express your wish or desire that someone else do or be something, use a verb of wishing or willing and the subjunctive:

Je veux que tu y ailles avec nous.
Elles aimeraient que nous partions plus tard aussi.

The most common verbs of wishing and willing are **vouloir, désirer, aimer mieux, préférer, exiger,** and **insister (pour).**

G. **Parents et enfants.** Utilisez des verbes de volonté et de désir pour parler des conflits entre vous, vos parents et les autres membres de votre famille. N'oubliez pas: Si les deux verbes ont le même sujet, utilisez un infinitif; si les verbes ont deux sujets différents, utilisez le subjonctif.

MODÈLE: sortir plus souvent le week-end
         Moi, je voudrais sortir plus souvent le week-end. Mes parents ne veulent pas que je sorte plus souvent le week-end. Ils préfèrent que ma sœur et moi, nous restions à la maison.
     ou: *Ils exigent que ma sœur et moi, nous allions au cinéma avec eux.*

1. sortir avec des gens plus âgés
2. faire les devoirs
3. réussir aux examens
4. devenir médecin (professeur, avocat, etc.)
5. être plus indépendant(e)
6. se marier jeune
7. regarder la télé
8. prendre le petit déjeuner
9. choisir de nouveaux amis

Les pronoms accentués

The stress (or disjunctive) pronouns are:

moi	**nous**
toi	**vous**
lui	**eux**
elle	**elles**
soi	

They are used:

1. To emphasize the person who is the subject of the sentence:

   Moi, je veux bien y dîner.
   Est-ce qu'**ils** veulent y aller aussi, **eux?**

2. To indicate the individual members of a compound subject:

   Lui et moi, nous avons faim.
   Où est-ce que **vous** habitez, **toi et ton père?**

3. To ask a question when the verb is omitted:

   Nous avons le temps. Et **vous?** Et **elles?**

4. To refer to a person after a preposition:

   Qui habite **chez toi?**
   Nous connaissons les gens qui travaillent **pour elle.**

Ex. H: ⇄

H. **Chez lui ou chez elle?** Vous et votre camarade, vous n'êtes jamais d'accord. Quand on vous pose une question, vous donnez une réponse et votre camarade en donne une autre. Répondez aux questions suivantes en utilisant des pronoms accentués.

MODÈLE: Où est la soirée? Chez Jean ou chez Francine?
— *La soirée est chez lui.*
— *Mais non, la soirée est chez elle.*

1. Où est-ce qu'on se retrouve? Chez Patrick ou chez Florence?
2. Avec qui est-ce qu'on va au cinéma? Avec Jean et Marc ou avec Sylvie et Chantal?
3. Pour qui est le cadeau? Pour Henri ou pour moi?
4. Quand est-ce que je passe l'examen oral? Avant Cécile ou avant toi?
5. Quand est-ce que je mange? Après vous ou après les autres?

Les prépositions *avant* et *après*

The prepositions **avant** and **après** may both be used before a noun or a stress pronoun: **avant le film, après le dessert, avant lui, après toi.**

The preposition avant de is followed by an infinitive:

> Elle a fait la vaisselle **avant de commencer** ses devoirs.
> Je lui téléphonerai **avant de sortir.**
> **Avant de nous coucher,** nous nous brossons les dents.

The preposition **après** is followed by a past infinitive:

> **Après avoir fait** mes devoirs, je sortirai.
> **Après être entrés,** ils ont enlevé leurs manteaux.
> Nous nous sommes habillés **après nous être brossé** les dents.

I. **Avant et après.** Pour chaque paire d'images, composez deux phrases— l'une avec **avant de,** l'autre avec **après.** Utilisez les sujets suggérés.

MODÈLE: nous
> *Avant d'aller en Espagne, nous avons acheté une voiture.*
> *Après avoir acheté une voiture, nous avons fait un voyage en Espagne.*

1. je

2. elle

3. nous

4. ils

5. je

6. il

Les verbes irréguliers *écrire, envoyer* et *recevoir*

écrire	**envoyer**	**recevoir**
j'**écris**	j'**envoie**	je **reçois**
tu **écris**	tu **envoies**	tu **reçois**
il, elle, on **écrit**	il, elle, on **envoie**	il, elle, on **reçoit**
nous **écrivons**	nous **envoyons**	nous **recevons**
vous **écrivez**	vous **envoyez**	vous **recevez**
ils, elles **écrivent**	ils, elles **envoient**	ils, elles **reçoivent**
j'ai **écrit**	j'ai **envoyé**	j'ai **reçu**
j'**écrivais**	j'**envoyais**	je **recevais**
que j'**écrive**	que j'**envoie, nous** envoy**ions**	que je **reçoive, nous** rece**vions**
j'**écrir**ai	j'**enverr**ai	je **recevr**ai
j'**écrir**ais	j'**enverr**ais	je **recevr**ais

J. **J'écris, j'envoie, mais je ne reçois pas!** Utilisez les expressions suggérées pour composer des phrases au sujet de vos habitudes épistolaires. Expressions: **écrire (des lettres, des poèmes, des notes personnelles) / envoyer (des cartes postales, des lettres, des cartes de Noël, des cartes d'anniversaire) / recevoir (des télégrammes, des lettres, des colis, des cadeaux)**

MODÈLE: normalement
Normalement j'écris beaucoup de lettres à mes cousins.
J'envoie des cartes postales à mes amis quand je voyage.
Je ne reçois pas de télégrammes.

1. pendant l'été
2. quand je voyage
3. autrefois
4. l'année dernière
5. il est possible que
6. l'année prochaine

Le futur et le conditionnel

The future tense is formed by adding the endings **-ai, -as, -a, -ons, -ez,** or **-ont** to the infinitive form of the verb. Remember that the final **-e** of a verb ending in **-re** is dropped before the future-tense ending is added:

j'arriver**ai**   nous accepter**ons**
tu partir**as**   vous finir**ez**
elle vendr**a**   ils attendr**ont.**

The following verbs have irregular future stems:

avoir	**aur-**	faire	**fer-**	savoir	**saur-**
aller	**ir-**	falloir	**faudr-**	voir	**verr-**
envoyer	**enverr-**	pouvoir	**pourr-**	vouloir	**voudr-**
être	**ser-**	recevoir	**recevr-**		

The future tense is used to talk about future time, usually the relatively distant future:

Dans cinq ans, **nous serons** à l'université.
L'année prochaine, **elle pourra** voyager avec ses parents.

The conditional tense is formed by adding the imperfect endings **-ais, -ais, -ait, -ions, -iez,** or **-aient** to the infinitive form of the verb or to the irregular future stem:

je partir**ais**   nous fer**ions**
tu ser**ais**   vous prendr**iez**
elle attendr**ait**   ils ir**aient**

The conditional tense is used to:

1. Give advice

   À ta place, moi, **je resterais** à la maison.

2. Tell what would occur if a specific condition were true

   Si j'habitais en France, **je parlerais** très bien le français.

K. **Ne t'inquiète pas!** Utilisez les expressions données pour consoler vos amis. Mettez les verbes au futur.

MODÈLE: Mon petit chien a disparu. (revenir)
Ne t'inquiète pas! Il reviendra.

1. J'ai perdu mon portefeuille. (trouver)
2. On ne peut pas aller au cinéma ce soir. (voir le film demain soir)
3. Mes parents sont partis en vacances sans moi. (être de retour la semaine prochaine)
4. Qu'est-ce que je vais faire? Ma voiture est en panne. (prendre le bus)
5. Ma sœur ne se sent pas bien du tout. Elle est malade. (aller mieux dans quelques jours)
6. Mon père est très occupé. Il ne peut pas jouer avec moi. (avoir plus de temps la semaine prochaine)
7. Nous avons oublié l'anniversaire de Grand-mère. (lui envoyer un cadeau pour le Nouvel An)
8. Je n'ai pas acheté de livres. (pouvoir en acheter la prochaine fois)

L. **Sur une île déserte...** Demandez à un(e) camarade ce qu'il (elle) ferait s'il (si elle) devait passer quelques mois sur une île déserte. Mettez les verbes au conditionnel.

Ex. L: ⇄

MODÈLE: Combien de temps est-ce que tu voudrais y passer?
Je voudrais y passer deux mois (six mois, un an).

1. Comment est-ce que tu ferais le voyage—en avion ou en bateau?
2. Qui est-ce que tu inviterais pour t'accompagner?
3. Où serait l'île de ton choix?
4. Qu'est-ce qu'il y aurait sur cette île?
5. Quel animal est-ce que tu aimerais emporter avec toi?
6. Qu'est-ce que tu mettrais dans ta valise?
7. Qu'est-ce que tu apporterais à manger?
8. Comment toi et ton (ta) camarade, passeriez-vous votre temps sur cette île?
9. Qu'est-ce que vous apprendriez à faire sur cette île?
10. Est-ce que tu serais content(e) de rentrer chez toi?

Ex. M: ⇄

M. **Si... Mais...** Vous et votre camarade, vous êtes bien différent(e)s, l'un(e) de l'autre. Il (elle) aime le rêve *(dream)*; vous préférez le réel. Il (elle) parle à l'imparfait et au conditionnel; vous parlez au présent et au futur. Utilisez les expressions données pour recréer la discussion entre vous et votre ami(e).

> MODÈLE: (il) faire beau / (nous) pouvoir aller à la plage / ne pas aller
> > VOTRE AMI(E):   *S'il faisait beau, nous pourrions aller à la plage.*
> > VOUS: *Mais il ne fait pas beau. Par conséquent, nous n'irons pas à la plage.*

1. (je) gagner à la loterie / (nous) pouvoir voyager cet été / ne pas faire de voyages
2. (je) faire mes devoirs / (je) avoir de bonnes notes / ne pas réussir aux examens
3. (on) avoir une voiture / (nous) dîner en ville / manger à la maison
4. (mes parents) être libres / (ils) vouloir bien nous accompagner / être obligés d'y aller seul(e)s
5. (je) se coucher de bonne heure / (je) ne pas être fatigué(e) / ne pas pouvoir sortir ce soir
6. (ma sœur) savoir parler chinois / (elle) aller en Chine / rester en Europe

Point d'arrivée

■■■■■■■■■■■■■■■■■■■■■■■■■■■■■■■■■■■

Activités orales

Ex. N: ○

N. **Au restaurant.** You and your friends go to a restaurant chosen by your teacher. Ask for a table, discuss what you are going to eat, order dinner, and argue about who is going to pay the check.

Ex. O: □

O. **Un «potluck».** Organize a potluck dinner that will include three of your friends. Call them on the phone, invite them, and arrange what each will contribute to the meal—appetizer, main course, cheese and salad, and dessert.

Ex. P: ⇄

P. **Un dîner de fête.** With a classmate, plan a special meal for your teacher, your parents, a friend's birthday, etc. Decide when and where you will serve this meal, whom you will invite, and what you will prepare. Then invite the person(s) involved.

Implementation, Ex. Q: Do in groups of three; students rotate playing the role of the postal clerk or friend.

Q. **À la poste.** You are in France for the summer. Go to the post office to perform the following tasks:

1. Send a package to a family member in the United States.
2. Buy some air letters and some stamps for sending postcards to your friends.
3. Phone a French friend and invite him (her) to dinner in a restaurant. Supply the day and time and decide together where you will eat and when and where you will meet.

R. **Mes projets de vacances.** Tell a classmate about your plans for the summer. He (she) will ask you questions about your planned activities and those of your family and friends.

Ex. R: ⇄

S. **Mes rêves.** Most of us have dreams and fantasies. Discuss with a group of classmates what you would do if circumstances were different. Use the following phrases as possible points of departure: **Si j'avais le temps...** / **Si j'avais l'argent...** / **Si j'étais plus (moins) âgé(e)...** / **Si j'étais un garçon (une fille)...** / **Si j'habitais...,** etc.

Ex. S: ○

Activités écrites

T. **Un repas de rêve.** Prepare the menu for an ideal meal that you would like to eat and/or prepare. Compare menus with your classmates.

U. **Une invitation à dîner.** Some French friends of your parents have invited you to dinner at their house while you are in France. Write the following letters:

1. A letter accepting their invitation.
2. A thank-you note.
3. A letter refusing their invitation because you are leaving France the day of the dinner.

V. **Un Harpagon moderne.** Imagine that a modern-day Harpagon must invite one or two friends to dinner—either at Harpagon's home or in a restaurant. Write a short scene in which Harpagon tries to take care of his (her) social obligation as inexpensively as possible. Among the situations you may create are the telephone call to make the invitation, ordering in the restaurant, or Harpagon discussing the menu with his (her) spouse.

DEUX FRANÇAIS

Audio Tape: See Teaching Guide.

Je m'appelle Clotilde Guillemot. Je suis de Pontivy dans le Morbihan, mais je suis en train de passer une année avec une famille américaine habitant dans l'état de Connecticut. Je me plais beaucoup aux États-Unis, mais il faut avouer que ma famille américaine ne mange pas de la même façon que ma famille à Pontivy. D'abord, je dois dire que j'aime beaucoup le bœuf américain. J'adore les steaks grillés au barbecue. Ça, c'est vraiment extra! Mais généralement j'ai trouvé que les Américains font bien moins attention à la cuisine que nous les Français. Par exemple, ma «mère» américaine travaille. Par conséquent, elle n'a pas beaucoup de temps de préparer les repas. D'habitude, elle rentre vers six heures, sort un plat cuisiné du congélateur et le fait réchauffer au four micro-ondes. Ma «sœur» américaine et moi, étant donné que nous sommes rentrées de l'école trois heures avant, nous avons déjà mangé quelque chose—d'habitude, une pizza ou un sandwich à la confiture et au beurre des arachides! Mon «père» américain, il rentre à des heures irrégulières; il arrive donc qu'il n'y a à table que ma «mère» et mon «frère». Chez moi en France, nous mangeons presque toujours en famille. Mon père veut que nous dînions ensemble... et à des heures régulières: en semaine, nous dînons vers 8h30 et le week-end, nous sommes tous là pour le déjeuner entre 12h30 et 1h. J'aime beaucoup le style «relax» de la vie américaine, mais j'aime aussi les bons plats que ma mère nous prépare.

Je m'appelle Joël Troussey. J'habite maintenant à Lille, mais il y a deux ans j'ai passé six mois aux États-Unis. Ce qui m'a beaucoup frappé, c'est le grand nombre de restaurants fast-food, bien sûr, mais aussi le grand nombre de restaurants dits «familiaux»— c'est-à-dire, qui s'adressent à des familles nombreuses et aux enfants les plus petits. Dans ces restaurants il y a des menus particuliers (et à prix réduits) pour les enfants, des chaises hautes, des jeux pour occuper les jeunes qui attendent d'être servis. Ces restaurants sont très populaires et je ne parle pas seulement du week-end. En pleine semaine on y trouve des gens de tous les âges—des nouveaux-nés jusqu'aux grands-parents. En France, pourtant, il me semble que les enfants sortent dîner bien moins souvent. Je sais, par exemple, que mes frères et mes sœurs et moi, nous prenions la plupart de nos repas à la maison. Mes parents allaient dans des restaurants avec leurs amis, mais nous restions chez nous. Oh, oui, de temps en temps, le dimanche après-midi, nous faisions une excursion au bord de la mer qui se terminait par un déjeuner au port. Mais c'était assez rare. Il est parfois amusant de dîner dans un restau-rant, mais moi, je trouve que généralement on mange mieux à la maison.

EXPANSION

Et vous?

W. **Les gens mangent.** Votre famille ressemble-t-elle aux familles américaines décrites par Clotilde et Joël? En quoi votre famille est-elle différente? Discutez avec vos camarades de classe les avantages et les désavantages des idées américaines et françaises à l'égard de la cuisine.

Glossary of functions

The numbers in parentheses refer to the chapter in which the word or phrase may be found.

Asking for and giving an opinion
Qu'est-ce que tu penses de . . . ? (1)
Qu'est-ce que tu en penses . . . ? (1)
Comment trouves-tu . . . ? (1)
Je pense que . . . (1)
Je trouve que . . . (1)
À mon avis . . . (1)
Je crois que . . . (1)

Agreeing
D'accord. (D'acc., O.K.) (1)
Oui, pourquoi pas? (1)
C'est d'accord. (1)
Je veux bien. (1)
Oui. C'est décidé. On y va. (1)
Tu as raison. (Vous avez raison.) (1)
Je suis d'accord. (1)
C'est vrai. (1)

Disagreeing
Non. Moi, je préfère . . . (1)
Si tu veux. (Si vous voulez.) Mais moi, je préfère . . . (1)
Moi, j'aime mieux . . . (1)
Ça ne me tente pas. (1)
Je ne suis pas d'accord. (1)
Pas du tout! Il est . . . (1)
Au contraire! Il est . . . (1)

Expressing necessity
Il est essentiel de (que) . . . (1)
Il est important de (que) . . . (1)
Il est nécessaire de (que) . . . (1)
Il est préférable de (que) . . . (1)
Il faut (que) . . . (1)
Il vaut mieux (que) . . . (1)

Expressing doubt or uncertainty
Je ne suis pas sûr(e). (2)
Je ne suis pas convaincu(e). (2)
. . . , je pense. (2)
Je ne pense pas. (2)
Tu penses? (Vous pensez?) (2)
J'en doute. (2)

Je doute (que) . . . (5)
Il est impossible (que) . . . (5)
Il est peu probable (que) . . . (5)
Il est possible (que) . . . (5)
Il n'est pas possible (que) . . . (5)
Je ne pense pas (que) . . . (5)

Expressing probability and certainty
Je suis certain(e) . . . (5)
Je suis sûr(e) . . . (5)
Il est certain . . . (5)
Il est clair . . . (5)
Il est évident . . . (5)
Il est probable . . . (5)
Il est sûr . . . (5)
Il est vrai . . . (5)
Je pense . . . (5)

Describing clothing
Il (elle) est à la mode (1)
      ample (1)
      beau (belle) (1)
      bizarre (1)
      chere(-ère) (1)
      chic (1)
      chouette (1)
      confortable (1)
      court(e) (1)
      extraordinaire (1)
      faire trop habillé(e) (1)
      joli(e) (1)
      long(ue) (1)
      moche (1)
      serré(e) (1)

Asking for and giving clothing sizes
Quelle est votre taille? (2)
Vous faites quelle taille? (2)
Votre taille? (2)
Il me faut un 40. (2)
J'ai besoin d'un 40. (2)
Je dois acheter un 40. (2)
Il faut que j'achète un 40. (2)

Asking for and giving shoe sizes
Quelle est votre pointure? (2)
Vous faites quelle pointure? (2)
Votre pointure? (2)
Je chausse du 38. (2)
Je fais un 38. (2)

Talking about what one wants to do
J'ai décidé de . . . (3)
J'aimerais . . . (3)
Je préfère . . . (3)
Je tiens à . . . (3)
Je veux . . . (3)
Je voudrais . . . (3)

Talking about what one doesn't want to do
Ça ne m'intéresse pas! (3)
Jamais de la vie! (3)
Je ne veux pas . . . (3)
Je refuse (absolument) de . . . (3)
Non, absolument pas! (3)

Proposing and responding to an idea (positive)
Si on allait . . . ? (4)
Pourquoi pas . . . (4)
J'ai une idée. Allons . . . (4)
Bonne idée. (4)
D'accord. (4)
Je veux bien. (4)

Showing one's enthusiasm
C'est vachement bien! (3)
(C'est) chouette! (3)
Fantastique! (3)
Incroyable! (3)
Sensationnel! (Sensass!) (3)
Super! (3)

Making an itinerary
On part le . . . (4)
On prend le train jusqu'à . . . (4)
On couche à . . . (4)
On repart le lendemain matin . . . (4)
On passe deux jours à . . . (4)
On reprend le train à . . . (4)
On rentre le soir à . . . (4)
. . . est à . . . kilomètres de . . . (6)
Il faut combien de temps pour aller de . . . à . . . ?
   (6)
Il faut (compter) . . . heures pour . . . (6)

On met combien de temps pour faire . . . ? (6)
On met . . . heures pour . . . (6)

Making a reservation/buying a train ticket
Est-il possible d'avoir une place
      fumeur/non-fumeur? (5)
      première classe/deuxième classe? (5)
J'ai besoin d'une place . . . (5)
Je voudrais réserver une place pour . . . (5)
Je voudrais un (billet) aller-simple. (5)
      aller-retour. (5)
À quelle heure part le train pour . . . ? (5)
      arrive le train de . . . ? (5)
De quelle voie part le train pour . . . ? (5)
Le train pour (de) . . . , a-t-il du retard? (5)
      est-il à l'heure? (5)
Où est la voiture numéro . . . ? (5)
Où se trouve la voie . . . ? De ce côté-ci? De l'autre
   côté? (5)
Est-ce qu'il faut composter le billet? (5)

Gaining time
Ben . . . (2)
Euh . . . (2)
Eh bien . . . (2)
Bon alors . . . (2)
Voyons . . . (2)

Making comparisons
Il (elle) est aussi . . . que (de) (7)
      autant . . . de (7)
      meilleur(e)(s) . . . que (7)
      mieux . . . que (7)
      moins . . . que (de) (7)
      plus . . . que (de) (7)
. . . le (la, les) moins de . . . (9)
. . . le (la, les) plus de . . . (9)
. . . le mieux de . . . (9)
. . . le (la, les) meilleur(e)(s) de . . . (9)

Expressing feelings
Je regrette que (de) . . . (9)
Je suis triste que (de) . . . (9)
Je suis navré(e) que (de) . . . (9)
Je suis désolé(e) que (de) . . . (9)
Il est dommage que . . . (9)
Je suis content(e) que (de) . . . (9)
Je suis heureux(-se) que (de) . . . (9)
Je suis ravi(e) que (de) . . . (9)
Je suis surpris(e) que (de) . . . (9)

Je suis étonné(e) que (de) ... (9)
Je suis fâché(e) que (de) ... (9)
Je suis furieux(-se) que (de) ... (9)

Eating/asking for information in a restaurant
J'ai grand faim. (10)
J'ai très faim. (10)
J'ai une faim de loup. (10)
Qu'est-ce que j'ai faim! (10)
Une table pour ... personnes, s'il vous plaît! (10)
Qu'est-ce que vous (tu)
    désirez (désires)? (10)
    prenez (prends) comme hors-d'oeuvre? (10)
              plat principal? (10)
              dessert? (10)
              boisson? (10)
J'ai envie de manger ... (Je n'ai pas envie de
  manger ...) (10)
Je voudrais quelque chose de ... (10)
J'aime beaucoup la cuisine ... (10)
Je voudrais ... (10)
Je vais prendre ... (10)
Qu'est-ce que c'est que ... ? (10)
C'est un plat fait avec du (de la, des) ... (10)
Comment est ... ? (10)
C'est sucré (épicé, fade, lourd, léger). (10)
Ça pique. (10)
L'addition, s'il vous plaît. (10)
Est-ce que vous pourriez nous apporter l'addition,
  s'il vous plaît? (10)

Making a phone call
Allô. (11)
Ici ... (11)
Qui est-ce? (11)
Qui est à l'appareil? (11)
Ne quittez pas. (11)
Je vous (te) le (la) passe. (11)
C'est de la part de qui? (11)

Inviting
Est-ce que vous pourriez ... ? (11)
Je voudrais vous inviter à ... (11)
Je t'invite à ... (11)
Vous voudriez? (11)
Tu es libre ... ? (11)
Tu veux ... ? (11)

Accepting an invitation
Avec plaisir. (11)

Je voudrais bien. (11)
Oh, c'est gentil. J'accepte. (11)
C'est sympa! (11)
Chouette! (11)
Pourquoi pas? (11)
Je veux bien. (11)

Refusing an invitation
C'est dommage, mais ce n'est pas possible. (11)
Je suis désolé(e), mais je ne suis pas libre. (11)
Je voudrais bien, mais je ne suis pas libre. (11)
Merci, mais j'ai déjà fait des projets. (11)
Oh, je regrette. Je ne peux pas. (11)

Asking for someone to help you
Voudriez-vous ... ? (11)
Pourriez-vous ... ? (11)
Tu veux ... ? (11)
Tu voudrais ... ? (11)
Tu pourras ... ? (11)
Tu as le temps de m'aider? (11)
                me donner un coup de main? (11)

Accepting or refusing to help
Avec plaisir. (11)
Bien sûr. (11)
D'accord. (11)
Pas de problème. (11)
Je regrette, mais ce n'est pas possible. (11)
Je suis désolé(e), mais je ne peux pas. (11)
Je voudrais bien, mais il faut que ... (11)
Ça dépend. (11)
Je ne sais pas ... (11)

Thanking someone that you don't know well
Merci beaucoup, Monsieur (Madame,
  Mademoiselle). (12)
Merci bien, Monsieur (Madame, Mademoiselle). (12)
Je vous remercie beaucoup. (12)
Je ne sais pas comment vous remercier. (12)

Thanking someone you know well
Merci, hein? (12)
Tu es très gentil(le)! (12)
Merci mille fois! (12)

Responding to thank yous
Je vous en prie. (12)
De rien. (12)

Ce n'est rien. (12)
Il n'y a pas de quoi. (12)

Thanking someone in writing
Je tiens à vous exprimer le plaisir que j'ai eu à . . . (12)
Je voudrais vous remercier de . . . (12)
C'était vraiment très gentil de votre part de . . . (12)

Opening a letter
Monsieur (Madame, Mademoiselle) (12)
Cher Monsieur (Chère Madame, Chère
   Mademoiselle) (12)

Cher ami (Chère amie) (12)
Cher . . . (Chère . . .) (12)

Closing a letter
Veuillez agréer l'expression de . . .
Je vous prie de croire à . . .
Veuillez croire, cher (chère) . . . , à . . .
Soyez assuré(e), cher (chère) . . . , de . . .
   mes sentiments les meilleurs.
   mes sentiments dévoués.
   mes sentiments cordiaux.
   mes sentiments très amicaux.
Amicalement (Amitiés)
A bientôt

Glossary

French–English

The numbers in parentheses refer to the chapter in which the word or phrase may be found.

A

À bientôt See you soon (12)
à fond (with a) background (+ color) (1)
à la carte (meal) selected from various menu offerings (10)
à la fortune potluck (12)
à la mode in fashion (1)
à la normande (dish) cooked with heavy cream and often with apples (as in Normandy) (10)
à l'heure on time
à merveille perfectly, wonderfully (2)
à part separate (9)
à partir de from (a certain point) (2)
à pois polka-dotted (1)
à prix fixe (meal) at a set price (12)
à rayures striped (1)
à son avis in one's opinion (1)
à tour de rôle in rotation (4)
accueillir to greet, to welcome (10)
acheter to buy (4)
addition *f.* check, bill (10)
aérogramme *m.* air letter (12)
affaires *f. pl.* things (CP.1)
affiche *f.* sign (9)
affreux(-se) awful (3)
Afrique du Sud *f.* South Africa (4)
aimer to love, to like (4)
aimer mieux to prefer (4)
ajouter to add (11)
Algérie *f.* Algeria
alimentation *f.* food (10)
aliments *m. pl.* food (CP.2)
Allemagne *f.* Germany (4)
allemand(e) German (CP.2)
aller to go (4)
aller à to suit (someone)
aller-retour *m.* round-trip ticket (5)

aller-simple *m.* one-way ticket (5)
Allons-y! Let's go! (4)
ambitieux(-se) ambitious (CP.2)
amende *f.* fine (CP.2)
ami(e) *m. (f.)* friend (CP.1)
Amicalement Best wishes (12)
Amitiés *f. pl.* Best wishes *or* Regards (1) (12)
ample roomy (of clothing) (1)
s'amuser to have fun (CP.1)
anglais(e) English (CP.2)
Angleterre *f.* England (4)
année *f.* year (CP.1)
annuaire *m.* telephone directory (11)
anorak *m.* parka (2)
août *m.* August
appareil *m.* telephone (set) (11)
appeler to call (CP.1)
apporter to bring (something) (4)
apprendre to learn (4)
après after, afterward (CP.1)
après-midi *m.* afternoon (CP.1)
argent *m.* money (1); silver (12)
Argentine *f.* Argentina (4)
arrêt *m.* stop (5)
arroser to baste (11)
asperges *f. pl.* asparagus (10)
assiette *f.* plate (10)
assis(e) seated (3)
assorti(e) matching (12)
atelier *m.* workshop, studio (7)
attendre to wait for (8)
s'attendre à to expect (9)
au contraire on the contrary (1)
auberge de jeunesse *f.* youth hostel (3)
aujourd'hui today (CP.1)
aussi ... que as ... as (7)
Australie *f.* Australia (4)

autant (de) ... que as much ... as (7)
autobus *m.* (CP.2)
autoroute *f.* highway (6)
autoroute à péage four-lane, divided tollway (6)
autrefois in the past (CP.2)
aux enchères at an auction (3)
avancé(e) advanced (9)
avant before (CP.2)
avare stingy; greedy (CP.2)
avion *m.* airplane (6)
avis *m.* opinion (1)
avocat(e) *m. (f.)* lawyer (3)
avoir to have (1)
avoir besoin de to need (CP.2)
avoir de la chance to be lucky (2)
avoir du retard to be delayed (5)
avoir la gentillesse de to be kind enough to (12)
avoir le cafard to be very depressed (8)
avoir le mal du pays to be homesick (7)
avoir le nez bouché to have a stuffy nose (CP.2)
avoir mal à la gorge to have a sore throat (CP.2)
avoir raison to be right (1)
avoir une panne d'essence to run out of gas (6)
avouer to admit (12)
avril *m.* April

B

bande *f.* tape (12)
bas(se) low (CP.1)
baskets *m. pl.* sneakers (2)
battre to beat (11)
beau (belle) beautiful (1)
beaucoup de a lot of (CP.1)
beau-père *m.* stepfather (CP.2)
Belgique *f.* Belgium (4)
belle-mère *f.* stepmother (CP.2)

bermuda *m.* bermuda shorts (1)

Bien sûr Of course (11)

bilingue bilingual (9)

billet *m.* (theater) ticket (10)

bleu marine navy blue (2)

blouson *m.* jacket (1)

boire to drink (CP.1)

bois *m.* wood (8)

boisson *m.* drink (10)

boîte aux lettres *f.* mailbox (12)

bol *m.* bowl (11)

bon(ne) good (CP.1)

bon marché inexpensive (1)

bon sens *m.* common sense (1)

bonheur *m.* happiness (9)

Bonne idée! Good idea! (4)

bordelais(e) (meat dish) cooked in red wine from Bordeaux (10)

botte *f.* boot (2)

boucles d'oreilles *f. pl.* earrings (3)

boulangerie *f.* bakery (1)

boum *f.* party (6)

bourguignon(ne) (meat dish) cooked in red wine from Burgundy (10)

boutique sous-douane *f.* duty-free shop (6)

Brésil *m.* Brazil (4)

briller to shine (CP.1)

se brosser les cheveux to brush one's hair (CP.2)

se brosser les dents to brush one's teeth (CP.2)

brume *f.* fog, mist (9)

brun(e) brown (CP.2)

bûche *f.* log (12)

bureau de poste *m.* post office (12)

but *m.* goal (9)

C

Ça dépend That depends (11)

Ça m'est égal It makes no difference to me (3)

Ça pique It's hot (or spicy)

Ça te va très bien! It suits you very well! (1)

cabine téléphonique telephone booth (11)

cachet *m.* style, character (8)

cachets d'aspirine *m. pl.* aspirin tablets (12)

cadran *m.* dial (telephone) (11)

calendrier des trains *m.* timetable for trains (5)

cambrioler to rob (2)

cambrioleur(-se) *m. (f.)* burglar (2)

Cameroun *m.* Cameroon (4)

Canada *m.* Canada (4)

carte *f.* map (6); menu (10)

carte postale *f.* postcard (12)

carte routière *f.* road map (6)

casser to break (CP.2)

casserole *f.* saucepan (11)

carré(e) square (CP.2)

célèbre famous (1)

Ce n'est rien It's nothing (12)

ceinture *f.* belt (3)

centre commercial *m.* shopping mall (CP.1)

céréales *f.* cereal (CP.2)

C'est de la part de qui? Who's calling? (11)

C'est décidé It's settled (1) (4)

C'est dommage! That's too bad! (9)

C'est sympa! It's very nice! (11)

C'est vachement bien! It's great! (3)

chambre *f.* room (CP.1)

chance *f.* luck (CP.1)

changer la roue (to) change the (flat) tire (6)

chapeau *m.* hat (1) (3)

chargé(e) full (3)

chasse *f.* hunt (CP.2)

châteaubriand *m.* a large tenderloin steak usually grilled or broiled and served with a sauce (10)

chausser du to take a size (shoes) (2)

chaussette *f.* sock (1)

chaussure *f.* shoe (2)

chemin de fer *m.* railroad (4)

chemise *f.* shirt (1)

chemisette *f.* short-sleeved shirt (1)

chemisier *m.* blouse (1)

chaque each (CP.1)

château *m.* castle (CP.1)

cher(-ère) expensive (1); dear (12)

cheville *f.* ankle (CP.2)

chic stylish (1)

chimie *f.* chemistry (CP.2)

Chine *f.* China (4)

choisir to choose (4)

choquer to shock (8)

chouette cute, stylish (1); Great! (3) (11)

cinéma *m.* movie theater (CP.1)

clair(e) light (*invar. with colors*) (2); clear (5)

classe d'aérobic aerobics class (CP.2)

clé *f.* key (2)

cocotte *f.* pot (9)

coiffeur(-se) *m. (f.)* hairdresser (1)

colère *f.* anger (9)

colis *m.* package (12)

collier-chaîne *m.* chain necklace (3)

Colombie *f.* Columbia (4)

colonie de vacances *f.* holiday camp (for children) (3)

(dé)colonisation *f.* (de)colonization (8)

combien de how many (CP.1)

commencer to begin (3)

comment how (CP.1)

commérages *m. pl.* gossip (8)

complet *m.* suit (2)

composer le numéro dial the number (11)

composter un billet to validate a ticket (5)

compte d'épargne savings account (12)

compter to count (6)

confortable comfortable (1)

congélateur *m.* freezer (12)

se connaître to know (oneself) (6)

conseil *m.* (piece of) advice (1)

conservateur(-trice) conservative (3)

contenir to contain (6)

content(e) glad, happy (9)

continuer to continue (3)

contrôle des passeports *f.* passport check (6)

contrôleur(-se) *m. (f.)* (train) inspector (5)

convaincu(e) convinced (2)

convenable suitable (3)

convive *f.* guest (12)

correspondant(e) *m. (f.)* person with whom one is speaking on the phone (11)

costaud sturdy (CP.2)

côté *m.* side (5)

Côte-d'Ivoire *f.* Ivory Coast (4)

coton *m.* cotton (1)

coucher à to spend the night (somewhere) (4)

se coucher to go to bed (CP.2)

coup de fil *m.* phone call (11)

coup de sifflet *m.* whistle (5)

coup d'oeil *m.* glance (9)

coupe *f.* haircut (1)

couper to cut (11)

courrier *m.* mail (12)

cours *m.* course; class (CP.2)

court(e) short (1)

coûter to cost (1)

couturier(-ère) *m. (f.)* fashion designer (2)

couvert *m.* place setting (12)

cravate *f.* tie (2) (3)

crevettes *f. pl.* shrimp (10)

croix *f.* cross (CP.1)

cru(e) raw (12)

crudités *f. pl.* raw vegetables (10)

cuillerée à café *f.* teaspoonful (11)

cuillerée à soupe *f.* tablespoonful (11)

cuisine *f.* kitchen (CP.1)

D

d'abord first (CP.1)

d'acc. O.K. (1)

d'accord O.K. (1) (4) (11)

d'ailleurs moreover, besides (3)

Danemark *m.* Denmark (40)

daurade *f.* gilt-head (fish) (10)

davantage more (6)

de plus moreover, in addition (2)

De rien You're welcome; Not at all (12)

debout standing up (9)

début *m.* beginning (CP.1)

décembre *m.* December

décevant(e) disappointing (3)

découper to carve (11)

décrocher to pick up the (telephone) receiver (11)

défendre to prohibit (CP.2)

délegué(e) *m. (f.)* delegate (4)

délice *m.* delight (9)

demain tomorrow (CP.1)

demander to ask (4)

demeurer to remain (9)

demi-frère *m.* stepbrother (CP.2)

demi-soeur *f.* stepsister (CP.2)

densité *f.* density (7)

départ *m.* departure

dépense *f.* expense (9)

dépenser to spend (money) (1)

se déplacer to travel, move (5)

de plus moreover, in addition (2)

dernier(-ière) last (CP.1)

descendre to get off (CP.1); to go down, to go downstairs (8)

désolé(e) sorry (9)

détester to dislike, detest (4)

devant in front of (CP.1)

devise *f.* motto (7)

d'habitude usually (CP.1)

dimanche *m.* Sunday

directeur(-trice) *m. (f.)* director (3)

discret(-ète) discreet (CP.2)

disque *m.* record (CP.2)

se dépêcher to hurry (CP.2)

devoir to have to (4)

devoirs *m. pl.* homework (CP.2)

dialecte *m.* regional variation of a tongue; dialect (8)

dire to say (4)

se disputer to fight (CP.2)

donc therefore, so, then (2)

donner to give (4)

donner un coup de main à to give (someone) a hand (11)

dormir to sleep (CP.1)

douane *f.* customs, duty (6)

douche *f.* shower (CP.2)

douleur *f.* pain (8)

douter to doubt (5)

E

écharpe *f.* scarf (3)

école maternelle *f.* nursery school (4)

écorce *f.* (tree) bark (12)

écrire to write (12)

effacer to erase (8)

église *f.* church (CP.1)

Égypte *f.* Egypt (4)

élève *m. or f.* student (secondary school) (CP.2)

élevé(e) raised (9)

emploi du temps *m.* schedule (CP.2)

emporter to take away (4)

emprunter to borrow (8)

en cuir (made of) leather (6)

en haut de at the top of (CP.2)

en plastique (made of) plastic (6)

en tissu (made of) cloth (6)

encore du (de la, des) more of (something) (12)

s'endormir to fall asleep (CP.2)

endroit *m.* place (3)

enfant *m. or f.* child (CP.1)

enfin finally (CP.1)

ennui *m.* trouble (1)

ennuyeux(-se) boring (CP.2)

enquête *f.* survey, inquiry (10)

enregistrer to register (6)

enregistrer des bagages to check luggage (6)

enseigner to teach (CP.1)

ensemble together (8)

entendre to hear (8)

entendre dire to hear secondhand (8)

entendre parler de to hear about (8)

s'entraîner to work out (CP.2)

entrecôte *f.* steak (10)

entrejambes *m.* inseam (for pants size) (2)

environ approximately (9)

envoyer to send (12)

envoyer (une lettre) en recommandé to send (a letter) by registered mail (12)

éparpillé(e) scattered (8)

épicé(e) hot, spicy (10)

épices *f. pl.* spices (7)

éplucher to peel (11)
équipage *m.* crew (5)
escalier roulant *m.* escalator (1)
escargots *m.* snails (10)
escarpin *m.* woman's shoe with raised heel and no covering for instep (2)
espadrille *f.* canvas shoe with rope sole (2)
Espagne *f.* Spain (4)
espèce *f.* kind (CP.2)
espérer to hope (4)
essayer to try on (2)
essayer de to try (to do something) (3)
essuyer to wipe (12)
États-Unis *m. pl.* United States (4)
été *m.* summer (CP.1)
étiquette *f.* ticket, label (6)
étoile *f.* star (9)
étonné(e) surprised (9)
étranger(-ère) *m. (f.)* foreigner (6)
être des nôtres to join us (12)
étroit(e) narrow (2)
éviter to avoid (3)
examen de classement exam that ranks a student in class (7)
exiger to require, to demand (10)
expliquer to explain (2)

F

fâché(e) angry (9)
facteur(-trice) *m. (f.)* mail carrier (12)
facture *f.* bill (12)
fade bland (10)
faire attention (à) to pay attention (to) (1); to be careful (3)
faire cuire to cook (something) (11)
faire des courses *f. pl.* to go shopping (CP.1)
faire du basket to play basketball (CP.2)
faire fondre to melt (something) (11)
faire ... kilomètres à l'heure to do ... kilometers an hour (6)

faire le plein (d'essence) to fill up (with gas) (6)
faire le tour to go around (CP.1)
se faire mal to hurt oneself (CP.2)
faire partie de to be part of (1)
faire semblant (que) (de) to pretend (that) (to) (9)
falloir *See* il faut (4)
fatigué(e) tired (CP.1)
fente *f.* slot (11)
ferroviaire rail (4)
fête *f.* party (CP.1)
fêter to celebrate (12)
feutre *m.* felt (2)
février *m.* February (CP.2)
fier(-ère) proud (10)
fièvre *f.* fever (CP.2)
financier(-ère) financial (5)
finir to finish (2)
foncé(e) dark *(invar. with colors)* (2)
fond *m.* depths (7); bottom (9)
forfait *m.* package price (4)
fouet *m.* whisk (11)
foulard *m.* scarf (1)
se fouler to twist; to sprain (CP.2)
four micro-ondes *m.* microwave oven (12)
France *f.* France (4)
Francophonie *f.* French-speaking regions (4)
frapper (à) to knock (on, at); to hit (CP.1)
frère *m.* brother (CP.1)
fromage *m.* cheese (10)
frontière *f.* border (10)
fumé(e) smoked (10)
furieux(-se) furious (9)

G

gagner du temps to gain time (2)
gant *m.* glove (1) (3)
garder la ligne to keep one's figure (CP.2)
gare *f.* (train) station (6)
garni(e) (dish) served with vegetables and french fries (10)
gens *m. pl.* people (CP.2)
gentil(le) nice, kind (6) (11) (12)

gilet *m.* cardigan sweater, vest (1)
glace *f.* ice cream (10)
se glisser to slip (9)
gorge *f.* throat (CP.2)
gourmand(e) greedy (10)
gouttes *f. pl.* drops (7)
grand(e) big (CP.2)
grand magasin *m.* department store (1)
grand-mère *f.* grandmother (CP.1)
grand-père *m.* grandfather (CP.2)
gratiné(e) sprinkled with bread crumbs or cheese and browned; au gratin (10)
gratter to scratch (9)
Grèce *f.* Greece (4)
grillade *f.* grilled meat, grill (10)
griot *m.* poet, musician, and genealogist of an African people (7)
grippe *f.* flu (CP.2)
gris(e) gray (CP.2)
guichet *m.* (ticket) window (11)

H

s'habiller to get dressed (CP.2)
habit *m.* outfit (3)
habiter to live (somewhere) (CP.1)
haché(e) chopped (9)
hanche *f.* hip (2)
haut-parleur *m.* loudspeaker (4)
haute couture *f.* high fashion (1)
hébergement *m.* lodging (3)
hésiter to hesitate (3)
heure *f.* hour (CP.1)
heureux(-se) happy (9)
hier yesterday (CP.1)
homard lobster (10)
honnête honest (CP.2)
horaire *m.* schedule (5)
huile *f.* oil (9)

I

Il est dommage que It is too bad that (9)

Il est peu probable (que) It is unlikely (that) (5)
Il faut (que) It is necessary (that) (1)
Il me faut . . . I need . . . (2)
Il n'y a pas de quoi You're welcome (12)
Il vaut mieux (que) It is better (that) (1)
il y a ago (8)
île *f.* island (8)
imprimé(e) print (fabric) (1)
inconnu(e) unknown (7)
Incroyable! Unbelievable! (3)
Inde *f.* India (4)
indicatif *m.* area code (11)
informatique *f.* data processing; computer science (1)
inoubliable unforgettable (6)
insister (pour) to insist (on something) (10)
s'installer to settle in; to move in (CP.1)
Iran *m.* Iran (4)
Israël *m.* Israel (4)
Italie *f.* Italy (4)
italien(ne) Italian (CP.2)
intéressant(e) interesting (CP.2)

J

J'ai grand-faim I am very hungry (10)
J'ai grand-soif I am very thirsty (4)
J'ai très faim I am very hungry (10)
J'ai une faim de loup I am very hungry (hungry as a bear) (10)
Jamais de la vie! Never!; Not on your life! (3)
janvier *m.* January
Japon *m.* Japan (4)
J'arrive I'll be right there (11)
jardin *m.* garden (CP.1)
Je ne sais comment vous remercier I don't know how to thank you (12)
Je ne sais pas I don't know (11)
Je t'embrasse With love (12)
Je veux bien O.K., willingly (1) (4) (11)

Je vous en prie Please do; Of course (12)
Je vous (te) le (la) passe I'll get him (her) for (you) (11)
jean *m.* jeans, blue jeans (1)
J'en doute I doubt it (2)
jeu *m.* game (CP.1)
jeudi *m.* Thursday
jeune young (CP.2)
jogging *m.* sweatsuit (1)
joli(e) pretty (1)
jouer to play (CP.1)
jouer au foot to play soccer (CP.1)
jour *m.* day (CP.1)
juger to judge (3)
juillet *m.* July (CP.1)
juin *m.* June
jupe *f.* skirt (1)
jusqu'à up to (CP.1)
juste assez (de) just enough (of) (9)

K

kilomètre *m.* kilometer (= 0.62 mile) (6)

L

laine *f.* wool (1)
laisser to leave (6) (9)
lait *m.* milk (CP.2)
langoustines *f. pl.* crayfish (10)
langue *f.* language, tongue (CP.1)
langue maternelle *f.* mother tongue (7)
large wide (CP.1)
laver to wash (11)
se laver (la tête) to wash (one's hair) (CP.2)
leçon *f.* lesson (CP.2)
léger(-ère) light (10)
légume *m.* vegetable (CP.2)
lendemain *m.* the next day (4)
lettre de remerciement *f.* thank-you note (12)
se lever to get up (CP.2)
liberté *f.* freedom (CP.2)
libre free (11)
Libye *f.* Libya (4)
lier to tie together (7)

linge *m.* linen; sheets (12)
liquide *f.* liquid (CP.2)
lieu *m.* place (CP.1)
ligne (aérienne) *f.* airline (6)
loin far (6)
long(ue) long (1)
louer to rent (4)
lourd(e) heavy (10)
lundi *m.* Monday
lunettes (de soleil) *f. pl.* (sun) glasses (3)
lycée *m.* high school (CP.2)

M

magasin *m.* store (CP.1)
mai *m.* May
maille jersey *f.* jersey knit (1)
maillot de bain *m.* bathing suit (1)
maillot de surf *m.* bathing suit (1)
maintenant now (7)
maison de campagne *f.* country house (CP.1)
malade sick (2)
malhonnête dishonest (CP.2)
manche *f.* sleeve (2)
mandat *m.* money order (12)
manger to eat (CP.1)
mannequin *m.* (fashion) model (2)
manquer to miss (12)
manteau *m.* coat (2)
se maquiller to put on one's makeup (CP.2)
marais *m.* swamp, marsh (9)
marché aux puces *m.* flea market (1)
mardi *m.* Tuesday
marécage *m.* swamp, marsh (9)
marinière *f.* smock, overblouse (1)
Maroc *m.* Morocco (4)
mars *m.* March (CP.2)
mathématiques *f. pl.* mathematics (CP.2)
matière *f.* material (6)
matin *m.* morning (CP.2)
mauvais(e) bad (CP.2)
médecin *m.* doctor (CP.1)
meilleur(e)(s) que better than (7)

(le, la, les) meilleur(e)(s) ... (de) the best ... (in) (9)

mélanger to mix (11)

Merci (bien) Thank you (very much) (12)

Merci beaucoup Thank you very much (12)

Merci mille fois Thanks a million (12)

mercredi *m.* Wednesday

mère *f.* mother (CP.1)

météo *f.* weather forecast (CP.1)

mettre to put; to put on (3)

se mettre à l'aise to put (oneself) at ease (2)

mettre la table to set the table (CP.1)

Mexique *m.* Mexico (4)

(le, la, les) mieux (de) the best (in) (9)

mieux ... que better than (7)

mince thin (CP.2)

mocassin *m.* loafer (shoe) (2)

mocassin bateau *m.* ankle boot (2)

moche ugly (1)

mode *f.* fashion (1)

moine *m.* monk (3)

moins (de) ... que less ... than (7)

(le, la, les) moins ... (de) the least ... (in) (9)

mois *m.* month (CP.1)

moitié *f.* half (4)

montrer to show (4)

mouchoir *m.* handkerchief (3)

moules *f. pl.* mussels (10)

N

naissance *f.* birth (7)

nappe *f.* tablecloth (12)

navré(e) sorry, upset (9)

ne ... jamais never (8)

ne ... pas encore not yet (8)

ne ... personne no one (8)

ne ... plus no longer (8)

ne ... que only (10)

Ne quittez pas Don't hang up (11)

ne ... rien nothing (8)

nécessaire necessary (1)

né(e) born (CP.2)

nettoyer to clean (CP.1)

neveu *m.* nephew (CP.2)

nez *m.* nose (CP.2)

Nicaragua *m.* Nicaragua (4)

nid *m.* nest (CP.2)

nièce *f.* niece (CP.2)

nœud papillon *m.* bow tie (3)

nom *m.* name (CP.1)

nombreux(-se) numerous (CP.1)

Non, absolument pas! No, absolutely not! (3)

nord *m.* north (CP.1)

normand(e) from Normandy (*See* à la normande) (10)

novembre *m.* November

Nous y sommes! Here we are; We've arrived! (5)

nouveau (nouvelle) new (CP.2)

nouvelle *f.* news (item) (CP.1)

Nouvelle Zélande *f.* New Zealand (4)

nuit *f.* night (CP.1)

O

occupé(e) busy (CP.2)

s'occuper de to take care of (CP.2)

octobre *m.* October

ombragé(e) shaded (9)

oignon *m.* onion (9)

oiseau *m.* bird (CP.2)

oncle *m.* uncle (CP.2)

ordonnance *f.* prescription (CP.2)

ordinateur *m.* computer (6)

organisateur(-trice) *m. (f.)* organizer (1)

où where (CP.1)

oublier to forget (4)

ouvert(e) open (9)

ouvrier(-ère) *m. (f.)* worker (7)

P

P et T *f. pl.* Postes et télécommunications (= post office) (12)

PTT *f. pl.* Postes, télégraphes, téléphones (= post office) (12)

panne de moteur *f.* engine failure (6)

pantalon *m.* (pair of) shorts (1)

papillon *m.* butterfly (8)

Pâques *f. pl.* Easter (CP.1)

par contre on the other hand (12)

par voie de surface by surface mail (12)

parapluie *m.* umbrella (3)

parc *m.* park (CP.1)

parce que because (CP.2)

pardessus *m.* overcoat (2)

pareil(le) (à) similar (to), same (as) (4)

parents *m. pl.* parents; relatives (CP.2)

paresseux(-se) lazy (CP.2)

parfaitement perfectly (2)

parfum *m.* perfume (2)

parler to speak, to talk (4)

partager to share (7)

partie *f.* part (9)

partir (pour) (de) to leave (for) (from) (4)

partout everywhere (7)

Pas de problème! No problem! (11)

Pas du tout! Not at all! (1)

pas mal de a lot of (CP.1)

passant *m.* passer-by (3)

passer to spend (time) (4)

passer (par) to pass (by) (4)

se passer to take place (6)

pastilles *f. pl.* lozenges (CP.2)

patois *m.* local dialect usually without written form; patois (8)

patron *m.* pattern (for clothing) (CP.2)

patron(ne) *m. (f.)* boss (8); owner, proprietor (10)

pays *m.* country (4)

Pays-Bas *m. pl.* The Netherlands (4)

pelle *f.* shovel (9)

pelleter to shovel (9)

pencher to lean (12)

pendant during (CP.1)

penser to think (4)

pension *f.* payment for board or board and lodging (CP.1)

perdre to lose (8)

père *m.* father (CP.2)

permettre to permit (3)

personne (ne) ... no one (8)

petit(e) small, little (CP.2)
petit mot *m.* note (11)
Philippines *f. pl.* the Philippines (4)
pièce de monnaie *f.* coin (11)
piscine *f.* pool (CP.2)
place *f.* (reserved) seat (5)
place fumeur reserved seat where smoking is permitted (5)
place non-fumeur reserved seat where smoking is prohibited (5)
plage *f.* beach (CP.1)
plaisir *m.* pleasure (CP.1)
plancher *m.* floor (9)
plaque *f.* sign (5)
plat (principal) *m.* (main) dish (10)
plat de résistance *m.* main course (10)
plein(e) full (1)
pleurer to cry (8)
pleuvoir to rain (CP.1)
la plupart des most (CP.1)
plus (de) . . . que more . . . than (7)
(le, la, les) plus . . . (de) the most . . . (in) (9)
pneu (crevé) *m.* (flat) tire (6)
pochette *f.* pocketbook (3)
poêle *f.* frying pan (11)
pointure *f.* (shoe) size (2)
poisson *m.* fish (10)
poivre *m.* pepper (9)
poivrer to pepper (11)
poivron *m.* green pepper (9)
politique *f.* politics (8)
porte *f.* door (CP.1)
porte-cartes *m.* card holder (3)
porter to wear (1)
Portugal *m.* Portugal (4)
poste aérienne *f.* airmail (12)
poster to mail (12)
postier(-ère) *m. (f.)* post office worker (12)
potage *m.* soup (10)
poulet *m.* chicken (9)
pourquoi why (CP.1)
Pourquoi pas? Why not? (1) (11)
Pourquoi pas aller . . . Why not go . . . (4)
poussière *f.* dust (7)

pouvoir to be able to (4)
préférer to prefer (4)
premier(-ère) first (CP.1)
prendre to take (4)
prendre de l'essence to get gas (6)
presque almost (CP.2)
prêt(e) ready (CP.1)
prêter to lend (2)
prochain(e) next (5)
projets *m. pl.* plans (11)
se promener to take a walk (CP.2)
promettre to promise (3)
provençal(e) (dish) cooked with tomatoes, onions, garlic, and olive oil (as in Provence) (10)
publicité *f.* advertising (2)
puis then (CP.1)
pull-over *m.* sweater, pullover (1)

Q

quai *m.* train platform (5)
quand when (CP.1)
quelque chose something (CP.2)
quelque part somewhere (4)
quelquefois sometimes (9)
Qu'est-ce que c'est? What is it? (10)
Qu'est-ce que j'ai faim! I am so hungry! (10)
qui who (CP.1)
Qui est à l'appareil? Who is calling? (11)
quitter to leave (CP.1)
quotidien(ne) daily (12)

R

raccrocher to hang up (telephone) (11)
raconter to relate, to tell about (4)
ramasser to pick up; to gather (CP.1)
ramener to bring back (someone) (12)
randonnées *f. pl.* outings, hiking (4)
ranger to put in order (CP.1)
râpé(e) grated (9)
rappeler to call back (11)

se raser to shave (CP.2)
ravi(e) delighted (9)
rayé(e) striped (1)
rayon *m.* shelf (2)
réaliste realistic (CP.2)
recette *f.* recipe (11)
recevoir to receive (12)
réchauffer to reheat (11)
recouvrir to cover (9)
récupérer to recover (something) (6)
rédiger to write (5)
regarder to look at; to watch (CP.1)
regretter to regret (9)
reine *f.* queen (CP.1)
remercier to thank (12)
rendre to return (something) (8)
rendre visite à to visit (someone) (CP.1)
rentrée *f.* start of the new school year (CP.1)
rentrer (à) to go back; to go home, to return home (4)
répandu(e) widespread (12)
repas *m.* meal (10)
réparer to repair (CP.1)
repartir to leave again (4)
répondre to answer (8)
se reposer to rest (CP.2)
reprendre to take (again) (4)
réseau *m.* network (4)
réserver to reserve (5)
rester to stay (CP.1)
retour *m.* return (CP.2)
retrouver to find again; to meet (6)
réussir to succeed (4)
se réveiller to wake up (CP.2)
revue (de mode) (fashion) magazine (1)
rhume *m.* cold (CP.2)
rien (ne) . . . nothing (8)
riz *m.* rice (9)
robe *f.* dress (1)
rond(e) round 2
rouge red (CP.2)
route départementale *f.* secondary road (6)
route nationale *f.* main highway (6)
roux (rousse) red (hair) (CP.2)

S

sable *m.* sand (8)
sac à dos *m.* backpack (6)
sac à main *m.* handbag (6)
sac de voyage *m.* travel bag (6)
sagesse *f.* wisdom (7)
saison *f.* season (CP.1)
salé(e) salty (10)
saler to salt (11)
salle de bains *f.* bathroom (CP.1)
salon d'essayage *m.* fitting room (2)
saluer to greet (3)
samedi *m.* Saturday (CP.1)
sandale *f.* sandal (2)
sang *m.* blood (9)
santé *f.* health (CP.2)
sauce béarnaise *f.* sauce made of butter, eggs, vinegar, and herbs (10)
sauf except for (12)
sans façons informal (12)
sauvage wild (CP.2)
savoir to know (4)
savoir *m.* knowledge (7)
savon *m.* soap (1)
sel *m.* salt (CP.2)
selon according to (2)
Sénégal *m.* Senegal (4)
Sensass! Sensational! (3)
Sensationnel! Sensational! (3)
septembre *m.* September
sérieux(-se) serious (CP.2)
sérieusement seriously (9)
serré(e) tight (1)
service de dépannage *m.* road service (6)
seul(e) single (CP.1)
seulement only (4)
short *m.* (pair of) shorts (1)
siècle *m.* century (8)
siège *m.* seat (4)
Si on allait ... What if we went ... (4)
signalisation *f.* signposting (5)
simplement simply (3)
sœur *f.* sister (CP.2)
soie *f.* silk (1)
soigné(e) prepared with care (9)
soir *m.* evening (CP.1)

soirée *f.* party (CP.1)
solde *f.* sale (1)
soleil *m.* sun (CP.1)
son *m.* sound (CP.2)
sondage *m.* survey, poll (9)
sorbet *m.* sherbet (10)
sortir to go out (CP.1)
soupçonner to suspect (8)
soupe *f.* soup (10)
sous under (CP.1)
souvenir *m.* memory; souvenir (7)
souvent often (CP.1)
sportif(-ve) athletic (CP.2)
station-service *f.* (*pl.* **stations-service**) service station (6)
sucre *m.* sugar (CP.2)
sucré(e) sweet (10)
sud south (CP.1)
Suède *m.* Sweden (4)
Suisse *f.* Switzerland (4)
Super! Super! (3)
sûr(e) sure, certain (2) (5)
surpris(e) surprised (9)
surtout especially (CP.1)
svelte slender (CP.2)
sweat(shirt) *m.* sweatshirt (1)
sympathique friendly, nice (CP.2)
Syrie *f.* Syria (4)

T

tableau *m.* painting (7)
tableau général des trains train table (5)
taille *f.* size; waist (2)
tailleur *f.* suit (1)
tant ... que as much ... as (8)
Tant mieux! So much the better! (2)
tante *f.* aunt (CP.2)
tasse *f.* cup (9)
télécarte *f.* telecard, type of charge card for use in pay phones (11)
télégramme *m.* telegram (12)
temps *m.* weather (CP.1)
temps de parcours *m.* travel time (4)
se tenir to behave (12)
tenir à to insist on (3)

tennis *m.* tennis shoe (2)
tenue *f.* outfit, clothes (1)
se terminer to end (CP.1)
terrine *f.* pâté (10)
timbre *m.* stamp (8)
timide shy, timid (CP.2)
toile *f.* canvas; sailcloth (1)
tomber to fall (CP.1)
tomber en panne to break down (6)
tonalité *f.* dial tone (11)
toujours always (8)
tôt soon (4)
tour de hanches *m.* hip size (2)
tour de poitrine *m.* chest size (2)
tour de taille *m.* waist size (2)
tous les jours every day (CP.2)
tout de suite immediately (2)
toux *f.* cough (CP.2)
traditionnel(le) traditional (2)
train à grande vitesse (T.G.V.) high-speed train (5)
trajet *m.* journey (CP.1)
travail *m.* work (CP.1)
travailler to work (CP.1)
travailleur(-se) hardworking (9)
triste sad (9)
trop de monde too many people (4)
trouver to find (CP.2)
se trouver to be located (5) (9)
truite *f.* trout (10)
tuer to kill (CP.2)
Tunisie *f.* Tunisia (4)

U

uni(e) one-color (clothing) (1)
Union soviétique *f.* Soviet Union (4)
U.R.S.S. *f.* Soviet Union (4)

V

vacances *f. pl.* vacation (CP.1)
vachement (*fam.*) very (3)
valise *f.* suitcase (6)
valoir mieux *See* **il vaut mieux** (4)
vélo *m.* bicycle (2)

vendeur(-se) *m. (f.)* salesperson (CP.2)

vendre to sell (8)

vendredi *m.* Friday

Vénézuela *m.* Venezuela (4)

venir to come (CP.1)

venir de to have just (CP.1)

vérité *f.* truth (1)

vert(e) green (CP.2)

veste *f.* jacket (1)

vêtements *m. pl.* clothes (2)

viande *f.* meat (10)

Viêt-Nam *m.* Vietnam (4)

vieux (vieille) old (CP.2)

village de vacances vacation resort (3)

ville *f.* city (CP.1)

violet(te) violet (CP.2)

visage *m.* face (CP.2)

vite quickly (CP.2)

vitrine *f.* (store) window (1)

vivant(e) living (CP.1)

voie *f.* track (5)

voir to see (CP.1)

voiture *f.* car; train car (5)

voix *f.* voice (4)

vol *m.* flight (6)

vol à destination de flight for (location) (6)

vol en provenance de flight from (location) (6)

volé(e) stolen (12)

vouloir to want, wish (4)

vrai(e) true (1) (5)

Y

y compris included (2)

Z

Zaïre *m.* Zaire (4)

Glossary

English–French

The numbers in parentheses refer to the chapter in which the word or phrase may be found.

A

a lot of **pas mal de; beaucoup de** (CP.1)
(to be) able to **pouvoir** (4)
according (to) **selon** (2)
(to) add **ajouter** (11)
(to) admit **avouer** (12)
advanced **avancé(e)** (9)
advertising **publicité** *f.* (2)
advice **conseil** *m.* (1)
aerobics class **classe d'aérobic** (CP.2)
after(ward) **après** (CP.1)
afternoon **après-midi** *m.* (CP.1)
ago **il y a** (8)
air letter **aérogramme** *m.* (12)
airline **ligne aérienne** *f.* (6)
airmail **poste aérienne** *f.* (12)
airplane **avion** *m.* (6)
Algeria **Algérie** *f.* (4)
almost **presque** (CP.2)
always **toujours** (8)
ambitious **ambitieux(-se)** (CP.2)
anger **colère** *f.* (9)
angry **fâché(e)** (9)
ankle **cheville** *f.* (CP.2)
(to) answer **répondre** (8)
approximately **environ** (9)
April **avril** *m.*
area code **indicatif** *m.* (11)
Argentina **Argentine** *f.* (4)
as much . . . as **autant (de) . . . (que)** (7)
as much . . . as **tant . . . que** (8)
(to) ask **demander** (4)
asparagus **asperges** *f. pl.* (10)
aspirin tablets **cachets d'aspirine** *m. pl.* (12)
at an auction **aux enchères** (3)

athletic **sportif(-ve)** (CP.2)
August **août** *m.*
aunt **tante** *f.* (CP.2)
Australia **Australie** *f.* (4)
(to) avoid **éviter** (3)
awful **affreux(-se)** (3)

B

(with a) background **à fond (+ couleur)** (1)
backpack **sac à dos** *m.* (6)
bad **mauvais(e)** (CP.2)
(travel) bag **sac (de voyage)** *m.* (6)
bakery **boulangerie** *f.* (1)
(tree) bark **écorce** *f.* (12)
(to) baste **arroser** (11)
bathing suit **maillot de bain** *m.*; **maillot de surf** *m.* (1)
bathroom **salle de bains** *f.* (CP.1)
beach **plage** *f.* (CP.1)
(to) beat **battre** (11)
beautiful **beau (belle)** (CP.2)
because **parce que** (CP.2)
before **avant** 2
(to) begin **commencer** (3)
beginning **début** *m.* (CP.1)
(to) behave **se tenir** (12)
Belgium **Belgique** *f.* (4)
belt **ceinture** *f.* (3)
bermuda shorts **bermuda** *m.* (1)
besides **d'ailleurs** (3)
the best . . . (in) **le (la, les) meilleur(e)(s) . . . (de)** (9)
Best wishes/Regards **Amitiés** (1) (12); **Amicalement** (12)
better than **meilleur(e)(s) . . . que; mieux . . . que** (7)
bicycle **vélo** *m.* (2)
big **grand(e)** (CP.2)
bilingual **bilingue** (9)

bill **facture** *f.* (12)
bird **oiseau** *m.* (CP.2)
birth **naissance** *f.* (7)
bland **fade** (10)
blood **sang** *m.* (9)
blouse **chemisier** *m.* (1)
boot **botte** *f.* (2)
border **frontière** *f.* (10)
boring **ennuyeux(-se)** (CP.2)
born **né(e)** (CP.2)
(to) borrow **emprunter** (8)
boss **patron(ne)** *m. (f.)* (8)
bottom **fond** *m.* (9)
bow tie **nœud papillon** *m.* (3)
bowl **bol** *m.* (11)
Brazil **Brésil** *m.* (4)
(to) break **casser** (CP.2)
(to) break down (car) **tomber en panne** (6)
(to) bring back (someone) **ramener** (12)
(to) bring (something) **apporter** (4)
brown **brun(e)** (CP.2)
brother **frère** *m.* (CP.1)
(to) brush one's hair **se brosser les cheveux** (CP.2)
(to) brush one's teeth **se brosser les dents** (CP.2)
burglar **cambrioleur(-se)** *m. (f.)* (2)
bus **autobus** *m.* (CP.2)
busy **occupé(e)** (CP.2)
butterfly **papillon** *m.* (8)
(to) buy **acheter** (4)

C

(to) call **appeler** (CP.1)
(to) call back **rappeler** (11)
Cameroon **Cameroun** *m.* (4)
Canada **Canada** *m.* (4)
canvas **toile** *f.* (1)
car **voiture** *f.*; **auto** *f.* (5)

card holder **porte-cartes** *m.* (3)

cardigan **gilet** *m.* (1)

(to be) careful **faire attention** (3)

(to) carry **porter** (1)

(to) carve **découper** (11)

castle **château** *m.* (CP.1)

(to) celebrate **fêter** (12)

century **siècle** *m.* (8)

cereal **céréales** *f. pl.* (CP.2)

chain necklace **collier-chaîne** *m.* (3)

(to) change the (flat) tire **changer la roue** (6)

check **addition** *f.* (10)

(to) check luggage **enregistrer des bagages** (6)

cheese **fromage** *m.* (10)

chemistry **chimie** *f.* (CP.2)

chest size **tour de poitrine** *m.* (2)

chicken **poulet** *m.* (9)

child **enfant** *m. or f.* (CP.1)

China **Chine** *f.* (4)

(to) choose **choisir** (4)

chopped **haché(e)** (9)

church **église** *f.* (CP.1)

city **ville** *f.* (CP.1)

(to) clean **nettoyer** (CP.1)

clear **clair(e)** (*invar. with colors*) (5)

(made of) cloth **en tissu** (6)

clothes **vêtements** *m. pl.* (2)

coat **manteau** *m.* (2)

coin **pièce de monnaie** *f.* (11)

cold **rhume** *m.* (CP.2)

(de)colonization **(dé)colonisation** *f.* (8)

Columbia **Colombie** *f.* (4)

(to) come **venir** (CP.1)

comfortable **confortable** (1)

common sense **bon sens** *m.* (1)

computer **ordinateur** *m.* (6)

computer science **informatique** *f.* (1)

conservative **conservateur (-trice)** *m. (f.)* (3)

(to) contain **contenir** (6)

(to) continue **continuer** (3)

(on the) contrary **au contraire** (1)

convinced **convaincu(e)** (2)

(to) cook (something) **faire cuire** (11)

(to) cost **coûter** (1)

cotton **coton** *m.* (1)

cough **toux** *f.* (CP.2)

(to) count **compter** (6)

country **pays** *m.* (4)

country house **maison de campagne** *f.* (CP.1)

course **cours** *m.* (CP.2)

(to) cover **recouvrir** (9)

crayfish **langoustines** *f. pl.* (10)

credit card holder **porte-cartes** *m.* (3)

crew **équipage** *m.* (5)

cross **croix** *f.* (CP.1)

(to) cry **pleurer** (8)

cup **tasse** *f.* (9)

customs **douane** *f.* (6)

(to) cut **couper** (11)

D

daily **quotidien(ne)** (12)

dark **foncé(e)** (*invar. with colors*) (2)

data processing **informatique** *f.* (1)

day **jour** *m.* (CP.1)

dear **cher(-ère)** (12)

December **décembre** *m.*

(to be) delayed **avoir du retard** (5)

delegate **délégué(e)** *m. (f.)* (4)

delight **délice** *m.* (9)

(to) demand **exiger** (10)

Denmark **Danemark** *m.* (4)

density **densité** *f.* (7)

department store **grand magasin** *f.* (CP.1)

departure **départ** (CP.1)

(to be very) depressed **avoir le cafard** (8)

depths **fond** *m.* (7)

(telephone) dial **cadran** *m.* (11)

dial tone **tonalité** *f.* (11)

(to) dial the number **composer le numéro** (11)

dialect **dialecte** *m.* (8)

director **directeur(-trice)** *m. (f.)* (3)

disappointing **decevant(e)** *f.* (3)

discreet **discret(-ète)** (CP.2)

(main) dish **plat (principal)** *m.* (10)

dishonest **malhonnête** (CP.2)

(to) dislike **détester** (4)

doctor **médecin** *m.* (CP.1)

Don't hang up **Ne quittez pas** (11)

door **porte** *f.* (CP.1)

(to) doubt **douter** (5)

dress **robe** *f.* (1)

(to) drink **boire** (CP.1)

drink **boisson** *m.* (10)

drops **gouttes** *f. pl.* (7)

during **pendant** (CP.1)

dust **poussière** *f.* (7)

duty-free shop **boutique sous-douane** *f.* (6)

E

each **chaque** (CP.1)

earrings **boucles d'oreilles** *f. pl.* (3)

Easter **Pâques** *f. pl.* (CP.1)

(to) eat **manger** (CP.1)

Egypt **Égypte** *f.* (4)

(to) end **se terminer** (CP.1)

engine failure **panne de moteur** *f.* (6)

England **Angleterre** *f.* (4)

English **anglais(e)** (CP.2)

(to) erase **effacer** (8)

escalator **escalier roulant** *m.* (1)

especially **surtout** (CP.1)

evening **soir** *m.* (CP.1)

every day **tous les jours** (CP.2)

everywhere **partout** (7)

except for **sauf** (12)

(to) expect **s'attendre à** (9)

expense **dépense** *f.* (9)

expensive **cher(-ère)** (1)

(to) explain **expliquer** (2)

F

face **visage** *m.* (CP.2)

(to) fall **tomber** (CP.1)

(to) fall asleep **s'endormir** (CP.2)

famous **célèbre** (1)

far **loin** (6)

fashion **mode** *f.* (1)

fashion designer **couturier(-ère)** *m. (f.)* (2)

(in) fashion **(à la) mode** (1)
father **père** *m.* (CP.2)
February **février** (CP.2)
felt **feutre** *m.* (2)
fever **fièvre** (CP.2)
(to) fight **se disputer** (CP.2)
(to) fill up (with gas) **faire le plein (d'essence)** (6)
finally **enfin** (CP.1)
financial **financier(-ère)** (5)
(to) find **trouver** (CP.2)
(to) find again **retrouver** (6)
fine **amende** *f.* (CP.2)
(to) finish **finir** (4)
first **premier(-ière)** (CP.1)
first **d'abord** (CP.1)
fish **poisson** *m.* (10)
fitting room **salon d'essayage** *m.* (2)
flea market **marché aux puces** *m.* (1)
flight **vol** *m.* (6)
flight for (location) **vol à destination de** (6)
flight from (location) **vol en provenance de** (6)
floor **plancher** *m.* (9)
flu **grippe** *f.* (CP.2)
fog **brume** *f.* (9)
food **aliments** *m. pl.* (CP.2); **alimentation** *f.* (10)
foreigner **étranger(ère)** *m. (f.)* (6)
forever **toujours** (8)
(to) forget **oublier** (4)
France **France** *f.* (4)
free **libre** (11)
freedom **liberté** *f.* (CP.2)
freezer **congélateur** *m.* (12)
Friday **vendredi** *m.*
friend **ami(e)** *m. (f.)* (CP.1)
friendly **sympathique** (CP.2)
from (a certain point) **à partir de** (2)
(in) front of **devant** (CP.1)
frying pan **poêle** *f.* (11)
full **plein(e)** (1); **chargé(e)** (3)
(to have) fun **s'amuser** (CP.1)
furious **furieux(-se)** (9)

G

(to) gain time **gagner du temps** (2)

game **jeu** *m.* (CP.1)
garden **jardin** *m.* (CP.1)
(to get) gas **(prendre de) l'essence** (6)
German **allemand(e)** (CP.2)
Germany **Allemagne** *f.* (4)
(to) get dressed **s'habiller** (CP.2)
(to) get off **descendre** (CP.1)
(to) get up **se lever** (CP.2)
(to) give **donner** (4)
(to) give (someone) a hand **donner un coup de main à** (11)
glad **content(e)** (9)
glance **coup d'oeil** *m.* (9)
(sun) glasses **lunettes (de soleil)** *f. pl.* (3)
glove **gant** *m.* (1)
(to) go **aller** (4)
(to) go back **rentrer à** (4)
(to) go to bed **se coucher** (CP.2)
(to) go down **descendre** (8)
(to) go home **rentrer** (4)
(to) go out **sortir** (CP.1)
goal **but** *m.* (9)
good **bon(ne)** (CP.1)
Good idea! **Bonne idée!** (4)
gossip **commérages** *m. pl.* (8)
grandfather **grand-père** *m.* (CP.2)
grandmother **grand-mère** *f.* (CP.1)
grated **râpé(e)** (9)
gray **gris(e)** (CP.2)
Great! **Chouette!** (3) (11)
Greece **Grèce** *f.* (4)
greedy **gourmand(e)** (food) (10); **avare** (money) (CP.2)
green **vert(e)** (CP.2)
(to) greet **saluer** (3); **accueillir** (10)
guest **convive** *m. or f.* (12)

H

haircut **coupe** *f.* (1)
hairdresser **coiffeur(-se)** *m. (f.)* (1)
half **moitié** *f.* (4)
handbag **sac à main** *m.* (6)
handkerchief **mouchoir** *m.* (3)
(to) hang up (telephone) **raccrocher** (11)
happiness **bonheur** *m.* (9)

happy **heureux(-se)**; **content(e)** (9)
hardworking **travailleur(-se)** (9)
hat **chapeau** *m.* (1) (3)
(to) have **avoir** (1)
(to) have to **devoir** (4)
health **santé** *f.* (CP.2)
(to) hear **entendre** (8)
(to) hear about **entendre parler de** (8)
(to) hear secondhand **entendre dire** (8)
heavy **lourd(e)** (10)
(to) hesitate **hésiter** (3)
high fashion **haute couture** *f.* (1)
high school **lycée** *m.* (CP.2)
highway **autoroute** *f.* (6)
hiking **randonnées** *f. pl.* (3)
hip size **tour de hanches** *m.* (2)
(to) hit **frapper** (CP.1)
holiday camp **colonie de vacances** *f.* (3)
(to be) homesick **avoir le mal du pays** (7)
homework **devoirs** *m. pl.* (CP.2)
honest **honnête** (CP.2)
(to) hope **espérer** (4)
hot (food) **épicé(e)** (10)
hour **heure** *f.* (CP.1)
how **comment** (CP.1)
how many **combien de** (CP.1)
hunt **chasse** *f.* (CP.2)
(to) hurry **se dépêcher** (CP.2)
(to) hurt oneself **se faire mal** (CP.2)

I

I am very hungry **J'ai grand faim; J'ai très faim; J'ai une faim de loup** (10)
I am very thirsty **J'ai grand-soif** (4)
I am so hungry! **Qu'est-ce que j'ai faim!** (10)
I don't know **Je ne sais pas** (11)
I doubt it **J'en doute** (2)
I need ... **Il me faut ...** (2)
ice cream **glace** *f.* (10)
I'll be right there **J'arrive** (11)

I'll get him (her) for (you) **Je vous (te) le (la) passe** (11)
immediately **tout de suite** (12)
in rotation **à tour de rôle** (4)
included **y compris** (2)
India **Inde** *f.* (4)
inexpensive **bon marché** (1)
informal **sans façons** (12)
inseam (pants size) **entrejambes** *m.* (2)
(to) insist (on something) **insister (pour)** (10)
(to) insist on **tenir à** (3)
(train) inspector **contrôleur(-se)** *m. (f.)* (5)
interesting **intéressant(e)** (CP.2)
Iran **Iran** *m.* (4)
island **île** *f.* (8)
Israel **Israël** *m.* (4)
It is better (that) **Il vaut mieux (que)** (1)
It is necessary (to) (that) **Il faut (que); Il est nécessaire (de) (que)** (1)
It is too bad that **Il est dommage que** (9)
It makes no difference to me **Ça m'est égal** (3)
It suits you very well! **Ça te va tres bien!** (1)
It's nothing **Ce n'est rien** (12)
It's settled **C'est décidé** (1) (4)
It's very nice! **C'est sympa!** (11)
Italian **italien(ne)** (CP.2)
Italy **Italie** *f.* (4)
Ivory Coast **Côte-d'Ivoire** *f.* (4)

J

jacket **veste** *f.* (1); **blouson** *f.* (1)
January **janvier** *m.*
Japan **Japon** *m.* (4)
(blue) jeans **jean** *m.* (1)
jersey knit **maille jersey** *f.* (1)
(to) join us **être des nôtres** (12)
journey **trajet** *m.* (CP.1)
(to) judge **juger** (3)
July **juillet** *m.* (CP.1)
June **juin** *m.*

(to have) just **venir de** (CP.1)
just enough **juste assez** (3)

K

(to) keep one's figure **garder sa ligne** (CP.2)
key **clé** *f.* (2)
(to) kill **tuer** (CP.2)
kilometer **kilomètre** *m.* (6)
(to do) . . . kilometers an hour **faire . . . kilomètres à l'heure** (6)
kind **espèce** *f.* (CP.2)
kind **gentil(le)** (6) (11) (12)
kitchen **cuisine** *f.* (CP.1)
(to) knock (on, at) **frapper (à)** (CP.1)
(to) know **savoir** (4)
(to) know (oneself) **se connaître** (6)
knowledge **savoir** *m.* (7)

L

last **dernier(-ière)** (CP.1)
lawyer **avocat(e)** *m. (f.)* (3)
lazy **paresseux(-se)** (CP.1)
(to) lean **pencher** (12)
(to) learn **apprendre** (4)
the least . . . (of) **le (la, les) moins . . . (de)** (9)
(made of) leather **en cuir** (6)
(to) leave **partir** (4); **quitter** (4); **laisser** (6) (9)
(to) leave again **repartir** (4)
(to) lend **prêter** (2)
less than **moins (de) . . . que** (7)
lesson **lecon** *f.* (CP.2)
Let's go! **Allons-y!** (4)
Libya **Libye** *f.* (CP.2) (4)
light **clair(e)** (*invar. with colors*) (2); **léger(-ère)** (10)
(to) like **aimer** (4)
linen **linge** *m.* (12)
liquid **liquide** *f.* (CP.2)
(to) live (somewhere) **habiter** (CP.1)
living **vivant(e)** (CP.1)
loafer (shoe) **mocassin** *m.* (2)
lobster **homard** *m.* (10)
(to be) located **se trouver** (9)
lodging **hébergement** *m.* (3)
log **bûche** *f.* (12)

long **long(ue)** (1)
(to) look at **regarder** (CP.1)
(to) lose **perdre** (8)
loudspeaker **haut-parleur** *m.* (4)
(to) love **aimer** (4)
(With) love **Je t'embrasse** (12)
low **bas(se)** (CP.1)
lozenges **pastilles** *f. pl.* (CP.2)
(to be) lucky **avoir de la chance** (2)

M

(fashion) magazine **revue (de mode)** *f.* (1)
mail **courrier** *m.* (12)
(to) mail **poster** (12)
mail carrier **facteur(-trice)** *m. (f.)* (12)
mailbox **boîte aux lettres** (12)
main course **plat de résistance** *m.* (10)
map **carte** *f.* (CP.1)
March **mars** *m.* (CP.2)
marsh **marais** *m.*; **marécage** *m.* (9)
matching **assorti(e)** (12)
material **matière** *f.* (6)
mathematics **mathématiques** *f. pl.* (CP.2)
May **mai** *m.*
meal **repas** *m.* (10)
meat **viande** *f.* (10)
(to) meet **retrouver** (6)
(to) melt (something) **faire fondre** (11)
memory **souvenir** *m.* (9)
menu **carte** *f.*; **menu** *m.* (10)
Mexico **Mexique** *m.* (4)
microwave oven **four micro-ondes** *m.* (12)
milk **lait** *m.* (CP.2)
(to) miss **manquer** (12)
(to) mix **mélanger** (11)
(fashion) model **mannequin** *m.* (2)
Monday **lundi** *m.*
money **argent** *m.* (1)
money order **mandat** *m.* (12)
monk **moine** *m.* (3)
month **mois** *m.* (CP.1)
more **davantage** (6)
more of (something) **encore du (de la, des)** (12)

more than **plus ... que** (7)

moreover **de plus** (2); **d'ailleurs** (3)

morning **matin** *m.* (CP.2)

Morocco **Maroc** *m.* (4)

most **la plupart des** (CP.1)

the most ... (in) **le (la, les) plus ... (de)** (9)

mother **mère** *f.* (CP.1)

mother tongue **langue maternelle** *f.* (7)

motto **devise** *f.* (7)

(to) move **s'installer** (CP.1)

movie theater **cinéma** *m.* (CP.1)

mussels **moules** *f. pl.* (10)

N

name **nom** *m.* (CP.1)

narrow **étroit(e)** (2)

navy blue **bleu marine** (2)

necessary **nécessaire** (1)

(to) need **avoir besoin de** (CP.2)

nephew **neveu** *m.* (CP.2)

nest **nid** *m.* (CP.2)

The Netherlands **Pays-Bas** *m. pl.* (4)

network **réseau** *m.* (4)

never **ne ... jamais** (8)

Never! **Jamais de la vie!** (3)

new **nouveau (nouvelle)** (CP.2)

news (item) **nouvelle** *f.* (CP.1)

next **prochain(e)** (5)

(the) next day **lendemain** *m.* (4)

Nicaragua **Nicaragua** *m.* (4)

nice **sympathique** (CP.2); **gentil(le)** (6) (11) (12)

niece **nièce** *f.* (CP.2)

night **nuit** *f.* (CP.1)

No, absolutely not! **Non, absolument pas!** (3)

no longer **ne ... plus** (8)

no one **ne ... personne; personne ne ...** (8)

No problem! **Pas de problème!** (11)

north **nord** (CP.1)

nose **nez** *m.* (CP.2)

Not at all! **Pas du tout!** (1)

not yet **ne ... pas encore** (8)

note **petit mot** *m.* (11)

nothing **ne ... rien; rien ne ...** (8)

November **novembre** *m.* (CP.2)

now **maintenant** (7)

New Zealand **Nouvelle Zélande** *f.* (4)

numerous **nombreux(-se)** (CP.1)

nursery school **école maternelle** *f.* (4)

O

(to) obey **obéir** (4)

October **octobre** *m.* (CP.2)

Of course **Bien sûr** (11)

often **souvent** (CP.1)

oil **l'huile** *f.* (9)

O.K. **D'accord; D'acc.; O.K.; Je veux bien** (1) (4) (11)

old **vieux (vieille)** (CP.2)

on the other hand **par contre** (12)

on the other side **de l'autre côté** (10)

on time **à l'heure** (5)

one-color **uni(e)** (1)

one-way ticket **aller-simple** *m.* (5)

onion **oignon** *m.* (9)

only **seulement** (4); **ne ... que** (10)

open **ouvert(e)** (9)

opinion **avis** *m.* (1)

(in one's) opinion **(à son) avis** (1)

organizer **organisateur(-trice)** *m. (f.)* (1)

outfit **tenue** *f.* (1)

outfit **habit** *m.* (3)

outings **randonnées** *f. pl.* (3)

overcoat **pardessus** *m.* (2)

owner **patron(ne)** *m. (f.)* (10)

P

package **colis** *m.* (12)

package price **forfait** *m.* (3)

pain **douleur** *f.* (8)

painting **tableau** *m.* (7)

pan **casserole** *f.* (11)

pants **pantalon** *m.* (1)

parents **parents** *m. pl.* (CP.2)

park **parc** *m.* (CP.1)

parka **anorak** *m.* (2)

part **partie** *f.* (9)

(to be) part of **faire partie de** (1)

party **fête** *f.*, **soirée** *f.* (CP.1); **boum** *f.* (6)

(to) pass (by) **passer (par)** (4)

passer-by **passant** *m.* (3)

passport check **contrôle des passeports** *m.* (6)

(in the) past **autrefois** (CP.2)

pâté **terrine** *f.* (10)

pattern (for clothing) **patron** *m.* (CP.2)

(to) pay attention (to) **faire attention (à)** (1)

(to) peel **éplucher** (11)

people **gens** *m. pl.* (CP.2)

pepper **poivre** *m.* (9)

(green) pepper **poivron (vert)** *m.* (9)

(to) pepper **poivrer** (11)

perfectly **parfaitement; à merveille** (2)

perfume **parfum** *m.* (2)

(to) permit **permettre** (3)

(to) pick up **ramasser** (CP.1)

Philippines **Philippines** *f. pl.* (4)

phone call **coup de fil** *m.* (11)

(to) pick up the (telephone) receiver **décrocher** (11)

place **endroit** *m.* (3)

place setting **couvert** *m.* (12)

plans **projets** *m. pl.* (11)

(made of) plastic **en plastique** (6)

plate **assiette** *f.* (10)

(to) play **jouer** (CP.1)

(to) play basketball **faire du basket** (CP.2)

(to) play soccer **jouer au foot** (CP.1)

Please do **Je vous en prie** (12)

pleasure **plaisir** *m.* (CP.1)

pocketbook **pochette** *f.* (3)

politics **politique** *f.* (8)

polka-dotted **à pois** (1)

pool **piscine** *f.* (CP.2)

Portugal **Portugal** *m.* (4)

postcard **carte postale** *f.* (12)

post office **PTT** *f. pl.*; **P et T** *f. pl.*; **bureau de poste** *m.* (12)

post office worker **postier(-ère)**
   m. (f.) (12)
pot **cocotte** *f.* (9)
pot-luck **à la fortune** (12)
(to) prefer **aimer mieux;**
   préférer (4)
prepared with care **soigné(e)**
   (9)
prescription **ordonnance** *f.*
   (CP.2)
(to) pretend (that) (to) **faire**
   semblant (que) (de) (9)
pretty **joli(e)** (CP.2)
print (fabric) **imprimé(e)** (1)
(to) prohibit **défendre** (CP.2)
(to) promise **promettre** (3)
proprietor **patron(ne)** *m. (f.)*
   (10)
proud **fier(-ère)** (10)
(to) put (on) **mettre** (3)
(to) put in order **ranger** (CP.1)
(to) put (oneself) at ease **(se)**
   mettre à l'aise (2)
(to) put on one's makeup **se**
   maquiller (CP.2)

Q

queen **reine** *f.* (CP.1)
quickly **vite** (CP.2)

R

rail **ferroviaire** (4)
railroad **chemin de fer** *m.* (4)
(to) rain **pleuvoir** (CP.1)
raised **élevé(e)** (9)
ravi(e) **delighted** (9)
raw **cru(e)** (12)
raw vegetables **crudités** *f. pl.*
   (10)
realistic **réaliste** (CP.2)
ready **prêt(e)** (CP.1)
(to) receive **recevoir** (12)
recipe **recette** *f.* (11)
record **disque** *m.* (CP.2)
(to) recover (something)
   récupérer (6)
red **rouge** (CP.2)
red (hair) **roux (rousse)** (CP.2)
Regards **Amitiés** *f. pl.* (1)
(to) register **enregistrer** (6)
(to) regret **regretter** (9)
(to) reheat **réchauffer** (11)
(to) relate **raconter** (4)

relatives **parents** *m. pl.*
   (CP.2)
(to) remain **demeurer** (9)
(to) rent **louer** (4)
(to) repair **réparer** (CP.1)
(to) require **exiger** (10)
(to) reserve **réserver** (5)
(to) rest **se reposer** (CP.2)
return **retour** *m.* (CP.2)
(to) return (something) **rendre**
   (8)
rice **riz** *m.* (9)
(to be) right **avoir raison** (1)
road map **carte routière**
   f. (6)
road service **service de**
   dépannage *m.* (6)
(to) rob **cambrioler** (2)
room **chambre** *f.* (CP.1)
roomy (of clothing) **ample**
   (1)
round **rond(e)** (CP.2)
round-trip ticket **aller-retour**
   m. (5)
(to) run out of gas **avoir une**
   panne d'essence (6)

S

sad **triste** (9)
sale **solde** *f.* (1)
salesperson **vendeur(-se)** *m.*
   (f.) (CP.2)
salt **sel** *m.* (CP.2)
(to) salt **saler** (11)
salty **salé(e)** (10)
same (as) **pareil(le) (à)** (4)
sand **sable** *m.* (8)
sandal **sandale** *f.* (2)
Saturday **samedi** *m.* (CP.1)
savings account **compte**
   d'épargne (12)
(to) say *dire* (4)
scarf **foulard** *m.* (1);
   écharpe *f.* (3)
scattered **éparpillé(e)** (8)
schedule **emploi du temps**
   m. (CP.2); **horaire** *m.* (5)
(to) scratch **gratter** (9)
season **saison** *f.*
seat **siège** *m.* (4)
(reserved) seat **place** *f.* (5)
seated **assis(e)** (3)
(to) see **voir** (CP.1)
See you soon! **À bientôt!** (12)

(to) sell **vendre** (8)
(to) send **envoyer** (12)
Senegal **Sénégal** *m.* (4)
Sensational! **Sensass!;**
   Sensationnel! (3)
separate **à part** (9)
September **septembre** *m.*
serious **sérieux(-se)** (CP.2)
seriously **sérieusement** (9)
service station
   station-service *f.*
   (*pl.* **stations-service**) (6)
(to) set the table **mettre la**
   table (CP.1)
(to) settle **s'installer** (CP.1)
shaded **ombragé(e)** (9)
(to) share **partager** (7)
(to) shave **se raser** (CP.2)
shelf **rayon** *m.* (2)
sherbet **sorbet** *m.* (10)
(to) shine **briller** (CP.1)
shirt **chemise** *f.* (1)
(to) shock **choquer** (8)
shoe **chaussure** *f.* (2)
short-sleeved shirt **chemisette**
   f. (1)
(to go) shopping **faire des**
   courses *f. pl.* (CP.1)
shopping mall **centre**
   commercial *m.* (CP.1)
short **court(e)** (1)
shorts **short** *m.* (1)
shovel **pelle** *f.* (9)
(to) shovel **pelleter** (9)
(to) show **montrer** (4)
shower **douche** *f.* (CP.2)
shrimp **crevettes** *f. pl.* (10)
shy **timide** (CP.2)
sick **malade** (CP.2)
side **côté** *m.* (5)
sign **plaque** *f.* (5); **affiche**
   f. (9)
silk **soie** *f.* (1)
silver **argent** *m.* (12)
similar (to) **pareil(le) (à)** (4)
simply **simplement** (3)
single **seul(e)** (CP.1)
sister **sœur** *f.* (CP.2)
size **taille** *f.* (2)
(shoe) size **pointure** *f.* (2)
skirt **jupe** *f.* (1)
(to) sleep **dormir** (CP.1)
sleeve **manche** *f.* (2)
slender **svelte** (CP.2)
(to) slip **se glisser** (9)

slot **fente** *f.* (11)
small **petit(e)** (CP.2)
smoked **fumé(e)** (10)
snails **escargots** *m. pl.* (10)
sneakers **baskets** *m. pl.* (2)
soap **savon** *m.* (1)
sock **chaussette** *f.* (1)
something **quelque chose** (CP.2)
sometimes **quelquefois** (9)
somewhere **quelque part** (4)
soon **tôt** (4)
(to have a) sore throat **avoir mal à la gorge** (CP.2)
sorry **désolé(e); navré(e)** (9)
sound **son** *m.* (CP.2)
soup **soupe** *f.;* **potage** *m.* (10)
south **sud** *m.* (CP.1)
South Africa **Afrique du Sud** *f.* (4)
Soviet Union **Union soviétique (U.R.S.S.)** *f.* (4)
Spain **Espagne** *f.* (4)
(to) speak **parler** (4)
(to) spend **dépenser** (1)
(to) spend (time) **passer** (CP.1)
(to) spend the night (somewhere) **coucher à** (4)
spices **épices** *f. pl.* (7)
spicy **épicé(e)** (10)
(to) sprain **se fouler** (CP.2)
square **carré(e)** (CP.2)
stamp **timbre** *m.* (8)
standing up **debout** (9)
star **étoile** *f.* (9)
(train) station **gare** *f.* (6)
(to) stay **rester** (CP.1)
steak **entrecôte** *f.* (10)
stepbrother **demi-frère** (CP.2)
stepmother **belle-mère** (CP.2)
stepfather **beau-père** (CP.2)
stepsister **demi-sœur** (CP.2)
stingy **avare** (CP.2)
stolen **volé(e)** (12)
stop **arrêt** *m.* (5)
store **magasin** *f.* (CP.1)
striped **rayé(e); à rayures** (1)
striped shirt **marinière** *f.* (1)
sturdy **costaud** (CP.2)
student (secondary school) **élève** *m. or f.* (CP.2)

studio **atelier** *m.* (7)
(to have a) stuffy nose **avoir le nez bouché(e)** (CP.2)
style **cachet** *m.* (8)
stylish **chic** (1)
(to) succeed **réussir** (4)
sugar **sucre** *m.* (CP.2)
suit **tailleur** *f.* (1); **complet** *m.* (2)
suitable **convenable** (3)
suitcase **valise** *f.* (6)
summer **été** *m.* (CP.1)
sun **soleil** *m.* (CP.1)
Sunday **dimanche** *m.*
Super! **Super!** (3)
sure **sûr(e)** (2); **certain(e)** (5)
surprised **étonné(e); surpris(e)** (9)
survey **sondage** *m.* (9); **enquête** *f.* (10)
(to) suspect **soupçonner** (8)
swamp **marécage** *m.;* **marais** *m.* (9)
sweater **pull-over** *m.* (1)
sweatshirt **sweat(shirt)** *m.* (1)
sweatsuit **jogging** *m.* (1)
Sweden **Suède** *f.* (4)
sweet **sucré(e)** (10)
Switzerland **Suisse** *f.* (4)
Syria **Syrie** *f.* (4)

T

tablecloth **nappe** *f.* (12)
tablespoonful **cuillerée à soupe** (11)
(to) take **prendre** (CP.2)
(to) take again **reprendre** (4)
(to) take a size (shoes) **chausser du** (2)
(to) take a walk **se promener** (CP.2)
(to) take away **emporter** (4)
(to) take care of **s'occuper de** (CP.2)
(to) take place **se passer** (6)
(to) talk **parler** (4)
tape **bande** *f.* (12)
(to) teach **enseigner** (CP.1)
teaspoonful **cuillerée à café** (11)
telegram **télégramme** *m.* (12)
telephone (set) **appareil** *m.* (11)

telephone booth **cabine téléphonique** *f.* (11)
telephone directory **annuaire** *m.* (11)
tennis shoe **tennis** *m.* (2)
Terrific! **Sensationnel(le)!** (CP.1)
(to) thank **remercier** (12)
Thank you (very much) **Merci (bien)** (12)
Thank you very much **Merci beaucoup; Merci bien** (12)
thank-you note **lettre de remerciement** *f.* (12)
Thanks a million **Merci mille fois** (12)
That depends **Ça dépend** (11)
That's great! **C'est vachement bien!** (3)
That's too bad! **C'est dommage!** (9)
then **puis** (CP.1)
therefore **donc** (2)
thin **mince** (CP.2)
things **affaires** *f. pl.* (CP.1)
(to) think **penser** (4)
throat **gorge** *f.* (CP.2)
Thursday **jeudi** *m.*
ticket **étiquette** *f.* (6); **billet** *m.* (10)
(ticket) window **guichet** *m.* (11)
tie **cravate** *f.* (2) (3)
(to) tie together **lier** (7)
tight **serré(e)** (1)
timetable (for trains) **horaire** *m. or* **calendrier** *m.* **des trains** (5)
(flat) tire **pneu (crevé)** *m.* (6)
tired **fatigué(e)** (CP.1)
today **aujourd'hui** (CP.1)
together **ensemble** (8)
tomorrow **demain** (CP.1)
tongue **langue** *f.* (CP.1)
too many people **trop de monde** (4)
(at the) top of **en haut de** (CP.2)
track **voie** *f.* (5)
traditional **traditionnel(le)** (2)
train car **voiture** *f.* (5)
train station platform **quai** *m.* (5)

train table **tableau général des trains** *m.* (5)

(to) travel **se déplacer** (5)

travel time **temps de parcours** *m.* (4)

trouble **ennui** *m.* (CP.1)

trout **truite** *f.* (10)

true **vrai(e)** (1)

truth **vérité** *f.* (1)

(to) try (to do something) **essayer (de)** (3)

(to) try on **essayer** (2)

Tuesday **mardi** *m.*

Tunisia **Tunisie** *f.* (4)

(to) twist **se fouler** (CP.2)

U

ugly **moche** (1)

umbrella **parapluie** *m.* (3)

Unbelievable! **Incroyable!** (3)

uncle **oncle** *m.* (CP.2)

under **sous** (CP.1)

unforgettable **inoubliable** (6)

United States **États-Unis** *m. pl.* (4)

unknown **inconnu(e)** (7)

(it is) unlikely **il est peu probable** (5)

up to **jusqu'à** (CP.1)

usually **d'habitude** (CP.1)

V

vacation **vacances** *f. pl.* (CP.1)

vacation resort **village de vacances** (3)

(to) validate a ticket **composter un billet** (5)

vegetable **légume** *m.* (CP.2)

Venezuela **Vénézuela** *m.* (4)

very **vachement** (*fam.*) (3)

Vietnam **Viêt-Nam** *m.* (4)

violet **violet(-te)** (CP.2)

(to) visit (someone) **rendre visite à** (CP.1)

voice **voix** *f.* (4)

W

waist size **tour de taille** *m.* (2)

(to) wait **attendre** (CP.1)

(to) wait for **attendre** (8)

(to) wake up **se réveiller** (CP.2)

(to) want **vouloir** (4)

(to) wash **laver** (11)

(to) wash (one's hair) **se laver (la tête)** (CP.2)

(to) watch **regarder** (CP.1)

(to) wear **porter** (1)

weather **temps** *m.* (CP.1)

weather forecast **météo** *f.* (CP.1)

Wednesday **mercredi** *m.*

weekend **week-end** *m.* (CP.1)

What if we went . . . **Si on allait . . .** (4)

What is it? **Qu'est-ce que c'est?** (10)

when **quand** (CP.1)

where **où** (CP.1)

whisk **fouet** *m.* (11)

whistle **coup de sifflet** *m.* (5)

who **qui** (CP.1)

Who is calling? **Qui est à l'appareil?; C'est de la part de qui?** (11)

why **pourquoi** (CP.1)

Why not? **Pourquoi pas?** (1)

Why not go . . . **Pourquoi pas aller . . .** (4)

wide **large** (CP.1)

widespread **répandu(e)** (12)

wild **sauvage** (CP.2)

(store) window **vitrine** *f.* (1)

(to) wipe **essuyer** (12)

wisdom **sagesse** *f.* (7)

wood **bois** *m.* (8)

wool **laine** *f.* (1)

work **travail** *m.* (CP.1)

(to) work **travailler** (CP.1)

(to) work out **s'entraîner** (CP.2)

worker **ouvrier(-ère)** *m. (f.)* (7)

workshop **atelier** *m.* (7)

(to) write **rédiger** (5); **écrire** (12)

Y

year **année** *f.* (CP.1)

yesterday **hier** (CP.1)

young **jeune** *m. or f.* (CP.2)

You're welcome **Il n'y a pas de quoi; De rien; Je vous en prie** (12)

youth hostel **auberge de jeunesse** *f.* (3)

Z

Zaire **Zaïre** *m.* (4)

TEXT PERMISSIONS

We wish to thank the authors, publishers, and holders of copyright for their permission to reprint the following:

8 Hôtel Central, St. Malo, **9** Hôtel Diana, Carnac, from *Michelin Guide Rouge;* **9** "La Météo" from *Journal français d'Amérique;* **11** "Bretagne et Bretons" from *La France, j'aime,* Gilbert Quénelle, Hatier, 1985; **22** "Quand les cigognes ne reviennent plus" from *Le Tour de France par deux enfants,* Tchou, Paris, 1978; **26** "La mode et vous" from *Ça va* magazine, Vol. 22, No. 3, déc. 1986/jan. 1987; **44** photos from *Le point,* No. 700, fév. 1986; **54** "Club Culture" from *Ça va* magazine, Vol. 22, No. 3, déc. 1986/jan. 1987; **56** drawings 1 and 3 courtesy of Christian Dior, drawings 2 and 4 by J. O'Conor to show style of Calvin Klein designs; **58, 66, 87** reprinted from *La Redoute* catalog; **76-77** "Les mouvements de modes expliqués", Obalk, Pasche, Editions Robert Laffront, 1984; **78** "Parole aux jeunes" from *Ça va* magazine, Vol. 23, sep./oct. 1987; **80** *left and center* from *20,000 Years of Fashion,* François Boucher, Abrams, *right Madame Figaro,* fév. 1986; **95** "Les jeunes sont à la mode" from *Ça va* magazine, Vol. 23, No. 1, sep./oct. 1987; **110-111** reprinted from *Francoscopie,* Editions Larousse, 1987; **113** "Le jeu-test" from *Ça va* magazine; **115, 124, 138, 149, 151, 159, 184, 310, 323, 335, 337** courtesy of SNCF; **160** "Le commandant Jacques-Yves Cousteau" from *Passe-partout,* No. 1, sep./oct. 1973; **163** map reprinted from *Guide Michelin;* **165** symbols reprinted from *Petit Larousse;* **199, 208, 220** maps reprinted from *Quid,* Editions Robert Laffront; **204** "Qui es-tu?" from *Lumière Noire,* Francis Bebey; **217** "Artisans de Fès", Raymond Collet, Cellule Audio-Visuelle, Ambassade de France au Maroc; **238** "Pour Haïti" from *Journal d'un animal marin,* René Depestre Seghers, 1964; **244** "Lectures bilingues graduées créole-français" from *Vivre au Pays,* Ageco; **247** map from *Guide Culturel de Québec,* mars 1980; **262** "La Louisiane d'aujourd'hui", Michel Tauriac, les Editions de Jaguar, 1986; **266** "L'homme qui te ressemble" from "Petits gouttes de chant pour créer un homme", René Philombe reprinted from *Le Monde,* 8 fév. 1973; **280** "Etes-vous gourmand?" from *Ça va* magazine; **282-283** reprinted from *Michelin Guide Rouge;* **295** article reprinted from "Restaurants", *Une semaine de Paris,* Pariscope, 11-17 fév. 1987; **306-307** reprinted from *France-Amérique,* 17-23 mars 1988; **320** recipe adapted from *Julia Child,* Vol. 1, p. 265; **328** recipe adapted from *Julia Child* and *La Cuisine de Mapie;* **345** reprinted from *La France, j'aime,* Hatier, 1985; **364** recipe from *Les Délices de la Cuisine Louisianaise,* Institut des Etudes Françaises.

PHOTO CREDITS

COVER IMAGES

DATE DUE

GAYLORD			PRINTED IN U.S.A.